高等职业教育港口物流设备与自动控制专业规划教材

Gangkou Jixie Jianxiu Jishu

港口机械检修技术

（第二版）

交通职业教育教学指导委员会　组织编写

马乔林　主　编
张江南（南通港口集团）　主　审

人民交通出版社

内 容 提 要

本书的主要内容包括：港口机械检修的基础知识；发动机曲柄连杆机构的检修；发动机各系统主要零件的检修；发动机的总装、磨合和试验；发动机常见故障的分析和异响诊断；装卸搬运车辆底盘传动装置的检修；转向、制动装置的检修；叉车工作装置的故障分析与检修；装卸搬运车辆液压系统的故障分析；港口起重机的检修；带式输送机的检修等。

本书为高等职业教育港口物流设备与自动控制专业（简称港口机械专业）规划教材，也可供港口职工技术培训及有关工程技术人员学习参考。

图书在版编目(CIP)数据

港口机械检修技术/马乔林主编. —2 版. —北京：人民交通出版社,2010.6

ISBN 978-7-114-08486-7

I. ①港… II. ①马… III. ①港口机械 - 检修 IV. ①U653

中国版本图书馆 CIP 数据核字(2010)第 107358 号

高等职业教育港口物流设备与自动控制专业规划教材

书　　名：港口机械检修技术（第二版）
著 作 者：马乔林
责任编辑：任雪莲
出版发行：人民交通出版社
地　　址：（100011）北京市朝阳区安定门外外馆斜街 3 号
网　　址：http://www.ccpcl.com.cn
销售电话：（010）59757973
总 经 销：人民交通出版社发行部
经　　销：各地新华书店
印　　刷：北京虎彩文化传播有限公司
开　　本：787 × 1092　1/16
印　　张：18.75
字　　数：465 千
版　　次：2004 年 10 月　第 1 版
2010 年 7 月　第 2 版
印　　次：2024 年 2 月　第 5 次印刷　总第 10 次印刷
书　　号：ISBN 978-7-114-08486-7
定　　价：39.00 元

再版前言

本教材原名为《港口机械修理》，是交通职业教育教学指导委员会交通工程机械专业指导委员会组织编写的“十五”规划教材(试用)，自2004年出版以来，一直作为港口物流设备与自动控制专业的规划教材被各高职院校选用，受到了使用者的欢迎，先后多次印刷。根据交通工程机械专业指导委员会“十一五”教材编写出版规划，该教材应在2010年修订再版。随着科技的进步和港口机电设备的更新换代，港口机械的维修模式也在不断变化，各种先进的检测手段在港口机械修理和故障诊断中得到应用，为使教材名称更贴近教材内容和港口机械维修工作的实际，根据读者的建议，交通工程机械专业指导委员会决定本教材在再版时更名为《港口机械检修技术》，同时对教材的部分内容进行了增删和更新。

参加本书修订工作的有南通航运职业技术学院马乔林、姚文俊、孙旭、李谷音，其中，马乔林编写第一至十章及第十七至十九章，姚文俊编写第十一至十六章，孙旭编写第六章的第三节和第四节，李谷音编写第二十至二十一章，马乔林担任主编，南通港口集团张江南担任主审。

使用本书的各高职院校的老师和南通港口集团的技术人员对本书的修订工作提出了宝贵的修改意见，在此一并表示感谢。

编　者

2010年4月

前　言

交通职业教育教学指导委员会交通工程机械专业指导委员会自1992年成立以来，对本专业指导委员会两个专业（港口机械、筑路机械）的教材编写工作一直十分重视，把教材建设工作作为专业指导委员会工作的重中之重，在“八五”、“九五”和“十五”期间，先后组织人员编写了20多种专业急需教材，供港口机械和筑路机械两个专业使用，解决了各学校专业教材短缺的困难。

随着港口和公路事业的不断发展，港口机械和公路施工机械更新换代速度的加快，各种新工艺、新技术、新设备的不断出现，对本专业的人才培养提出了更高的要求。另外，根据目前职业教育的发展形势，多数重点中专学校已改制为高等职业技术学院，中专学校一般同时招收中专和高职学生，本专业教材使用对象的主体已经发生了变化。为适应这一形势，交通工程机械专业指导委员会于2006年8月在烟台召开了四届二次会议，制订了“十一五”教材编写出版规划，并确定了教材的编写原则：

（1）拓宽教材的使用范围。本套教材主要面向高职学生，并兼顾中专学生，也可用于相关专业的职业资格培训和各类在职培训，亦可供有关技术人员参考。

（2）坚持教材内容以培养学生职业能力和岗位需求为主的编写理念。教材内容难易适度，理论知识以“够用”为度，注重理论联系实际，着重培养学生的实际操作能力。

（3）在教材内容的取舍和主次的选择方面，照顾广度，控制深度，力求针对专业，服务于行业，对与本专业密切相关的内容予以足够的重视。

（4）教材编写立足于国内港口机械和筑路机械使用的实际情况，结合典型机型，系统介绍了工程机械设备的基本结构和工作原理，同时，有选择地介绍了一些国外的新技术、新设备，以拓宽学生的视野，为学生进一步深造打下基础。

《港口机械检修技术》是高职高专院校港口物流设备与自动控制专业的规划教材之一，内容包括：港口机械检修的基础知识、港口内燃机的检修、港口流动机械底盘的检修、港口起重机的检修、起重机金属结构的检修、港口输送机械的检修等。

本书由南通航运职业技术学院马乔林主编，南通航运职业技术学院姚文俊、孙旭、李谷音参编，南通港口集团公司张江南主审。其中，马乔林编写了第一至十章及第十七至十九章，姚文俊编写了第十一至十六章，孙旭编写第六章第三节和第四节，李谷音编写了第二十至二十一章，全书由马乔林统稿。

本套教材在编写过程中，得到了交通系统各校领导和教师的大力支持，在此表示感谢！由于我们编写高职教材尚缺少经验，书中不妥和疏漏之处在所难免，敬请读者指正。

交通职业教育教学指导委员会
交通工程机械专业指导委员会
2010年3月

目　录

第一篇　港口机械检修的基础知识

第二篇　发动机检修

第三篇 底盘检修

第四篇　起重输送机械的检修

第一篇　港口机械检修的基础知识

第一章　零件的失效形式

- **学习目标**

知识目标

1. 能准确描述机械零件的摩擦与润滑机理；
2. 能准确描述零件磨损的分类及零件的磨损特性；
3. 能对零件的断裂、腐蚀和变形的原因和预防措施进行分析。

能力目标

1. 能识别不同的磨损形式所产生的不同的后果；
2. 能对零件的疲劳断裂的断口进行宏观分析并提出改进措施；
3. 能对易腐蚀和变形的零件提出防腐及防变形的技术措施。

第一节　零件的磨损

在港口机械的使用过程中，尽管我们按照各种机械的技术要求和使用规范进行正确的管理、使用和保养，港口机械零件的正常配合状态仍然不可避免地会遭到破坏。产生这种现象的主要原因，是各配合零件在相对运动中总会有摩擦，使接触面产生磨损，从而改变了零件的形状、尺寸和表面组织，最后使零件丧失了工作能力。

如果港口机械的零件磨损过快，将使机械的检修次数增加，大修周期缩短，维修费用增加。因此，减少零件磨损对于提高港口机械的工作可靠性和延长使用寿命具有特别重要的意义。我们应该了解零件磨损的一般规律，以便在使用过程中，采取合理的技术措施，防止零件出现早期磨损；在修理过程中，应正确地选用材料，确定合理的修理工艺，以保证零件的使用寿命。

一、零件的摩擦与润滑

1. 摩擦的产生及危害

任何零件的表面，无论采用何种加工手段，总是凸凹不平的，其放大的情况如图 1-1 所示。

当两个零件在自重和外载荷作用下压紧并在外力作用下发生相对运动时，其凸凹不平的部分必然要发生机械咬合和碰撞，出现摩擦阻力而阻碍运动，使接触表面产生摩擦。

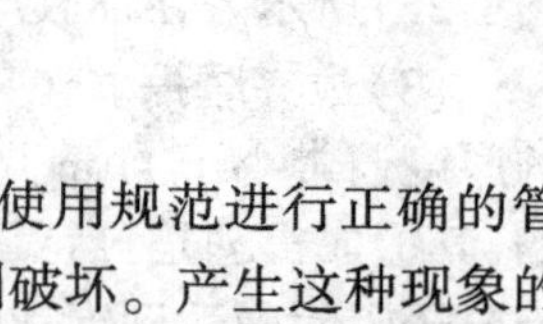

图 1-1　零件表面的放大情况

如果不采取任何技术措施，零件在摩擦过程中将迅速磨损和发热，严重时会咬死或烧熔，这是因为：

(1) 两摩擦表面实际上是凸点接触，接触点上的负荷大约是平均负荷的 1 000 倍，接触点的金属在高负荷下发生变形，使机械咬合部位的凸点由于碰撞而脱落。

(2)脱落的金属微粒夹在两摩擦面之间,起到磨料作用,从而使磨损加剧。

(3)摩擦产生的机械能转变为热能,使凸点的温度升高,机械强度降低,导致磨损加剧。当温度上升到超过金属的熔点时,金属熔化使两机件咬死和摩擦面烧毁。

2. 摩擦的分类

(1)干摩擦。摩擦表面之间没有任何润滑剂而直接接触时所产生的摩擦称为干摩擦。干摩擦的摩擦系数最大,对机械零件产生的磨损也最大,港口机械零件运转中应尽量避免发生干摩擦。

(2)液体摩擦。液体摩擦是指两个摩擦表面完全被润滑剂隔开的摩擦。它避免了金属表面的直接接触,当两表面发生相对滑移时,摩擦只发生在液体润滑剂的分子之间,因而液体摩擦的摩擦系数很小,摩擦功的损耗和零件的磨损都很小。

图1-2 所示为轴与轴颈之间液体润滑油膜的形成过程。图1-2a)所示为轴静止时,轴颈在自重作用下与轴承在最下方接触,在两侧形成楔形间隙,润滑油充满在此间隙中。当轴开始旋转时,由于润滑油具有黏性,附着在轴颈表面,因而被轴颈带着一起转动,从上部较宽的进油空间携带到狭窄空间,如图1-2b)所示。此层润滑油在楔形空间互相挤压,由于润滑油的可压缩性极小,挤压的结果使楔形油膜压力骤增,从而产生了使轴颈向上抬起的力。楔形油膜的压力随轴颈转速的升高而增加,当轴颈转速升高到一定值时,液体油膜的压力使轴微微向上抬起,与轴承分开,在轴颈与轴承之间便形成了完整的液体油膜,这时,轴与轴承即形成液体摩擦,如图1-2c)所示。在油膜厚度最小处,油膜压力最大。

(3)边界摩擦。边界摩擦是指两摩擦表面被一层极薄的润滑油膜隔开的摩擦,这层油膜的厚度通常小于1μm。边界膜主要是由吸附在零件工作表面上润滑介质的物理吸附膜构成的,其形成机理是:当界面存在吸附膜时,吸附在金属表面的极性分子形成定向排列的分子栅,当分子吸附膜达到饱和状态时,紧密排列的分子所具有的内聚力使吸附膜具有了一定的承载能力,当摩擦表面相对滑动时,理论上只是在吸附油膜外层分子间滑动,零件表面被牢固的吸附油膜分子所隔开。图1-3 所示为分子吸附膜的作用模型。

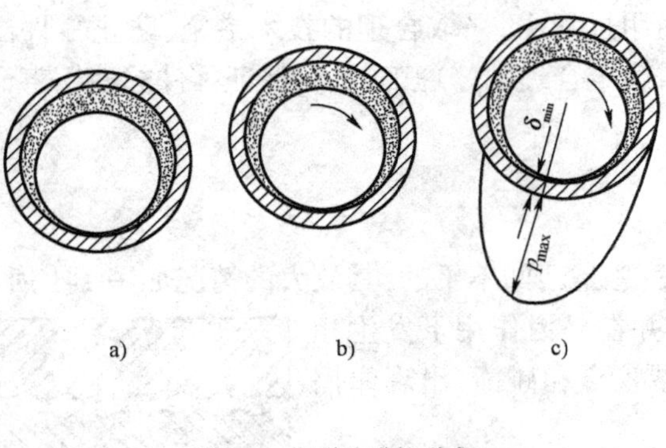

图1-2 楔形油膜的形成

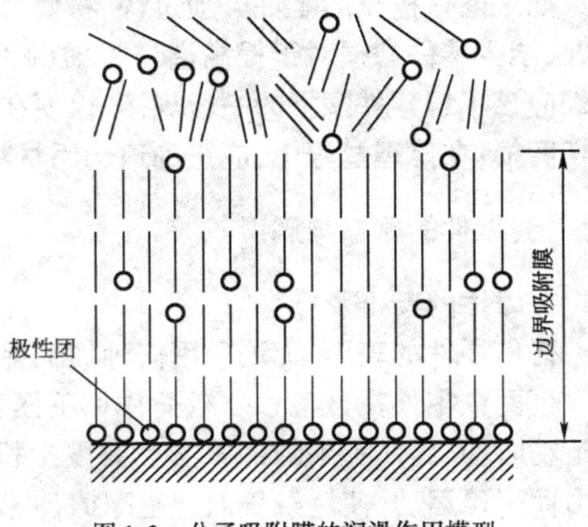

图1-3 分子吸附膜的润滑作用模型

(4)混合摩擦。混合摩擦是指在摩擦表面同时存在着干摩擦、液体摩擦和边界摩擦的情况。

金属零件在工作中,其表面的摩擦状态并不是一成不变的,有时是一种摩擦状态,有时又变成另一种摩擦状态,有时几种摩擦状态混合存在。例如,发动机曲轴的轴颈与轴瓦,在正常工作状态下，能够达到比较理想的液体润滑作用，即能够形成像图 1-2c）所示的具有一定厚度的完整的液体油膜，但在启动之初或在曲轴承受冲击载荷时，油膜难以形成或受到破坏，即会出现边界摩擦甚至干摩擦。又如，活塞与汽缸之间正常工作中可以形成边界摩擦，但当汽缸过热时，吸附膜被烧坏，就会出现干摩擦。

3. 减少摩擦的有效措施——润滑

（1）润滑的目的。在摩擦表面形成均匀连续的润滑油膜，是减少摩擦的有效措施。润滑的主要目的是：减少机件的磨耗量，延长其使用寿命；减少摩擦功的损失，提高机械效率。此外，润滑还能起到以下作用：

①冷却散热。润滑油可以带走摩擦所产生的热量，使机件不致因过热而加剧磨损。

②冲洗清洁。润滑油可以带走摩擦中掉下来的金属微粒，减少或防止磨料磨损。

③密封防漏。在发动机中，缸壁与活塞环之间的润滑油膜，能增加活塞环的密封性，减少漏气损失。

④防止腐蚀。润滑油膜隔绝了空气及酸性物质与零件表面的直接接触，减少了机件受氧化、腐蚀的程度。

⑤消振减声。利用润滑油膜的缓冲作用，能使发动机的振动减弱、运转平稳。由于润滑油膜的隔离，使运动副的摩擦和冲击声减弱。

（2）形成良好润滑的主要条件：

①合适的润滑油黏度。若润滑油黏度过小，润滑油则不易被轴颈携带，容易从轴承的轴向两边流出，难以建立如图 1-2c）所示的楔形油膜。但黏度太大时，润滑油又难以进入零件间隙，油膜也不易建立。

②较高的转速。转速高，则楔形油膜压力也高，容易形成均匀连续的油膜。发动机和其他运转机械启动和低速运转时，要比正常工作时的零件磨损大得多。

③轴承负荷不能太高。轴承负荷越高，形成楔形油膜所需的油压也高，油膜则难以建立；当承受冲击性负荷时，还可能将已经建立好的楔形油膜破坏。

④适当的零件间隙。零件间隙过小，则润滑油难以进入间隙内；间隙过大时，则润滑油容易漏泄。当轴颈表面出现过大的圆度和圆柱度误差时，同样不利于油楔的形成。另外，若在轴承油楔的最大压力区内不合理地开挖油槽，也会大大降低油楔压力，不利于油膜的建立。

⑤摩擦表面的粗糙度要小。对于精加工的摩擦表面，只需很薄的油膜即可隔开两摩擦面；若表面粗糙，则要很厚的油膜才能形成完全的液体润滑。

二、磨损的产生

摩擦和磨损是载荷作用下相互接触的两个物体做相对运动时，在接触表面上所发生的同一现象的两个方面，或者说，磨损是伴随着摩擦而产生的。

摩擦表面在发生相对运动的过程中，金属表面的相互接触，主要产生两种作用：一是机械性的相互嵌入作用，二是分子间的相互吸引和黏附作用。嵌入就是由于金属表面存在微观不平，在相互接触中，其凸起和凹进的部分将相互嵌入和咬合，在相对运动中，凸起的部分金属发生变形而导致机械剥落；分子间的吸引和黏附作用，是指摩擦件在相对运动中，表层金属相互接近，分子间的相互吸引力将使接触处产生黏附现象，当相对运动继续时，金属表面那些发生黏附的地方将被撕裂，产生机械性破坏。

此外，由于摩擦介质的化学腐蚀作用，金属的表面氧化将形成金属脆性氧化物，这些氧化物在摩擦过程中脱落,也是产生磨损的原因之一。

三、磨损的分类

1. 黏着磨损

在零件的摩擦表面,由于黏着作用,使一个零件表面的金属转移到另一个零件表面所产生的磨损称为黏着磨损。零件表面的负荷越大,表面温度越高,黏着磨损也越严重。

如前所述,金属表面经过机械加工后,总会留下宏观及微观的凹凸不平(图1-1)。当零件在外载荷作用下相互摩擦时,实际的表面接触面积很小,接触应力很大,往往使接触点上的金属产生弹性或塑性变形,在继续的相对移动中,接触点上将产生大量的热量,使表面发生相变、转化以至熔化焊合,导致一个零件表面的金属被部分地转移到另一个零件表面,形成金属瘤,金属瘤又在随后的摩擦中被撕裂而脱落,从而形成了黏着磨损。

港口机械零件所发生的黏着磨损,多数是由于配合间隙过小,运动零件表面加工纹理尚未磨合好,就过早地增大负荷,导致零件的工作温度过高而形成的。

2. 磨料磨损

摩擦表面在相对滑动时,若在摩擦表面之间存在着磨料,摩擦表面便会在磨料的作用下产生显微变形或切割,形成磨料磨损。

磨料磨损仅与摩擦表面是否存在磨料物质有关。它可以存在于任何滑动速度和单位压力作用的摩擦面上。摩擦表面的磨料可能是从外界落入的(如空气中的尘埃、润滑油中的杂质等),也可能是磨损过程中的产物(如摩擦表面掉下的金属颗粒)。还有些磨料是早已存在于摩擦表面上的,如铸铁、镀铬、金属喷镀的零件表面都可能存在有磨料磨粒。磨料磨损的速度取决于摩擦表面的性质、磨料的性质、摩擦表面的滑动速度和单位压力。

对港口机械进行正确的管理维护可以减少零件的磨料磨损。如空气中的尘土和砂粒在随新鲜空气进入发动机后,可以导致发动机汽缸的磨料磨损,因而在发动机上要配备有良好滤清效果的空气滤清器;燃油和润滑油中的杂质会导致汽缸和轴承的磨料磨损,因而对燃油、润滑油也要进行有效的过滤。管理维护中要保证空气滤清器及燃油、润滑油滤清器处于良好的工作状态,从而减少零件的磨料磨损。

3. 表面疲劳磨损

表面疲劳磨损是指在纯滚动或同时带有滑动的滚动摩擦条件下,发生在表层的疲劳破坏现象。出现疲劳磨损的零件,其材料一般硬度较大且磨合性能较差,在较大的循环交变载荷作用下,由于接触面很小,接触应力大,因此当应力超过材料的屈服极限时,在零件表面将产生瞬间显微塑性变形。由于材料硬度较高,这种瞬间显微变形会向四周扩散,形成网状裂纹。摩擦表面的润滑油在工作压力作用下向裂纹深处扩张、延伸,连续不断的载荷又会将其压成鳞片状而脱落,使零件表面出现麻点或凹坑,故又称为麻点磨损。这种磨损容易发生在滚动轴承的滚珠与弹道、齿轮的齿面等零件表面。

疲劳磨损可分为两大类:非扩展性和扩展性。

(1)非扩展性疲劳磨损。在某些新的摩擦表面上,因单位接触应力很大,容易产生小麻点,经磨合后,接触面积扩大,单位接触应力降低,小麻点就停止扩展。对于塑性较好的材料,因加工硬化作用,使小麻点不能继续扩展。

(2)扩展性疲劳磨损。当材料塑性较大或润滑不当时,在接触表面作用有较大的压应力和切向力,使表面产生小裂纹并扩展而使金属脱落,形成小麻点或扩展成凹坑,从而使零件迅速失效。

4. 腐蚀磨损

腐蚀磨损是指摩擦表面与酸、碱、盐等特殊介质接触时，其工作表面发生腐蚀，使表面金属呈颗粒状剥落，零件的表面形状变化，造成早期磨损。如在滑动轴承中，轴承合金中含有镉、铅等金属，就容易被润滑油中的酸性物质腐蚀，在轴瓦上形成黑点，逐渐扩展为松软组织而脱落。另外，在发动机汽缸的燃烧室内壁、气门与气门座圈的接触面上都不同程度地存在着腐蚀。

腐蚀磨损是一种机械化学磨损，单纯的腐蚀现象不能定义为腐蚀磨损，只有当腐蚀现象与机械磨损相结合时才能形成，腐蚀磨损经常发生在高温或潮湿的环境中，尤其容易发生在有酸、碱、盐等特殊介质的条件下。

腐蚀磨损可分为氧化磨损、微动磨损和化学腐蚀磨损。

(1)氧化磨损。金属与空气中的氧作用形成氧化膜，当生成的氧化膜与基体结合牢固时，它起到保护作用，可以提高摩擦副的耐磨性能。若在摩擦过程中，氧化膜被磨掉，摩擦表面与氧介质反应速度很快，立即又形成新的氧化膜，然后又被磨掉，这就是氧化磨损，磨损的特征是金属的摩擦表面沿滑动方向呈匀细磨痕，磨损产物为红褐色。

(2)微动磨损。两个接触物体做相对微幅振动而产生的磨损称为微动磨损。零件过盈配合的结合面虽然没有宏观的相对移动，但工作过程中会产生微小的相对滑动，接触压力使结合面上实际承载的微凸体产生塑性变形而发生黏着。微振幅振动使黏着点受剪脱落，造成零件的氧化磨损。从零件表面脱落的氧化物粉末存在于结合面间，将引起磨料磨损。若振动应力足够大，微动磨损点形成应力源，使疲劳裂纹扩展，最终将导致表面产生疲劳破坏。由此可见，微动磨损是黏着、腐蚀、磨料、疲劳磨损综合作用的结果，它经常发生在相对静止的摩擦副中，如过盈配合的结合面、链传动的链接处和受振动影响的连接螺纹结合面处。

(3)化学腐蚀磨损。由于零件直接与腐蚀性介质作用，发生化学腐蚀而产生的磨损称为化学腐蚀磨损。零件在液体或腐蚀性气体环境中工作时，其表面的金属将与腐蚀性介质发生各种化学反应，使零件表面形成一层化学反应膜，该反应膜与基体的结合强度较低，零件相对运动时由于切向摩擦力的作用而引起反应膜的脱落，形成零件的化学腐蚀磨损。

四、影响磨损的因素

1. 摩擦运动形式和摩擦速度的影响

摩擦运动形式有滚动摩擦和滑动摩擦两种，在其他条件相同的情况下，滚动摩擦的阻力小，散热能力强，因而磨损较慢，而滑动摩擦则磨损较快。

当其他摩擦条件一定时，摩擦副相对移动速度的变化不仅使磨损过程产生量的变化，而且产生质的变化。摩擦表面的温度随速度的增加而提高，当摩擦表面温度达到 423 ~ 2 273K 时，摩擦表面的润滑油膜即遭到破坏，摩擦性质即从边界摩擦转变为干摩擦，使磨损加剧。在更高一些的温度条件下，表面金属层软化，从而促进表面滑动，磨损速度将进一步加快。当温度进一步升高，使表面金属处于热塑状态时，便会产生黏着磨损。

2. 润滑油的影响

摩擦零件的表面，一般以润滑油作介质，润滑油的性质对磨损过程有着很大的影响。理想的润滑油，应具有适当的黏度和足够的化学稳定性，不含酸类和机械杂质，以保证在摩擦表面形成具有一定承载能力的润滑油膜。

3. 摩擦副的材料和表面性质的影响

一切磨损的产生和发展,都是由材料的塑性变形开始的,硬度高的材料,抗塑性变形能力强,因而比较耐磨。对材料表面采取镀铬、表面强化处理等工艺措施,可以提高零件的耐磨性。

摩擦表面的宏观和微观几何形状对磨损过程也会产生很大的影响。在每一个具体的摩擦条件下,都有一个磨损量最小的微观几何形状的配合问题。在实际工作中,我们常使摩擦副的表面粗糙度等级达到一致,以使磨损量限制在适当的范围内。

五、零件的磨损特性

港口机械在工作过程中,各种机械的零件工作条件各不相同,引起磨损的原因和磨损的程度也不完全一样,但是在正常的磨损过程中,大多数零件的磨损具有共性的规律。一般来说,零件的磨损可以分为三个阶段,如图 1-4 所示。

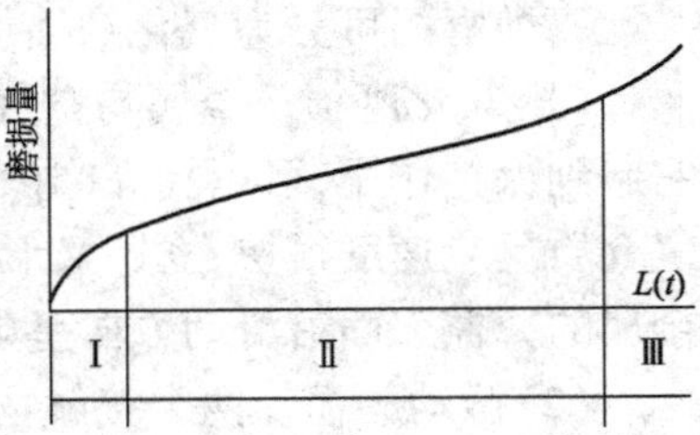

图 1-4　零件的磨损特性曲线

Ⅰ-初期磨损;Ⅱ-正常磨损期;Ⅲ-极限磨损期

1. 第Ⅰ阶段——初期磨损

初期磨损的特点是磨损速度较快。这是由于新加工的零件表面的微观不平产生了啮合性摩擦,造成凸起部分的峰尖脱落,脱落下来的金属颗粒如不能及时被润滑介质带走,又会造成严重的磨料磨损。在各种车辆上也把这一段时期称为走合期,在初期磨损期内应该严格按照有关的运行规范,减速减载,从而避免零件的早期破坏或事故性损伤。

2. 第Ⅱ阶段——正常磨损期

过了初期磨损后,零件表面经过磨合,配合表面互相适应,表面粗糙度有所改善,对润滑油的适应性也有所增强,零件配合间隙处于最佳范围内,因而这一阶段的磨损是缓慢而均匀的。在正常磨损期内,只要认真执行各种维护管理规范,保持各摩擦零件处于良好的润滑状态,就可以使零件的磨损速度控制在最低限度,从而有效地延长零件的使用寿命。

3. 第Ⅲ阶段——极限磨损期

由于这一阶段零件的磨损已达到极限,零件的配合间隙已达到最大限度,运动副工作中由于松动而产生冲击,使零件承受冲击所产生的附加应力,有时会伴随振动与噪声。又由于配合间隙增大,润滑油容易漏泄,油压下降,油膜不易形成或形成后又很快被冲击所破坏,因此使零件的磨损速度急剧上升,并容易转化和引发事故性损伤。此时,应及时采取措施,组织修理,调整或更换磨损零件,以防技术状况恶化而影响其他机件正常工作。

六、减少磨损的方法与途径

1. 正确选择材料

正确选择材料是提高耐磨性的关键之一。应选择疲劳强度高、防腐性能好、耐磨耐高温的新材料,配合副零件应尽量采用不同的材料制造,注意配对材料的互溶性。

2. 进行表面强化

通过适当的表面强化处理,如表面热处理(钢的表面淬火等)、表面化学热处理(钢的表面渗碳、渗氮等)、喷涂、喷焊、镀层、滚压、喷丸等,使配合副零件具有不同的表面性质,从而提高零件表面的耐磨性。

3. 改善工作环境

选用合适的润滑剂和润滑方法,尽量建立液体摩擦条件,尽量避免过大的载荷、过高的运动速度和工作温度，创造良好的环境条件。

4. 合理的结构设计

正确合理的结构设计是减少磨损和提高耐磨性的有效途径。正确合理的结构设计有利于摩擦副表面保护膜的形成和恢复压力的均匀分布，有利于磨屑的排出和防止外界磨粒、灰尘的进入等。

5. 提高零件的加工质量

零件的加工质量，是指表面粗糙度和几何形状误差。几何形状误差过大，将造成零件工作过程中受力不均，或产生附加载荷，使磨损加剧。表面粗糙度过大，会破坏油膜的连续性，造成零件表面凸起点的直接接触，使磨损加快。在一般情况下，磨损速度随零件表面粗糙度的减小而减小，但表面粗糙度减小到一定程度后，磨损速度反而随表面粗糙度的减小而增大，如图 1-5 所示。这是因为，表面粗糙度过小，使零件表面的含油性降低，不利于油膜的形成，使润滑条件变差，磨损加剧。由此可见，对于不同条件下工作的零件，都应有适当的表面粗糙度。

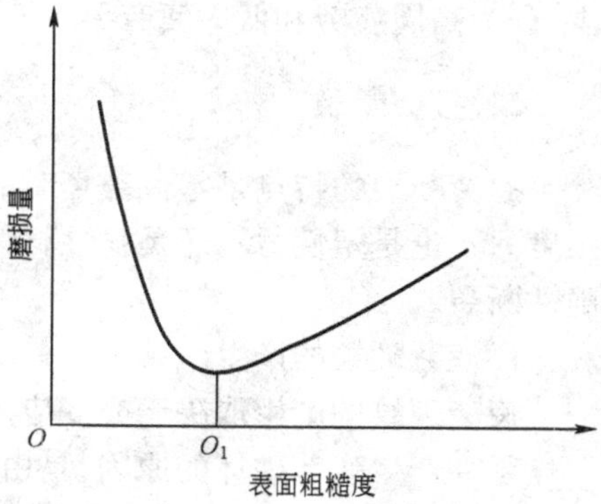

图 1-5　表面粗糙度对磨损的影响

第二节　零件的断裂

断裂是零件在机械力、热、磁、声响、腐蚀等单独或联合作用下，发生局部开裂或分成几部分的现象。断裂是零件破坏的重要原因之一，而且是零件使用过程中的一种最危险的破坏形式，关键零件的断裂往往导致重大的机械事故。

一、断裂的分类

根据对断口的不同观察方法和形状特征，断裂可以有不同的分类方法。

1. 按零件断裂后的自然表面特征分类

(1) 塑性断裂。塑性断裂是指零件在外力作用下引起的应力超过弹性极限时将发生塑性变形，外力继续增加，当应力超过强度极限时，零件将产生断裂。在塑性变形过程中，首先使某些晶体局部破裂，最终导致金属的完全断裂。断口的宏观状态呈杯锥状或鹅毛绒状，颜色发暗，边缘有剪切唇，断口附近有明显的塑性变形。

(2) 脆性断裂。断裂前几乎不产生明显的塑性变形。脆性断裂总是从零件内部存在的宏观裂纹开始的，这种裂纹常发生在低于材料屈服强度的部位，并逐渐扩展，最后导致突然断裂。它的断口呈结晶状，常有人字纹或放射状花纹，平滑而光亮，且与正压力垂直，断口附近的截面收缩很小，一般不超过 3%。

2. 按断口的微观特征分类

(1) 晶间断裂。这种断裂的裂纹沿着晶界（结构相同而取向不同的晶体之间的界面）扩展，多发生于脆性断裂，有时也发生于塑性断裂。

(2) 穿晶断裂。这是指裂纹穿过晶粒内部的断裂，可以是脆性断裂，也可以是塑性断裂。

3. 按零件断裂前所承受的载荷性质分类

(1) 一次加载断裂。零件在一次静载荷（缓慢递增的或恒定的载荷）作用下，或一次冲击能量作用下的断裂称为一次加载断裂。包括静拉伸、静压缩、静弯曲、静扭转、静剪切、高温蠕变和一次冲击断裂等。

(2)疲劳断裂。零件在较长的时间内,在交变载荷作用下发生的突然断裂称为疲劳断裂。机械零件的断裂,绝大多数是由疲劳引起的,疲劳断裂占整个断裂的70% ~80%,它的类型很多,包括拉压疲劳、弯曲疲劳、扭转疲劳、接触疲劳、振动疲劳等。疲劳又可根据循环次数的多少,分为高周疲劳和低周疲劳。

二、疲劳断裂

疲劳断裂的特点是零件破坏时的应力远低于零件材料的抗拉强度,甚至低于材料的屈服强度。不论是塑性材料还是脆性材料,发生疲劳断裂时,都不产生明显的塑性变形,均表现为脆性断裂。

1.疲劳裂纹的产生

疲劳裂纹的产生取决于交变应力的大小、交变应力的循环次数和材料的疲劳强度。

零件产生疲劳破坏的原因,是由于交变载荷反复作用,在应力集中的部位,使材料发生塑性变形,产生微观裂纹,成为零件进一步损坏的原因。金属材料的内部结构缺陷和零件的结构设计不当,是零件产生应力集中的原因。在金属晶粒间存在极小的空隙和其他的非金属夹杂物,这些缺陷本身就构成了许多微小裂纹,零件在交变载荷作用下,这些部位就形成了微小的应力集中点。零件过渡圆角过小或孔、键槽的所在部位,都能引起应力集中,在应力集中部位,应力可能远远大于零件材料的屈服强度而引起塑性变形。随着交变应力的不断增加,材料所能承受的载荷次数达到极限,零件就产生疲劳裂纹。

零件产生最初的微观裂纹还与金属本身结晶的各向异性和加工的不均匀度有关,在外力作用下,这些部位产生的应力大,易发生塑性变形,于是在最薄弱处将首先产生微观裂纹。一般情况下,疲劳裂纹发生在零件表面层的应力集中部位。

2.疲劳断口形貌

典型的疲劳断口按断裂过程分三个区域,即疲劳源区、疲劳扩展区、瞬时断裂区,如图1-6所示。

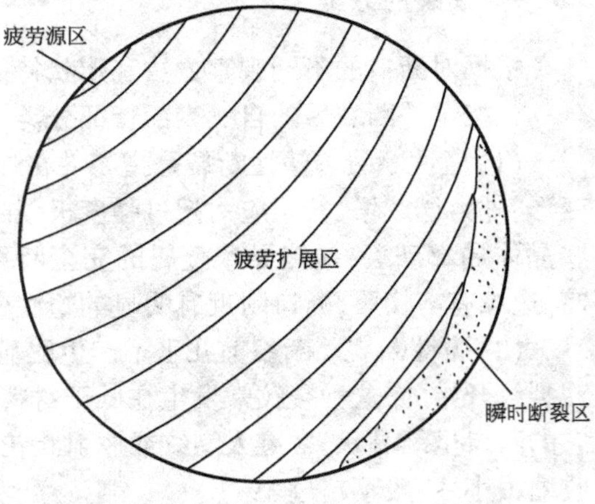

图1-6　疲劳断口的宏观形貌

(1)疲劳源区。这是疲劳裂纹最初形成的地方,用肉眼或低倍放大镜能大致判断其位置,它一般发生在零件的表面,但若对材料表面进行了强化或内部有缺陷,疲劳源区也可发生在皮下或材料内部。疲劳破坏好似以它为中心,向外散射呈海滩状的疲劳弧或贝纹线。

(2)疲劳扩展区。疲劳扩展区是在微纹的产生及扩展过程中形成的。该区域是疲劳断口上最重要的特征区域,呈宏观的疲劳弧带和微观的疲劳纹,断口比较光亮。疲劳弧带大致以疲劳源为核心,似水波形式向外扩展,形成许多同心圆或同心弧带,其方向与裂纹的扩展方向相垂直。每一条疲劳纹代表一次载荷循环,疲劳裂纹数与循环次数相等。是否出现疲劳纹,决定于应力状态、材料性质及环境因素。通常,疲劳断面愈光滑,说明零件在断裂前经历的循环次数愈多,承受载荷愈小。

(3)瞬时断裂区。瞬时断裂区是最后瞬间突然折断的连接部分，它是由于应力超过了材料的强度极限而造成的，其宏观特征与静载拉伸类似，断面比较粗糙。

三、断口分析

断口分析的目的是通过对断口的宏观和微观形态以及化学成分、显微结构、冶金缺陷、力学性能与零件的制造工艺、表面质量、几何形状和使用条件等方面进行分析，以判断断裂的性质、类型和原因，研究断裂的机理，进而提出防止断裂的措施。

零件断裂的原因往往是非常复杂的，故断口分析也是多方面的。

1. 现场分析

零件断裂后，对于断口和断裂时产生的碎片，应严加保护，避免氧化、腐蚀和污染。在未查清断口的重要特征和照相记录之前，不允许清洗断口。对零件的工作条件、运转情况及周围环境等，应做好调查研究。

2. 宏观分析

用肉眼或20倍以下的放大镜，对断口进行观察和分析。分析前，先用汽油清洗断口的油污，对腐蚀比较严重的断口，可用化学法或电化学法去除氧化膜。宏观分析是整个破断分析的基础，主要观察分析破断全貌、裂纹和零件形状的关系、断口与变形方向的关系、断口与受力状态的关系，能初步判断裂源位置、破坏性质及原因，以进一步缩小分析研究的范围，为微观分析提供线索和依据。

3. 微观分析

用金相显微镜或电子显微镜对断口进行观察和分析。主要观察和分析断口形貌与显微组织的关系，断裂过程中微观区域的变化，裂纹的微观组织与裂纹两侧夹杂物的性质、形状和分布，以及显微硬度裂纹的起因等。

4. 金相组织、化学成分、力学性能的检验

金相组织检验主要是研究材料是否有宏观或微观缺陷，裂纹分布与走向以及金相组织是否正常等。化学分析主要是检验金属的化学成分是否符合零件要求，杂质、微量元素的含量和大致分布等。力学性能检验主要是检验金属材料的常规数据是否合格。

四、避免零件疲劳断裂的措施

金属零件由于各种原因会产生宏观或微观裂纹。有裂纹的零件不一定立即就断，其都有一段扩展时间。在一定条件下，裂纹还可不发展，有裂纹的零件也可不断，但是断裂是由裂纹发展而来的，断裂事故后果严重。目前，在维修中一旦发现裂纹，都要加以修复或更换，重要零件则应予以报废。减少或避免零件断裂的措施主要有以下几点。

1. 减少局部应力集中

金属零件的疲劳断裂大部分是由局部的应力集中引起的，因此，减少局部应力集中是减少零件断裂的最有效措施之一。在选择零件材料时，应尽量减少材料内部缺陷，在设计和加工等过程中，要注意尽量减少引起应力集中的因素，如零件截面变更处的圆角形状和大小，油孔油槽的位置和尺寸等。

2. 金属表面的强化处理

对金属表面进行强化处理，可以提高表层金属的强度，改变表面内应力的分布，从而提高零件的疲劳极限。常用的表面强化处理方法有：表面渗碳、渗氮、表面高频淬火、表面镀覆以及

滚压、喷丸、抛光等。

3. 提高零件的表面质量

同一种材料,表面光滑的零件比表面粗糙的零件疲劳极限要高。而且,材料强度越高,其表面加工质量对疲劳极限的影响也越大。因此,在交变载荷作用下工作的零件,材料的强度越高,对表面加工质量的要求也越高,不允许有较大的表面缺陷。试验证明,不同表面状态下的疲劳极限相差可达 7 ~ 8 倍。

4. 减少残余应力的影响

各种加工和热处理工艺过程,如机械加工、冲压、弯曲、热处理等都能引起残余应力,一般残余拉应力是有害的,但残余压应力则是有益的,表面强化处理工艺过程中可产生残余压应力,它们将抵消一部分由外载荷引起的拉应力,因而减少了发生断裂的可能性。

5. 尽量避免零件的超负荷工作

零件的负荷越大,则交变应力的变化幅度越大,零件也就越容易产生疲劳裂纹。港口机械使用中应严格控制超负荷运行,从而延长维修周期和使用寿命。

第三节　零件的腐蚀

金属零件的腐蚀是指零件表面与外部介质发生化学或电化学作用而发生的表面破坏现象。腐蚀总是从金属表面开始,然后或快或慢地往里深入,并使表面的外形发生变化,出现不规则形状的凹坑或斑点。腐蚀的结果是使金属表面产生新的物质,严重时会导致零件的破坏。

一、腐蚀的分类

1. 化学腐蚀

化学腐蚀在金属零件中是普遍存在的。金属表面与空气接触,生成氧化物,就是化学腐蚀的一种。另外,金属零件与润滑油接触,润滑油中的酸性物质会使零件受到腐蚀;燃料与润滑油中含有硫的成分,对轴承合金和其他金属材料也有很强的腐蚀作用。

燃料在发动机的工作过程中,会产生有机酸和矿物酸,这些酸类对发动机缸套内壁有很强的化学腐蚀作用,这种腐蚀作用将会导致缸套的不正常磨损。缸内温度越低,汽缸内壁的腐蚀越严重。所以,发动机频繁的低温启动或长期的冷却水偏低,均会加剧缸套的腐蚀与磨损。

2. 电化学腐蚀

电化学腐蚀是指金属与介质发生电化学反应而引起的破坏。

金属与电解质溶液接触能形成原电池,其中电位低的金属原子溶解成为正离子,使它表面电子过剩构成电池的负极。这种原电池的电流无法利用,但它却能使负极金属腐蚀,成为腐蚀电池。如果金属表面有杂质,且杂质又是高电位构成的正极,也将使金属产生腐蚀。因为零件材料是由多元素构成的,各元素具有不同的电极电位,如碳钢中含的渗碳体和铸铁中的石墨,其电位高于基体,当与电解质溶液接触时,便构成腐蚀电池,使基体金属产生腐蚀。

暴露于大气中的零件,其表面的一些吸湿性物质,从大气中吸收水分,使零件变湿,大气中的二氧化碳、二氧化硫等物质溶入其中,就成为电解液,给电化学腐蚀创造了条件。因此,无任何保护而直接暴露于大气中的零件,容易遭受电化学腐蚀。与化学腐蚀相比,电化学腐蚀具有更大的危害性,金属零件的腐蚀大多是由电化学腐蚀引起的。

二、减轻腐蚀的措施

引起金属腐蚀的因素是多方面的，主要因素有金属的特性、金属的成分、零件表面情况、环境等。腐蚀过程虽然是缓慢的，但它带来的危害却相当大，是金属零件失效的重要原因之一。减轻腐蚀的措施主要有以下几方面。

1. 合理选材和设计

合理选材就是根据环境介质和使用条件，选择合适的材料，如选用含有镍、铬、硅、钛等元素的合金钢，在条件允许的情况下，尽量选用尼龙、塑料、陶瓷等材料。

在设计过程中，虽然应用了较优良的材料，但是如果在结构设计上不考虑金属的防腐蚀措施，常会引起机械应力、热应力以及流体的停滞和聚集，导致局部过热等现象，从而加速腐蚀过程。设计时，应努力使整个体系的所有条件尽可能的均匀一致，零件表面粗糙度合适，设计结构合理，外形简化。

2. 覆盖保护层

覆盖保护层即在零件表面以薄膜的形式附加一层不同的材料，改变零件的表面结构，使金属与介质隔离开来，从而防止腐蚀。

(1)金属保护层。采用电镀喷焊、化学镀等方法，在金属表面覆盖一层如镍、铬、锡等金属或合金作为保护层。

(2)非金属保护层。常用的非金属保护层有油漆、涂料、玻璃钢、硬软聚氯乙烯、耐酸酚醛塑料等，临时性防腐可涂油或油脂。

(3)化学保护层。用化学或电化学方法在金属表面覆盖一层化合物薄膜，如磷化、发蓝、钝化等。

(4)表面合金化。如渗氮、渗铬、渗铝等。

3. 电化学保护

对被保护的零件通以直流电流进行极化，以消除电位差，使之达到某一电位时，被保护的金属腐蚀可以很小，甚至呈无腐蚀状态。这是一种较新的防腐蚀方法，但要求介质必须是导电的、连续的。

4. 改变环境条件

(1)采用通风除湿等措施去除环境中的腐蚀介质，减轻腐蚀作用。对金属材料，把相对湿度控制在临界湿度(50% ~70%)以下，可显著减缓对金属的电化学腐蚀。

(2)在腐蚀介质中加入少量降低腐蚀速度的缓腐剂，可减轻对金属的腐蚀。

第四节　零件的变形

零件的变形是指由于质点位置的变化，引起零件的尺寸和形状发生改变的现象。零件变形后，改变了配合副表面正确的相互位置关系，对港口机械的工作性能和使用寿命会有很大的影响。

一、零件变形的原因

1. 残余内应力的影响

有些铸造零件，在制造加工出来以后，是符合技术要求的，但使用一段时间后，产生了不符合技术要求的较大的变形。其主要原因是对铸件未进行时效处理或时效处理不当。铸铁件从高温冷却下来的过程中，由于零件各部位厚薄不均，冷却速度不同，厚的部位冷却速度慢，薄的部位冷却速度快，先冷却的部位材料内部产生弹性压缩，后冷却的部位材料内部产生弹性拉伸，这样，在铸件内部就产生了内应力，通常称为热应力。

另外，灰铸铁在由奥氏体转化为铁素体的同时，析出石墨，体积膨胀。薄壁的部位冷却速度快，先达到相变温度而发生膨胀，承受拉应力，而厚壁部位则受压应力，这种内应力称为相变应力。

为了防止零件在使用中由于内应力而变形，在机械加工前，应对铸件进行自然时效或人工时效处理，从而消除铸件内部的残余应力。

2. 外载荷的影响

发动机的汽缸体、车辆的变速箱体、后桥壳等零件，在工作过程中承受的外载荷不均衡，其长期作用的结果是使零件发生变形，改变配合表面的位置。这种情况在机械超负荷工作时更容易发生。

承受装配预紧力的紧固件也容易发生变形。如车辆的变速器壳与发动机飞轮壳的连接，只限于几个螺钉的紧固，而变速器壳的前壁刚度不大，容易引起壳体变形。此外，像发动机汽缸盖这类内部空腔较多、承受预紧力较大的紧固件，如果装配过程中不能很好地按规范操作，各部位所受预紧力不均，也很容易导致变形。

3. 修理过程的影响

在港口机械的修理过程中，如果对零件采用堆焊、焊接、压力加工等修理工艺，都有可能在零件内部产生新的内应力而导致变形，所以，在编制零件的修理工艺程序时，应充分考虑到这些应力的影响；在对修理后的零件进行装配时，应进行形位检测。

4. 温度的影响

金属的弹性极限随温度的升高而降低，在高温作用下，内应力会很快松弛，所以工作温度高的零件（如发动机的燃烧室零件），在外载荷与高温的双重作用下，往往更容易产生变形。

二、基础件变形对总成的影响

1. 汽缸体

汽缸体形状复杂，它经常处于超负荷和高温条件下工作，容易产生变形。

汽缸体变形可能引起汽缸轴线与曲轴主轴承轴线的垂直度、主轴承轴线与凸轮轴轴线的平行度、各主轴与轴承轴线的同轴度以及汽缸体上下平面的平行度、汽缸轴线与汽缸体下平面的垂直度等的改变。

汽缸轴线对曲轴轴线的垂直度误差，将引起活塞连杆组零件在汽缸内的倾斜，使活塞环与汽缸壁之间的磨损加剧。各主轴与轴承座孔的同轴度误差，将引起曲轴在座孔中的挠曲，影响润滑油膜的形成和增加曲轴的附加载荷，加剧曲轴与轴承的磨损。因此，汽缸体的变形将直接影响发动机的使用寿命。

2. 变速器壳体

变速器壳变形直接影响到壳体上各轴承孔轴线的平行度误差，如果这些误差超过了允许值，将使变速器传递扭矩不均匀，同时产生动载荷和工作噪声，还可能使齿轮工作中产生轴向力，当所产生的轴向力大于定位机构的锁止力和各滑动部位产生的摩擦力时，就有可能造成跳挡或脱挡，同时，各齿轮组相对啮合的正确位置也会受到破坏，从而加剧齿轮磨损、点蚀和剥落现象。

复习思考题

1. 港口机械零件运动中的摩擦分为哪几种类型？
2. 润滑的主要作用有哪些？
3. 形成良好的润滑油膜需要具备哪些条件？
4. 什么是磨料磨损？摩擦表面的磨料来源于何处？
5. 什么是疲劳磨损？哪些零件的表面容易产生疲劳磨损？
6. 零件的磨损分为哪几个阶段，正常磨损的零件有着怎样的磨损规律？
7. 减少零件磨损的途径有哪些？
8. 疲劳断裂是如何发生的，应该采取哪些措施来防止零件的疲劳断裂？
9. 腐蚀的类型有哪些，可以采取哪些措施来减轻零件的腐蚀？
10. 零件变形的原因有哪些，汽缸体的变形会对发动机的工作产生怎样的影响？

第二章 零件的清洗、检验与分类

- **学习目标**

知识目标

1. 了解常用清洗剂的清洗原理；
2. 掌握不同类型的零件所应采用的清洗方法；
3. 掌握零件分类检测的内容及注意事项；
4. 准确描述磁力探伤、荧光探伤、超声波探伤的工作原理；
5. 了解动平衡试验机的基本原理。

能力目标

1. 能配制除油污、积炭、水垢的清洗剂；
2. 能进行清除油污、积炭、水垢的简单操作；
3. 能利用游标卡尺、百分表等量具检验零件的技术参数；
4. 基本能够使用磁力探伤机、荧光探伤仪、超声波探伤仪等仪器检查零件的内部缺陷。

第一节 零件的清洗

港口机械大修中，在各总成解体后，需要对拆下的零件进行清洗。清洗的目的，一方面是清除零件上的油垢，对零件进行检验分类，了解各零件的磨损和损坏情况，同时也给下一步的修理工作提供依据。因此，零件的清洗工作直接影响到机械的修理质量和修理成本。

零件的清洗方法是决定其清洗质量和效率高低的重要因素，而清洗材料和清洗设备又是决定清洗方法的重要内容，因此必须予以足够重视。一般来说，零件的清洗必须掌握以下几项基本原则。

(1)保证满足对零件清洗程度的要求。港口机械修理中，各种不同的机件，对清洁的要求是不一样的。例如，配合零件的清洁程度高于非配合零件，动配合零件高于静配合零件，精密配合零件高于非精密配合零件。因此，清洗时，必须根据不同的要求，采用不同的清洗剂和清洗方法，从而保证达到所要求的清洁质量。

(2)防止零件在清洗过程中的腐蚀。零件清洗过后，应停放一段时间，应考虑清洗液的防腐能力或考虑其他防锈措施。

(3)确保安全操作。防止引起火灾或毒害人体及造成对环境的污染。

(4)讲究经济效益。在保证上述条件的前提下，应从提高工效、降低原材料成本等因素全面考虑其经济性。

零件表面的污垢，主要是油污、积炭和水垢。下面简单介绍这几种污垢的清除方法。

一、油污的清除

油污主要是油料与灰尘、铁屑等物质的混合物，清洗时，可以采用以下方法。

1. 有机溶剂法

这是一种最简单的清洗方法，即用有机溶剂，如汽油、煤油、柴油、酒精等，把零件表面的油污清洗掉。这种方法浪费油料较多，修理成本较高，一般用于清洗小型或比较精密的零件。

2. 碱性溶液法

使用碱性溶液清洗油污可使清洗成本大大降低。常用的碱性清洗剂配方见表2-1。

常用碱性清洗剂配方(单位:g)　　表2-1

工件类别	成分 品名 配方	苛性钠	碳酸钠	磷酸三钠	肥皂	硅酸钠	重铬酸钠	液态肥皂	水
钢铸铁件	1	100						2	1 000
	2	7.5	50	10	1.5				1 000
	3	20		50		30			1 000
铝质品	1		10				0.5		1 000
	2		4			1.5			1 000
	3					1.5		2	1 000

清洗零件时，把溶液加热到353～363K，再将零件置于溶液中浸煮，或用溶液对零件进行喷洗。零件清洗后，用热水冲洗掉其表面上的残留碱液，然后吹干。

二、积炭的清除

积炭是燃料不完全燃烧的产物，主要存在于车辆发动机的燃烧室零件上。发动机在工作中，燃油和窜入燃烧室内的机油未能完全燃烧，在高温和氧的作用下形成羟基酸和树脂状胶质，黏附在零件表面，再经过高温作用，缩聚成沥青质、油焦质和碳素质的复杂混合物，即形成所谓的积炭。

燃烧室内形成的积炭不仅使燃烧室容积减小，而且使燃烧过程中形成许多炽热点，引起早燃，破坏正常燃烧。黏附在活塞环上的积炭会在汽缸内形成硬质磨料，引起汽缸的不正常磨损，并会污染润滑系统、堵塞油道等。在修理中，必须彻底清除这些积炭，常用的清除方法有机械方法和化学方法两种。

1. 机械方法

(1)手工清除。使用金属刷、三角刮刀等简单工具可以去除零件表面的部分积炭，但某些凹坑、沟槽部位的积炭则难以除尽。另外，手工清除容易在零件表面留下伤痕，使之形成新的积炭点，并且效率也很低。

(2)流体喷砂法。以液体和石英砂的混合物作为喷射物，以一定的压力喷射到零件表面，使积炭在液流的冲击下脱离零件表面，这种方法工作效率较高，清除效果也较好。

2. 化学方法

这种方法是将零件表面的积炭部位浸在化学溶液里，在溶液的作用下，使积炭软化，便很容易用擦洗或刷洗的方法清除掉。浸泡时间一般为2～3h，溶液温度为353～358K。

常用的化学除炭溶液配方见表2-2。

化学除炭溶液的成分配方(百分比)　　表 2-2

类别	成分名称 \ 种类	I	II	III	IV
钢铁件无机除炭剂配方	氢氧化钠	2.5	16	16	2
	碳酸钠	3.3			
	磷酸钠		3		
	硅酸钠	0.15	5		
	肥皂	0.85	1		
	重铬酸甲			0.5	
	Tx-10 清洗剂				0.5
	邻苯二甲酸				
	二丁酯				0.1
	水	其余	其余	其余	其余

类别	成分名称 \ 种类	I	II	III	IV
铝质件无机除炭剂	碳酸钠	2	1.0		
	硅酸钠	0.8	—		
	肥皂	1.0	1.0		
	重铬酸甲	0.5	0.5		
	水	其余	其余		

有机除炭剂配方

品名	煤油	汽油	松节油	苯酚	油酸	氨水（浓度 18%）
含量（%）	22	8	17	30	8	

三、水垢的清除

发动机经过长期使用后,其冷却系统中的水道,尤其是汽缸体、汽缸盖的水套内壁,常积有大量的水垢。这些水垢的存在,不仅使冷却水道的通流截面积减小,阻碍了冷却水的循环,同时使热阻大大增加,导致发动机过热,工况恶化。

发动机冷却水道形状复杂,而水垢的成分大多数为不溶性盐类,因此,只有通过化学方法来清除。常用的化学溶液有酸性和碱性两类,究竟选用哪一种,应该根据水垢的性质来合理选择。

对碳酸盐类水垢,可用苛性钠溶液或盐酸溶液。

对硫酸盐类水垢,因为它不易直接溶解于盐酸溶液中,故不宜直接用盐酸溶液,应先用碳酸钠溶液处理,再用盐酸溶液清除。

硅酸盐类水垢也不易直接溶解于盐酸溶液,一般用 2% ~3% 浓度的苛性钠溶液进行清洗。

另外,采用 0.3% ~0.5% 的磷酸三钠溶液,可以清除任何成分的水垢。因为化学反应后生成的磷酸较为疏松,而钠盐等均溶于水。清洗完毕后放出清洗液,再用清水冲洗即可。这种方法的缺点是需要浸泡的时间较长。

第二节　零件的检验与分类

零件清洗后,应按照各个零件的技术要求进行检验,经检验后,把零件分为可用、需修和报废三类,这个过程即为零件的检验与分类。

可用零件是指零件虽有一定磨损,但其尺寸和几何形状的误差尚在允许范围之内,还可以继续使用。需修零件是指零件的磨损及几何形状的误差虽已大于允许值,但经过一定的修复后仍可继续使用。报废零件是指零件损伤严重,无法修复或者没有修复价值。

零件的检验分类是修理中极为重要的工序。这道工序进行得好坏,直接关系到修理质量和成本，因此，必须认真对待。

一、零件检验的内容和方法

零件的检验包括以下几个方面的内容：

(1)零件的尺寸误差。如轴类零件的直径、杆件的高度及壳体的厚度等。

(2)零件的形位误差。如零件的圆柱度、同轴度、垂直度、平面度以及过渡圆角、圆弧等。

(3)配合零件的间隙、紧度、跳动、密封性以及齿轮的啮合情况等。

(4)零件的表面粗糙度，有无裂纹、刮痕、腐蚀斑点等。

(5)零件表层材料与基本金属的结合强度。如轴承钢背与轴承合金的结合强度，电镀、喷镀层、焊接层与基体金属的结合强度等。

(6)铸造及焊接零件的内部缺陷，如有无夹杂、气孔、疏松及内部裂纹等。

(7)零件材料的硬度、韧性、弹性等。

(8)零件的质量及平衡情况。如活塞连杆组的质量差，曲轴与飞轮的平衡情况等。

(9)零件有无破碎、折断、烧损等。

在零件的各项技术条件中，零件的尺寸精度要求，是决定零件是否可以继续使用的前提，也是决定机械的修理周期的主要依据。

当零件磨损后实际尺寸在极限尺寸范围内，尚能保持技术文件规定的工作能力，则无需修理，还可以正常使用。

极限磨损是指零件的磨损导致配合副进入极限状况，又不能保持技术文件规定的工作能力的零件磨损量，零件磨损达到极限磨损时，则必须进行修理。

根据零件缺陷位置和检验手段的不同，零件的检验方法一般分为外部检视、仪器测量和内部缺陷检验。

零件破裂、明显裂纹、严重变形、严重磨损、严重腐蚀等缺陷，一般通过外部检视即可确定其需修或报废。零件因为磨损而导致尺寸变化，因变形而引起几何形状的改变，或因长期使用而使技术性能降低等缺陷，一般很难用外部检视法鉴定，只有借助于仪器仪表等检测工具，通过测量其尺寸或其他技术数据，与检验技术条件相比较，才能确定其可用、需修或报废。对零件内部的缺陷，则要通过专门的探伤仪器或设备来进行检测。而对于一些特殊技术数据的检测，如平衡试验，则要通过一些专用设备来进行检测。

二、零件的外部检验

1. 感觉检验

感觉检验是一种直观的检验方法，通过感觉器官来对零件进行判断和检验，它简单易行，在实际工作中应用很广，港口机械中的很多零件均可用这种方法进行技术状况的检验。

(1)目视。对于表面损伤的零件，如毛糙、沟槽、刮痕、明显裂纹、剥落、折断、严重变形、弯曲、烧蚀等，都可以通过眼睛或借助于放大镜进行观察，以确定其需修或报废。

(2)敲击。对于某些零件，如壳体、轴瓦等，可以用小锤轻轻敲击，辨别其声响是否正常。如零件完好，则敲击时发出清脆的音响，如敲击时发出沙哑的声响，则说明零件有裂纹、松动或结合不良等缺陷。

(3)比较。利用新的标准零件与被检验的零件进行比较，以对比的结果判断被检验零件的技术状况。

(4)触摸。根据经验,凭触摸的感觉粗略判断配合零件的间隙、温度、螺纹的扭紧度等。

外部检视法虽然应用较广,但是要求检验人员具有较高的技术水平和丰富的实践经验,对各种零件的工作状况,都应有感性体会,因而具有一定的局限性。

2. 测量检验

用测量法检验零件,一般可获得较高的精确度。在检修过程中,常用的量具有量缸表、百分表、千分尺、游标卡尺、厚薄规、卡钳、专用样板、测齿卡尺等。常用的检验仪器有连杆校正器、弹簧检验器、活塞环检验器等。使用这些测量工具和仪器,可以检查零件尺寸、零件几何形状的变化,以及检查零件的平衡、组合件的耐压和气密性等。

三、零件内部缺陷的检验

零件的内部或隐蔽缺陷,如曲轴、活塞销等零件的微观疲劳裂纹、铸造零件内部的气孔等,用外部检验和仪器测量难以发现,可以用浸油法、磁力探伤法、荧光探伤法、超声波探伤法等方法进行检验;汽缸盖、汽缸体等铸铁件,可通过水压试验发现其裂纹缺陷。这些方法都属于无损伤检验。

1. 浸油法

采用浸油法检验零件裂纹的工艺过程如下:

(1)先将清洗干净的零件浸入煤油或柴油中数分钟,取出后将表面擦干。

(2)在零件表面涂上一层滑石粉或石灰。

(3)用小锤轻击零件的非工作面,如果零件有裂纹,那么,由于锤击产生的振动,使渗入裂纹中的油溅出,在白粉上就会出现黄色线痕。

这是探测微观裂纹的比较简单而有效的方法。也可以用着色法,即在零件表面涂上一薄层红丹漆,隔数分钟后,用布擦去红丹漆,然后用锤击法检验,有裂纹的地方即会出现红色线痕。

2. 磁力探伤法

磁力探伤法可以在不损伤零件的前提下,用物理方法准确地探测出零件的隐蔽裂纹和损伤。

磁力探伤的设备是磁力探伤仪。它借助于探伤器将零件磁化,于是,在零件隐蔽裂纹的边缘便形成磁极。其工作原理是:当磁力线通过被检验零件时,零件被磁化,此时,若零件有裂纹或其他(气孔、砂眼等)缺陷时,这些有缺陷的部位不导磁,而使磁力线被迫中断,因而便形成局部磁场和磁极,如图2-1所示。当在磁化零件表面撒上磁铁粉或铁粉液时,铁粉便被吸附在形成局部磁场的裂纹和缺陷处,因而显示出裂纹或缺陷的部位和大小。

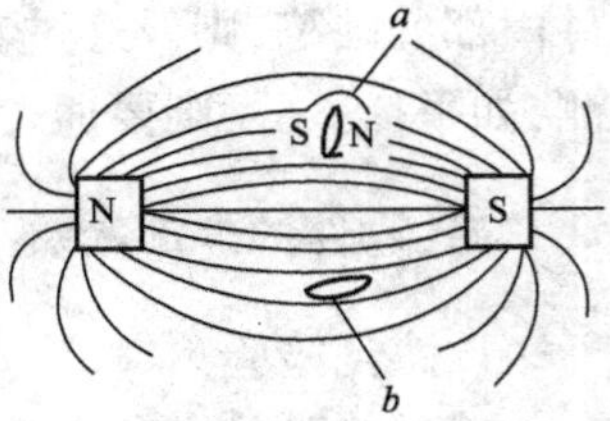

图2-1 零件裂纹处的局部磁场

进行磁力探伤时,必须使磁力线垂直通过裂纹,使其最大限度地切割磁力线。否则,裂纹不易被发现,如图2-2所示,因为裂纹平行于磁场时,磁力线偏散很小。所以,在探伤检验时,要预先估计裂纹所在的位置和方向,从而采用不同的磁化方式:对横向裂纹,要使零件纵向磁化,对纵向裂纹,要使零件横向磁化(亦称环形磁化)。

磁化电流可采用直流或交流,主要采用低压高强度电流,这样可以获得强力磁场。交流磁力探伤因其设备简单(只需降压变压器)而被广泛采用,但由于交流电的集肤效应,只能检验接近零件表面的裂纹,适用于疲劳裂纹的检验。

目前，机械维修企业广泛采用的便携式磁力探伤仪，主要由控制器、马蹄形探头和环形探头组成。控制器的"磁场控制"开关有"强"、"中"、"弱"三挡位置，可根据被测零件的大小进行选择，探头的型号也可以根据被检测零件的形状来选用，马蹄形探头适用于检验异形表面的裂纹，如曲轴和销孔等。环形探头适用于检验直径较小的轴类零件的表面缺陷，如半轴、转向节等。

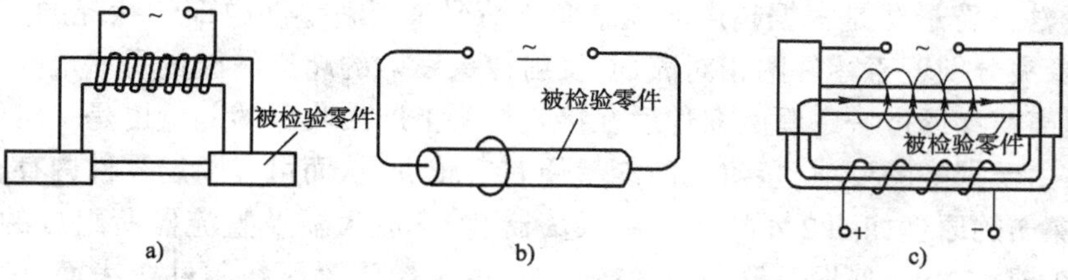

图 2-2　磁化原理简图

a)纵向磁化；b)横向磁化；c)联合磁化

经过磁力探伤检查的零件中含有剩磁，在使用中会吸附铁屑而加速零件磨损，因而，磁力探伤后的零件要进行退磁处理。其方法有两种，一种是将零件从交变磁场中慢慢退出来，或者零件在磁场中不动，使磁场电流逐渐下降到零；另一种是将零件置于直流电的磁场中，不断改变磁场的极性，同时逐渐将电流减小到零。值得注意的是，交流退磁，仅在零件表面有效，对于直流电磁化的零件，只能用直流电退磁。

磁力探伤法只适用于能够被磁化的零件。

磁力探伤法由于其设备简单，探伤较准确、迅速，因而在机械修理企业中被广泛应用，但磁力探伤法不易探测出零件深处的缺陷，其应用受到缺陷深度的限制。

3. 荧光探伤法

荧光探伤是利用在紫外线作用下，能发光的物质作为悬浮液体，将它涂在被检验零件的表面上，当零件被水银灯照射时，在裂纹内的发光物质将更加明亮，因此很容易发现裂纹。尤其在钢制零件的黑暗表面上，这种方法更为有效。它能够发现磁力探伤时所不能发现的很细小的裂纹。

荧光探伤的基本原理如图 2-3 所示。检验零件表面存在缺陷时，在零件表面涂一层渗透性好的荧光乳化液，它能渗透到最细微的裂纹中去。然后将零件表面的荧光物质迅速洗去，缺陷内仍保留有荧光液，荧光液在紫外线的照射下会发光，从而显示出缺陷的位置、形状和大小。

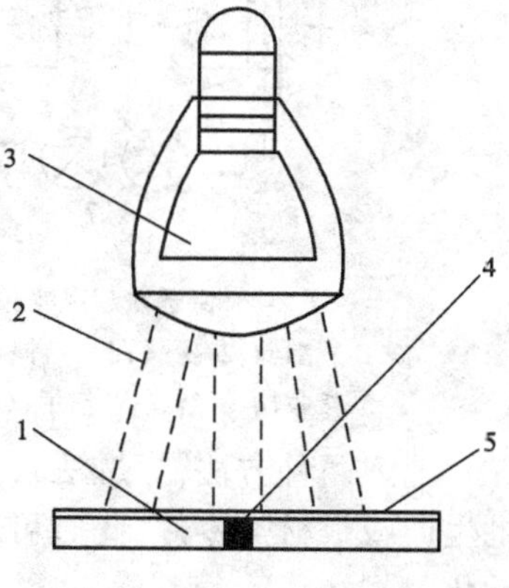

图 2-3　荧光探伤原理示意图

1-被检验零件；2-紫外光线；3-紫外光源；4-充满荧光剂的缺陷；5-显像剂

荧光探伤的工艺如下：

(1)探伤前对零件进行表面处理，首先清除零件表面的油污、锈斑和腐蚀物质等，然后用丙酮或清水清洗后烘干，以便于渗透过程的进行。

(2)将被检查零件浸入荧光液中 10 ~ 15min，取出后用 1 960kPa的压力冷水将零件表面的荧光液洗掉(时间应短)，并用压缩空气吹干。

(3)在零件表面覆盖氧化镁干粉，10 ~ 15min 后，用压缩空气吹去多余的粉末。

(4)将零件放在紫外线光源的正下方，在紫外线的作用下，氧化镁干粉从零件缺陷中吸附出来的荧光乳化液内的物质就会发出光亮,从而显示缺陷的形状和位置。

为了获得可靠的检验效果,通常把荧光探伤与磁力探伤结合起来使用。

4. 超声波探伤法

超声波探伤是利用超声波通过两种不同介质而产生折射和反射的原理来发现零件内部隐蔽缺陷及其所在位置的。超声波探伤主要有穿透法和反射法两种。

(1)穿透法。穿透法是根据超声波能量变化情况来判断零件内部的状况的。此法把发射探头和接收探头分别置于零件两相对表面,发射探头发射的超声波能量是一定的,在零件不存在缺陷时,超声波穿透过一定厚度零件后在接收探头上所接收到的能量也是一定的,而当零件存在缺陷时,由于缺陷的反射,接收到的能量便有所减少,从而可以断定零件内存在的缺陷。

穿透法探伤的原理如图 2-4 所示。由振荡器、功率放大器及整流器所组成的发射器 1 将交变电压加在探头 2 上,使探头振荡产生超声波,由于探头紧压在零件 3 表面,则超声波 4 传入零件 3。如果零件内无缺陷[图 2-4a)],则超声波穿过零件到达接收器 5,指示仪表 7 的指针摆动。当零件有内部缺陷时[图 2-4b)],则指针不摆动或摆动很少。

(2)反射法。反射法探伤的原理如图 2-5 所示。它利用超声波反射时间的变化来确定零件内部是否有裂纹损伤。振荡器 6 将交变电能传给发射探头 3,当探头 3 与零件 1 接触时,一部分超声波首先被零件表面反射回来,另一部分则传入零件,当传入零件内部的超声波遇到裂纹时,又有一部分反射回来,其余的超声波则在到达零件底面时,全部被反射回来。因此,当接收器将先后三次接收的反射超声波信号,经过放大器 4 传到示波器 5,于是在示波器的荧光屏上便先后出现三个不同的波峰。如果零件内部无缺陷,则只有前后两个波峰,如果在前后两个波峰之间再出现波峰,则表示零件内部有缺陷。而零件内部损伤的深度情况,要根据波峰的比例距离决定。

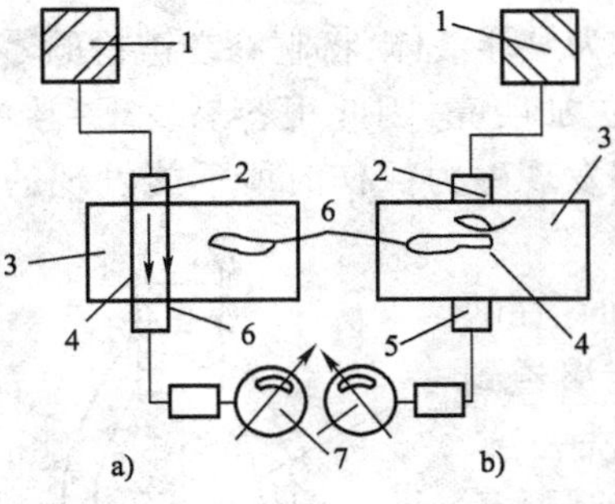

图 2-4 穿透法超声波探伤原理

1-发射器;2-探头;3-零件;4-超声波;5-接收器;6-裂纹;7-指示仪表

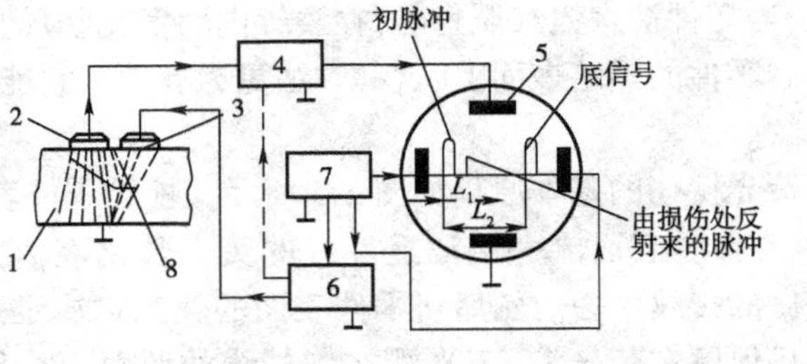

图 2-5 反射法超声波探伤原理

1-零件;2-探头;3-发射探头;4-放大器;5-示波器;6-振荡器;7-发生器;8-裂纹

上述两种方法,穿透法较反射法灵敏度低,且受零件形状的影响较大,但较适宜于检验成批生产或板材类零件,此时可以通过接收能量的精确对比而得到较高的精度,且易于实现自动化。

四、零件的平衡检验

对于曲轴、飞轮、传动轴、离合器、车轮等高速旋转零件,如果失去平衡,运转中就会产生不平衡离心力或离心力矩,必将在零件本身或在其支承上产生附加负荷,导致机械振动和噪声,加速零件磨损,严重时甚至引起零件的不正常损坏,因此,对高速旋转零件必须进行平衡性检验。平衡检验包括静平衡检验和动平衡检验两种。

零件或组合件产生不平衡的原因主要有：零件材料不均匀，如有气孔、砂眼等；零件在使用中发生磨损、变形；加工误差使零件的轴线偏离旋转轴线；装配误差使组合件的轴线偏离旋转轴线。

1. 静平衡检验

旋转直径大于长度的零件（如飞轮、离合器从动盘等），当其重心偏离旋转轴线时，便会产生静不平衡，静不平衡所产生的离心力 F，其值可用下面的公式计算：

$$F=\frac{W}{g}\cdot e\cdot\left(\frac{\pi n}{30}\right)^2$$

式中：W——零件质量，kg；

e——偏心距，cm；

n——零件转速，r/min。

可见，离心力与转速 n 的平方成正比，所以对于高速旋转零件，离心力是很危险的。

零件的静平衡应在专用的检验台架上进行。图 2-6 所示是平盘式静平衡机结构示意图。水平刻度平盘 3 可以绕摆架 1 上的垂直轴旋转，摆架 1 支承在两个三棱体的刀口上，平衡尺 4 的表面上有刻度，可以在支座 6 的孔中轴向移动，水平仪 5 装在摆架 1 上。例如，对飞轮进行静平衡检验时，可将其放在平盘 3 上，由于飞轮的静不平衡，使摆架倾向一侧，这时，移动平衡尺，使摆架重新达到水平位置，平衡尺的位移刻度值 a，可以从支架的窥视孔的箭头处读出。然后，使平盘连同飞轮转动 90°，再移动平衡尺，使摆架达到水平位置，读出平衡尺的位移刻度值 b，于是，便可根据平衡尺所指示的两个值 a 和 b，算出不平衡质量的大小和位置。

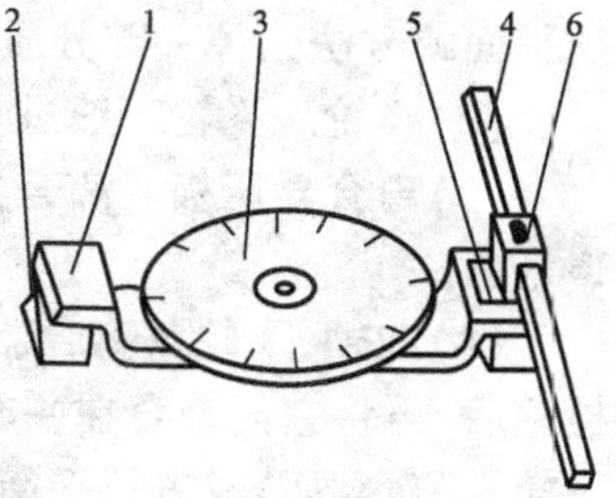

图 2-6　平盘式静平衡机示意图
1-摆架；2-三棱体；3-平盘；4-平衡尺；5-水平仪；6-支座

零件不平衡质量的消除方法，通常有以下两种：在不平衡质量相对称的一边附加一质量，或在不平衡质量的一边的适当位置削去一定质量的金属。

2. 动平衡检验

对于直径小于长度（如发动机曲轴、传动轴等）的旋转零件，即使它们已经经过静平衡，但若在其旋转轴线两侧产生力偶，便会出现动不平衡。如图 2-7 所示，两曲拐在同一平面的曲轴，两曲拐的重心分别在 S_1 和 S_2，重心与轴线间的距离分别为 r_1 和 r_2，并且两者相等，这时，整个曲轴的重心与旋转轴线重合，达到静平衡。但是，曲轴旋转时产生的离心力 F_1 和 F_2 组成一个力偶，其力偶臂为 L，此离心力偶在曲轴工作中使轴承受附加载荷，这种不利因素，在设计时一般均已解决。但使用一段时间后，由于磨损和变形等原因，会破坏原有的平衡，这时就有必要对曲轴进行动平衡试验。

曲轴的动平衡试验在专门的动平衡试验机上进行。动平衡试验机的基本原理如图 2-8 所示。被测曲轴安装在能发生横向摆振的摆架 3 上，当曲轴由电动机拖动旋转时，若在校正平面内存在不平衡质量，必然会引起振摆，其振幅值由传感线圈 1 在永久磁铁 2 内摆动所产生的感应电流转变为电信号输入电测系统，经移相器 4 校正相位后，在仪表 5 上显示出来，从而确定不平衡力的方位和数值，根据不平衡力的方位和数值在相应的曲轴曲柄上钻去适当的质量而得到平衡。

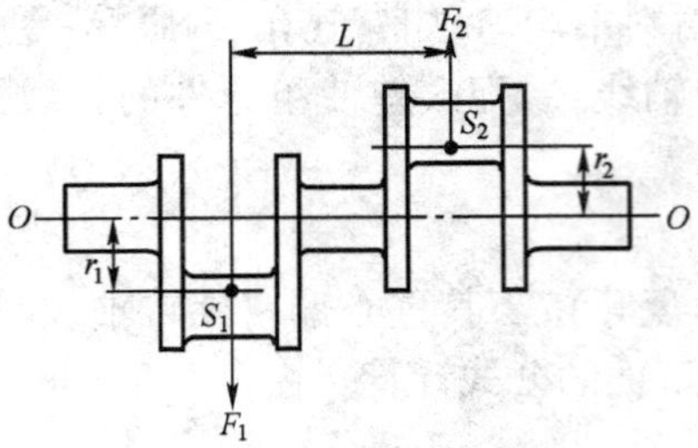

图 2-7　曲轴的动不平衡

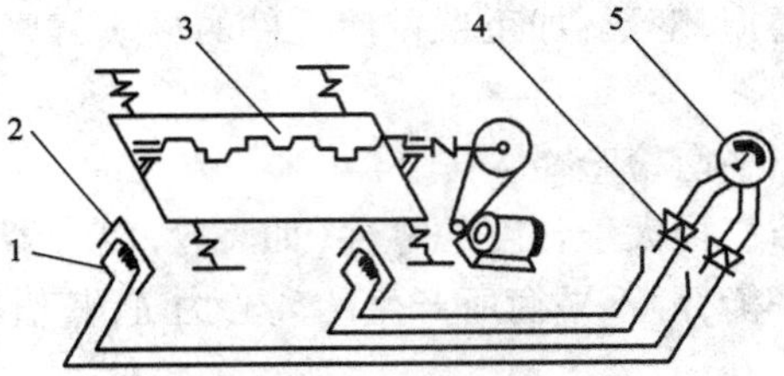

图 2-8　曲轴动平衡试验机原理简图

1-传感线圈；2-永久磁铁；3-摆架；4-移相器；5-毫安表

3. 港口机械主要零件及组合件的平衡

(1)发动机曲轴。发动机曲轴一般都配有平衡重，平衡重与曲轴制成一体或用紧固螺栓与曲轴连在一起。曲轴在修理后一般要进行动平衡，平衡时，可在平衡重或曲柄臂上用钻孔或铣平面的方法去掉一部分质量而取得平衡。发动机修理中不得随便拆下曲轴的平衡重。

(2)飞轮。飞轮一般进行静平衡，可用在飞轮平面上或圆柱面上钻孔的方法取得平衡。

(3)离合器压板。离合器压板一般需进行静平衡，平衡时，可在离合器压板上钻孔，以取得平衡。

(4)曲轴、飞轮及离合器总成。曲轴、飞轮及离合器总成需进行动平衡，在分别进行平衡检验后，再将它们装合在一起进行动平衡。当其不平衡度超限时，应拆散总成后分别对曲轴、飞轮及离合器总成进行平衡检验，直至总成的不平衡度在允许的限度内，再进行动平衡检验。如不平衡，取得平衡的方法是在飞轮上钻孔或在离合器壳上加装平衡片。

一般曲轴、飞轮及离合器上都标有表明它们之间装配关系的标记，维修时应注意按记号装配。

(5)传动轴总成。传动轴总成需进行动平衡，取得平衡的主要方法是在传动轴管两端焊上平衡片，或在十字轴轴承盖上加装平衡块。

港口机械主要零件及组合件的允许不平衡值见表 2-3。

主要零件及组合件的允许不平衡值　　表 2-3

零件及组合件名称	平衡性质	允许不平衡值(10N·cm)	
		货车	轻型汽车
曲轴	动平衡	100～150	10～50
飞轮	静平衡	35～90	10～35
离合器片合件	静平衡	18	10～18
曲轴、飞轮及离合器合件	动平衡	75～150	15～50
传动轴合件	动平衡	50～100	5～15
制动鼓与轮毂合件	静平衡		400
车轮合件(带轮胎)	静平衡		250～500
离合器总成	静平衡	70～100	10～35

复习思考题

1. 零件清洗的基本原则有哪些？
2. 什么是零件的允许磨损尺寸和极限磨损尺寸？
3. 磁力探伤法的基本原理是什么？为什么磁力探伤后要进行退磁处理？
4. 荧光探伤的基本原理是什么？如何进行操作？
5. 超声波探伤的基本原理是什么？
6. 为什么有些零件进行过静平衡检验后还要进行动平衡检验？

第三章　零件的修复工艺

- **学习目标**

知识目标

1. 了解机械加工修复零件的特点及注意事项；
2. 掌握修理尺寸法修复零件的基本原理和注意事项；
3. 了解铸铁零件的焊修特点和改进焊修质量的措施；
4. 准确描述磁力探伤、荧光探伤、超声波探伤的工作原理；
5. 了解动平衡试验机的基本原理。

能力目标

1. 能配制除油污、积炭、水垢的清洗剂；
2. 能进行清除油污、积炭、水垢的简单操作；
3. 能利用游标卡尺、百分表等量具检验零件的技术参数；
4. 能使用磁力探伤机、荧光探伤仪、超声波探伤仪等仪器检查零件内部缺陷。

第一节　机械加工修复法

在零件修复中，机械加工是最重要、最常用的方法。即使用其他方法修复零件，往往也需要机械加工。机械加工的方法很多，采用何种修复方法，应根据零件的损伤程度和使用材料的不同而定，本节介绍几种常用的机械加工修复法。

一、机械加工修复的特点及注意事项

1. 机械加工修复的特点

零件修复中的机械加工和制造新件有很大的不同，其主要特点如下。

(1) 加工批量小，有时甚至单件生产，同一个零件的加工部位各不相同，给组织生产带来困难。

(2) 加工余量小，有时只对零件某一部分进行加工。

(3) 由于零件在工作中磨损、变形等造成的损伤使原工艺基准被破坏，故加工精度不易保证。

(4) 工件表面硬度大，需切削的表面往往是淬硬层或表面修复层。

(5) 修理企业的设备精度往往低于制造企业的设备精度，质量保证体系也不如制造企业健全、严格。

2. 注意事项

(1) 合理选择定位基准。为了保证零件的加工精度，必须有准确的定位基准。对于失效

后需要修复的零件，由于其使用中的耗损和加工设备的精度误差，必须合理选择定位基准，才能保证零件的加工精度。

轴类零件原加工基准多半是顶尖孔，轴在使用过程中，顶尖孔有的被磨损或碰伤，有的由于轴的弯曲而失准，故在加工前，应先校正轴，然后修整顶尖孔。加工基准的选择要与原加工基准重合或选择加工精度高、误差小的地方作为定位基准。

壳体零件在修复中，要特别注意变形所引起的某些孔轴线的歪斜和相互位置关系的改变。它不但影响壳体零件本身精度，而且会影响零件的装配关系，造成零件磨损加剧，影响总成的大修质量。

在使用过程中，壳体零件的平面常常会发生翘曲变形，修复中如要用此平面作基准，则必须以关键轴心线为基准进行检查并加以修整。

(2)轴类零件的过渡圆角。机械中承受交变载荷的轴类零件，在形状和尺寸改变处，对应力集中很敏感，一般情况下，过渡圆角处的应力，比正常情况下大 2 ~ 4 倍，过渡圆角半径 r 的数值通常在一定范围内，在不妨碍装配的情况下，修复加工中应尽量取其上限，这是因为修复加工时，轴的疲劳强度已有所下降，而使用经验证明，r 取大值，会降低应力集中，提高疲劳强度，延长轴类零件的使用寿命。

(3)修复零件的表面粗糙度。表面粗糙度对零件的诸多性能有影响，首先影响零件的耐磨性，粗糙的表面使初始磨损增大，导致正常工作时初始间隙过大，根据零件的磨损特性，这将大大缩短零件的使用寿命。表面粗糙度的大小又会影响到过盈配合的过盈量大小，过于粗糙的表面在过盈配合时，凸点易被压平，使实际过盈量减少。表面粗糙度的大小还会影响零件的疲劳强度，尤其是优质高强度钢材，在交变载荷作用下，对表面粗糙度更为敏感，因为材料强度越高，应力集中现象越严重。另外，表面粗糙度还会影响零件的抗腐蚀性能，因为粗糙的表面容易黏附腐蚀性物质，加速零件的腐蚀。

零件修复后，应具有与新零件相同的表面粗糙度。在实际修理中，一般修复零件的表面粗糙度数值有所升高，这无疑会加剧零件的磨损，缩短零件的使用寿命。所以在机械加工修理时，应高度重视零件的表面粗糙度。

二、修理尺寸法

修理尺寸法在工程机械修理中得到了广泛的应用，其实质是对配合副中主要零件的磨损部位进行机械加工，使零件得到规定的几何形状、表面粗糙度和新的尺寸(即所谓的修理尺寸)，然后更换相应的配合件。对于轴类零件，修理尺寸小于名义尺寸；对于孔类零件，修理尺寸则大于名义尺寸。若配合副中的一个零件以修理尺寸加工，则另一个配合零件也应按这个尺寸进行选配加工，从而保证配合副具有技术条件规定的配合特性。一般是对比较复杂且贵重的零件进行加工保留，而更换比较简单且便宜的零件。如磨削曲轴轴颈，更换修理尺寸的轴瓦；镗削汽缸，更换加大的活塞；铰削活塞销孔，更换加大的活塞销等。

使用修理尺寸法修复零件，能大大延长复杂零件和基础件的使用寿命，它简便易行，经济性好，在机械修理中得到了广泛采用。为了保证零件修理后仍具有足够的强度，尺寸的增大(孔)或缩小(轴)应有一个限度，所以，当采用修理尺寸法到最后一级时，就要采用其他修理方法来恢复零件原来的标准尺寸。

采用修理尺寸法修复零件要注意以下几点：

(1)同组的孔或轴的修理尺寸要按磨损最大的孔或轴来选择。

(2)同组的孔或轴的修理尺寸必须一致。

(3)加工时,应先加工磨损最大的孔或轴,只要磨损最大的孔或轴能加工好,其他的孔或轴一定能加工好。

(4)应根据实际情况选择修理尺寸的等级,尽量避免修理尺寸的越级使用。

为了使零件具有互换性,便于统一生产和供应配件,国家规定了统一的修理尺寸,表 3-1 为小型发动机主要零件的修理尺寸分级表。

发动机主要零件修理尺寸分级表(mm) 表 3-1

名称 \ 级别	1	2	3	4	5	6	7	8	9
汽缸套外径(汽缸承孔)	+0.25	+0.50	+0.75	+1.00	(+1.25)	(+1.50)			
活塞直径(汽缸内径)	+0.25	+0.50	+0.75	+1.00	+1.25	+1.50			
活塞环直径	+0.25	+0.50	+0.75	+1.00	+1.25	+1.50	+1.75		
活塞销直径	+0.04	+0.08	+0.12	(+0.16)					
曲轴轴颈直径		-0.25	-0.50	-0.75	-1.00	-1.25	-1.50	-1.75	
曲轴轴承内径	-0.10	-0.25	-0.50	-0.75	-1.00	-1.25	-1.50	-1.75	-2.00

注:括号内数值为不常用的尺寸。

三、附加零件法

附加零件法是用一个特制的零件,镶配到磨损零件的磨损部位,以补偿零件的磨损量。这种方法一般适用于表面磨损较大的零件。

如图 3-1 所示的轴颈磨损后,如果零件的结构和强度允许,可将轴颈加工到较小的尺寸,然后在轴颈上压入轴套,再根据需要把轴套加工到轴颈的名义尺寸或修理尺寸。

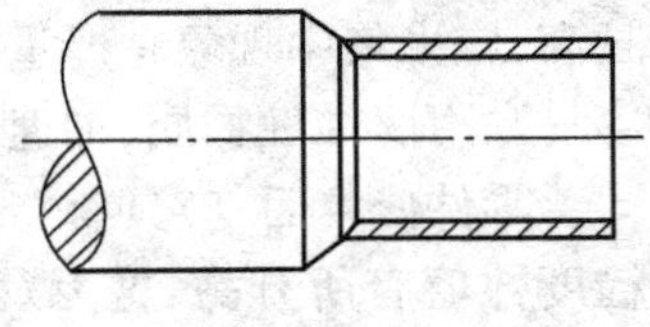

图 3-1 轴颈镶套

对于磨损较大的孔,若结构允许,同样可以用附加零件法修复。如车辆的前轴主销孔,磨损超过最后一级修理尺寸时,可将孔镗大,镶入衬套,而后加工到名义尺寸,恢复主销与主销孔的名义尺寸,如图 3-2 所示。

此外,磨损的螺纹孔也可用镶套法修复。先将螺纹孔扩大到一定尺寸,并切出内螺纹,然后将特制的具有内外螺纹的螺塞旋入基体的螺纹孔中,螺塞的内螺纹与原螺纹孔的内螺纹相同,外螺纹则应与镗孔后所切的螺纹相配合,如图 3-3 所示。

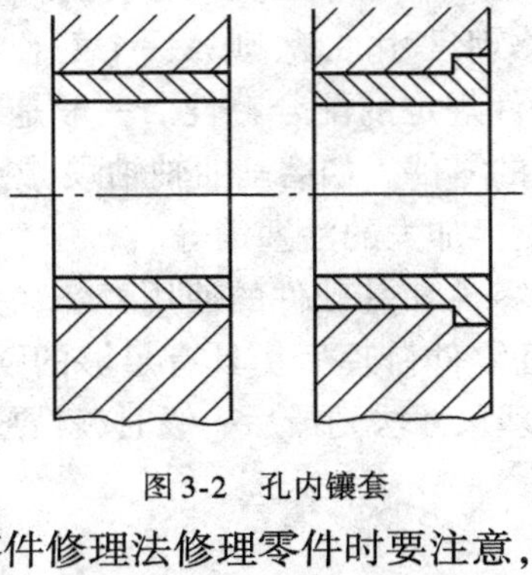

图 3-2 孔内镶套

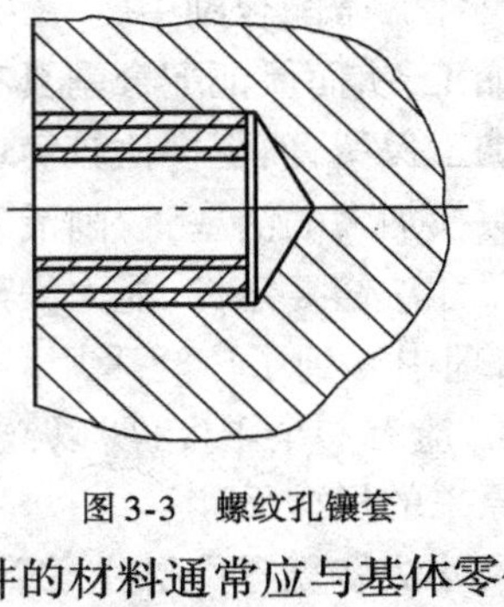

图 3-3 螺纹孔镶套

采用附加零件修理法修理零件时要注意,附加零件的材料通常应与基体零件的材料相同,从而使其具有相同的膨胀系数,附加零件与基体配合时,其过盈量应适当,过大,易使零件变形或挤裂，过小，又易松动脱落；附加零件的厚度一定要大大超过零件本身的磨损量，一般钢套厚度不得小于2～2.5mm，铸铁套厚度不得小于4～5mm；附加零件与基体的配合表面应达到一定的精度和粗糙度，以保证配合面能紧密接触。

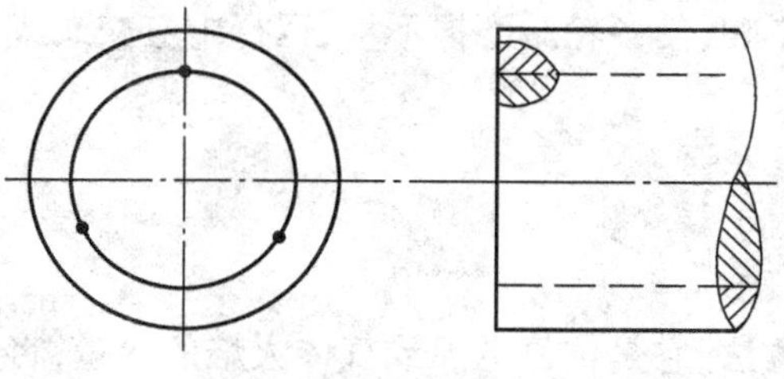
图3-4 附加零件固定方法

为防止附加零件松动，可在附加零件与基体的配合端面进行点焊或栽止动螺钉，焊点或止动螺钉的数量根据零件直径大小而定。直径越大，应相应增加焊点或止动螺钉的数量，如图3-4所示。

附加零件修理法经济实用，特别适用于轴和孔的修复，可以节约大量金属材料，延长基础件的使用寿命。但采用此法对加工工艺要求较高，同时也受到零件强度和结构的限制，因而在使用中有一定局限性。

四、局部更换法

零件的磨损或损坏，各部分的情况是不完全相同的。有的部位损坏严重，有的部位可能没有损坏或损坏极其轻微。修复这样的零件，可以保留没有损坏或损坏轻微的部分，而将损坏严重的部位切去，重制这部分的新品，然后用焊接等方法使新品与零件的基本部分连在一起，从而恢复零件的工作能力，零件的这种修理方法称为局部更换法。

图3-5是叉车的半轴，该零件磨损最严重的部位是轴端的花键部分，而其余部分磨损则不大。采用局部更换法修理时，可将半轴有花键的一端去掉，然后用与半轴相同的材料制成新的轴端，再将新轴端焊在半轴上，并在接上的轴端加工出合乎技术要求的新花键。

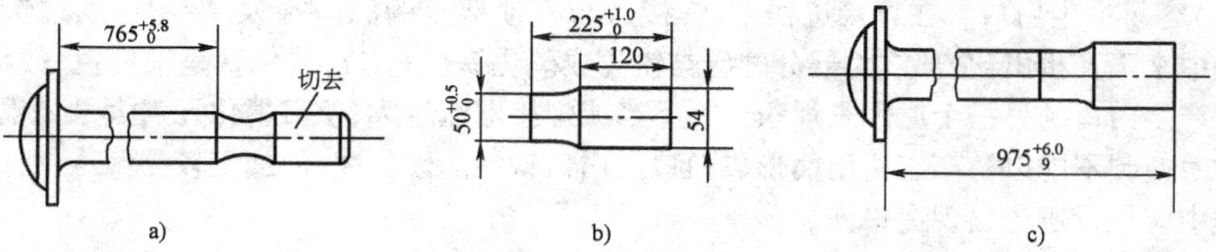

图3-5 用局部更换法修复半轴(尺寸单位：mm)
a)切除磨损严重部分；b)新制部分；c)修复后的整体

齿轮的个别轮齿，因某种原因被打坏，而其他的轮齿磨损甚微，这种情况也可用局部更换法修理。先将损坏的部位进行退火，而后切除，并在齿根部位加工出燕尾槽，将准备好的齿坯，以一定的紧度压入其中，再用焊接或其他方法使齿坯坚固在齿轮上，最后铣出新齿，并进行热处理，见图3-6。

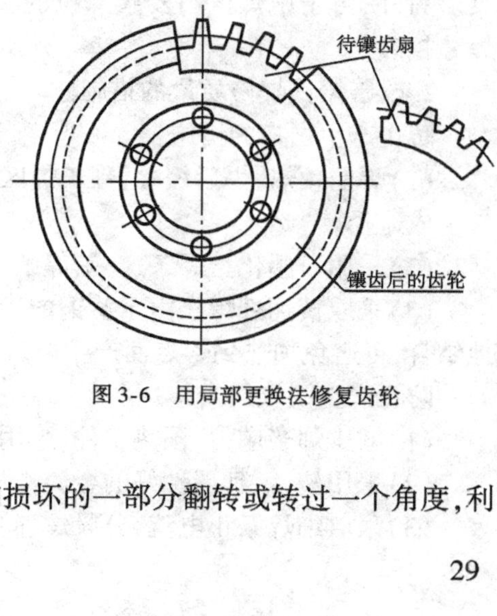

图3-6 用局部更换法修复齿轮

局部更换法的优点是修理质量高，能节约优质贵重材料。但这种方法加工工艺复杂，要求较高的操作技术水平，修理成本也较高。

五、转向和翻转修理法

零件的转向和翻转修理法，就是把零件过度磨损和损坏的一部分翻转或转过一个角度，利用零件没有磨损或损坏的部分进行工作。如飞轮齿圈,工作中发生单面不均匀磨损,修理中可以将齿圈压下,翻转180°后重新压上,使齿圈未磨损的另一面投入工作。某些轴上的键槽磨损,在强度许可的情况下,可将轴转过一个角度重新铣出键槽,继续使用。又如车辆轮胎,由于全车负荷不均、制动不同、行驶在拱形路面上等因素影响,使各轮胎磨损不均,运行中应交叉或循环换位,从而延长轮胎的使用寿命。

第二节　零件的焊修

焊修是港口机械检修中广泛采用的修复零件的方法,它是依靠电弧或气体火焰的热量,将金属和焊丝熔化,熔焊在零件上,以达到填补零件磨损或恢复零件完整的目的。采用焊修修复零件,其优点是结合强度高,焊层的厚度可以控制,设备简单,修理成本低。但在焊修过程中,金属要局部加热到熔化状态,熔化区和靠近熔化区的金属要在高温下发生化学成分、机械性能、金相组织的改变;在加热和冷却过程中,零件会产生内应力,容易引起变形和裂缝。为了确保焊修质量,修理过程中要采取一系列工艺措施,使焊修工艺复杂化,对操作者的技术要求也较高。

由于焊接工艺及操作已在有关课程中学过,本节着重介绍对几种不同材料的零件进行焊修时可能出现的问题及其应该采取的措施。

一、铸铁零件的焊修

1. 铸铁零件的焊接特点

(1)容易产生白口。在焊接过程中,焊接区与其他部分的温差很大,冷却速度过快,石墨在铸铁中来不及析出,全部或大部分的碳与铁生成碳化铁(Fe_3C),碳化铁呈银白色,故称之为白口。产生白口的另一个原因是焊条选择不当或焊接电流过大,使石墨化元素大量烧损,在焊缝冷却时使碳不能以游离态析出而形成白口。白口铁性能硬且脆,使加工较为困难,所以在焊修过程中应尽量避免出现白口铁。

(2)容易产生裂纹。因为焊缝易生成白口铁,白口铁冷却的收缩率比基体铸铁的收缩率大得多,因而在焊缝附近的白口层和基体铸铁之间会产生很大的剪切应力,容易导致裂纹。另外,由于施焊区与其余部位的温差很大,施焊过程中会产生很大的热应力,往往会把焊缝拉裂。

2. 改善铸铁焊修质量的措施

防止产生白口的措施:

(1)焊前预热,焊后缓冷,延长焊区热状态时间,使碳化铁能充分分解为石墨析出,减少白口生成途径。

(2)采用石墨化型焊条、镍基焊条、高钒钢焊条等专用焊条,改善焊缝的化学成分。

(3)采取黄铜钎焊。由于黄铜的熔点较低,焊接时只需将铸铁加热到赤热状态便能牢固地结合,可避免加热到熔点而产生白口的前提条件。

防止产生裂纹的措施:

(1)减少焊接应力,预热工件,采用加热减应焊法。

(2)采用塑性、延展性好的金属作焊条,松弛焊缝的拉应力。

(3)采取细焊条小电流、分段焊、间隔焊等措施,减少焊区的热应力。

此外，铸铁中含碳、硅元素较多，这些元素易于烧损氧化，产生大量的熔渣和气体，使焊缝中产生气孔和夹渣。因此，施焊前应彻底清除焊口的油污、水分和杂渣，烘干焊条，选用优质焊剂保护熔池不被空气侵入。

对于发动机汽缸盖、汽缸体等箱体零件，焊后应进行密封性试验。如果在规定的水压下，焊缝有渗漏，应进行补焊，渗漏严重时应铲掉重焊。

3. 铸铁零件的焊修方法

根据对焊件加热情况的不同，铸铁零件的焊修方法可以分为热焊法、冷焊法、加热减应焊法三种；根据热源的不同，可以分为电焊和气焊两种。

气焊就是氧—乙炔火焰焊，铸铁零件采用气焊时，熔池冷却速度慢，并且可以适当控制，能做到使焊缝金属与机体材料相近，工艺简单，但劳动强度大，生产率低，零件受热变形大。其主要适用于中小零件的焊修，特别适用于薄板的焊补。

电焊就是手工电弧焊，铸铁电焊施焊速度快，生产率高，零件变形小，但焊缝机械加工性能比气焊差，焊缝硬而脆。

铸铁热焊是在焊前将工件预热，并在热状态下施焊和焊后缓冷。一般可预热到873～973K之间。施焊中，温度应保持不低于673K。这种方法可有效地防止白口和裂纹。铸铁热焊可以采用铸铁芯或钢芯石墨化焊条进行电焊，也可以用气焊。热焊的工艺复杂，成本较高，且工作条件苛刻，因而热焊只适用于对焊接质量要求高又不便于冷焊的场合。

冷焊就是焊前不对工件预热或在预热温度低于673K情况下进行的焊修。这种方法不对工件预热或预热温度低，焊后变形小，成本低，生产率高而劳动条件好，具有更广的应用范围，一般铸铁件多采用冷焊。同样，它既可以采用电焊，也可以采用气焊。

加热减应焊又称对应加热法，其实质是一种对零件选定部位（减压区）加热的焊补方法，只不过要巧妙地选择加热部位而已。加热部位一是要选在裂纹的延伸方向，二是要选在强度较大的部位，如零件的棱角处或边缘强度较大处。采用加热减应焊时，要注意在焊接过程中维持减应区温度的稳定，加热区的温度应小于1 023K，以免引起相变，但不得低于673K，以免降低减应作用。

加热减应焊具有气焊和电弧冷焊二者的优点，焊缝质量高，零件变形小，成本低，劳动条件好。发动机缸体的裂纹、气门座孔内的裂纹、曲轴箱内的裂纹及汽缸上的平面裂纹，均可采用加热减应焊。

4. 铸铁零件的焊修工艺

1）灰铸铁电弧冷焊

（1）焊前准备。焊前要彻底清除油污、水垢，用砂轮打磨焊缝处，在裂纹两端钻$\phi 4 \sim 5$mm的止裂孔，开60°～70°的坡口，深度为工件厚度的2/3，如图3-7所示。对工件材质差而焊缝强度较高的深坡口焊件，为防止焊缝的剥离，要在坡口两侧拧入钢质螺柱，焊接时，先围绕螺柱焊接，再焊螺柱之间的空隙，使螺柱承受部分应力，以提高焊补强度。

（2）施焊。施焊的工艺要点是：采用小电流，实施分段焊和分层焊，并对焊缝不断加以锤击，以减少焊接应力和变形，限制母材金属成分对焊缝的影响。

施焊电流对焊接质量的影响很大，若电流过大，熔焊深，母材成分和杂质易向熔池转移，熔池

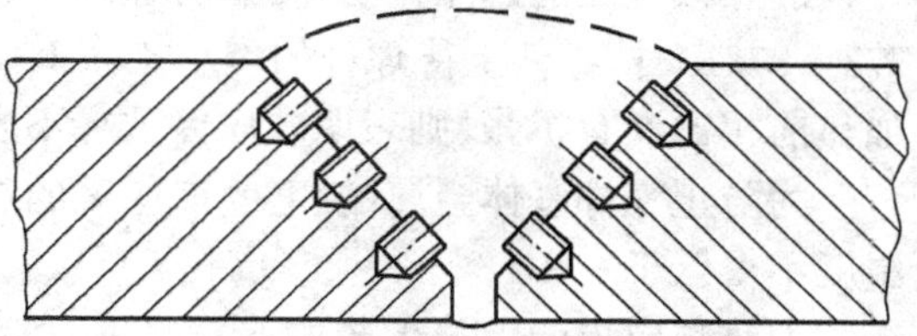
图3-7 螺柱分布示意图

内会出现较厚的白口层。若电流过小,电弧不稳定,将会导致不易焊透、气孔和夹渣生成过多等缺陷。不同电弧冷焊焊条的施焊电流见表 3-2。

电弧冷焊电流选择(A) 表 3-2

焊条种类	统一牌号	铸铁焊条直径(mm)			
		2.0	2.5	3.0~3.2	4.0
铜铁焊条	铸 607(直流反接) 铸 612(交流)		90 100	90~110 100~120	
镍基焊条	铸 308 铸 408 铸 508		65~90 60~80 65~90	80~110 70~110 90~120	90~125 100~30 100~125
高钒焊条	铸 116 铸 117	40~50 40~50	50~65 50~65	90~95 90~95	100~125 100~125

焊接时,为了减少焊接应力和变形,防止焊补区局部过热,应采用分段焊。每小段的长度应根据不同的条件,约为 10~30mm,每焊完一段应趁热锤击焊缝,直到温度降低到可用手触摸时再焊下一段,锤击的目的是为了消除焊接应力和砸实气孔,从而提高焊缝的致密程度。

工件较厚时,应采用分层焊。采用分层焊时,一方面可采用较细的焊条和较小的电流,另一方面,后焊的一层对先焊的一层有退火软化的作用。如采用镍基焊条时,可先用镍基焊条焊两层,再改用低碳钢焊条填满坡口,以节约贵重的镍金属。

当工件的裂纹是从边缘向中心部位延伸时,应由里向外施焊,以减小焊接应力和变形。

2)气焊冷焊——加热减应焊

加热减应焊就是在焊修前用焊炬对零件的选定部位(减应区)进行加热,以减少焊接应力和变形。

如图 3-8 所示,对中间带孔零件的断裂区直接焊补时,焊缝很可能被拉裂,或使零件产生较大的变形。如在施焊中对减应区加热,使焊缝随减应区受热膨胀,由于减应区的热影响,分散并减小了膨胀应力。减应区所抑制的膨胀应力,形成了冷却时收缩的预应力,从而显著减小了收缩应力,使焊缝的裂纹化倾向显著减弱。加热减应法焊补的关键是正确选择减应区,减应区的选择原则如下:

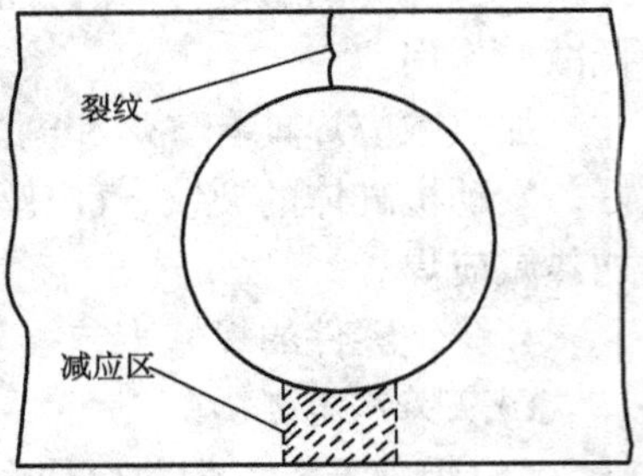

图 3-8 加热减应区的选定

(1)减应区应选在裂纹的延伸方向。

(2)减应区应选在零件强度较大的棱角和边缘处。

(3)减应区应是对焊缝的膨胀和收缩影响最大的部位。

加热减应区的选择是否得当,可通过对选择的减应区进行加热来检验。当减应区加热至 773~873K 时,零件上待焊补的裂纹扩张 1.0~1.5mm 时,表明减应区的选择合理。如裂纹和加热前相比没有扩张,则表明减应区选择不当。

为防止零件基体金属的相变,减应区的加热温度应小于 970K,但为了保证减应作用,加热温度不得低于 673K。

加热减应焊的焊补工艺如下:

(1)焊前准备。加热减应焊的焊前准备与电弧焊基本相同,当所焊部位的厚度超过6mm时,要在裂纹处开90°~120°的坡口;若厚度超过15mm时,在零件裂纹的两侧表面都要开坡口。

(2)施焊要点。应根据壁厚选用不同的焊炬和焊嘴,焊区火焰用弱碳化焰或中性焰,减压区用氧化焰加热,焊区尽可能水平放置,以防止铁水流失,施焊方向应指向减应区。

加热减应焊多采用QHT—1和QHT—2焊条。

施焊时,先熔化母材,再渗入焊缝,否则将熔化不良。施焊中,应随时用焊丝清除杂质,防止产生气孔和夹渣。施焊应一次完成,避免反复加热,引起焊接应力过大。

加热减应焊的特点是兼有气焊和电弧冷焊的优点。因为它是气焊,所以强度高,金相组织和机械加工性能与母材相适应,故焊缝质量高。由于加热减应焊能减少焊接应力,使零件的变形得到控制,零件的变形小。此外,加热减应焊不需要复杂的设备和贵重的焊条,成本低,只在零件选定的减应区加热,操作者受到的热辐射小,使劳动条件得到改善。发动机的汽缸体、气门座孔、汽缸盖、曲轴箱、变速器壳体等处的裂纹均可采用加热减应焊。

二、合金钢零件的焊修

港口机械中有相当多的零件是采用合金钢制成,这些合金钢的合金元素总量一般少于5%,其中单一合金元素少于2%。在多数情况下,合金钢中的合金元素会使其可焊性变差。在焊修过程中,合金元素容易烧损,使焊缝金属的性能与基体金属的性能产生差异,从而降低零件的机械性能和加工性。这些合金元素在烧蚀时,又会产生氧化物或气体,容易形成夹渣、气孔等焊接缺陷。更为有害的是,有些合金钢冷却时的容积变化,不是随温度下降而缩小,在473~573K范围内,会出现反常的增大现象,在周围金属的限制下,将产生内部组织应力。因此,对于合金钢零件的焊修,操作中应采取必要的工艺措施。

(1)焊修时,应采用氧化性较小的焊条和焊剂,以减少合金元素的烧损,并通过焊条、涂药向焊缝金属渗入合金元素,来调整焊缝金属的性能。

(2)采取严格的加热规范,在焊前对焊件进行必要的预热,预热温度根据焊件厚度而定,厚度大的零件预热温度要相应提高。预热的目的是减少施焊区与周围金属的温差,降低焊缝的冷却速度,减少淬硬倾向和焊接应力,同时也能够促使熔池中氢的溢出。

(3)焊条在焊前需放在烘箱中加热至623~673K进行烘干。如采用多层焊时,焊接第一层应尽可能用小电流、慢速度,以减少零件金属熔入熔池的比例,并一边施焊,一边敲击。焊后应将焊件放入石棉灰或石灰粉中进行缓冷。如果焊件厚度较大或含碳量较高,焊后还应进行回火处理,以消除焊接应力。

三、铝合金零件的焊修

港口机械中,铝合金零件主要用于车辆发动机的活塞、小型机的缸体、缸盖、变速器壳等,因此在修理中也会碰到铝合金零件的焊接修复。由于铝合金的可焊性很差,因此常常给焊接工作带来很大的困难。

1. 铝合金零件的焊接特点

(1)常温下,铝合金的表面覆盖着一层难熔的氧化铝薄膜,其熔点高达2 823K左右(铝合金的熔点仅为923K左右)。在焊接中,氧化膜阻碍了铝的熔化,影响了焊接过程的进行,容易形成夹渣,影响焊缝质量。

(2)铝合金在焊接过程中产生大量氢气,在铝合金熔池中,因为铝合金比重小,氢气泡在熔池中的升浮速度较慢;同时,由于其传热能力强,冷凝速度快,氢气来不及溢出,便在焊缝中出现气孔。

(3)铝合金受热后的膨胀系数大,冷却后的收缩率也很大,在加热和冷却过程中会引起很大的内部应力,易使焊缝产生裂纹。

(4)铝合金由固态变为液态时,无明显的颜色变化(均为银白色),很难判断加热程度和熔池温度,容易导致焊件的烧穿。

2. 铝合金的焊接工艺要点

根据铝合金的焊接特点,操作中必须采取必要的技术措施,以改善焊接质量。焊前,应对焊件、焊丝或焊条进行认真清洗,清除表面的氧化物和油污。可在 343 ~ 353K 的含 10% 氢氧化钠的水溶液中清洗,使氧化铝与氢氧化钠作用生成易熔的氢氧化铝。焊丝一般应选用与零件相接近的材料,要求其液态金属流动性强,收缩率小,以减小焊接时产生裂纹的倾向。如果焊件的厚度超过 10mm,应加热至 573K 左右进行预热,以减轻因传热过快导致气孔过多的缺陷。为了防止焊接时烧穿,可在焊接处的背面垫上潮湿的石棉布。

3. 铝合金的氩弧焊

氩弧焊是以不熔化的钨极和焊体分别作为电极,并以氩气为保护气体的一种电弧焊接法。施焊时,氩气从喷嘴中喷出,在电弧和熔池周围形成连续封闭的气流。由于氩离子的阴极破碎作用,可有效地去除熔池表面的氧化物,焊接时不会形成熔渣,不存在焊后残渣对接头的腐蚀。此外,氩气流对焊区有冲刷作用,使焊区迅速冷却,从而可有效地改善焊缝的组织和性能,减轻焊件的变形。

氩弧焊的优点是:能改善铝合金的可焊性,保护和防腐性能好,电弧稳定,热量集中,不用焊剂,焊缝平整美观,焊接质量高,零件变形较小等。

氩弧焊多采用手工交流电弧焊,能利用氩离子的高速破坏焊件表面的氧化膜。焊接时,先用高频引弧装置在石墨板或废铝板引弧,待电弧稳定后再移到焊件上,从右向左进行。焊炬钨极不要与熔池接触,焊缝也不要进入弧柱区,而是在弧柱周围保护区内熔化。焊接结束时,可增加焊缝填满弧坑的方法,避免收弧处的严重缩孔及弧坑裂纹。

4. 铝型材的火焰钎焊

钎焊是将熔点比基体金属低的材料作钎料,把它放在焊件连接处一同加热到高于钎料熔点而低于基体金属的熔点温度,利用熔化后的液态钎料湿润基体金属,填充接头间隙,并与基体金属产生扩散作用而把分离的两个焊件连接起来的一种焊接方法。

铝型材的火焰钎焊是根据钎焊原理,在保持接头处完整的基础上,利用毛细吸附作用将熔化的钎料吸入接头异型断面的间隙中,达到一次焊成整个截面接头的。火焰钎焊经济性好,效率高,焊接接头平整光滑,抗拉强度高,在机械零件的装配、修理中得到了推广和应用。

铝型材火焰钎焊的工艺要点:焊前检查铝型材是否歪扭、翘曲,如有变形要进行校正,然后用酒精或汽油清洗油污。施焊时,要正确选择加热的焊炬、加热方式和加热温度。加热时,要摆动火焰使接头整体均匀加热,对于厚工件不易加热的部位,要适当延长加热时间,保证整个接头均匀升温。要注意控制加热温度,通常在 823 ~ 873K 为宜,此温度低于母材熔点而高于钎料的熔点。钎剂、钎料不可多用,保持焊缝填满即可。钎焊的搭接间隙一般为 0.3 ~ 0.75mm,不得超过 1mm。为保证接头的间隙和位置正确,应用专门的夹具定位。焊后要用水洗或机械方法将钎剂焊渣彻底清除。

第三节　零件的电镀修复

港口机械中有一些零件用优质合金钢制成,成本很高,但使用一段时间后,由于表面磨损,达不到规定的配合技术要求,如果将其报废,不但增加修理费用,也是很大的浪费。对于这种情况,可以采用电镀或刷镀的方法,在零件表面镀上一层薄薄的金属,使其恢复原有的尺寸,从而延长零件的使用寿命,节约成本,避免浪费。

一、电镀的基本知识

物质按其能否导电分为导体和绝缘体。导体除金属外,还有酸、碱、盐的水溶液。这些能够导电的水溶液,叫做电解液,溶解在电解液中的物质叫电解质。

电解质溶于水中,能离解为带电荷的正离子和负离子。由于电解液中正离子所带的正电荷和负离子所带的负电荷总量相等,因此,在不通电的情况下,电解液是呈中性的。

如果在电解液中插入两根电极,并通以直流电,那么电解液中的离子则转为定向运动。正离子移向负极,在负极获得电子而成为中性原子,称之为还原反应;负离子移向正极,放出多余的电子成为原子或原子团,称之为氧化反应,这种过程称为电解过程。

电镀,就是将所需电镀的工件浸入金属盐的溶液中,作为阴极而通以直流电,在电流作用下,电解液中的正离子向阴极移动,在阴极得到电子还原为原子,析出后沉积在金属工件(阴极)表面上,形成了覆盖层。

电镀中所用的阳极材料,有可溶解和不溶解的两种。可溶解的阳极材料与所需电镀的金属相同,而不溶解的阳极材料不一定同需要电镀的金属相同。可溶解的阳极金属以离子状态进入电解液,以平衡电解液浓度;而不溶解的阳极则只起导电作用。

根据镀层金属的不同,电镀分为镀铬、镀铁、镀铜等几种。

电镀的主要设备是直流电源和镀槽,见图3-9。

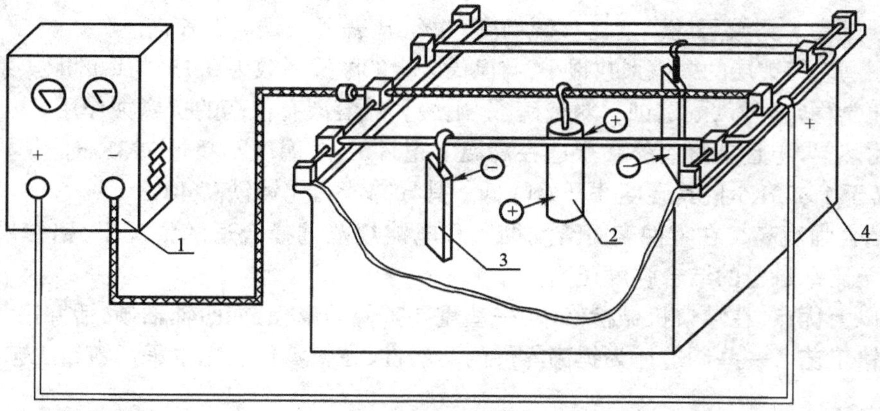

图3-9　电镀设备

1-电源;2-阳极;3-阴极(镀件);4-镀槽

二、电镀的一般工艺过程

1. 镀前准备

(1)表面机械加工。机械加工的目的是消除零件表面的几何形状变形。通常采用磨削的方法,磨削量在0.1~0.5mm,磨削后还应抛光,进一步消除零件表面的微观不平,以获得合适的表面粗糙度。

(2)除锈、除油污。锈和油污将会导致镀层与零件金属结合不良,或者根本结合不上,故镀前应将工件表面的锈和油污彻底清洗干净。

(3)绝缘。对零件不需要电镀的部位以及挂具,要进行绝缘。可缠绕塑料薄膜或者涂绝缘材料。

(4)腐蚀。腐蚀的目的是清除零件表面经过清洗后新生成的氧化薄膜,保证镀层与基体的牢固结合。

腐蚀可用化学和电化学两种方法进行。

化学腐蚀,是在3%~5%的硫酸或5%~10%的盐酸水溶液中进行,时间为0.5~1min。

电化学腐蚀也称阳极腐蚀,它是将零件放进硫酸、磷酸或者铬酸的水溶液中,零件接正极,负极为铅块,通以直流电进行处理。

2. 电镀

将电解液加热到规定的温度,根据选择的电流密度和被镀面积,计算出电镀的时间。将工件悬挂到镀槽中,待工件与电解液的温度趋于一致时,接通电源进行电镀。

3. 镀后处理与加工

零件从镀槽中取出后,用清水冲洗干净,察看镀层表面有无裂纹、斑点和未镀上的情况。如镀层无缺陷,则采用磨削的方法使零件达到要求的表面尺寸和表面粗糙度。

三、镀铬简介

镀铬是机械零件修理中应用较早且应用范围广泛的一种修复方法。镀铬修复的质量高,适合于修复磨损量不大但比较重要的零件,如安装滚动轴承的轴颈及其他一些需要耐磨的轴类零件。另外,镀铬还广泛应用于一些装饰物和量具刃具的电镀。

1. 镀铬层的特点

(1)硬度高。铬镀层的硬度比渗碳钢高30%,比普通铸铁高3.6倍。

(2)耐磨。铬镀层的摩擦系数很小,与巴氏合金的摩擦系数为0.13,与钢的摩擦系数为0.2。

(3)化学稳定性好,耐腐蚀。对稀硫酸、硝酸和碱溶液有很高的抗腐蚀作用。

(4)耐热、导电性能好。铬镀层能在高温下正常工作,温度不超过723K时,其机械性能几乎不变;高于1 333K时,其硬度才开始降低。其导热能力比铸铁高40%。

(5)结合强度高。在零件表面清洗彻底和电镀规范选择合适的情况下,铬镀层与钢的结合强度甚至比钢自身的结合强度还高。

由于以上优点,在港口机械检修中,一些重要零件的修理,如曲轴轴颈、活塞销等的修复经常采用镀铬工艺。一些制造厂为提高零件的耐磨性,在新零件上也常采用镀铬工艺,如活塞环的镀铬等。

镀铬的主要缺点是电流效率低,沉积速度慢,成本高。因此,应控制镀层厚度在0.1~0.3mm范围内。对于磨损较大的零件需要采用镀铬修复时,也可先镀一层其他金属作为中间层,然后在其上镀铬。另外,镀铬工艺过程中对环境的污染较严重。

2. 镀铬层的种类及应用

在镀铬过程中,电解液的温度和电流密度对铬层的性质起着决定性的作用,当控制不同的电解质温度和电流密度时,就能够镀出所需要的不同性质的镀铬层,修理生产中所需要的镀层可以分为两大类,即光滑铬层和多孔性铬层。

(1)光滑铬层。

光滑铬层又可分为灰暗铬、光亮铬和乳白铬三种。当电解液浓度一定时,只要改变电解液温度和电流密度,即可获得上述三种不同的铬层。

灰暗铬层是在较低的电解液温度和较大的电流密度下获得的。电解液温度在 318 ~ 323K 时,电流密度为 0.5 ~ 0.7A/cm^2。铬层呈灰暗色,硬度很高,但脆性很大,一般用于镀覆静配合零件的磨损表面,也可用于刀具、量具表面的镀铬。

获得光亮铬层的电解液温度为 323 ~ 328K,电流密度为 0.25 ~ 0.5A/cm^2。这种铬层也有较高的硬度,脆性较灰暗铬层低,耐磨性较好,表面光亮,常用于承受载荷不大但对耐磨性有一定要求的零件的修复,也可用于一些装饰性的镀层。

乳白铬层是在高电解液温度、低电流密度下获得的,一般电解液温度在 338K 以上,电流密度为 0.15 ~ 0.2A/cm^2。乳白铬镀层韧性和耐磨性好,适用于承受交变载荷和冲击载荷的零件的修复,发动机上曲轴轴颈和活塞销的磨损修复常采用乳白铬层。

光滑铬层的特点是表面很光滑,储油性能差,对于在温度较高,润滑条件较差的情况下工作的零件(如汽缸与活塞环),难以保证其具有良好的耐磨性,对这些零件,常采用多孔性镀铬。

(2)多孔镀铬。

光滑铬层的表面总会有一些细微的纹路,多孔镀铬就是在光滑铬层形成后,用某种方法使其表面的纹路扩大、加深,使其具有较好的储油能力。常用的多孔性镀铬是阳极腐蚀法(即在光滑镀铬后,将零件作为阳极,进行短时间的反镀)。

多孔铬层具有很好的表面储油能力,从而改善了零件的润滑条件,其耐磨性比光滑铬层提高了 2 ~ 4 倍,常用于发动机汽缸和活塞环的表面处理。

四、镀铁简介

镀铁的基本工艺过程与镀铬相似,一般采用氯化亚铁作为电解液,阳极采用低碳钢板,通电后在被镀零件表面沉积一层金属镀层,其化学成分近于纯铁,机械性能与未经热处理的中碳钢接近。因此,这一过程又称为镀钢。在港口机械零件的检修中,镀铁常用来修复静配合零件或用来作镀铬层的底层,以修复磨损较大的零件,降低修理成本。对于硬度要求不高的动配合零件,也可用镀铁工艺修复。镀铁主要有以下优点。

(1)成本低。镀铁所需材料价格便宜,电流效率高,耗电少。

(2)沉积速度快。镀铁的沉积速度约是镀铬的 20 倍,每小时可使工件直径增加 0.4 ~ 0.9mm,一次镀厚可达 2 ~ 6mm,能满足磨损较大的零件的修复要求。

(3)温度低。低温镀铁的电解液温度在 30 ~ 50℃,简化了槽内加热和保温设备,同时,镀液蒸发小,改善了工作条件。

(4)镀层与基体金属的结合强度高,镀层有较高的硬度,能满足一般零件的修复要求。

镀铁层的最大缺点是性脆,不能承受大的冲击载荷和接触应力。

五、镀铜简介

零件修复中的镀铜工艺一般采用酸性电解液,其主要成分为硫酸铜与硫酸,采用溶解性铜作阳极。酸性镀铜工艺与镀铬工艺没有太大差别。应注意的是,钢质零件不能在酸性电解液中镀铜,因为在酸性电解液中铁将置换铜而形成 $FeSO_4$,结果在零件表面镀积的不是电解铜而是置换铜，这种镀层与基体金属的结合强度差，为此，钢质零件要在酸性电解液中镀铜时，应先镀镍作底层。

镀铜在零件修复中主要应用于下列情况：

①修复静配合零件，如铜套的外表面。

②作为镀铬或镀镍时的底层。

③镀覆不需渗碳的零件表面，以防渗碳。

第四节　零件的电刷镀修复

电刷镀也称刷镀或涂镀，是近十几年快速发展起来的一项零件修复新工艺。它的主要优点是设备简单、操作方便、镀积速度快、镀层种类多、镀层与基体结合强度高、对环境污染小等，因而得到了比较广泛的应用。尤其对于大型机械的不解体现场修理具有突出的实用价值。

一、刷镀的基本原理

电刷镀是有槽电镀技术的发展，它仍然依靠电流的作用来获得所需的金属镀层，它的基本原理和有槽电镀相似，所以人们也称刷镀为无槽电镀。

图3-10示出了电刷镀的基本原理。经过表面处理的工件与直流电源的负极相连，刷镀笔接电源正极，在镀笔的阳极包套中浸满金属电镀溶液（也称刷镀液），工件在操作过程中不停地旋转，与镀笔间保持着相对运动，当把直流电源的输出电压调到一定的工作电压后，将阳极包套与工件接触，镀液中的金属离子在电流作用下不断沉积在工件表面而形成所需的金属镀层。

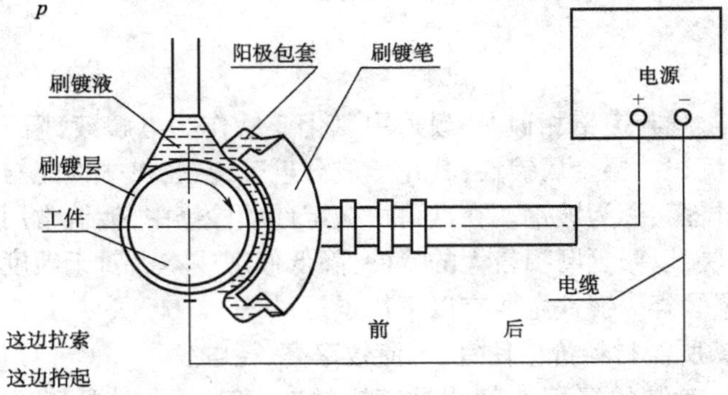

图3-10　刷镀工作原理

二、电刷镀的特点

（1）由于电刷镀不需镀槽，因而待镀零件的大小、形状不受限制，可现场流动作业，节省了费用，缩短了维修时间。

（2）刷镀液中金属离子含量高，沉积速度快，镀层与基体金属的结合强度高。

（3）一台设备可镀多种金属和合金，同一金属零件又可获得不同性能的镀层，设备简单，操作方便。

（4）对不需施镀的表面绝缘容易（只需用胶带纸粘贴保护即可）。

（5）对镀层厚度能较精确地控制，对要求不高的零件，镀后可不必进行机械加工。

(6)耗电、耗水少,成本低,对环境污染小。

电刷镀的主要缺点是只适宜于对零件进行局部修复,一次只能修复一个零件,不适宜应用于大面积、大批量的零件修复。

三、电刷镀设备

1. 电源

直流电源是电刷镀的主要设备,按其额定输出电流的大小,已形成系列,国内已有专门厂家生产。电源电压可连续无级调节,并可方便地改变输出电压的极性,以满足不同工艺的要求。其直流电路具有过载或短路时快速切断的能力,电路切断时间仅为0.02s。这不仅可以防止内部元件过载,还可以防止阳极包套被磨破时阳极与工件短路而产生火花,烧伤工件表面。

2. 刷镀笔

刷镀笔由导电手柄和阳极组成,其结构如图3-11所示。

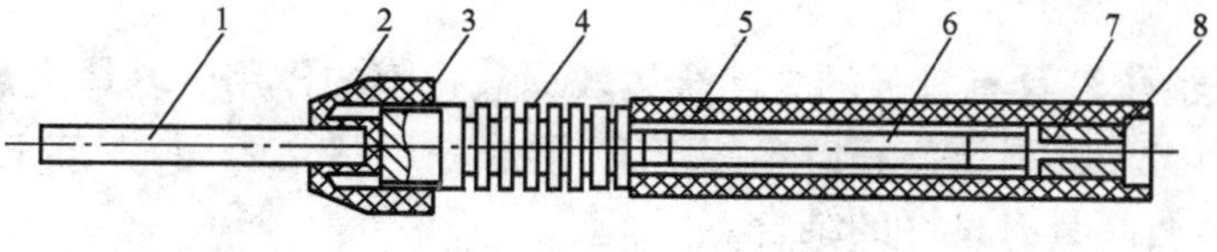

图3-11　电刷镀笔的结构

1-阳极;2-"O"形密封圈;3-锁紧螺母;4-散热片;5-尼龙手柄;6-导电螺栓;7-电缆插座;8-电缆插口

导电手柄的作用是连接电源和阳极,手柄上装有绝缘塑料套管,以保证操作安全,操作者握持手柄可以移动阳极做需要的动作。

阳极是镀笔的工作部分,采用不溶性材料制成,现在普遍采用的是石墨阳极。为适应不同形状和不同尺寸工件的需要,阳极的形状要与被镀工件的形状相吻合。常见的阳极形状有圆柱、半圆、月牙、平板、方条、线状等,见图3-12。

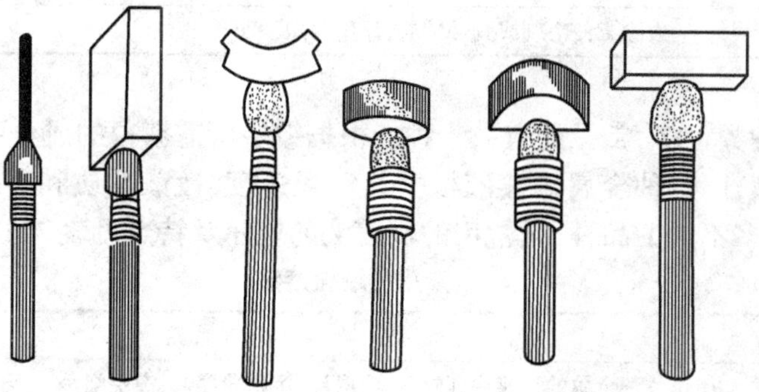

图3-12　几种常用的阳极形状

实际操作中,选用什么形状及多大尺寸的阳极,要根据待镀工件的具体情况而定。例如:线状阳极适用于填补沟槽、凹坑;圆柱状阳极适用于内孔或小平面;半圆形阳极适用于内孔或平面;月牙形阳极适用于外圆;平板形阳极适用于较大的平面。

刷镀时,对每一种镀液必须有专用镀笔,不能混用,以免互相污染。镀笔用完后要用清水冲洗干净后分别存放。每次使用前,应测量镀笔的电阻值。

3. 阳极包套

阳极的表面要包裹一层适当厚度的脱脂棉,外面再用涤纶棉套裹住。阳极包套的作用是储存镀液，防止阳极与工件直接接触而短路，同时对阳极表面腐蚀下来的石墨粒子和其他杂质可起到机械过滤作用。阳极包套磨破后要及时更换。

四、刷镀溶液

刷镀溶液按其作用的不同，可分为预处理溶液、刷镀溶液、退镀溶液和钝化溶液四大类，机械维修中最常用的是前两种。

1. 预处理溶液

预处理溶液的作用是除去待镀零件表面的油污和氧化物，它包括电净液和活化液两种。

(1)电净液。电净液用来清洗零件表面的油污，是一种无色透明的水溶液，呈碱性，pH 值为 13 左右。它在电流作用下具有较强的去油污能力，同时也具有轻度的去锈能力。它适用于大多数基体金属的净化处理。操作时，通常将工件接电源负极，但对于有色金属则用阳极电净法。如果工件表面有严重的锈蚀和油污，最好先用机械方法或化学方法除锈和除油污后，再进行电净。

(2)活化液。活化液具有较强的去除金属表面氧化膜的作用。基体金属表面经净化处理后，要用活化液活化，使其显露出新鲜金相组织，形成一层活化表面，在其上沉积金属，能保证金属镀层与基体金属间具有良好的结合。

活化液由各种酸类组成，常用的 1～4 号活化液的用途及特点见表 3-3。

金属表面预处理溶液 表 3-3

名　　称	用途及特点
电净液	去除金属表面油污，有轻度去锈能力，对工件表面无腐蚀
活化 1 号(THY-1)	去除金属表面氧化膜，适用于铸铁、钢，作用温和
活化 2 号(THY-2)	去除金属表面氧化膜，适用于铸铁、钢、铝、不锈钢等，作用比较强烈
活化 3 号(THY-3)	去除经活化 1 号、2 号作用后仍残留的污垢，适用于高碳钢、铸铁等
活化 4 号(THY-4)	去除工件毛刺或剥蚀镀层，作用强烈

2. 刷镀溶液

刷镀溶液的种类很多，常见的有数十种。根据镀层所需获得的成分不同，可分为单金属刷镀液和合金刷镀液，而各种金属刷镀液根据其镀积速度、镀液性质和所获得的镀层性能等特征，还可以分为许多不同的品种，最常用的刷镀液的应用及特点见表 3-4。

常用的刷镀溶液 表 3-4

名　　称	应用及特点
特殊镍	用作各种金属的过渡层、防腐和耐磨层；沉积速度慢，镀层细密，结合力强
快速镍	用于恢复尺寸和提高工作表面的耐磨性；沉积速度快，镀层孔隙多，耐磨性好
低应力镍	用作防腐层和中间层，沉积速度中等；镀层较致密
镍钨合金	主要用于耐磨层，沉积速度中等，镀层致密
半光亮镍	主要用于表面装饰，沉积速度慢，表面致密光亮
快速铜	主要用于恢复尺寸，沉积速度快，但不能在钢铁上直接刷镀
碱铜	主要用于过渡和改善工作表面理化性能，如钎焊性、防渗碳、防氧化；镀层细密，结合强度高
半光亮铜	主要用于表面装饰，沉积速度慢，表面细密光亮
铁	主要用于恢复尺寸，改善导磁性，沉积速度较快，具有一定耐磨性

3. 退镀液

退镀液用来去除过量或不合要求的镀层。专用退镀液主要有退铬液、退镍液、退铜液等。操作时，工件接正极，工作电压为8～20V。在室温下操作时，唯有铜的退镀液不需通电。若无专用退镀液，采用活化液在反向电流下操作，亦可退除各种镀层。

4. 钝化液

钝化液主要用来对某些镀层进行钝化处理，以提高镀层表面的抗腐蚀能力。

五、刷镀工艺

(1)表面修理。待镀工件的表面在镀前通常要求上机床进行车削或用砂皮、油石打磨，以便去除毛刺、疲劳层，修整圆度、圆柱度，以获得所需的尺寸精度、形状精度和一定的表面粗糙度。当修补划伤、凹坑等缺陷时，还应对缺陷处进行修整，使之与基体呈圆滑过渡。如凹坑或划伤较浅，面积较大时，也可整个磨平，再刷镀至规定尺寸。

(2)表面清洗。对于表面有大量油污或铁锈的工件，要用有机溶剂或水质清洗剂除油除锈。如表面只有一般油污或锈迹，则此工序可免去。

(3)电净。电净的目的是对工件表面进一步进行除油处理，其过程实际上是电化学除油过程。电净时，对待镀表面的邻近部位和镀液流淌的部位也要认真清洗，确保待镀表面清洁，保证流淌下来的镀液不致被污染。

(4)活化。活化的目的是彻底清除待镀工件表面的氧化层，使其显露出新鲜的组织结构，以确保镀层与基体有良好的结合强度。不同的金属材料，应选用不同的活化液和工艺参数，见表3-5。

常见金属的刷镀工艺 表3-5

基本金属	电净工作电压(V)	活化液及工作电压(V)	工件与阳极相对运动速度(m/min)	过渡层	工作层
低碳钢与低碳合金钢	12～15	活化1号为8～14或活化2号为6～12	9～18	特殊镍	根据需要选择镀液
中、高碳钢淬火钢	10～18	活化1号为10～18或活化2号为10～14	9～18	特殊镍	根据需要选择镀液
不锈钢及各种特殊钢	10～20	活化2号为6～12或活化3号为15～25	9～18	特殊镍	根据需要选择镀液
铸铁、铸钢	10～20	活化2号为15～18或活化3号为15～25	9～18	中性镍或快速镍或碱铜	根据需要选择镀液
铜及铜合金	8～12	不必活化	9～18	特殊镍	根据需要选择镀液
铝及铝合金	6～14	活化2号为8～12	9～18		根据需要选择镀液

(5)镀底层。底层也称过渡层，镀底层的目的是为了提高镀层与基体的结合强度，并避免某些酸性镀液对基体金属的腐蚀。底层所用的镀液一般为特殊镍或碱铜。镀层厚度在0.001～0.005mm。

(6)镀工作层。根据工件的使用要求，选择合适的镀液刷镀工作层。由于各种镀液都有一定的安全厚度(表3-6),当镀层较厚时,往往选择两种或两种以上镀液,分层交替刷镀,得到复合镀层,这样既可增加镀层厚度,也可减少镀层的内应力,保证镀层质量。

常用镀液的安全厚度(mm)　　表3-6

镀液名称	安全厚度	镀液名称	安全厚度
专用镍	0.03	高堆积碱铜	0.20
快速镍	0.40	碱铜	0.03
低应力镍	0.04	铁合金-Ⅰ	0.40
高速铜	0.30	铁合金-Ⅱ	0.20

(7)去应力处理。试验证明,刷镀层对基体金属的疲劳强度影响较大,有可能使基体金属的疲劳强度降低35%~40%,因此,一般在镀后对工件进行低温回火处理,以减小其内应力。

六、刷镀操作中的注意事项

(1)在电净、活化、镀底层或镀不同的工作层等各项工序后,都应用清水冲洗工作表面后再进行下一道工序(镀特殊镍作底层时,活化后可不冲洗就刷镀)。

(2)根据不同的镀液,合理选择工作电压(只要工作电压正确,其电流值也处于合适的范围内)。当被镀面积小,镀液温度低时,应采用较低的工作电压,反之采用较高的工作电压。电压过高,将造成阳极表面溶液沸腾,导致镀层表面粗糙和氧化,孔隙增多;电压太低,则使沉积速度太慢,甚至沉积不出镀层。

(3)正确掌握工件与阳极相对运动速度。相对运动速度过低时,会使镀层氧化或"烧焦"。造成镀层粗糙、开裂和结合强度下降;相对运动速度过高,将使电效率下降,阳极包套磨损加剧,还可能造成镀液飞溅,损耗增加。旋转工件的转速与相对运动速度的计算式如下:

$$n = \frac{1\ 000 \cdot v}{\pi D}$$

式中:n——工件转速,r/min;

v——工件与阳极相对运动速度,m/min;

D——工件待镀部位直径,mm。

(4)刷镀所用阳极应尽可能保证与镀件有1/3的最佳接触面积。

(5)镀液温度与工件的起镀温度对刷镀过程影响很大。理想情况是工件和镀液都在313~323K的温度下进行操作。为此,可将工件和镀液进行预热。如不便预热,只能在低电压和低相对运动速度下起镀,待工件温度升高后再提高工作电压。

(6)在电净、活化和刷镀各工序之间以及刷镀过程中,都要求被镀表面始终保持湿润,不允许出现干斑现象。

七、刷镀层的缺陷及预防

1. 镀层结合不良甚至自行剥离

镀层结合不良,多是因操作不当造成的,主要原因如下。

(1)工件受镀表面清洁不彻底,活化液选用不当或被污染,活化时极性错误或工作电压不合理,活化时间过长,活化后长时间未进行刷镀等。

(2)镀液污染或温度过低,镀液选择错误。

(3)阳极污染,阳极与受镀面接触面积太大或太小,阳极对工件的压力太大,镀液供应不足。

(4)工序间清洗不彻底,造成镀液、阳极和工件的污染。

(5)工作电流脉冲过大。

(6)过渡层漏镀。

2. 镀层烧焦(发黑)、粗糙

(1)阴阳极相对运动速度过低和阳极电流密度过大,引起镀液温度过高。

(2)镀笔在某一位置停滞。

(3)对已出现粗糙的镀层未进行打磨而继续镀厚。

3. 镀层内应力大并出现开裂

(1)镀层单层厚度超过安全厚度,复合镀层过厚。

(2)阴阳极相对运动速度过高,阳极包套镀液过少或输送不足。

(3)阳极起镀电流和工作电流均过大。

(4)镀液温度过低。

第五节　零件的金属喷涂和喷焊修复

用高速气流将熔化的金属喷射到事先准备好的零件表面上形成一层覆盖物的过程,叫喷涂。喷涂可以喷金属也可以喷非金属,生产中多为喷金属材料,通常称为金属喷涂。如在喷涂层上继续喷涂或第二次加热,使之达到熔融状态而与基体材料形成冶金结合,称为喷焊。在港口机械检修中,金属喷涂和喷焊工艺主要用于发动机曲轴和凸轮轴的磨损修复,也可用来修复其他的轴类零件。近年来,由于喷涂和喷焊工艺的不断发展和完善,其应用范围也在不断扩大,特别是等离子喷涂的出现,能将高熔点的耐磨金属喷涂到气门、活塞、曲轴、半轴套管及转向节等零件上,扩大了喷涂和喷焊工艺的修复应用范围。

火焰喷涂层和喷焊层的共同特点是:

(1)可以根据需要选用不同成分的粉末或线材,使喷涂层满足不同工作条件的要求,形成不同性能的表面覆盖层。

(2)覆盖层的厚度可以在较大范围内变动,并能比较精确地加以控制,从而适用于修复具有不同磨损量的工件。

(3)设备简单,操作方便,有良好的机动性。

由于喷涂和喷焊的形成过程不完全相同,在结构和性能上存在的差别主要表现为:

(1)喷涂层与基体材料之间呈机械结合,结合强度较低,而喷焊层与基体金属之间为冶金结合,有很高的结合强度。

(2)喷涂温度低,工件不会发生组织变化,热应力小,变形小;而喷焊时工件表面温度高,会引起工件金属组织和力学性能的改变,并易使工件发生变形。

(3)喷涂层组织疏松,孔隙率高,有良好的储油性能,提高了耐磨性;但由于颗粒之间结合强度低,颗粒易脱落,故反而会加剧磨损。而喷焊层则保持了一般金属的表面性能,不会产生上述现象。

根据熔化金属的热源不同,喷涂和喷焊的工艺也不相同,本节主要叙述电喷涂和氧乙炔火焰喷焊的基本原理及工艺过程。

一、电喷涂

1. 基本原理

电喷涂的基本原理如图 3-13 所示。

两根通电的金属丝等速向前送进，在金属丝的尖端产生电弧，电弧的热量使金属丝熔化，具有 490 ~ 588kPa 的压缩空气从喷嘴中喷出，把熔化的金属吹散成 0.01 ~ 0.04mm 的小颗粒，并以 100 ~ 180m/s 的速度冲向工件表面（工件表面距喷嘴约 150 ~ 250mm），半塑性状态的金属颗粒在工件表面撞击变形，填塞在粗糙的零件表面，随着金属颗粒的不断堆砌，在工件表面就形成了金属喷涂层。

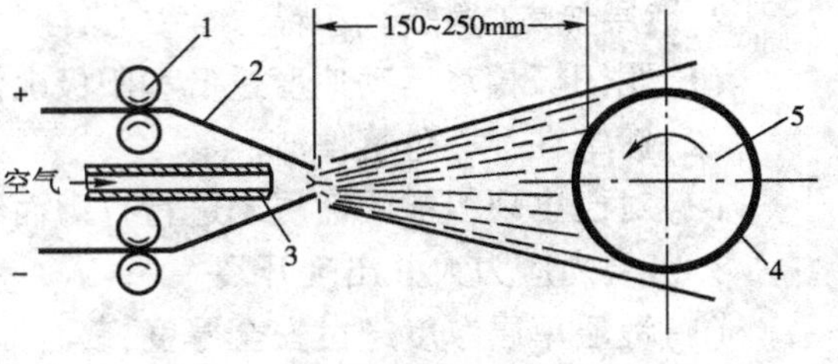

图 3-13　金属喷涂示意图

1-送丝轮；2-钢丝；3-喷嘴；4-喷涂层；5-零件

2. 喷涂层的性能

（1）硬度高。由于金属颗粒在空中运行的过程中，外表被裹上一层氧及氮的薄膜，在到达工件表面前尚处于 1 270K 左右的高温中，与零件接触时，温度迅速下降到 343K 左右，这样便产生了淬硬作用，因此，金属涂层的硬度比原金属高，如用硬度为 HB230 的 80 号钢丝喷涂，涂层硬度可达 HB318。

（2）结合强度低。由于喷涂层与工件基体之间并无融合过程，只有机械的嵌合和分子吸引，因而其结合强度很低，如果零件表面的清洁不够彻底，则结合强度就更低。

（3）耐磨性好。一般来说，金属涂层的耐磨性主要取决于硬度，其硬度越高，耐磨性越好。但对于喷涂层来说，并不完全如此。由于喷涂层的结合强度低，如果在工作中发生干摩擦，则容易产生磨料磨损，甚至使涂层产生局部剥落。为了改善其耐磨性，喷涂后的零件，需放在油中浸煮，使喷涂层中各颗粒之间的微孔中充满润滑油。实践证明，只要保持润滑良好，喷涂层就能具有比新件更好的耐磨性。

（4）对零件机械强度影响小。喷涂层的机械强度取决于颗粒接触面的大小及颗粒之间的结合强度。试验表明，喷涂层的抗拉强度很小，而抗压强度很高。用金属喷涂法修复的零件，其机械性能仅仅取决于基体金属的机械性能，因此，金属喷涂法只能用来修复那些磨损后仍然具有足够机械强度的零件。

3. 金属电喷涂的工艺过程

（1）喷涂前零件的表面准备。由于喷涂层的结合强度低，因此，待涂零件的表面准备显得尤其重要，表面准备主要包括三道工序：

①表面除油污、锈蚀。可用砂布擦拭、碱水清洗等方法彻底清洁工件表面。

②采用机械加工以恢复正确的几何形状。可采用车削、磨削等方法使零件达到要求的几何形状。

③对零件表面进行粗糙处理，以增加嵌合面积和涂层与基体的结合能力。常用的方法有：

a. 喷砂。用直径为 0.50 ~2.50mm 的石英砂，以压力为 196 ~ 392kPa 的压缩空气对零件进行表面喷射。

b. 车螺纹。在零件表面车削螺纹，深度为 0.4 ~0.6mm，但此法会影响零件的机械强度。

c. 电火花拉毛。以镍或镍铬合金作电极，使之与零件作间断的接触与断开而制造电火花放电，在零件表面形成凸凹不平的小坑。

没有条件时，也可对零件表面用粗砂轮磨削后用电焊拉毛的方法进行表面粗糙处理。

(2)喷涂。喷涂前，首先要检查压缩空气中有无油、水存在。可在喷枪前100mm处放一张白纸做喷射检验，如果喷射在白纸上的气流有油或水的痕迹，则应检查油水分离器，必要时需更换滤芯。

喷涂所用的金属丝，可根据零件的使用性质选用。一般选用碳素弹簧钢丝，含碳量为0.7%～0.8%，如需要提高硬度和耐磨性，也可选用高碳钢丝，含碳量为1.15%～1.24%，钢丝在使用前要除油、除锈。

喷涂操作规范：

工作电压	32～36V
工作电流	70～100A
压缩空气压力	500～600kPa
送丝速度	1～2m/min
零件回转线速度	10～15m/min
喷射距离	150～250mm
金属丝直径	1.6～1.8mm

操作中，应使喷射的金属流尽量垂直于零件的表面。喷涂过程应连续进行，不得间断。注意零件温升不要超过243K，可以通过调节电流强度、电压、喷嘴到零件表面的距离来调节零件的温升。喷涂曲轴轴颈时，应先喷过渡圆角，再喷轴颈中部。喷涂完毕后，应使零件缓慢冷却。

(3)喷后的加工处理。

①涂层检查。喷涂完毕后，可用小锤轻轻敲击涂层，如声音清脆，则表示喷涂层与基体金属结合良好；如声音嘶哑，则表示结合不良，应除去重喷。

②磨削加工。检查合格的零件，应进行磨削加工，磨削时，采用粗粒度的软砂轮，进刀量要小，先采取径向切入法粗磨，待粗磨到剩有0.2mm左右精磨余量时，再横向精磨至所需尺寸。轴类零件磨削后的喷涂层厚度不应小于0.3mm。磨削时，要大量供给冷却液，一方面带走磨削热量，同时也带走磨削产生的金属微粒，防止这些磨屑进入喷涂层中的孔隙。

③渗油处理。加工完毕后，零件应在353～373K的机油中浸煮8～10h，进行渗油处理。

二、氧乙炔火焰喷焊

1. 基本原理及特点

氧乙炔火焰喷焊是利用氧乙炔火焰喷枪先将自熔性合金粉末喷涂到基体金属表面上，再经过重熔处理，在基体金属不熔化的条件下，合金粉末层与基体金属表面形成呈焊合状态的表面层。火焰喷焊的特点是：可根据需要控制喷焊层的厚度；喷焊层薄而均匀，表面光滑，成形好；涂层的耐磨性好，喷不同的合金粉末还可以获得耐热、耐腐蚀的性能；喷焊层结合强度高；工艺及设备比喷涂简单，便于推广应用；重熔时，零件表面温度较高，热影响区较大，变形倾向大，甚至引起金属组织变化，因而应用受到限制，如不适用于薄壁件和长杆件等。

2. 喷焊设备及材料

(1)喷焊炬和喷焊枪。喷焊中，小零件用的喷焊炬如图3-14所示，它是在气焊炬上装一个漏斗，在氧气的抽吸作用下，按下粉末开关，粉末就被送入喷焊炬，随即被熔化喷出。喷焊大工件用的喷焊枪如图3-15所示。

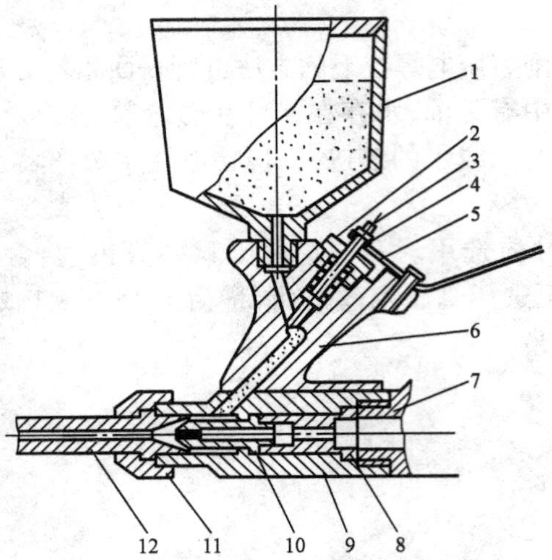

图 3-14 喷焊炬

1-粉斗;2-压帽;3-调节杆;4-调节螺母;5-送丝开关;6-连接体;7-焊枪体;8-混合管;9-枪体;10-注射管;11-连接螺管;12-焊枪喷管

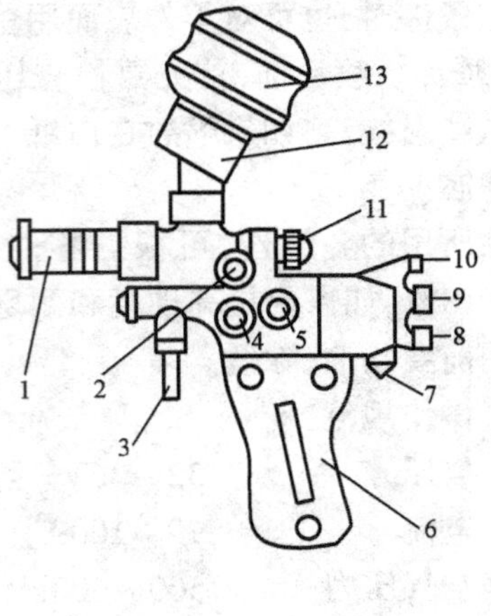

图 3-15 喷焊枪

1-喷嘴;2-送粉气体控制阀;3-支柱;4-乙炔阀;5-氧气阀;6-手柄;7-气体快速关闭安全阀;8-乙炔进口;9-氧气进口;10-补充的送粉气体进口;11-粉末流量控制阀;12-料斗管;13-储粉缸

(2)材料。喷焊材料都是自熔性合金粉末,具有较低的熔点和良好的液态流动性,以便脱氧和净化,与基体表面有良好的湿润性。常用的合金粉末有镍基、钴基、铁基、铜基等。镍基和钴基具有抗磨损、抗腐蚀、耐高温、抗氧化等综合性能,但价格较贵,故限制了其使用范围。对于常温下的耐磨表面,从经济的角度考虑,应尽量选用铁基。

3. 喷焊工艺

(1)喷前准备。首先对工件表面进行除油、除锈,去除电镀层、渗碳层、渗氮层,表面硬度较大时,需进行退火处理。

(2)喷焊。喷焊操作包括工件预热、喷涂与重熔。碳钢的预热温度为 543 ~ 573K,合金钢为 623 ~ 673K。喷涂和重熔有两种操作方法,一种是将喷粉和重熔分两步进行,先将合金粉用轻微碳化焰喷涂在零件表面上,再用中性焰或轻微碳化焰将涂层重熔,得到致密均匀的喷焊层。这种方法适用于大面积及轴类零件的喷焊。另一种方法是采用中性焰将喷涂和重熔同时进行操作,即边喷边涂,这种方法适用于小面积及形状不规则的零件。

(3)喷后处理。喷后要缓慢冷却,并进行浸油、机械加工、清洗、检验,对于淬透性大的合金钢、不锈钢零件,应在喷焊后进行恒温退火。

第六节 零件的黏结修复

用某种黏结剂把零件黏结在一起或修补零件缺陷的工艺称为黏结,这种零件修复方法工艺简单、设备少、成本低,所以得到了广泛应用。

一、常用的黏结剂

黏结剂的种类很多,港口机械检修中常用的有:环氧树脂、酚醛树脂、厌氧胶、氧化铜等。

1. 环氧树脂胶

环氧树脂是一种人工合成的高分子树脂状化合物,它能与许多种材料的表面形成化学键的结合，产生较大的黏结力。用它配成的胶用途很广，能粘各种金属，也能粘许多非金属材料。

环氧树脂胶黏剂的优点是黏附力强、固化收缩小，耐腐蚀、耐油、电绝缘性能好。其缺点是脆、韧性差。

环氧树脂本身并不能作为黏结剂，只有在加入适量的固化剂固化后才有黏结作用。因此，环氧树脂胶是一种以环氧树脂及固化剂为主，再加入增塑剂、填料和稀释剂配制而成的多组分的胶黏剂。环氧树脂胶一般只能现用现配。

(1)环氧树脂。环氧树脂本身是热塑性的线性结构，分子量为300～700，在它的线性结构两端有环氧基。

环氧树脂的主要使用性能指标是环氧值，即每100g树脂中所含环氧基的当量数。环氧值高的树脂，分子量小，在常温下是黄色油状液体。这类树脂使用方便，黏结强度较高，并且黏结强度受温度变化的影响也较小，因此最适合作黏结剂用。环氧值低的树脂，分子量大，在常温下是青铜色固体状胶块，一般用于浇铸和作涂料。

(2)固化剂。固化剂也叫硬化剂，它是环氧树脂胶中的重要成分，因为环氧树脂具有热塑性，化学稳定性也差，易溶于有机溶液，所以其不能单独作为黏结剂。加入固化剂后，环氧树脂原来的线性结构可变为立体的网状结构，一般温升不至于软化和溶化，不溶于有机溶液，提高了化学稳定性和耐油、耐酸性能。常用的固化剂有胺类(乙二胺、间苯二胺)和酸酐类(顺丁烯酸酐)等。

固化剂的用量、固化温度和固化时间对黏结后的性能有很大影响。固化剂用量不足会因固化不完全而粘不牢，用量过多又会降低黏结后的机械性能。对于固化温度，如果条件许可，即使采用的是室温固化剂，最好也先在室温下保持24h，再在353K的温度下固化3h，促使固化剂与树脂充分反应，以提高其黏结力。一般来讲，在一定温度范围内，提高固化温度，可以适当缩短固化时间。此外，固化时间也与树脂的环氧值有关，即环氧值高的树脂固化时间要长一些。

(3)增塑剂。加入增塑剂的目的是提高环氧树脂的塑性，减少脆性。增塑剂的用量要适当，多了会降低黏结强度，并使其耐热性和绝缘性变差。常用的增塑剂有邻苯二甲酸二丁酯和磷酸三苯酯。邻苯二甲酸二丁酯是油状液体，除增加塑性外还有降低黏度的作用，其用量是环氧树脂质量的10%～20%。磷酸二苯酯是白色针状结晶，其用量为环氧树脂质量的20%～30%。

(4)填料。加入填料的目的是减少环氧树脂的用量，提高黏结后的强度和硬度，降低固化收缩率，增加耐热和绝缘性能。常用的填料有石棉纤维、玻璃纤维、石英粉、石棉粉、瓷粉等。

(5)稀释剂。稀释剂用来增加黏度，便于工艺操作，延长操作时间。常用的稀释剂有丙酮、甲苯、二甲苯等，其用量应不超过树脂量的5%～10%。

常用的环氧树脂胶配方见表3-7。

常用的环氧树脂胶配方　　表3-7

名称＼项目	补蓄电池		补汽缸体水套裂纹		补汽缸体气门与汽缸之间裂纹		修复磨损的孔		镶套		修复磨损轴颈	
环氧树脂	6101	100	6101	100	637	100	6101	100	6101	100	618	100
邻苯二甲酸二丁酯	15		15		10		—		10		10	

续上表

名称 \ 项目	补蓄电池	补汽缸体水套裂纹	补汽缸体气门与汽缸之间裂纹	修复磨损的孔	镶套	修复磨损轴颈
固化剂	乙二胺 8	间苯二胺 15	顺丁烯二甲酸酐 40	聚酰胺 80	乙二胺 7	间苯二胺 15
填料	石英粉 15 石棉粉 10 炭黑 30 电木粉 5	石英粉 15 石棉粉 10 铁粉 20	石英粉 10 石棉粉 12 铁粉 50	铁粉 20 玻璃丝 10		二硫化钼 2 石墨粉 2
备注	用电烙铁开V形槽滴浓硫酸浸润 10min 后冲净烘干		加扣键	孔内涂上胶后将轴涂上黄油装合后固化	配合间隙为 0.1mm	轴颈直径车小于 1mm 时,用玻璃丝蘸环氧胶一层层缠上,固化后加工至名义尺寸

2. 酚醛树脂

酚醛树脂胶可以单独使用,也可以与环氧树脂胶混合使用。

酚醛树脂胶有较高的黏结强度,耐热性好,可在 473K 温度下长期工作,但性脆,不耐冲击。

酚醛树脂胶与环氧树脂胶混合使用时,其用量为环氧树脂胶质量的 30% ~40%,且要加增塑剂和填料。为了加速固化,要加入 5% ~6% 的乙二胺,这样既改善了耐热性,又提高了韧性。

3. 厌氧胶

厌氧胶在存放过程中,由于和空气中的氧接触时不会固化而呈液体状,当与氧隔绝后,则逐渐固化而产生黏结力,故称为厌氧胶。由于厌氧胶在未胶结前为稀薄的液体状,对裂缝的渗透性较好,对于细小裂纹和裂纹深处的黏结优于其他胶黏剂。只要使厌氧胶与空气隔绝,它就会在黏结后自行固化,一般只需采用薄铁皮、玻璃纸等与胶水同时粘在一起,并设法断绝裂纹中的空气即可,故操作工艺简单。厌氧胶的黏结强度较大,在不解体的情况下,可就车黏结汽缸体、汽缸盖等箱体类零件的裂缝。

4. 氧化铜

氧化铜属无机黏结剂,它的优点是能耐高温,发动机燃烧室附近的裂纹、凹陷的修补,常采用氧化铜来黏结。

氧化铜黏结剂是由氧化铜粉和无水磷酸调和而成,两者发生化学反应生成磷酸铜:

$$3CuO + 2H_3PO_4 = Cu_3(PO_4)_2 + 3H_2O$$

磷酸铜吸收水分成为结晶水化合物而固化,成为一种“水泥”,用以填裂、堵漏和粘合零件。此外,磷酸铜与钢铁零件表面接触,铁与铜发生置换反应,使钢铁零件表面变色,更增加了粘合的强度。

磷酸铜的耐温可达 873K,在调拌时,当工作温度超过 873K,应增加 1% 左右的氧化钴和氧化铬,以进一步提高其耐高温性能。

为了减缓氧化铜的固化过程,延长黏结剂的使用期限,可在无水磷酸里加入少量的氢氧化铝，氢氧化铝对黏结力没有什么影响。

磷酸铜固化后体积增大，性能也较脆，不耐冲击，黏结强度稍低于环氧树脂胶，这些缺陷应在使用时加以注意。磷酸铜固化后不耐碱，如需清除掉，可用氢氧化钠溶液浸透即可。

二、黏结修复工艺

各种黏结剂的黏结工艺基本上大同小异，现以环氧树脂胶为例说明黏结工艺的各道工序。

1. 粘前的表面准备

零件的粘前表面准备包括表面机械加工、表面清洁、表面化学处理三道工序。

(1)表面机械加工。对于壳体类零件的裂纹，如果裂纹不长，裂纹部位的工作温度不高，受力不大，则可以首先在裂纹两端钻 $\phi3\sim4$mm 的止裂孔，以防止裂纹延伸，再用砂布或砂轮打光裂纹的周围，然后开成60°的坡口，如图3-16和图3-17所示。

坡口表面不宜过于光洁，最好是开好坡口后喷砂，因为粗糙的表面有利于黏结，但过于粗糙也会使胶层厚薄不均而有较大的内应力。

对于工作温度较高、受力较大部位的裂纹，最好先用金属键扣合，再用树脂胶粘补，以保证有足够的强度，如图3-18所示。

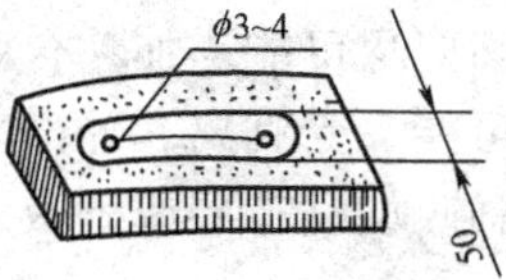

图3-16　裂缝的止裂孔及清洁范围

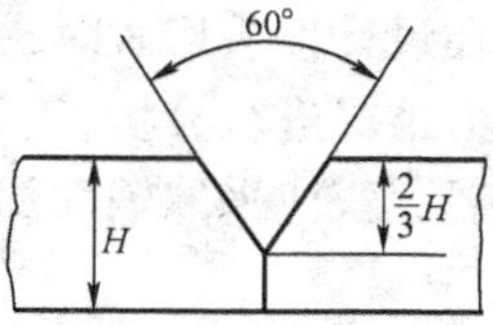

图3-17　开坡口

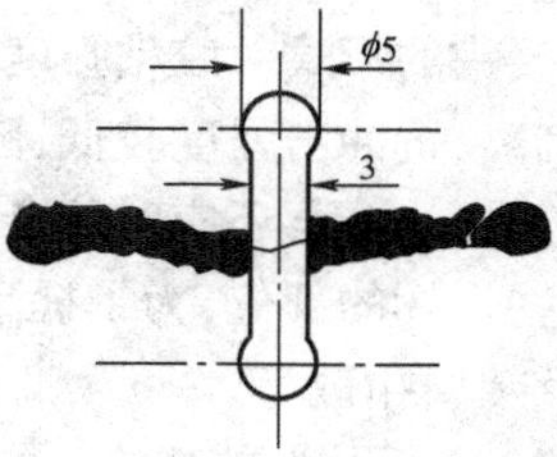

图3-18　金属键扣合

扣合键的材料最好用含镍的低碳合金钢，这种钢的强度大，热膨胀系数与铸铁相近，塑性好，必要时，可以在镶入后敲击铆实在槽内，根据壳体裂纹损伤的具体情况，可采用通键或占壁厚2/3的键片。

(2)表面清洁。胶粘的表面应清洁，要求没有油、锈及水分，这样才能保证黏结的质量。可用碱水煮，也可先用汽油，再用苯、丙酮擦拭。

(3)表面化学处理。粘合表面经特殊的化学处理后，可以显著提高黏结强度。表3-8是对不同材料粘合表面的化学处理方法。

粘合表面化学处理方法　　表3-8

黏结件材料	化学处理剂的组成	处理方法
钢	10%的硅酸钠溶液或10%的盐酸溶液	60℃，10min
	每升水加30g马肤盐磷化	95℃，20min
不锈钢	浓盐酸52g，40%的甲醛10g，30%的过氧化氢2g，水45g	65℃，10min
铝	重铬酸钠66g，90%的硫酸666g，水1 000g	70℃，10min

粘合表面化学处理完毕后，应立即用水将药剂冲洗干净，再用丙酮擦拭，热空气吹干后方可涂胶。

2. 涂胶

在涂胶前，需先将粘合面加热。对于室温固化的胶黏剂，可将粘合面加热到313K左右，对于加热固化的胶黏剂可加热到333K左右。小零件放在烘箱中加热，大型零件可用红外线灯加热。

涂胶时，务必使胶均匀布满粘合表面，避免在胶层中有气泡。胶层的厚度应控制在0.1mm左右，太薄或太厚都会影响黏结强度。

涂胶后，待稍冷下来时就把两粘合面贴住，最好能用夹具夹牢，夹具的压力为34.3～68.6kPa。为了防止把胶挤出，可在粘合面内垫上ϕ0.1mm的铜丝，或者在设计粘合面时预留0.1mm的间隙。

3. 固化

零件粘合后，最后的工序是固化，固化条件按不同的固化剂而定。

对于乙二胺等室温固化剂一般需要固化24h，如再在353K的温度下固化3h，则效果更好。

间苯二胺的固化条件是分阶段固化，即先在室温下固化24h，然后再在353K、393K、423K等三个阶段分别固化4h、2h、2h。在固化过程中，不要过多的移动被粘工件，夹具不得松动，待固化完毕后方可取下。

三、黏结接头与黏结方式的选择

黏结接头的形式对胶粘强度影响很大，用环氧树脂胶作胶黏剂时，其抗剪、抗压强度比较好，而抗剥离、抗冲击强度较低，因此，在设计接头形式时，一方面要尽可能增加粘合面积，从而提高强度，另一方面，还应对胶合件受力情况进行分析，使其尽可能少受剥离和冲击力。

对有些损坏的部位，为了提高黏结强度，应采取辅助加强措施，如贴布层或钢板、镶嵌燕尾槽、销钉及金属扣键等。

图3-19a)所示为黏结接头的基本形式，图3-19b)所示为改进后的黏结方式，由图可见，改进后的黏结方式不仅有效增大了接头黏结面积，也改善了接头处的受力情况。

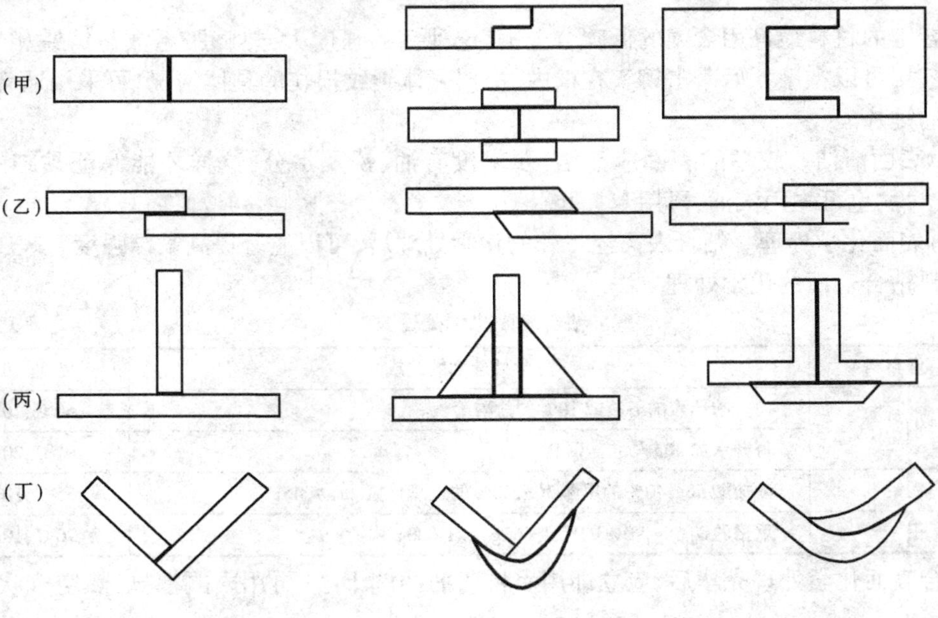

图3-19　黏结接头的基本形式和改进后的结构

a)基本形式；b)改进结构

复习思考题

1. 机械加工修复零件的特点有哪些?
2. 机械加工修复零件时如何选择定位基准?
3. 什么是修理尺寸法,使用修理尺寸法修复零件要注意哪些问题?
4. 采用附加零件法修复零件时有哪些注意事项?
5. 铸铁零件焊修时为什么容易产生白口和裂纹?
6. 可以采用哪些措施来防止铸铁零件焊修时产生白口和裂纹?
7. 加热减应焊的优点是什么,如何正确选择加热减应区?
8. 合金钢零件的焊修有什么特点,要采取哪些工艺措施?
9. 铝合金零件的焊修有什么特点,要采取哪些工艺措施?
10. 电镀的基本原理是什么?
11. 光滑铬层有哪几种,应用在什么场合?
12. 多孔镀铬有什么特点,一般应用在什么场合?
13. 在什么情况下要对零件进行镀铁和镀铜?
14. 电刷镀的基本原理是什么? 有什么特点?
15. 刷镀操作中有哪些注意事项?
16. 喷涂和喷焊的不同点和共同点各是什么?
17. 电喷涂的基本原理是什么?
18. 黏结修复主要用于哪些场合?

第二篇　发动机检修

第四章　汽缸体、汽缸盖和曲柄连杆机构的检修

● **学习目标**

知识目标

1. 准确描述汽缸体、汽缸盖和曲柄连杆机构的常见缺陷和检查修复方法；
2. 准确描述汽缸的磨损和穴蚀机理；
3. 正确进行汽缸镗削量和镗削次数的计算；
4. 了解镗缸机、磨缸机的基本原理。

能力目标

1. 能用常规方法检查汽缸体和汽缸盖的裂纹；
2. 正确使用量缸表测量汽缸内径；
3. 能制订汽缸的镗削和磨削工艺并进行简单的操作；
4. 能正确进行汽缸套的镶配；
5. 能正确进行活塞销和连杆衬套的铰削和选配；
6. 能正确进行活塞环间隙的检查测量；
7. 能正确进行活塞连杆组件的组装；
8. 能正确进行曲轴的弯曲变形检验和校正；
9. 能正确使用外径千分尺测量曲轴轴颈。

第一节　汽缸体和汽缸盖的检修

一、汽缸体与汽缸盖的常见缺陷及产生原因

汽缸体和汽缸盖常见的主要缺陷是变形、裂纹以及主轴承座孔由于磨损和变形而引起的圆度、圆柱度和不同轴度误差。

汽缸体和汽缸盖的变形，大多是由于拆装汽缸盖时温度过高或未按规定的操作程序拆装，扭紧力矩过大或力矩大小严重不均而造成的。发动机在高速、大负荷和润滑不良的条件下工作发生轴承烧溶事故，可能引起汽缸体的变形和主轴承与轴承座孔的同轴度误差。在发动机修理中，由于各主轴承与轴颈的间隙不均匀，导致主轴承与座孔贴紧度不够，也会使汽缸体承受额外的压力而变形。过热的发动机突加冷水或者过冷的发动机突加热水也有可能导致汽缸体的变形。

汽缸盖的裂纹常出现在燃烧室表面和进排气门座圈之间。柴油机汽缸盖的裂纹最容易出现在进排气门座和喷油器孔之间的三角形区域，主要是由于这些部位的温度过高，散热不良，

产生较大的热应力。汽缸体水套裂纹的产生多半是由于发动机过热时突然加入大量冷水所致，另外，冬季停车后未将冷却水放掉，结冰膨胀也会造成水套的裂纹。

主轴承座孔的磨损，主要是由于轴瓦与座孔之间配合不紧，工作中轴瓦与座孔之间产生了相对运动而引起的。主轴承座孔的不同轴度则主要是由于汽缸体内部铸造残余应力引起汽缸体变形所致。

二、汽缸体和汽缸盖缺陷的检查

1. 裂纹的检查

汽缸体和汽缸盖上的明显裂纹可以通过直观检视出来，但对于一些细微隐蔽的裂纹，只有借助于其他方法来进行检查才能确定。发动机大修时，通常采用水压法检查汽缸体和汽缸盖的裂纹。

水压法是通过向汽缸盖和汽缸体内的冷却水腔中灌注具有一定压力的水来检查裂纹所在部位。水压法所使用的设备如图 4-1 所示。

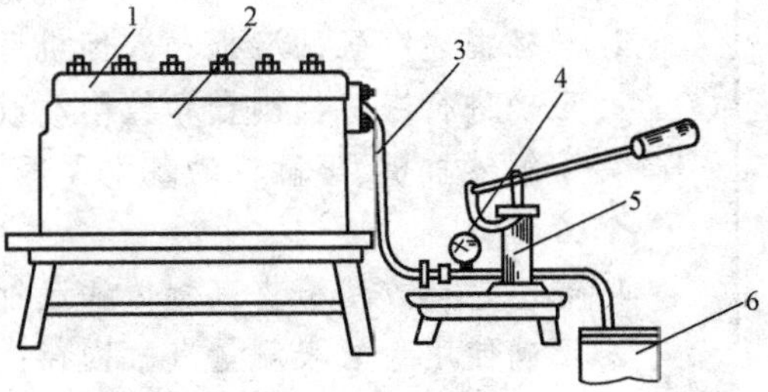

图 4-1　汽缸体、汽缸盖的水压试验

1-汽缸盖；2-汽缸体；3-水管；4-压力表；5-手压水泵；6-储存槽

检查方法：将汽缸盖、汽缸垫装好，按规定力矩上紧汽缸盖螺母，把手压水泵的出口接在汽缸体的进水口，并把其他水道口封住。压动手压泵，使水进入机体，按规定，应能在 294 ~ 396kPa 的水压力作用下，保持 5min 以上无渗漏现象，凡是有水珠或渗水痕迹处，即为裂纹所在部位。对于新镶汽缸套、气门座圈的汽缸体和修补过的汽缸体，均应对其进行水压试验。

2. 平面翘曲的检查

汽缸盖和汽缸体的平面翘曲可用直尺和厚薄规进行检测，如图 4-2 所示。将直尺放在缸盖或缸体平面上，用厚薄规测量直尺与平面上未接触处的间隙，塞入厚薄规的最大值，就是汽缸盖或汽缸体平面变形的翘曲量，汽缸盖平面度误差在 100mm 长度上应不大于 0.03mm，汽缸体在 100mm 长度上应不大于 0.05mm，否则，应检修。

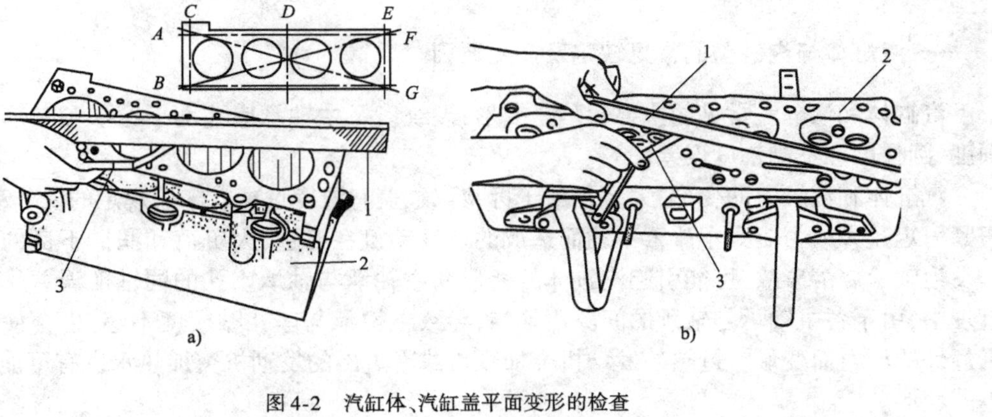

图 4-2　汽缸体、汽缸盖平面变形的检查

a）检查汽缸体上平面；b）检查汽缸盖下平面

1-刀口尺；2-汽缸体、汽缸盖；3-塞尺

3. 主轴承座孔的磨损和同轴度的检查

主轴承座孔除因轴承与其配合不紧产生相对滑动而出现磨损外，一般磨损很少，可用量缸表检查圆度、圆柱度。小型发动机的一般圆度误差应不大于0.01mm，圆柱度误差应不大于0.025mm。

主轴承座孔同轴度的检查，可用直径为60～70mm的镗瓦机镗杆作检验杆（镗杆的圆度、圆柱度和直线度误差均应不大于0.02mm）和厚薄规来进行检查。检查时，首先将主轴承座孔和轴承盖清洗干净，以规定的扭矩上紧轴承盖，把检验杆穿入主轴承座孔内，用厚薄规检查主轴承座孔与检验杆之间的间隙，以确定主轴承座孔的同轴度误差，如图4-3所示。全部座孔的同轴度误差应不大于0.15mm，相邻两座孔的同轴度误差应不大于0.10mm。

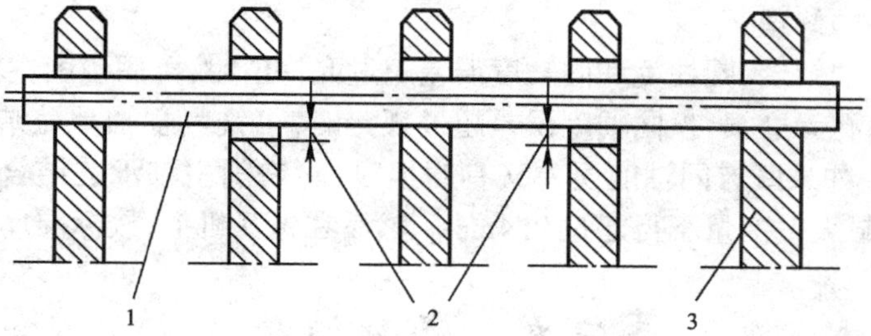

图4-3 主轴承座孔同轴度的检查

1-检验杆；2-间隙；3-汽缸体

三、汽缸体和汽缸盖的检修

1. 裂纹的修理

目前，发现汽缸体和汽缸盖有了裂纹，一般采用换新处理。如条件许可，也可采用黏结和焊修法修复。

（1）黏结法。汽缸盖、汽缸体外表面的大多数裂纹可采用环氧树脂黏结法修复。该法工艺简单、操作方便、成本低。其主要缺点是不耐高温和冲击，所以，在燃烧室、气门座等高温区不能用黏结法修复。

对破洞或裂纹集中的部位，可以采用补板加环氧树脂黏结的方法修复。对于燃烧室等高温区域的局部裂纹，可采用扣合键无机黏结剂法修复，它可以防止漏水，可承受873K的高温，抗压性能良好。

（2）焊补法。焊补法一般用于修补受力较大部位的裂纹。焊补方法可分为冷焊和热焊。采用热焊时，须将工件预热到873～973K温度下进行，以减小焊缝与工件其他部位的温差，防止由于内应力而产生新的裂纹和白口，但热焊易产生变形且工艺复杂。冷焊一般不预热。目前，随着冷焊质量和可靠性的提高，其在汽缸体、汽缸盖的裂纹修理中得到了广泛应用。

必须注意的是，无论采用哪一种方法修复，修复后均应按规定进行水压试验。

2. 汽缸体和汽缸盖平面翘曲变形的修理

（1）刮削法。如果平面度误差较小且局部发生变形，可用刮刀将局部高出的部分刮掉。

（2）研磨法。用油石将局部高出的部分磨平，也可以汽缸体为底座，在汽缸盖底平面和汽缸体上平面之间涂上研磨砂，将汽缸盖底平面置于汽缸体上平面上，往复推动汽缸盖使之与汽缸体进行互研，以消除轻微的平面度误差。

（3）磨削或铣削法。若翘曲变形大，可在平面磨床上磨平或在铣床上铣平，但最大加工量不得超过1mm,因为过大的加工量将会影响燃烧室容积和压缩比。

3. 汽缸体与汽缸盖螺纹孔的修理

冲击损伤和金属腐蚀会引起螺纹滑扣、螺柱拆装不当和螺纹在工作中振动磨损或拧紧力过大,会造成螺纹孔损坏,螺纹孔的修理方法主要有两种。

(1)对于受力不大处的螺孔,可将损坏的螺孔扩大,并按规定攻出螺纹,然后装入具有相应外螺纹的螺纹套,其内螺纹应与原螺纹相同。

(2)对于受力较大部位,如汽缸体平面处的螺纹孔,则需将损坏的螺纹扩大,并按规定攻出螺纹,然后配制台阶形螺栓,螺栓与螺纹孔相连接处的螺纹应与螺孔扩大后车制的螺纹相适应,螺栓上部应与原螺纹相同。

4. 主轴承座孔的修理

当主轴承座孔的圆度、圆柱度和同轴度误差超过允许值时,可用镗削主轴承座孔的方法修理。如果主轴承座孔无磨损,仅同轴度误差超过规定时,可铣削主轴承盖结合面,铣削量最大不得超过0.5mm。如果既有同轴度误差又有磨损时,除铣削主轴承盖结合面外,还需铣削主轴承座孔结合面,最大铣削量不得超过0.4mm。然后在镗瓦机上,按标准尺寸镗削座孔。

第二节　汽缸的检修

一、汽缸的磨损、穴蚀及产生的原因

1. 正常情况下的磨损规律

发动机工作中,由于汽缸的工作表面各部位承受的气体压力、温度及润滑条件各不相同,各部位的磨损程度也不一样。其上下方向磨损后产生圆柱度误差,最大磨损位置在活塞位于上止点时第一道气环与缸壁接触处。圆周方向的磨损也是不均匀的,产生圆度误差。汽缸的正常磨损规律如图4-4所示。

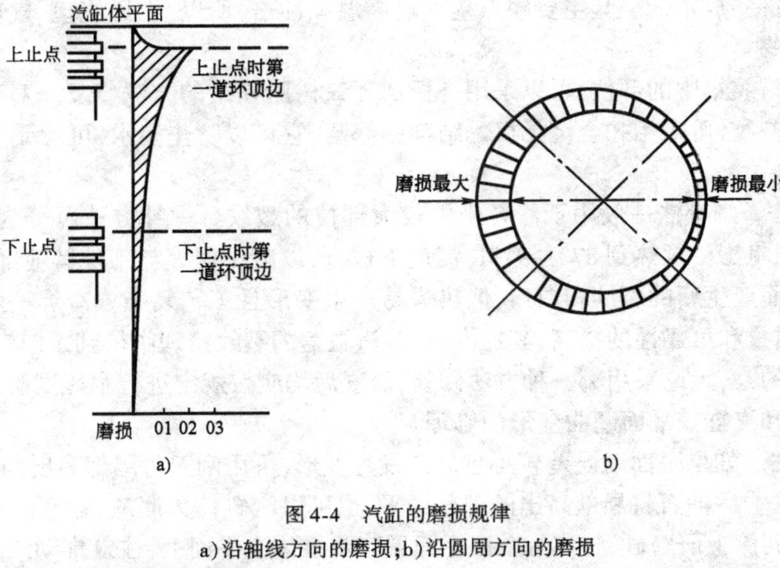

图4-4　汽缸的磨损规律

a)沿轴线方向的磨损;b)沿圆周方向的磨损

2. 汽缸磨损出现圆柱度误差的原因

(1)气体压力的影响。在做功行程中,高压气体通过活塞环环槽之间的间隙,窜入活塞环

的背面,把活塞环压向汽缸。气体对第一道环的压力最大,加大了活塞环与缸壁的摩擦力,下面的各道环依次降低。随着活塞的下行,气体压力将降低。

(2)润滑条件的影响。发动机工作中,汽缸上部的温度大于下部。由于上部温度高,润滑油黏度下降,不容易形成良好的油膜,因此,越靠近汽缸的上部,润滑条件越差,越容易出现干摩擦的现象。

(3)磨料的影响。当空气和燃油的滤清不良时,进入汽缸的灰尘和杂质成为磨料,这些磨料首先与上面的环接触,磨料作用最为剧烈,往下则逐渐被磨碎,作用便逐渐减轻。

以上的三种情况,都是使汽缸的上部磨损严重,向下则转向轻微,这是汽缸磨损形成圆柱度误差的主要原因。

3. 汽缸磨损出现圆度误差的原因

(1)侧压力的影响。在做功行程中,气体压力的分力把活塞压在汽缸的一侧,在压缩行程中,气体压力的分力又把活塞压向汽缸的另一侧,如图4-5所示。这种侧压力的作用使汽缸产生偏磨,导致汽缸左右方向(垂直于活塞销中心线方向)的磨损大于前后方向(活塞销中心线方向),而最大磨损发生在做功行程中承受侧压力的方向。

(2)冷却条件的影响。由于汽缸体结构上的原因,缸壁周围的冷却水温度不一样。冷却水温度较低的部位缸壁的工作温度也较低,当缸壁温度低于413K时,燃烧产物中的酸性物质便在缸壁上凝聚,引起酸性腐蚀,温度越低,这种腐蚀现象就越严重。

4. 汽缸的异常磨损

汽缸产生异常磨损,是由多方面的原因引起的。例如,连杆弯曲,导致活塞在汽缸中倾斜,使汽缸壁产生偏磨,严重时甚至造成拉缸事故。另外,镗削连杆大端轴承和铰削连杆小端铜套时,如两孔中心线不平行、曲轴主轴颈与连杆轴颈中心线不平行、汽缸中心线与曲轴中心线不垂直等,都会造成汽缸的异常磨损。

5. 汽缸套的穴蚀

湿式汽缸套外表面与冷却水接触的某些特定表面,局部出现密集的蜂窝状孔穴,表面呈现红褐色,孔穴直径在1mm左右,严重时甚至将缸壁穿透,这种现象称为缸套的穴蚀,如图4-6所示。

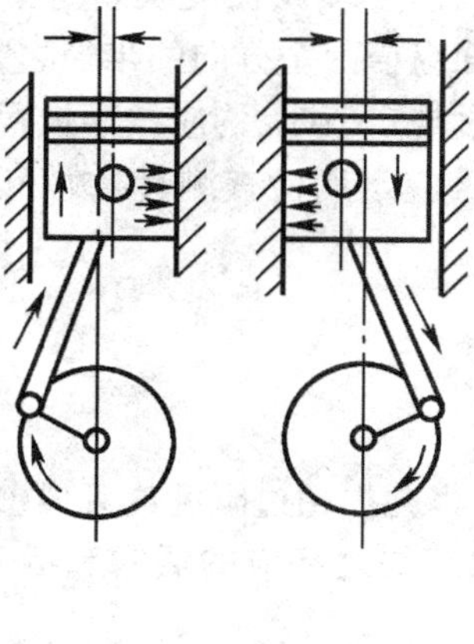

图4-5 活塞侧压力的方向

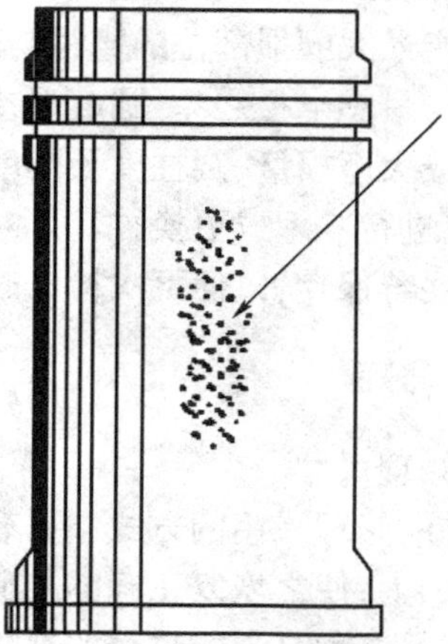

图4-6 柴油机缸套的穴蚀

穴蚀产生的机理如下:活塞往复运动的过程中,当侧压力方向改变时,活塞对汽缸壁的撞击引起缸套的高频振动。当撞击能量较大而使缸套振动加速度达到某临界值时,冷却水腔靠近缸套外壁面处将出现局部真空，从而产生空泡，空泡在流道的高压区受压而破裂，出现局部的瞬时高压和高温，其压力冲击波反复冲击汽缸套的外壁，使材料产生塑性变形和疲劳损坏，金属质点被爆破而掉落，形成穴蚀。

穴蚀严重的缸套，应予以报废换新。

二、汽缸的检查测量

1. 测量部位

汽缸的磨损情况，可使用量缸表进行测量，测量的部位应选择在活塞环运动区域内。一般应测量三个截面，每个截面测量两个方向，即活塞位于上止点时第一道气环所对应的缸壁位置，活塞位于下止点时最下面一道油环所对应的缸壁位置，以及前两个位置的中间位置。在每个位置上测量纵横两个方向（即曲轴中心线方向和垂直于曲轴中心线方向）的数值，共测得 6 个数值，填入表 4-1 的鉴定卡中，计算出汽缸的磨损量、圆柱度和圆度误差。

汽缸鉴定卡 表 4-1

车号			发动机型号						备注	
测量位置	第一缸		第二缸		第三缸		第四缸			
	纵	横	纵	横	纵	横	纵	横		
Ⅰ-Ⅰ										
Ⅱ-Ⅱ										
Ⅲ-Ⅲ										
最大磨损量										
圆柱度误差										
圆度误差										
汽缸公称直径									鉴定日期	
处理意见									鉴定人	

2. 磨损量、圆柱度、圆度的确定

磨损量是指最大磨损部位的直径与未磨损处的直径之差；圆柱度误差是指同一方向各截面的最大半径与最小半径之差；圆度误差是指同一截面纵横两个方向的半径之差。

当汽缸的最大磨损量、圆柱度及圆度任何一项超过规定值时，均应按磨损程度不同分别采用镗、磨等方法进行修理或更换缸套。对汽缸的磨损量应定期检查测量，做好记录，并作为该机的技术档案妥善保存，以便下次检修时对照比较。

三、汽缸的修理

1. 汽缸的修理尺寸

目前，汽缸的修理采用的方式主要有两种，一种是将磨损超过限度或者内壁有严重缺陷的汽缸直径镗削加大，使之恢复正确的几何形状，同时选配与之相应的活塞和活塞环，以获得正常的配合间隙；另一种是湿式缸套的直接更换。

采用镗大尺寸来恢复汽缸的几何形状和精度的汽缸修理方法称为修理尺寸法，其镗大的尺寸称为汽缸的修理尺寸。汽缸直径除标准尺寸外，国家把修理尺寸规定为六级，即 +0.25mm、+0.50mm、+0.75mm、+1.00mm、+1.25mm、+1.50mm。也就是从标准尺寸开始，每加大0.25mm为增加一级，一直递增到最后一级修理尺寸。但在一般情况下，镗缸都要超过一级修理尺寸。另外，修理级数增多会使汽缸直径增大而缸壁减薄，所以用得最多的修理尺寸是+0.50mm、+0.75mm和+1.00mm。

2. 修理尺寸的选择

通常，选择汽缸修理尺寸的方法，是先测量出多缸机磨损最大的汽缸直径，再加上加工余量(加工余量一般为0.10~0.20mm)，然后对照修理尺寸，选取其中与之相适应的一级修理尺寸，即

修理尺寸=磨损最大的汽缸的最大直径+加工余量

例如：6100汽油机修理时测得磨损最大的汽缸直径为100.23mm，取加工余量为0.20mm，则修理尺寸=100.23+0.20=100.43mm，对照该机的修理尺寸表，选择第二级修理尺寸为100.50mm，并选配相应的活塞与活塞环。

表4-2为几种常见车型的发动机汽缸修理尺寸。

发动机汽缸修理尺寸(mm)　　表4-2

发动机型号 / 尺寸 / 等级	汽缸直径加工	汽缸直径				
		CA6102	EQ6100 EQ6100-1	BJ492Q	桑塔纳	
					1.8L	1.6L
公称尺寸	0.00	$101.60^{+0.02}$	$100.00^{+0.06}$	$92.00^{+0.036}$	81.01	79.51
一级修理尺寸	+0.25	$101.85^{+0.02}$	$100.25^{+0.06}$	$92.25^{+0.036}$	81.26	79.76
二级修理尺寸	+0.50	$102.10^{+0.02}$	$100.50^{+0.06}$	$92.50^{+0.036}$	81.51	80.01
三级修理尺寸	+0.75	$102.35^{+0.02}$	$100.75^{+0.06}$	$92.75^{+0.036}$	82.01	80.51
四级修理尺寸	+1.00	$102.60^{+0.02}$	$101.00^{+0.06}$	$93.00^{+0.036}$		
五级修理尺寸	+1.25			$93.75^{+0.036}$		
六级修理尺寸	+1.50			$93.50^{+0.036}$		

3. 镗削量的计算和镗削次数的选择

汽缸的修理尺寸确定以后，选择好同级修理尺寸的活塞和活塞环，测量出活塞裙部的外径，结合必要的磨缸余量和缸壁间隙，然后确定汽缸的镗削量。

镗削量=活塞裙部最大直径-汽缸磨损后的最小直径+配合间隙-磨缸余量

活塞裙部最大直径是指与确定的修理尺寸相配的活塞裙部最大直径，可在实物上量取。

活塞与汽缸的配合间隙可在发动机说明书中查到。几种常见车型的发动机活塞与汽缸的配合间隙见表4-3。

活塞与汽缸的配合间隙(mm)　　表4-3

发动机型号 / 间隙 / 活塞与测量方法		CA6102	EQ6100 EQ6100-1	BJ492Q	桑塔纳
浇铸活塞	塞尺测量		0.05~0.07	0.05~0.06	
	表量		0.035~0.065	0.02~0.04	
液体模锻活塞	塞尺测量	0.015~0.035			
	表量				0.025~0.045

磨缸余量根据设备和技术条件来确定，可在0.03～0.06mm之间选定，一般取0.05mm。磨缸余量留得过大，不仅浪费磨缸工时，增加成本，珩磨时还容易出现圆度和圆柱度误差；而磨缸余量过小，则难以确保应有的加工精度和表面粗糙度。

例如：上例中，确定6100汽油机的修理尺寸为100.50mm，测得与之配合的活塞裙部最大直径为100.48mm，汽缸磨损后的最小直径为100.08mm，取汽缸配合间隙为0.06mm，预留磨缸余量为0.05mm，则镗削量为：

$$镗削量 = 100.48 - 100.08 + 0.06 - 0.05 = 0.41\text{mm}$$

镗削次数是根据求出的镗削量和镗缸机所允许的吃刀量以及加工工艺要求来确定的。铸铁缸套第一刀吃刀量为0.03～0.05mm，因为缸壁表面有硬化层，磨损也不均匀，如吃刀量过大则易产生抖动，影响镗削质量和机床精度。最后一刀是保证质量的关键，为获得较高的加工精度和较低的表面粗糙度，吃刀量也以0.03～0.05mm为宜，中间几次的吃刀量可适当加大，一般在0.20mm左右，但不应超过镗缸机的规定值。

4. 汽缸的镗削

汽缸镗削的目的是降低汽缸的圆度、圆柱度误差和表面粗糙度，保证各缸中心线与曲轴主轴承孔中心线在一个平面内，并相互垂直。目前在机械修理行业中，使用的镗缸机品牌较多，结构和使用方法也有差异。常用的镗缸设备有两种：T8014型移动式镗缸机和T716型固定式镗缸机。现以T8014型镗缸机为例介绍镗缸工艺。

T8014型镗缸机如图4-7所示，它是以汽缸体平面为镗缸定位基准的，镗孔直径范围为65～140mm；最大镗孔深度为370mm；主轴转速为250～380r/min；主轴进给量每转0.11mm；最大切削深度小于0.5mm。在生产规模不大的修理行业中，多使用移动式镗缸机。

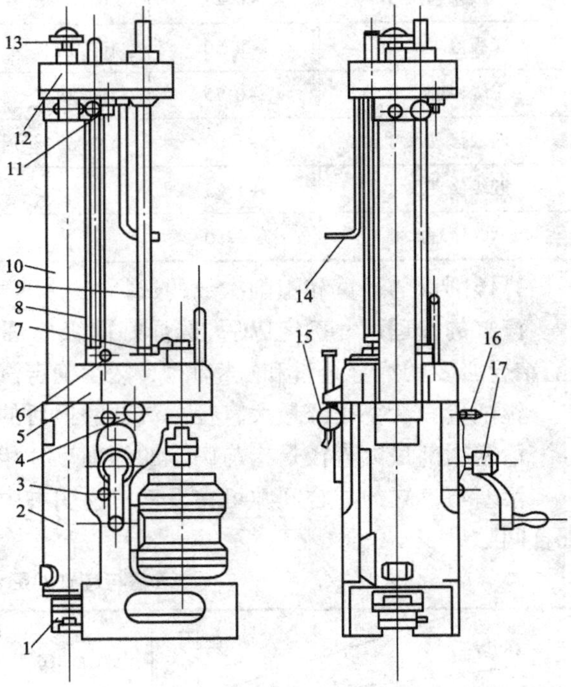

图4-7　T8014型镗缸机

1-镗头；2-机体；3-放油孔；4-油杯；5-变速器；6-注油孔；7-磨刀轮；8-升降丝杆；9-光杆；10-镗杆；11-张紧轮装置；12-带轮箱；13-定中心控制旋钮；14-自动停刀装置；15-开关；16-进给量变换杆；17-升降把手

在对汽缸镗削之前，必须先完成汽缸体的焊补、镶配气门导管和气门座圈等修理工作，以免镗削后汽缸因维修缸体而变形。

汽缸镗削工艺：

(1) 检修汽缸的上平面。如有不平现象和杂质，将影响镗缸机的定位，使镗杆倾斜，镗出的汽缸轴线与缸体基准面(上平面)不垂直，影响修理质量。所以要用油石或细锉刀进行修平，并将汽缸上平面和镗缸机底座擦拭干净。

(2) 安装镗缸机。将镗缸机放置在汽缸体上，使镗杆对正需镗削的汽缸孔，初步固定镗缸机。

(3) 选择和安装定心指。根据汽缸直径选择一套长度相适应的定心指。清洁后插入镗杆定心指孔内，用弹簧箍紧，然后转动定心指旋钮，使定心指收缩。

(4)定中心的选择。确定镗缸中心的方法有两种,一种叫同心镗法,是以汽缸顶部或底部未磨损部位作为定位基准,使镗缸机的刀杆中心线尽量与原汽缸中心线重合,使修理前后的汽缸中心线相一致,但这种镗法,必须以汽缸最大磨损部位作为镗削半径,磨损小的部位就要被削去较多的金属。另一种方法叫不同心镗法,是以汽缸最大磨损部位作为定位基准,来确定汽缸的镗削中心,这种方法可以减少镗削量,但镗削后的汽缸中心线必然向磨损较大的一侧偏离了一定距离,如这个偏离量较大,则会使活塞连杆组的装配关系因为汽缸轴线的偏移而遭到破坏,导致汽缸的不正常磨损,所以实际使用中一般采用第一种方法确定镗削中心。

(5)选择刀架和调整镗刀。根据汽缸直径选择刀架和镗刀,将镗刀装入刀架,再将刀架装入镗杆头上的刀架孔内,然后用专用的测微器调整镗刀,直到调整完毕。

(6)镗头转速、进给量和吃刀量的选择。通常根据汽缸材料的硬度、汽缸直径以及刀具性能、镗削工序来选择。汽缸材料硬度大、缸径大时,应采用低转速,进给量和吃刀量也应较小。如粗镗灰铸铁汽缸时,可采用低转速,进给量和吃刀量也较大,精镗时可采用高转速、慢走刀。

(7)镗削。将镗刀降到缸口,用手转动镗头,检测吃刀量是否过大,镗刀在汽缸圆周的各个方向的吃刀量是否均匀,进行试镗,可镗至汽缸口下10mm处,用量缸表测出镗削实际尺寸,并与镗机的实际尺寸进行比较,确定其误差,以便于再次调整镗削尺寸时予以修整。

(8)校正自动停刀装置。根据所镗汽缸的深度,校正自动停刀控制杆的位置。

(9)缸口倒角。每镗好一只缸,应随时用刀刃的角度在汽缸上口镗出倒角,以便于活塞与活塞环装入汽缸。

5. 汽缸轴线对汽缸体两端曲轴轴承承孔公共轴线垂直度的检验

汽缸轴线对汽缸体两端曲轴轴承承孔公共轴线的垂直度,直接影响汽缸的磨损速度和使用寿命,所以汽缸镗削后必须进行检验。

(1)检验工具:检验工具通常是用如图4-8所示的发动机汽缸轴线垂直度检验仪,该检验仪由定心轴、前后定心轴套、柱塞、百分表及定心器所组成。

(2)检验方法。

①按要求安装好定位机构。

②将发动机正置,把装好百分表的仪器轻轻放入待测的汽缸中,并用两个三爪定心器固定在汽缸中,使仪器的轴线与汽缸的轴线重合。

③柱塞的上端顶在百分表触头上,柱塞下端装有带球形触头的测量头,柱塞轴线至球形触头的距离为35mm,转动手柄,带动柱塞使之转动180°,百分表读数的差值,即表示汽缸轴线对主轴承承孔公共轴线在70mm长度范围内的不垂直度。

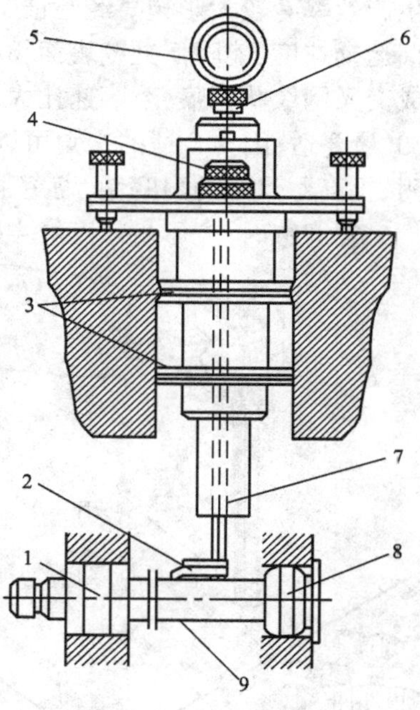

图4-8 汽缸孔垂直度检验仪

1-后定心轴套;2-测量头;3-汽缸定心器;4-转动手柄;5-百分表;6-百分表测头;7-柱塞;8-前定心轴套;9-定心轴

④把上面测得的数值换算成汽缸全部长度的不垂直度,应不超过技术标准,不垂直度应≤0.05mm。

6. 汽缸的磨削

汽缸经过镗削后，其表面有螺旋形的细小刀痕，这些刀痕的存在，影响它与活塞、活塞环的良好配合，所以，还必须进行磨削加工。这是汽缸修理的最后一道工序，质量好坏对发动机的使用性能和寿命有很大影响。

汽缸的珩磨是在专用的磨缸机上进行的。磨缸机工作时，由主轴带动珩磨头旋转，并做上下往复运动，利用珩磨头上的砂条磨光汽缸表面，并在汽缸表面形成相互交叉的网纹，以便于汽缸在工作时，积存润滑油，改善润滑条件。磨缸机的珩磨头如图 4-9 所示。

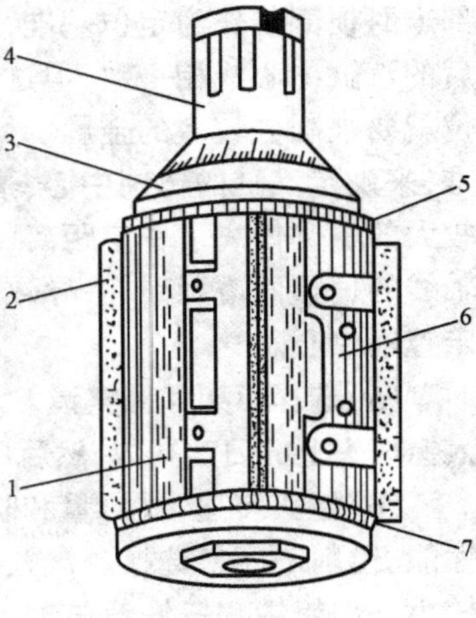

图 4-9　珩磨头

1-连接杆；2-砂条；3-调整盘；4-接头座；5、7-箍簧；6-砂条导片

磨缸程序和注意事项：

①将镗过的汽缸予以彻底清洁，安装好汽缸体，根据需要选择合适的磨条，并安装在磨头上。

②安装磨头，调整磨条压力。加大压力，可以提高效率，但表面粗糙度过大，压力过小，易造成汽缸圆度、圆柱度超差。

③选择合适的圆周速度和往复运动速度。磨头的圆周速度一般取 60 ~ 70m/min；往复运动速度，粗磨时取 15 ~ 20m/min，精磨时取 20 ~ 25m/min。

磨头的往复运动速度和圆周运动速度之比称为珩磨速比，它对珩磨汽缸的表面粗糙度和生产效率有较大影响。经验证明，增大往复运动速度，使切削作用加强，可提高生产率；提高圆周运动速度，能降低缸壁表面粗糙度。磨削时，圆周运动速度和往复运动速度在加工表面上形成交叉网纹状磨痕，珩磨速比大，网纹交角 β 也大，反之则小。试验表明，切削网纹的交角 β 为 60°最合适，因为合适的交角可以得到光洁的表面，便于润滑油的渗透与保持，有利于油膜的黏附，提高了汽缸的耐磨性，缩短了磨合期。

④磨缸时，应尽量使磨缸主轴、磨缸头和汽缸在一条直线上，以防偏磨。

⑤磨缸时要加注冷却液，常用的冷却液有煤油、柴油或在煤油中加入 15% ~ 20% 的机油。为了提高冷却液对汽缸壁的冷却效果及清洗时带走磨屑，冷却液必须有一定的流量和压力。

⑥磨缸时，要先粗磨，后精磨，并按隔缸顺序磨削。

为保证活塞与汽缸之间的配合间隙，在磨缸过程中，必须及时用量缸表测量或用活塞试配，由于磨削过程中产生切削热，会影响汽缸直径的变化，所以测量和试配应在汽缸体温度降至室温后再进行。

用活塞试配时，先将活塞和汽缸擦拭干净，把不带活塞环的活塞倒置在汽缸体内，在活塞裙部大直径方向（无膨胀槽的一侧）塞入一规定厚度的塞尺，然后一手握住活塞，一手用弹簧秤拉出塞尺，其拉力应符合表 4-4 的规定，具体操作方法如图 4-10 所示。

活塞与汽缸的间隙配好后，应在活塞顶打上各汽缸的序号，以防止错乱。

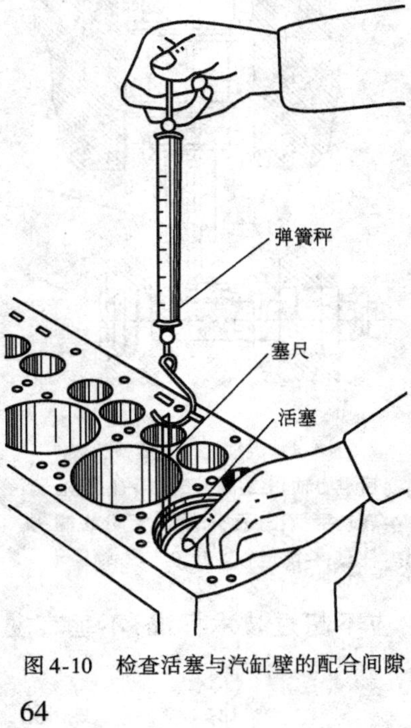

图 4-10　检查活塞与汽缸壁的配合间隙

用塞尺检查活塞与汽缸壁间隙时的拉力 表 4-4

标准 项目 车型	配合间隙(mm)	塞尺长度(mm)	塞尺宽度(mm)	塞尺厚度(mm)	拉力(N)
CA6102	0.015~0.035	200	13	0.05	29~24
EQ6100	0.05~0.07	200	13	0.05	19.6~29.4
EQ6100—1	0.03~0.05	200	13	0.03	14~20
BJ492	0.05~0.07	200	13	0.05	29.4~44.1
桑塔纳	0.025~0.045	200	12~15	0.03	9.8~24.5

四、汽缸套的镶配

当汽缸直径磨损到不能按最后一级修理尺寸修理，或汽缸表面产生深的沟痕以致无法进行修复时，应该镶配新的汽缸套。另外，如个别汽缸发生破损，也可以单独更换，但更换后应镗磨到与其他缸径相同的尺寸。

1. 干式汽缸套

(1)选缸套。给汽缸体第一次选汽缸套时，应选用外径尺寸最小的汽缸套，以便增加发动机的修理次数。

(2)镗承孔。对于第一次镶配汽缸套的汽缸，应根据选用的汽缸套外径尺寸，把缸体承孔镗至所需的尺寸和表面粗糙度，保证汽缸套与承孔结合紧密，导热性能良好。已经镶过汽缸套的，应用专用工具将其压出或用镗床镗掉。

(3)压入新缸套。镶压缸套之前，应在承孔内壁和缸套外表面涂上一层机油，然后把缸套对准承孔，并用直尺在四周检查，保证缸套处于与缸体平面垂直的状态，同时在缸口上垫一块木板，用压力机将缸套徐徐压入承孔。在最初压入 20~30mm 的过程中，应将压力放松几次，使汽缸套产生的少许偏斜得到自行校正，同时用角尺在汽缸套几个方向上测量，在确认缸套垂直无误时，再缓慢地施加压力。在施压过程中，如压力急剧上升，则表明缸套倾斜或过盈太大，压力过低，则说明配合过松，应及时进行校正和更换。

镶装汽缸套，应采用隔缸顺序压入，以保证汽缸体不变形。汽缸套压入承孔后，其上端面应与汽缸体平面平齐，否则，应用锉刀或油石修整。汽缸套镶配后要进行水压试验，检查汽缸体有无渗漏现象。

2. 湿式汽缸套

首先用专用工具拆除旧缸套，除掉冷却水腔中的污垢，用细砂布轻擦汽缸体与汽缸套的结合部位，尤其是与密封圈接触的汽缸孔壁必须光滑。

在新缸套安装前，应先进行试配，即将未装封水圈的缸套装入汽缸体，在缸体内可以用手转动但应没有明显松旷。缸套压入前，把封水圈装入缸套外圆上相应的槽内，不得扭曲或损伤，封水圈在整个圆周方向应均匀高出缸套外圆。一般情况下，用手即可将缸套压入。

将缸套压入后，应检查缸套高出汽缸体平面的高度，其上端应高于汽缸体平面 0.03~0.10mm，位于同一汽缸盖下的两汽缸套高度差应不大于 0.03mm，如不符合要求，可增减缸套台肩下的紫铜垫片来加以调整，如图 4-11 所示。

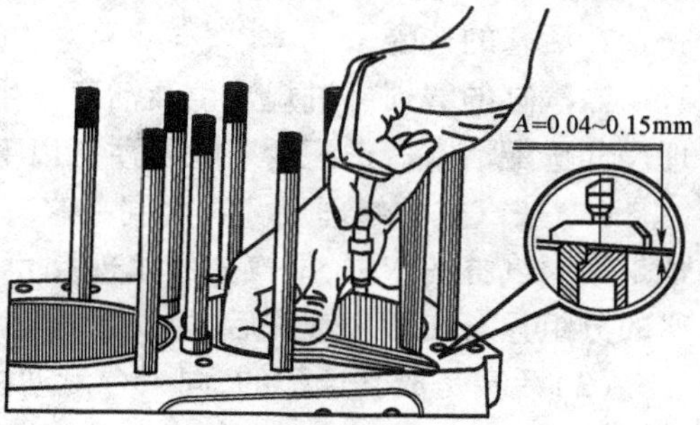

图 4-11 缸套台肩高度检查

全部缸套装好后，应进行水压试验，检查是否有渗漏现象。

第三节　活塞连杆组的检修

活塞连杆组是发动机的重要组合件之一，在发动机工作中，活塞连杆组承受高温、高压，并做高速运动，容易产生磨损和变形。它的技术状况的好坏，对发动机的动力性和经济性影响特别明显，所以在发动机大修时，活塞连杆组是很重要的修理项目。

为保证汽缸的密封性能和防止活塞与汽缸在运动中发生冲击，要求活塞与汽缸之间的配合间隙要尽可能小；但由于要保证活塞在高温下仍能在汽缸中做往复运动，不致发生卡死，又要求缸套活塞间有适当的间隙，因此，对活塞连杆组的配合关系要求很严，在修理中不仅要保证尺寸精度、表面粗糙度和几何形状精度，而且要保证彼此的位置公差和组合件的质量误差，是发动机修理中一个很重要的环节，必须予以足够的重视。

一、活塞的损伤及选配

1. 活塞的损伤

活塞的主要损伤是磨损，其主要磨损部位是活塞环槽和活塞销座孔，如图 4-12 所示。其中第一道环槽磨损最为严重，向下逐渐减轻。环槽磨损后，由原先的矩形变为梯形，使活塞环侧隙增加，汽缸密封性变差，导致漏气和窜油。活塞销座孔长期承受冲击性载荷，磨损后产生圆度和圆柱度，使活塞销与座孔配合间隙增大，严重时会引起敲击。另外，活塞裙部也会发生一定的磨损，并出现圆度和圆柱度。

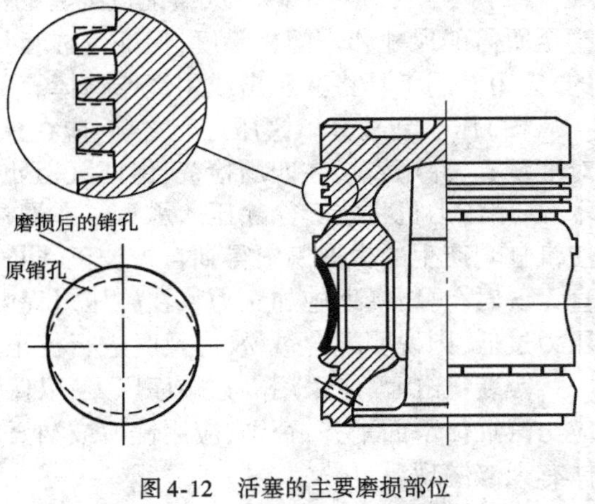

图 4-12　活塞的主要磨损部位

此外，活塞在工作中还可能出现非正常的损坏形式，如刮伤、烧伤、脱顶等。在发生拉缸事故的情况下，活塞容易被刮伤，主要是由于活塞与汽缸壁间隙过小，不能形成足够的油膜，或由于汽缸表面严重不清洁，活塞与汽缸间夹有较大较多的机械杂质所致。活塞烧伤主要是由于发动机在超负荷条件下或爆燃情况下长时间工作，造成活塞顶局部或大面积熔化所致。活塞脱顶是指活塞顶与裙部发生分离，主要原因是活塞环开口间隙过小，工作中受高温膨胀后在汽缸中卡死，而连杆强行拖动活塞运动，造成头部与裙部分离。

2. 活塞的选配

当汽缸的磨损超过规定值及活塞发生损坏时，必须对汽缸进行修复，同时，根据汽缸的修理尺寸选配活塞。选配活塞时要注意以下几点。

(1)按汽缸的修理尺寸选用同一修理尺寸的活塞和同一分组尺寸的活塞。活塞裙部的尺寸是镗磨汽缸的依据，即汽缸的修理尺寸是哪一级，就选用哪一级修理尺寸的活塞。但是，活塞的分组只有在活塞选配后，才能按选定活塞的裙部尺寸进行镗磨汽缸。

(2)活塞是成套选配的，同一台发动机必须选用同一品牌的活塞，以保证其材料和性能的一致性。

（3）在选配的成组活塞中，其尺寸差一般为0.01～0.15mm，质量差为4～8g，销座孔的涂色标记应相同。若活塞的质量差过大，可适当车削活塞裙部的内壁或重新选配。车削后，活塞的壁厚不得小于规定值，车削的长度一般不得超过15mm。

二、活塞销的损伤及选配

1. 活塞销的磨损和变形

活塞工作时，活塞销同样承受燃烧气体的压力和活塞组零件的往复惯性力，负荷的大小和方向都是周期性变化的，有很大的冲击。活塞销由于受到汽缸直径的限制，一般外径尺寸较小，单位面积受到的载荷较大，并且承受一定的弯曲应力，使活塞销产生磨损和弯曲。

目前，活塞销多采用全浮式装配，与活塞销座孔的配合精度很高，常温下有微量的过盈，在发动机正常工作时，活塞销与活塞销座孔和连杆衬套之间存在微小的间隙，因此，工作中活塞销可以在销座和连杆衬套中自由转动，使得活塞销的径向磨损比较均匀，磨损速率也较低。

活塞销的磨损过大，会使配合间隙过大而松旷，引起不正常的敲击。如果活塞销产生弯曲变形过大，将会引起销座的应力集中，从而可能造成销座的破裂。

2. 活塞销的选配

发动机大修时，一般应更换活塞销，选配标准尺寸的活塞销，为小修留有余地。

选配活塞销的原则是：同一台发动机应选用同一品牌、同一修理尺寸的成组活塞销，活塞表面应无任何锈蚀和斑点，表面粗糙度 $R_a \leqslant 0.2\mu m$，圆柱度误差≤0.002 5mm，质量差在10g的范围内。

为了适应修理的需要，活塞销设有四级修理尺寸，可以根据活塞销座和连杆衬套的磨损程度来选择相应修理尺寸的活塞销。

活塞销与活塞销座和连杆衬套的配合一般是通过铰削、镗削或滚压来实现的。其配合要求是：在常温下，汽油机的活塞销与销座配合间隙为0.002 5～0.007 5mm，与连杆衬套的间隙为0.005～0.010mm，且要求活塞销与衬套的接触面积在75%以上；柴油机活塞销与销座的过盈量较大，过盈量一般为0.02～0.05mm，其与连杆衬套的间隙也比汽油机大，一般为0.03～0.05mm。

3. 活塞销与活塞销座孔的修配

在修理中，活塞销与活塞销座孔的配合是通过对活塞销的磨削、座孔的铰削或镗削来达到配合要求的。

（1）活塞销座孔的铰削。活塞销座孔铰削是用手工操作的，其工艺过程如下：

①选择铰刀。根据销座孔的实际尺寸选择长刃铰刀，使两个活塞销座孔能同时铰削，以保证两孔铰削后的同心度。

②调整铰刀。将铰刀垂直夹紧在台虎钳上，将活塞套到铰刀上，调整到刀片上端露出销座孔即可。调好后即作第一刀试验性的微量铰削，以后各刀的铰削量也不应过大，一般以每次旋转调整螺母60°～90°为宜，当座孔铰削量很小时，则可每次旋转螺母30°～60°。

③铰削。铰削时，两手握住活塞，如图4-13所示。

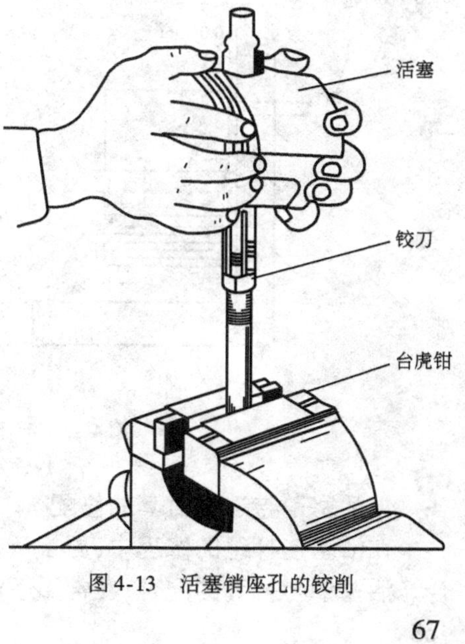

图4-13 活塞销座孔的铰削

应注意两手掌握要平正,按顺时针方向旋转活塞,边旋转边轻压活塞,用力要均匀。为了使铰削的座孔正直,每调整一次铰刀,要从销座孔的两个方向各铰一次。每次铰削到座孔与刀片的下端平齐时,即停止铰削,压下活塞使其从铰刀下方退出。

④试配。活塞销座孔在铰削过程中,要随时用活塞销与之进行试配,防止铰大。当铰削到能用手掌之力将活塞销推入一个销座孔的1/3长度时,即应停止铰削。然后用木槌轻轻将活塞销打入活塞销座孔内,再从反方向将其冲出,视其接触的痕迹进行修刮。修刮的原则是"由里向外、刮重留轻、刮大留小",两端边缘少刮或不刮,防止呈喇叭口。修刮到能用手掌之力把活塞销推进销座孔的1/2~2/3时,即为合适,其配合接触面积要达到75%以上,如图4-14所示。

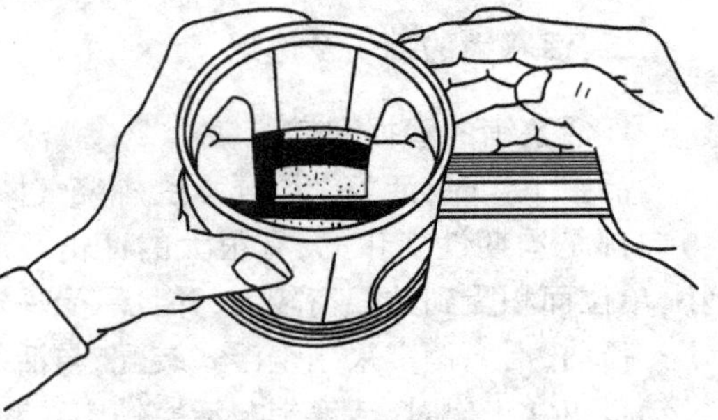

图4-14 活塞销与座孔的试配

(2)活塞销座孔的镗削。活塞销座孔也可以用镗削的方法加工。为获得较高的精度和适宜的表面粗糙度,一般多采用高速精镗。其操作规范如下:切削速度为200~300m/min,走刀量为0.02~0.05mm/r,吃刀量为0.05~0.50mm,转速为1 500r/min以上,刀具采用YG3硬质合金钢。

(3)活塞销座孔的修后检验。活塞销座孔经过铰削或镗削之后,需检查活塞销座孔中心线与活塞中心线的垂直度,如两者不垂直,活塞在汽缸中工作时会发生倾斜,引起偏磨,其检查方法有以下两种。

①直接检查法。如图4-15a)所示,检查时,将活塞套到销轴上,使活塞外圆表面紧贴座架,使百分表触头接触活塞,记下表盘上的指针读数,然后取下活塞翻转180°,重做上述检测,再记下一个读数,两次读数的误差应不大于0.05mm。

②间接检查法。如图4-15b)所示,用试棒穿入活塞销座孔内,将活塞放置在平台上,用百分表分别测量活塞销孔两端试棒至平台的距离,在相距$L=100$mm的长度上误差应不大于0.05mm。

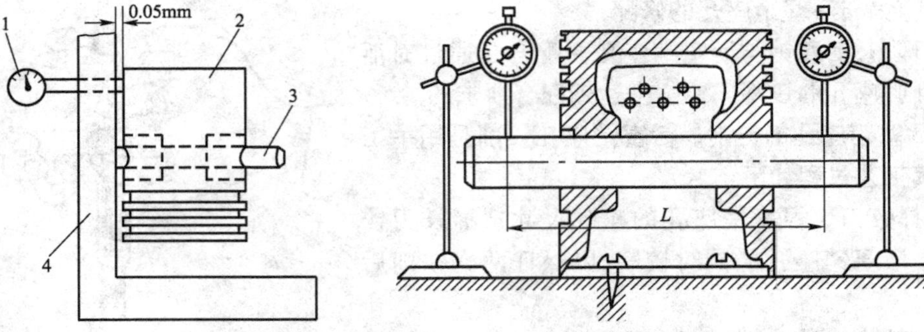

a) b)

图4-15 活塞销孔中心线与活塞中心线垂直度的检查

1-百分表;2-活塞裙部;3-销轴;4-座架

4. 活塞销与连杆衬套的修配

在活塞连杆组的修理中,更换活塞、活塞销的同时,也必须更换连杆衬套,以恢复其正常配合。活塞销与衬套的配合,在常温下应有0.005~0.010mm的微量间隙,而这样高的配合要求是难以进行测量的，在修理中一般凭感觉去判断。

(1)连杆衬套的选择和压入。衬套与连杆小头的配合，应有0.10～0.20mm的过盈量，以保证衬套在工作中不发生转动。选配时，可用游标卡尺分别测量衬套外径和连杆小头内径，其差值即为过盈量。

新衬套的压入，可在虎钳上进行。压入前，应检查连杆小头孔是否有损伤、毛刺等，以免擦伤衬套外表面。压入时，衬套倒角应朝向连杆小头倒角的一侧，并将其放正。对整体式衬套，要使衬套上的油孔与连杆小头上的油孔对正；对两半式衬套，应使衬套压至连杆小头油孔的边缘，不能遮住油孔。衬套露出连杆小头端面的部分应用锉刀锉平。

(2)连杆衬套的铰配。活塞销与连杆衬套的铰配，其工艺过程与活塞销座孔的铰削基本相似。

①选择铰刀。根据活塞销实际尺寸选择铰刀，将铰刀正直地夹在虎钳上。

②调整铰刀。将连杆小端套入铰刀内，一手托住连杆大头，一手压下连杆小端，调整铰刀上的调节螺母，使铰刀在衬套上平面外露出3～5mm。

③铰削。铰削时，一手握住连杆大端，按顺时针方向均匀转动连杆，一手把持连杆小头，向下略施压力，如图4-16a)所示。铰削时，应保持连杆轴线垂直于铰刀轴线，以防铰偏。当衬套下方与刀刃下方相平时，停止铰削，将连杆小端压下，使其脱出铰刀，保持铰刀直径不变，将连杆翻转180°，从衬套另一端再铰削一次。铰刀每次的调整量以旋转螺母60°～90°为宜。

④试配。在铰削过程中，应不断用活塞销试配，以防铰大。当铰削到用手掌的力量能将活塞销推入衬套1/3～2/5时，应停止铰削。此时，可将活塞销压入连杆小端衬套内，并夹在虎钳上扳动连杆反复转动数次，取下活塞销，观察衬套与活塞销接触印痕情况，进行必要的微量修刮。直到用手掌的力量能把活塞销推进连杆衬套，且接触面达到75%以上时，则试配成功，见图4-16b)和图4-16c)。

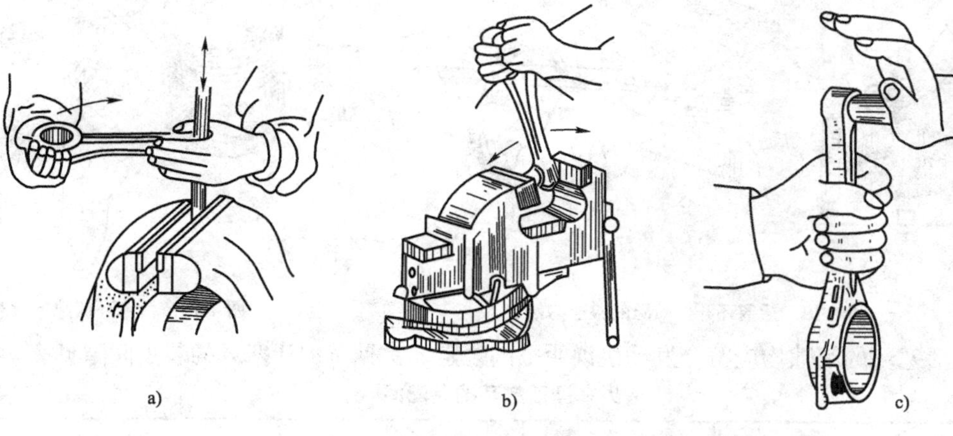

a)　　b)　　c)

图4-16　连杆衬套的铰配

(3)连杆衬套的镗削。为提高衬套的修理质量和生产效率，也可用镗瓦机对衬套进行镗削加工。镗削时，以衬套的内孔定中心，然后固定连杆大头，支撑连杆小头，用镗刀按标准活塞销直径进行镗削，使其配合间隙为0.005～0.010mm，镗削后稍加修整，即可进行装配。

三、活塞环的磨损、检测与选配

1.活塞环的磨损

活塞环是活塞连杆组中磨损最快的零件，越靠近活塞顶部的活塞环磨损越严重。活塞环磨损后使得弹力减弱，开口间隙、侧隙、背隙增大，密封性下降，从而导致发动机功率下降，油耗上升。

活塞环磨损后，应立即予以更新。新活塞环分为标准的和修理尺寸的，其等级与汽缸修理尺寸等级相同。

2. 活塞环的弹力检查

活塞环的弹力检查可在专用的检验仪上进行，如图4-17所示。检查时，将活塞环放在仪器的槽中，环的开口放在水平位置，移动检验仪上的重锤，当把活塞环的开口间隙压缩到规定值时，重锤所处位置所示的弹力数值应符合规定。弹力过大，摩擦损失增大，则汽缸会产生早期磨损；弹力过小，则密封作用不良，容易引起漏气窜油。

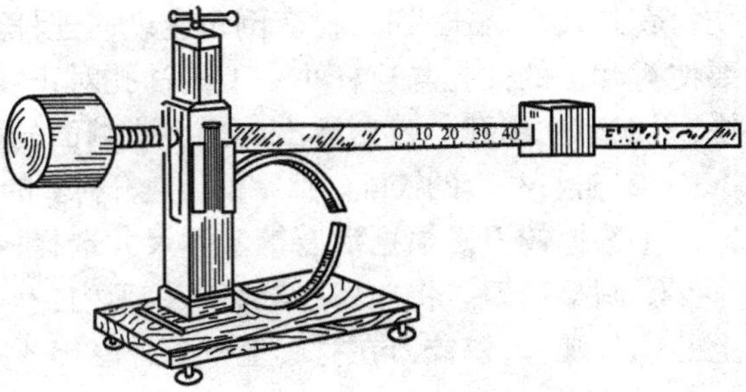

图4-17 活塞环弹力的检查

3. 活塞环间隙的检测

(1)开口间隙。将活塞环水平装入汽缸中未磨损的部位(可用活塞头部把活塞环推平)，用厚薄规测量开口之间的间隙值，间隙过小可用平锉修正，间隙过大应重新选配。检查和修正方法如图4-18所示。

(2)侧隙和背隙。活塞环装入环槽后与环槽上下方向的间隙称为侧隙，可用厚薄规检查，如图4-19所示。背隙值一般用环槽深度与环的厚度之差值表示，测量时可将环装入环槽内，测量活塞环低于环槽岸边的数值。

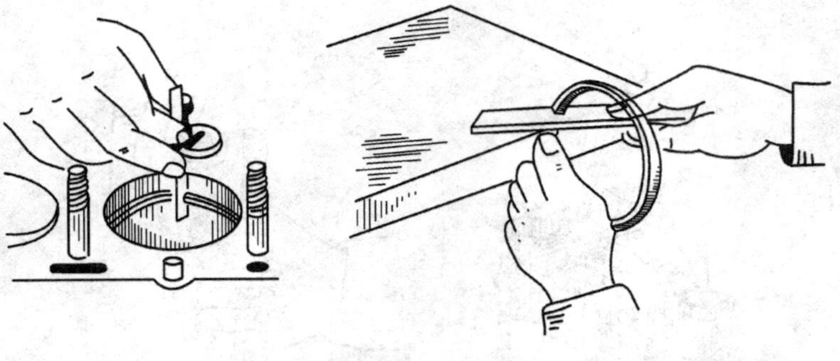
图4-18 活塞环开口间隙的检查与修正

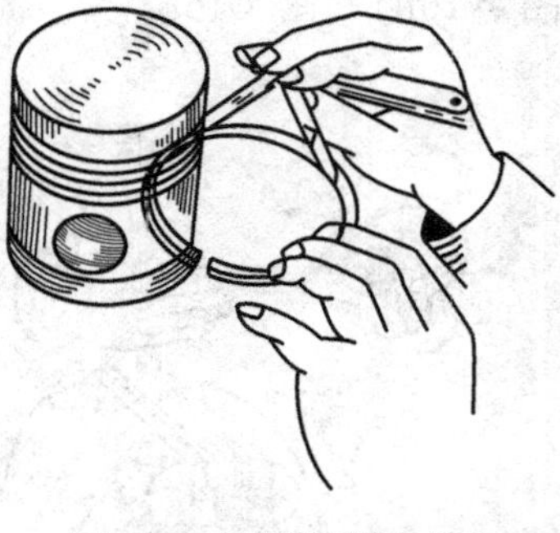
图4-19 活塞环侧隙的检查

所有活塞环的间隙均应符合发动机说明书的规定。常见车型活塞环的装配间隙见表4-5。

常见车型活塞环的装配间隙 表4-5

项目 \ 发动机型			CA6102	EQ6100，EQ6100—1	BJ492Q	桑塔纳
端隙	压缩环	第一道	0.50~0.70	0.29~0.49	0.20~0.40	0.30~0.45
		其余	0.40~0.60	0.29~0.49	0.20~0.40	0.25~0.40
	油环		0.30~0.50	0.50~0.70	0.20~0.40	0.25~0.50
侧隙	压缩环	第一道	0.055~0.087	0.055~0.087	0.05~0.08	0.02~0.05
		其余	0.055~0.087	0.04~0.072	0.23~0.67	
	油环		0.40~0.80	0.09~0.20	0.23~0.67	

续上表

项目	发动机型	CA6102	EQ6100，EQ6100—1	BJ492Q	桑塔纳
背隙	压缩环		0.20～0.90	0.20～0.60	
	油环		0.88～1.335	0.305～0.745	
使用极限	压缩环	端隙2.00～4.00　侧隙0.20～0.40			0.15
	油环	端隙2.00～3.00　侧隙0.20～0.30			1.00

4. 活塞环的漏光检查

将活塞环放入标准汽缸套内，用活塞把环推平。在缸套中活塞环的下侧放一光源，上侧用比汽缸套内径略小的盖板将环盖住，检查环外圆与缸套配合面的漏光情况，如图4-20所示。

要求：活塞环外圆工作面的漏光间隙，应不大于0.03mm，每处漏光弧长所对应的圆心角，应不大于25°，同一根活塞环漏光总和应不大于45°，在活塞环开口处左右30°内不得漏光。

5. 活塞环的选配

发动机修理中，要根据汽缸的修理尺寸，选用与汽缸、活塞相适应的同级尺寸的活塞环，各缸选配的活塞环经检查、测量达到标准后，不应互相错乱。

四、连杆的检修

发动机工作中，连杆最容易产生弯曲、扭曲等变形，有时也会发生连杆大小头轴承不正常磨损、连杆螺栓断裂等故障。连杆变形后，使活塞在汽缸中的正确位置改变，造成活塞与缸壁、连杆轴承与轴颈发生偏磨。因此，修理时应对连杆进行认真的检验与校正。

1. 连杆大端孔的检测

若连杆大端孔的圆度、圆柱度超过规定值，会导致曲柄销轴颈的不正常磨损，因此，发动机大修时，应对连杆大端进行检测。

(1)将连杆大端的轴承盖装好，不装轴承，按规定的扭紧力矩上紧连杆螺栓和螺母。

(2)用内径量表测量连杆大端孔的一组直径，测量位置如图4-21所示。

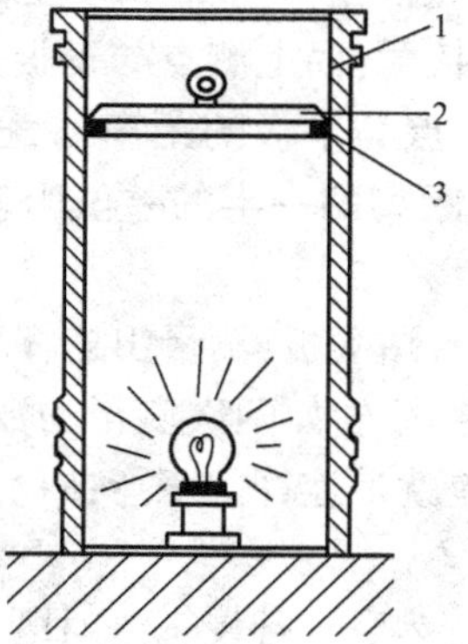

图4-20　活塞环漏光检查

1-汽缸套；2-遮光板；3-活塞环

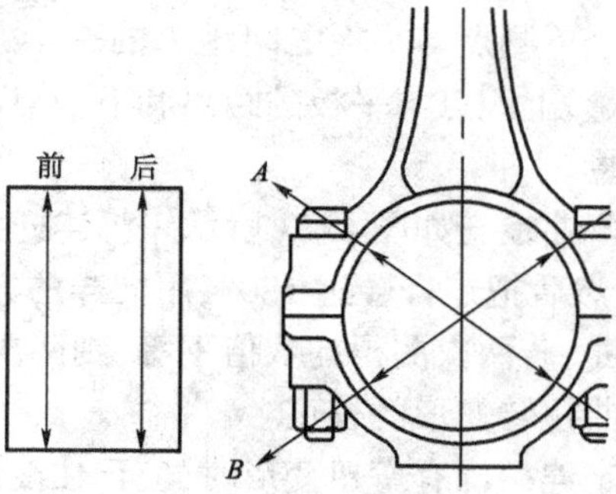

图4-21　连杆大端孔的检测

(3)计算圆度与圆柱度。

2. 连杆弯曲、扭转变形的检验

连杆变形的检验，可在连杆检验器上进行，如图4-22所示。检验器上用来支承连杆大端孔的心轴与平板相垂直。进行连杆的弯扭检验时,首先应将连杆大端的轴承盖装好,不装轴承衬瓦,按规定力矩上紧,同时装上已铰配好的活塞销。将连杆大头装在检验器的心轴上,并使心轴的定心块向外扩张,将连杆固定在检验器上。测量工具是一个带有 V 形块的"三点规"。三点规上的三个测点共面并与 V 形块垂直,下面两测点间的距离是 100mm,上测点与两下测点间连线的垂直距离也是 100mm。进行测量时,将放在活塞销上的三点规移向检验器平板,如果三个测点均与检验器平板接触,说明连杆既无弯曲也无扭曲。

a)　　　　　　　　　　　　　　　　b)

图 4-22　连杆弯曲、扭曲变形的检验

若上测点与平板接触,而下面两测点与平板不接触且两测点与平板距离相等;或下面两测点与平板接触而上测点与平板不接触,说明连杆发生了弯曲,用厚薄规测出测点与平板间的距离,即为连杆在 100mm 长度上的弯曲量。

若只有一个下测点与平板接触,且上测点与平板的间隙等于另一下测点与平板间隙的一半,说明连杆发生了扭曲,这时下测点与平板的间隙,即为连杆在 100mm 长度上的扭曲量。

若连杆同时存在着弯曲和扭曲,则一个下测点与平板接触,而上测点与平板的距离就不可能正好是另一个下测点与平板之间距离的一半,这时下测点与平板的距离,为连杆在 100mm 长度上的扭曲量,上测点与平板的距离和下测点与平板的距离的一半的差值为连杆在 100mm 长度上的弯曲量。

连杆的双弯曲检查如图 4-23 所示。将连杆大端一侧紧贴平板,测量出连杆小端平面与平板间的距离 a,然后把连杆转过 180°,用同样的方法测得距离 b,如两次测得的数值相等,说明连杆没有双弯曲;若两次测得的数值不等,则两次数值之差就是连杆的双弯曲量。

3. 连杆弯曲扭转变形的校正

经检验确定连杆确有弯扭变形时,应记住变形的方向,然后进行校正。对既有弯曲又有扭转变形的连杆在校正时,应先校正扭转,再校正弯曲。

弯曲的校正方法,如图 4-24 所示,将弯曲的连杆置于校正器上,在各支承点上垫以适当的垫块,而后拧动螺栓,使连杆向弯曲的反方向发生变形,并使变形量超过原来的弯曲量。校正时可用小锤进行适当的敲击,校正时间为 0.5 ~ 1h,校好后还应将连杆加热至 673 ~ 723K,并保温 0.5 ~ 1h,以消除连杆校正时产生的残余应力。

校正连杆扭曲时，先将连杆大端盖盖好，置于检验器的心轴上，使用专用工具使连杆向相反方向扭转，直到合格为止，见图 4-24。

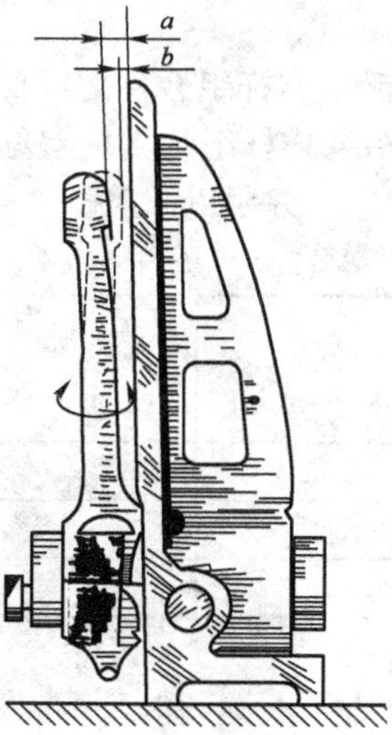

图 4-23　连杆双重弯曲的检验

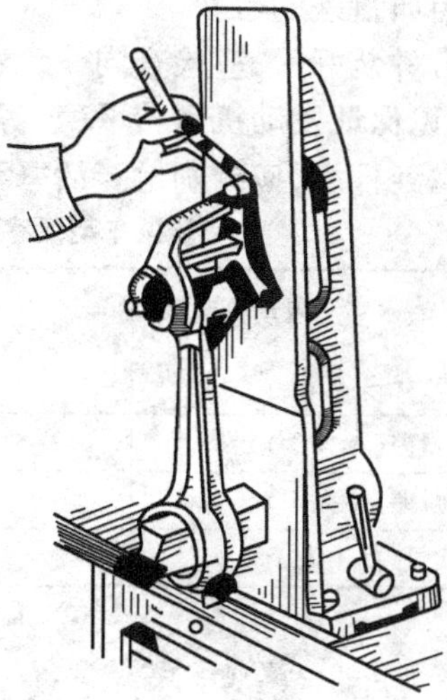

图 4-24　连杆弯曲扭转变形的校正

五、活塞连杆组的组装

活塞连杆组各零件经修理检验合格以后，即可以装配成组合件，装配之前，应对各零件进行彻底清洗，清除油道中的油污。

1. 活塞与连杆的组装

由于活塞销与座孔在常温下有微量过盈，所以装配时一定要先将活塞加热。通常的做法是，把活塞置于水中加热到 353 ~ 363K，取出后迅速擦拭干净，在活塞销上涂以机油，伸入活塞销座孔，并穿过连杆小头直至另一销座孔，达到活塞的另一边缘，再装上锁环。锁环与活塞销两端应各有 0.10 ~ 0.25mm 的间隙，锁环嵌入环槽中的深度，应不小于锁环直径的 2/3，并不允许在环槽中有松转现象。

装配时，应注意各缸的活塞和连杆不要互相错乱，活塞和连杆的安装方向不要搞错，要按记号安装。如 CA6102 活塞顶部标有箭头，EQ6100 活塞顶部有一小缺口，它们的连杆和连杆盖上均有一个小凸点，装配时三个标记应朝着同一侧，装入汽缸时，三个标记均应朝着发动机前端。活塞裙部的纵槽向着做功行程受力较大一侧的对面。

活塞连杆组装配后，还需要在连杆检验器上检验连杆大端孔中心线与活塞中心线的垂直度。方法是：将连杆大端孔套在检验器的心轴上，使活塞裙部紧贴检验器平板，拧动可调心轴的调整螺钉将连杆固定，用厚薄规测量活塞顶部边缘与平板之间的间隙，然后翻转 180°重新测量一次，两次测量的数值应相等，如不等，其差值即为垂直度误差，该误差应不大于0.08mm，否则应找出原因重新校正和组装。

2. 活塞与活塞环的组装

装配活塞环需用活塞环钳进行，装配时要注意按说明书的规定在各道环槽中装入相应种类的活塞环，不得装错。镀铬环必须装在第一道环槽内。对于扭曲环、锥面环等活塞环，方向不能装反。内圆切槽的扭曲环，安装时切槽向上，外圆切槽的扭曲环安装时切槽向下。安装锥面环时，有标记的一面应向上。对于组合式刮油环，应先装衬环，后装刮片环。活塞环装入环槽后应能灵活转动,不得有阻滞现象。在将活塞连杆组装入汽缸前,应将各环的开口错开,并在上面涂上机油。

3. 活塞连杆组质量差的检验

活塞连杆组合件装好后,应检查同一台发动机的活塞连杆组合件之间的总质量差不得大于说明书的规定,以保证发动机运转平稳。常见车型活塞连杆组的质量差见表4-6,对于质量差超过标准的活塞连杆组,应分别检查活塞和连杆的质量,并予以调整。

常见车型活塞连杆组的质量差(g) 表4-6

标准 / 项目 \ 发动机型号	EQ6100,EQ6100—1	BJ492Q
同组活塞质量差(不大于)	8	4
同组连杆质量差(不大于)	小头10,大头16	4
活塞连杆组质量差(不大于)	34	8

第四节 曲轴飞轮组的检修

曲轴在工作中受力十分复杂,其既要承受活塞连杆组传过来的燃烧压力,又要承受活塞连杆组的往复惯性力、旋转质量产生的离心力以及扭转振动引起的附加应力。这些力的综合作用,使曲轴产生磨损,有时会出现弯曲和扭转变形。曲轴本身的结构复杂,各互相垂直的过渡区域容易产生应力集中,导致裂纹甚至断裂。在发动机大修中,必须对曲轴进行检验,查明损伤和磨损的部位,进行正确的修理。

一、曲轴的损伤及原因

1. 轴颈磨损

曲轴上的磨损部位主要是主轴颈和连杆轴颈,根据对多数曲轴的测量结果表明,主轴颈和连杆轴颈的磨损是不均匀的,其主要表现是径向磨成椭圆,轴向磨成锥形,这种不均匀磨损是曲轴的结构、载荷、润滑油的质量和使用条件等因素造成的,曲轴轴颈磨损的一般规律如图4-25所示。

(1)主轴颈和连杆轴颈的磨损具有一定的规律性。由于发动机在工作中,连杆轴颈所承受的气体压力、往复惯性力、离心惯性力的合力始终作用在连杆轴颈的内侧,使连杆轴颈的内侧磨损大于外侧,与此相对应,主轴颈的磨损最大部位发生在靠近连杆轴颈的一侧,因此,主轴颈和连杆轴颈磨损后其截面呈椭圆形。

(2)由于曲轴中通向连杆轴颈的油道是倾斜的(图4-26),当曲轴回转时,在离心力的作用下,润滑油中的杂质偏积在连杆轴颈的一侧,加速了该侧轴颈的磨损,因而,磨损后的连杆轴颈有一定圆柱度,而主轴颈则不明显。

(3)一般情况下,由于连杆轴颈承受负荷较大,润滑条件较差,所以连杆轴颈的磨损大于主轴颈的磨损,中间主轴颈磨损大于两端主轴颈磨损。

(4)曲轴轴颈的磨损程度,在其他条件相同的情况下,取决于轴承与它们的配合情况及汽缸磨损程度,如轴承配合间隙增大,或汽缸磨损漏窜气体增多,将导致润滑条件变差,加速曲轴的磨损。

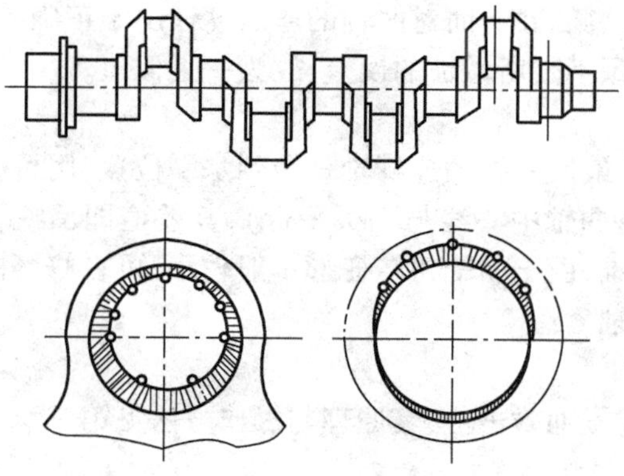

图 4-25　曲轴轴颈磨损特征

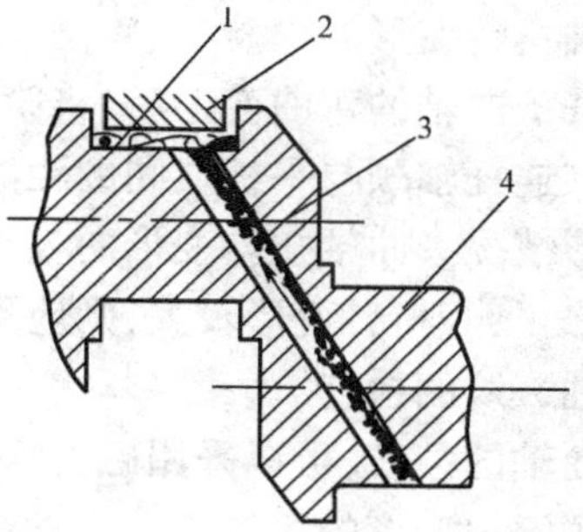

图 4-26　机械杂质在连杆轴颈上的分布情况
1-连杆轴颈;2-连杆轴承;3-油道;4-主轴颈

2. 曲轴的弯曲和扭转变形

曲轴产生弯曲和扭转变形,除材料和制造方面的原因外,多数情况下是由于使用不当。如主轴承间隙过大,发动机工作中曲轴发生冲击振动;各缸功率不一致或各主轴承的松紧度不一致都会使曲轴受力不均匀;汽缸体主轴承座孔不同心;活塞连杆组质量相差过大等,都是导致曲轴弯、扭变形的因素。曲轴的弯曲变形超过一定值后,将加速曲轴和轴承的磨损,严重时会使曲轴出现裂纹甚至折断。曲轴的扭转变形,将改变各缸间的曲轴夹角,影响发动机的配气正时或点火正时。扭转变形的产生,往往是由于个别汽缸活塞发生卡缸而造成的。另外,在重载下起步过猛或紧急制动未踩下离合器等,也都是引起曲轴扭转变形的原因。

3. 曲轴的裂纹和折断

曲轴裂纹的产生主要是应力集中引起的。曲柄臂和轴颈之间的断面由于形状突变而产生应力集中,工作中,由于这些过渡部位的受力复杂且承受比其他部位更大的弯曲和扭转力矩,因而在过渡部位首先发生横向的疲劳裂纹。另外,由于曲轴内部油道的倾斜,造成曲轴表面油孔处的应力集中,所以油孔处容易产生轴向裂纹。

曲轴工作中发生振动或扭振时,使裂纹有扩展的趋势,其中横向裂纹发展严重时,可能导致曲轴的折断。曲轴的折断多发生在曲柄臂的中部、曲柄臂与连杆轴颈结合部或曲柄臂与主轴颈的结合部等。

二、曲轴的检验

1. 曲轴弯曲变形的检验

曲轴弯曲变形的检验如图 4-27 所示。将曲轴前后端主轴颈支承在平板上的 V 形铁上,调整 V 形铁高度使曲轴轴线呈水平状态。将百分表触头与中间一挡主轴颈接触(使触头压缩 0.5mm左右),转动表盘,使指针对零。缓慢转动曲轴一周,百分表指针的最大偏转量即反映了曲轴的弯曲变形情况,百分表上最大与最小读数之差的 1/2,即为曲轴的弯曲度。

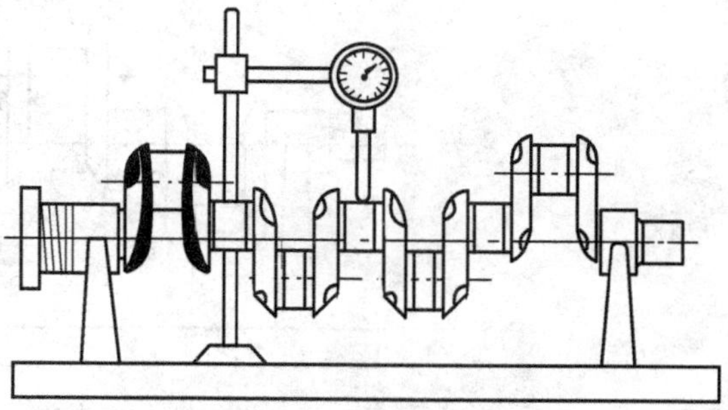

图 4-27　曲轴弯曲变形的检验

测量时,不可将百分表量头放在轴颈是中

间的，而应放在轴颈的一侧，否则会由于轴颈是椭圆的，而对曲轴的弯曲度作出不正确的判断。必须指出，这样测出的结果，因为牵涉两端轴颈不圆所增加的误差，故为一近似值。

2. 曲轴扭转变形的检验

在检查了曲轴的弯曲变形后，将第一缸和最后一缸的连杆轴颈转到水平位置，用百分表分别测量两缸连杆轴颈与平板之间的距离（保持曲轴中心线与平板平行），其差值即反映了曲轴的扭转变形情况。曲轴扭转变形的校正较困难，由于曲轴扭转变形一般较小，可在修磨曲轴轴颈时予以修正，若扭转变形较大，则应更换曲轴。

3. 曲轴裂纹的检查

检查曲轴的裂纹，可以采用磁力探伤法或浸油敲击法，其原理与操作方法见第三章。

4. 轴颈磨损变形的检测

轴颈磨损的检测部位如图4-28所示。在每道轴颈上，选取Ⅰ-Ⅰ和Ⅱ-Ⅱ两个截面，每个截面上选取与曲柄平行和垂直的两个方向*A*-*A*、*B*-*B*进行测量，在同一截面上测得的半径之差即为轴颈的圆度误差；不同截面相同方向的半径之差即为轴颈的圆柱度误差。若主轴颈和连杆轴颈的圆度、圆柱度误差超过0.025mm，应按规定修理尺寸进行修磨，或进行堆焊、镀铬、镀铁后，再磨削至规定尺寸或修理尺寸。

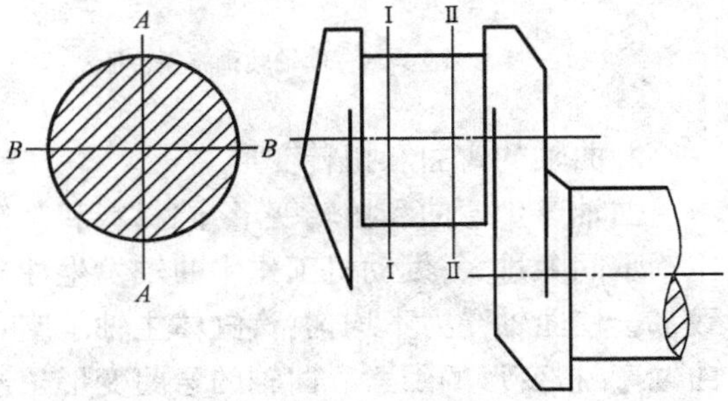

图4-28　轴颈的检测部位

三、曲轴的修理

1. 曲轴的弯曲校正

(1) 冷压校正。将曲轴用V形铁架住两端主轴颈，用油压机沿曲轴弯曲的相反方向加压（为防止损伤轴颈，在V形铁和轴颈及压头和轴颈之间应垫上铜块），见图4-29。压弯量为曲轴弯曲量的10～15倍，在此状态下保持2～3min，然后解除压力。为消除冷压后产生的应力，需将曲轴加热到573～773K，保温0.5～1h。当曲轴变形量较大时，应反复多次进行校正，防止一次校正变形量过大而导致曲轴折断。对于球墨铸铁曲轴，校正时要特别小心，且压校变形量不得大于原弯曲量的10倍。

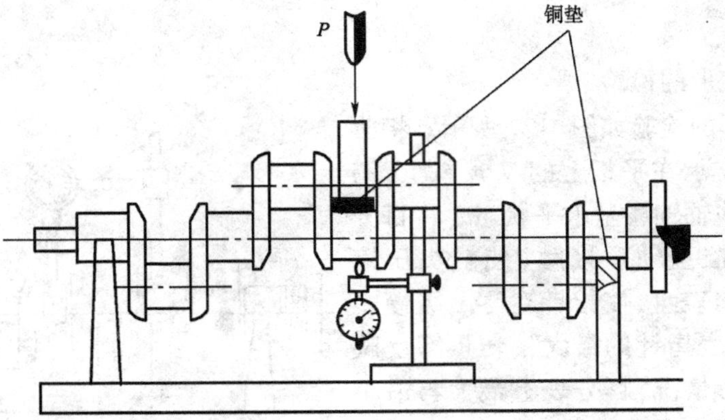

图4-29　曲轴的冷压校正

(2)冷作敲击法。用气动锤或球形手锤敲击曲柄臂左右两侧边缘的表面，使被敲击表面产生冷作塑性变形，曲轴轴线发生位移，从而达到校正曲轴弯曲的目的。敲击的部位、力度和方向是根据曲轴弯曲量的大小和方向决定的（图4-30）。敲击部位应选择在非加工表面，敲击时，对每一个部位的敲击次数以3～4次为宜，重复敲击同一部位，会使曲轴表面硬化程度增加。

冷作敲击法只适宜用于弯曲度不大的曲轴。

2. 曲轴的扭曲校正

对于有轻微扭曲变形的曲轴，可直接在磨床上结合对连杆轴颈的磨修予以校正。对于扭曲严重的曲轴，可以用液压扭力杆进行扭转校正。

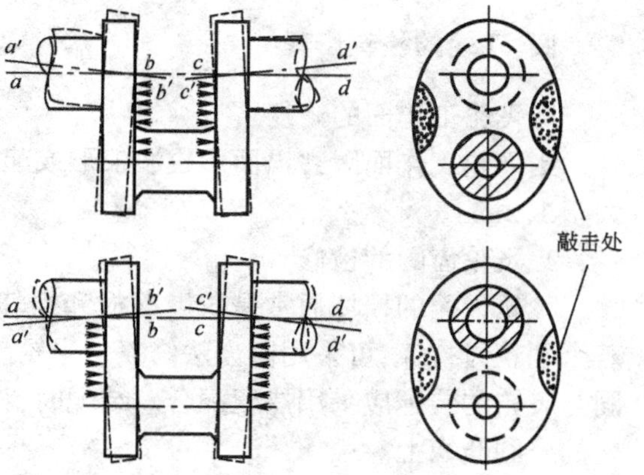

图4-30　冷作敲击法校正曲轴

a'、b'、c'、d'-主轴颈轴线修正前的位置；a、b、c、d-修正后的位置

3. 轴颈的磨削

当轴颈的圆度、圆柱度误差超过允许值时，应按修理尺寸法对轴颈进行磨削加工。曲轴各轴颈的修理尺寸，一般分为六级，直径每减小0.25mm为一级。当磨损已超过最后一级修理尺寸的轴颈，可以采用金属喷镀等方法使轴颈恢复到规定尺寸，然后进行修磨。

曲轴轴颈的磨削在专用的曲轴磨床上进行。修理尺寸通常根据磨损最大的轴颈来选定，修理尺寸选定后，同一根曲轴上的所有主轴颈和连杆轴颈，都应按各自所选择的同一级修理尺寸进行磨削。

(1)选择定位基准。在进行曲轴磨削时，定位基准的选择对于磨削加工质量有很大影响。选择定位基准，应尽可能与制造曲轴时使用的加工定位基准一致，以使得磨削后的曲轴轴线与制造时的轴线保持一致。磨削曲轴主轴颈时，一般采用启动爪螺纹孔倒角和后端轴承座孔作为定位基准；磨削连杆轴颈时，宜采用前端正时齿轮轴颈和后端凸缘盘外圆柱面作为定位基准。

上述基准表面可能在使用过程中被损坏，所以在选择基准时要认真检查，否则，容易引起误差，从而影响磨削加工的质量。

(2)主轴颈的磨削。磨削主轴颈时，选用粒度46～60号的普通氧化铝，硬度为中软ZR_1和ZR_2，以陶瓷为黏结剂的砂轮。选择的磨削规范，应保证曲轴磨削时，轴颈表面淬火层不致因磨削时产生的高温而退火或产生裂纹。如轴颈的磨削量较大，可以分为粗磨和精磨两步进行。粗磨时，采用切入法进刀，这样进给量较大，可缩短磨削时间。精磨时，采用纵向进刀法，磨去轴颈表面的刀痕。在结束精磨前，应当停止砂轮的横向进刀，使砂轮沿轴颈长度往复空走一两次，以减小表面粗糙度。

(3)连杆轴颈的磨削。连杆轴颈的磨削方法有同心法和偏心法两种。同心法就是磨削后保持连杆轴颈的轴线位置不变，即保持曲柄半径和分配角不变；偏心法是按磨损后的轴颈表面来定位进行磨削，这时轴颈轴线位置发生了变化，从而使曲柄半径和分配角略有变化，但偏心法磨削可以减少切削量。目前，发动机质量普遍得到提高，从而使大修次数减少，所以一般应当采用同心法磨削，从而使修理前后压缩比不变，确保发动机的性能不变。

如果采用偏心法磨削连杆轴颈，磨削中应尽量减小连杆轴颈轴线的偏移量，并应力求使各轴颈的偏移量一致，防止各缸压缩比相差太多和破坏曲轴的动平衡状态。

四、飞轮的检查修理

1. 飞轮工作面的修复

当飞轮工作面因磨损而形成波浪形或起槽时，应对工作面进行切削光磨，但磨削厚度应不大于1.2mm。

2. 飞轮齿圈的检修

飞轮齿圈的损坏通常是轮齿磨损和损坏。若单面磨损，可将齿圈翻转180°后继续使用。若个别轮齿打坏，可采用镶齿法修复。当轮齿打坏4个以上或两面均已磨损时，应予换新。齿圈与飞轮的装配应采用热压配合。装配时，将加工好的齿圈加温至573~623K，趁热套装在飞轮的外圆凸缘上。

飞轮检修后，应按规定进行静平衡试验。

第五节　曲轴主轴承和连杆轴承的修配

一、轴承的常见损伤及原因

车用发动机的主轴承和连杆轴承一般采用薄壁滑动轴承，在长时间的工作中，轴承的减磨合金会发生磨损、裂纹、剥落、烧蚀和表面刮伤等损伤。

引起轴承磨损的主要原因是工作中发生的干摩擦，润滑油中的固体杂质将会导致磨损加剧。轴承合金的裂纹和剥落是由于轴承在工作中长期承受交变的冲击载荷作用，使材料产生疲劳而出现裂纹，继而发生剥落。如果轴承在工作中由于润滑不良而长时间处于干摩擦状态，摩擦产生的高温将会使轴承表面的减磨合金烧熔，产生烧瓦抱轴的事故。

二、轴承的选配

由于曲轴轴承本身的刚度小，其内孔形状和尺寸完全取决于轴承座孔，选择轴承前，应检查各轴承座孔是否符合标准，检查轴承盖端面是否平整，圆度和圆柱度误差是否符合要求，若误差超过0.05mm时，应按规定修理尺寸镗孔修正。

与发动机曲轴轴颈的修理尺寸相对应，轴承也有其对应的修理尺寸，因此，在更换新轴承时，首先应当选用尺寸合适的轴承。薄壁轴瓦具有一定弹性，在自由状态下，其曲率半径应比连杆大端孔或主轴承座孔的曲率半径稍大，以保证装入后能与孔壁紧密贴合。轴瓦装入孔中后，应稍高出座孔平面，其高出的数值 h 一般为0.025~0.05mm，如图4-31所示。轴瓦高于座孔平面的目的，是为了在轴承盖装合并按规定力矩上紧后，轴承与座孔能紧密贴合。若高度过大，轴承盖上紧后，轴承会在座孔中产生变形，这时可用锉刀修锉到规定值。若高度过小或低于座孔表面，则轴承与座孔的配合紧度不能保证，工作中会导致传热不良甚至发生滑移，应重新选配。

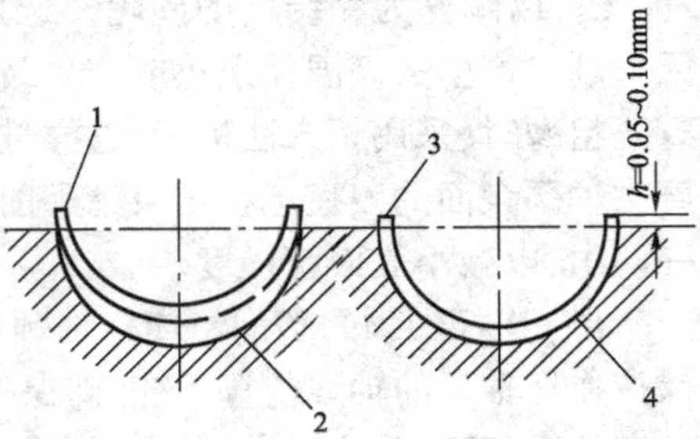

图4-31　轴瓦装入座孔的要求

1、3-轴瓦；2、4-轴承座

三、轴承的修配

为了保证轴颈和轴承在工作中具有合适的间隙，要对选好的轴承进行修配，方法有镗削、手工刮配和直接选配等。镗削可保证轴承的尺寸精度和形位公差精度,减小表面粗糙度,提高修理质量,是专业修理厂普遍采用的方法。手工刮削生产效率低,加工精度低,适用于小型修理企业和小修作业中。

1. 轴承的刮削工艺

1)主轴承的刮削

(1)校正水平线。将选好的各挡主轴瓦放在倒置的汽缸体轴承座内,用螺栓和压板将各轴承两端压紧,使之与座孔紧密贴合(图4-32)。

将曲轴放入轴承内,转动数圈后抬下,察看各轴承与轴颈的接触情况,要求所有轴承与轴颈的接触均在轴承两端略偏下位置,否则应重新选配轴承。若接触位置相差不大,可将位置高的轴承刮去一些,使中心线趋于一致。

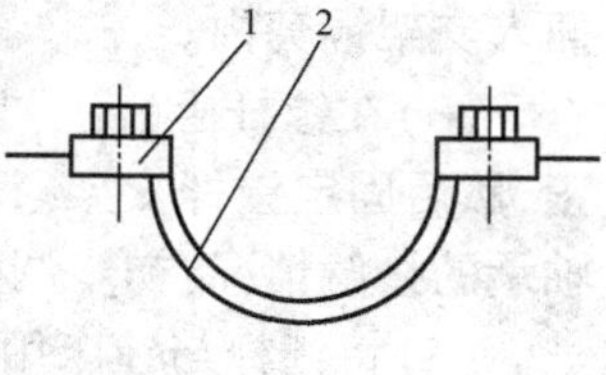

图4-32　用压板压紧轴承

1-铁压板;2-轴承

(2)检查接触痕迹。校正好水平线后,应拆去压板,装上曲轴,在轴承座与盖之间可加垫厚度不超过0.20mm的调整垫片。安装各道主轴承盖,拧紧顺序一般为先中间,后两边。拧紧力矩的大小,应以曲轴尚能转动为限。每拧紧一道轴承盖,转动曲轴数圈,直至最后一道轴承盖上紧,再转动曲轴数圈,然后拆下轴承盖,检查接触印痕,确定刮削部位。

(3)修刮轴瓦。修刮时,应掌握刮重留轻、刮大留小、边刮边试、反复进行的原则。经验证明,当轴承两端接触时,可多刮一些;当轴承中间已接触时,应少刮一些。刮削校试时,轴承盖螺栓的拧紧力矩应逐渐加大。

(4)检查接触面积。接近刮好时,应将所有轴承盖按规定力矩上紧,转动曲轴,研磨接触面,然后进行精刮。修刮后的轴承,接触面积应大于75%,为防止漏油,第一道和最后一道主轴承接触面积应大于85%。

(5)检查松紧度。修刮后的轴颈与轴承松紧度可用经验法判断,即将各道主轴承涂上机油,按规定力矩上紧轴承盖,转动曲轴,开始转动时,感到稍有阻力,但转动后应轻便灵活。

2)连杆轴承的刮削

连杆轴承的修刮方法和原则,与主轴承的刮削法基本相似。先将曲轴放在支架上,在连杆轴颈表面涂一层红丹,将装配好轴承的连杆套在相应的轴颈上,均匀拧紧连杆螺栓,直至转动连杆感觉有阻力为止,然后按工作方向转动连杆,使轴承与轴颈摩擦,拆下后观察摩擦印痕,确定修刮部位。开始修刮时,接触部位都是在轴承的两端,且压痕较重,此时可适当多修刮一些,经几次修刮后,接触面扩大到轴承长度的1/3处时,应在端盖结合面处垫入厚度为0.05mm的压片2~3片,这样可以提高刮削速度,减少合金的修刮量。轴承修刮好后需保留1~2个垫片,以便小修和维护时用抽减垫片的方法调整配合间隙。

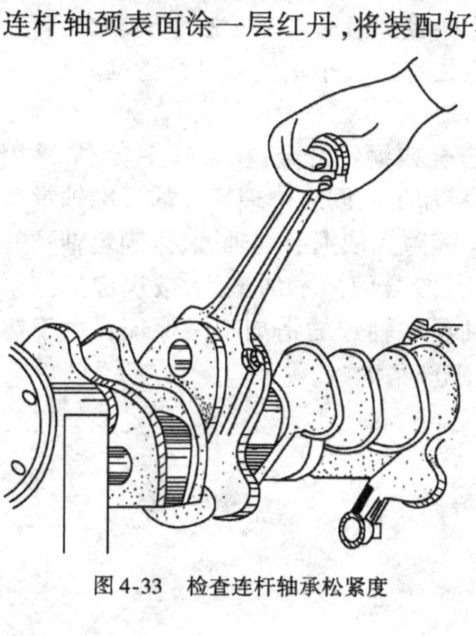
图4-33　检查连杆轴承松紧度

对连杆轴承松紧度的检查,通常是在轴承上涂一层薄机油,将连杆装在相应的轴颈上,按规定拧紧连杆螺栓,然后用手甩动连杆,应能转动0.5~1.0圈,沿轴向扳动连杆应无间隙感觉,即为符合要求,见图4-33。

2. 轴承的镗削工艺

1）主轴承的镗削

镗削主轴承应在专用镗床上进行，基本工艺过程如下。

（1）按修磨好的曲轴主轴颈选择相应修理级别的主轴承，其减磨合金厚度应保证有足够的镗削余量。将主轴承装配入座，按规定力矩上紧螺栓。

（2）将镗杆支架安装在汽缸体上，清洁镗杆并涂以机油，将镗杆插入支架铜套内。

（3）在镗杆上装上可调镗刀，并对各道轴承中心作镗杆对中修正，然后固定镗杆支架。移动镗杆，将镗刀靠向主轴承，观察刀头与轴承的接触情况，初步调整镗刀。

（4）将镗杆与镗床用万向节连接，开机试镗一刀。退出镗杆，测量主轴承内径，然后以镗杆为基准，对刀头进行调整。为保证对刀精度，可采用带V形架的专用对刀百分尺测量刀头尺寸，如图4-34所示。若要求镗削的主轴承内径为 D，则在对刀百分尺上的读数 A 应为：

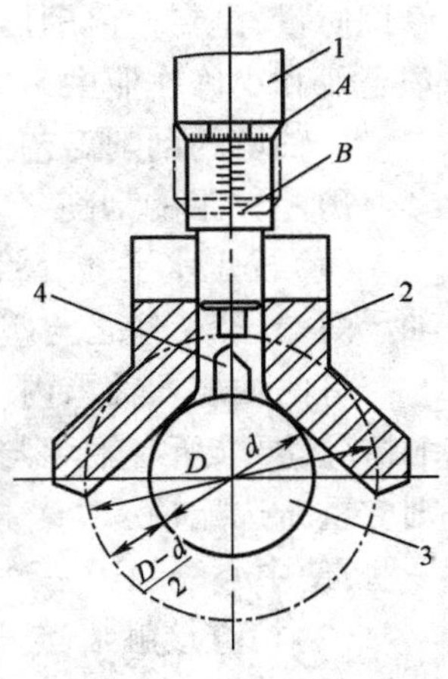

图 4-34　对刀百分尺

1-百分尺刻度套筒；2-V形架；3-镗杆；4-刀头

$$A = B + (D - d)/2$$

式中：B——用对刀百分尺测量刀杆的读数；

D——要求镗削的轴承内径；

d——刀杆直径。

每次镗削量应为0.15mm左右，最后一刀应在0.05mm左右。

（5）开机镗削。为降低表面粗糙度，应采用高速精镗，切削速度应选择在400～600r/min，进给量为0.03～0.10mm/r。

（6）镗削完毕后，拆下轴承盖，按顺序做好记号，以免装拆中发生错乱。

2）连杆轴承的镗削

镗削连杆轴承时，先将检查后符合要求的连杆轴承装入连杆大端座孔，按规定力矩拧紧连杆螺栓，以加工好的连杆小头铜套或活塞销为定位基准，将活塞销的两端放在镗瓦机的V形块上，连杆大端支承在可调整的螺钉上，找正中心后，固定住连杆大小端便可进行镗削。

3. 轴承的直接选配

在许多小型车用发动机上，曲轴轴承普遍采用锡铝合金或铜铅合金，在修理中，经常采用直接选配法修配轴承，即根据曲轴轴颈的修理尺寸，选用精加工的同级修理尺寸的标准轴承直接装配。装配之前，首先要以轴颈与轴承配合要求的径向间隙为依据磨削轴颈，以确定轴颈的尺寸，然后选配与轴颈相匹配的标准轴承。装配时，轴承盖接合面内不加垫片，按规定的拧紧力矩拧紧轴承螺栓，轴承的接触面积不得小于85%，由轴承和轴颈的精加工来保证。由于锡铝合金和铜铅合金的膨胀系数较大，因此，轴承的径向间隙应稍大些。

复习思考题

1. 如何用水压法检查汽缸体和汽缸盖的裂纹？

2. 汽缸的正常磨损有何规律，为什么？

3. 什么是汽缸的穴蚀，其产生机理是什么？

4. 测量汽缸时，测量部位为什么要选在活塞运动区域内？具体测量哪三个截面和哪两个方向？

5. 如何计算汽缸的圆度、圆柱度和最大磨损量？

6. 如何选择汽缸的修理尺寸？

7. 如何计算汽缸的镗削量？

8. 如何检查汽缸轴线对曲轴轴承座孔的垂直度？

9. 干式汽缸套和湿式汽缸套的镶配工艺有何区别？

10. 为什么汽缸套镶配后都要进行水压试验？

11. 湿式汽缸套压入后，其上平面为什么应高出汽缸体上平面？

12. 活塞、活塞销、连杆衬套三者在工作中应处于怎样的配合状态，这样的配合状态有什么优点？

13. 为什么要进行活塞环的漏光检查？如何检查？对活塞环漏光的要求是什么？

14. 为什么活塞、连杆、连杆轴承盖在安装时有方向要求？如果不按照规定的方向安装，有可能会造成什么后果？

15. 曲轴的主轴颈和连杆轴颈的磨损有何规律？

第五章　配气机构的检修

- **学习目标**

知识目标

1. 准确描述气门组零件和气门传动组零件的常见缺陷及修复方法；
2. 准确描述气门间隙的调整原理。

能力目标

1. 能按照正确的步骤拆装配气机构；
2. 能正确进行气门和气门座的配对研磨；
3. 能正确进行气门和气门座的密封性检验；
4. 能熟练进行气门间隙的检查调整。

第一节　气门组零件的检修

一、气门的检修

1. 气门的损伤与检验

气门的工作条件十分恶劣。气门头部锥形工作面在高温下不断与气门座工作面发生撞击，不但会发生正常的磨损，还会产生斑痕、裂纹或烧蚀。这些损伤通过检视即可发现。由于气门杆的工作温度较高，润滑条件差，导致气门杆的磨损；另外，当气门杆与导管间隙过大或发生气门与活塞碰撞的事故时，气门杆会发生弯曲变形。气门杆的磨损情况可直接用分厘卡测量，气门杆的弯曲情况可用图 5-1 所示的方法检查，具体步骤如下。

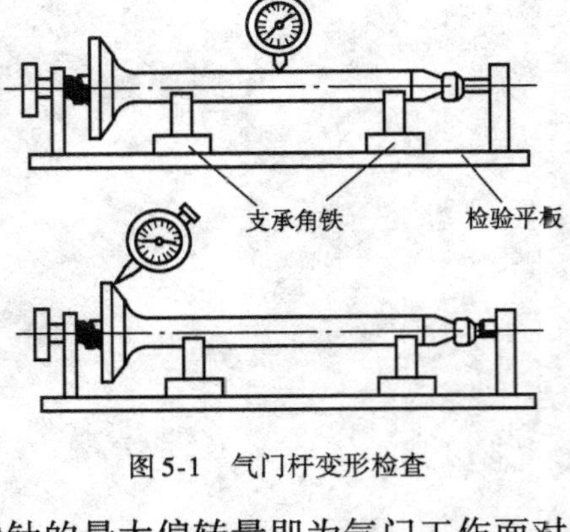

图 5-1　气门杆变形检查

(1)将百分表触头与气门杆中部接触，转动气门杆一周，百分表指针的最大偏转量即为气门杆的弯曲度，气门杆的弯曲度不得超过 0.03mm。

(2)将百分表与气门工作面接触，转动气门杆一周，指针的最大偏转量即为气门工作面对气门杆的径向跳动量，其数值不得大于 0.05mm。

气门杆的弯曲度和径向跳动超过规定值时，可采用压力校正的方法修理。

气门杆的磨损可用外径千分尺在磨损最大部位和杆尾部未磨损部位进行对比测量，气门杆的允许磨损量不得超过 0.04mm，如果磨损过大，可镀铬修复或更换气门。修复后，气门杆的圆柱度公差不得超过 0.01mm，直线度公差不得超过 0.02mm，气门杆下端应平整，否则应磨平。

2. 气门工作面的光磨

气门工作面磨损产生的起槽或烧蚀，当使用研磨方法不能恢复其配合要求时，应在气门光磨机上按规定的角度进行光磨。气门磨光机的结构如图5-2所示，它由机座、车头座、拖板、水泵和砂轮等部件组成。气门的光磨工艺如下所述。

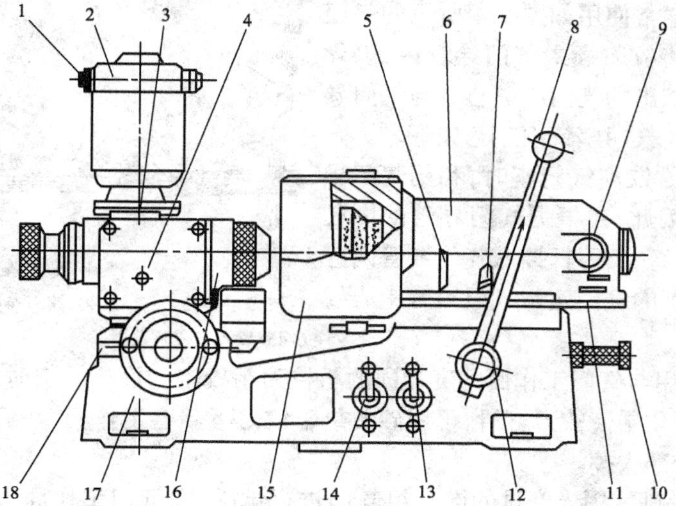

图5-2 气门光磨机

1-电刷架；2-车头电机；3-加油孔；4-油窗；5-出风口；6-磨头体；7-注油孔；8-扳杆；9-电刷架；10-定位螺钉；11-纵导轨面；12-插销；13-磨头开关；14-车头开关；15-玻璃罩；16-车头；17-手轮；18-横向导面

(1)气门光磨前，要先将气门杆校直，然后检查砂轮工作面是否平整，根据气门杆直径选择合适的夹头，气门头的伸出长度为30～40mm，根据气门工作面的锥度，调整好车头座的角度。

(2)摇动左手轮使气门移近砂轮，但不要使气门与砂轮面接触，先开动车头电动机，再开动砂轮电动机，以检查砂轮工作面是否平整，如不平整应重新装夹。若正常，即可进行试磨。试磨时，先使砂轮轻轻接触气门，以察看砂轮与气门工作锥面的接触情况。若磨削痕迹与工作锥面在素线上全长接触或略偏向内端，表示夹架的角度符合要求。

(3)移动右手轮，使砂轮缓慢接触气门工作面，然后停止砂轮的进给，来回转动左手轮，使气门工作面在砂轮面上磨削。注意，此时气门不可移出砂轮面，以防打坏砂轮和磨坏气门，直到磨去全部麻点和缺陷后，再进行3～5次空进给，直到没有火花为止，然后摇退砂轮，关闭电动机。

光磨气门时，切削量不能太大，以免影响表面粗糙度。为延长气门的使用寿命，磨削量应尽可能小。光磨后，气门头部圆柱面的高度应不小于0.8mm，如小于此数值，气门应予更换，见图5-3。

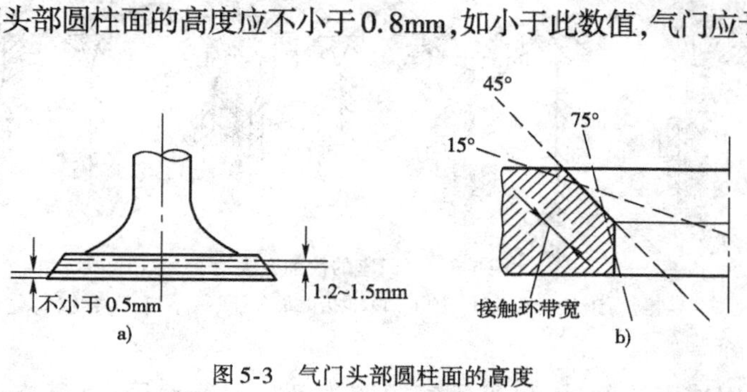

图5-3 气门头部圆柱面的高度

二、气门座的检修

气门座工作面过度磨损、烧蚀、出现严重斑点或凹坑时，应通过铰削、磨削等工艺来恢复其工作性能，如气门座圈有裂纹、松动和严重烧伤时，则应重新镶配气门座。

1. 气门座的铰削

铰削气门座，通常使用如图5-4所示的气门座铰刀。铰削时，将铰刀插入气门导管内，以导杆定中心，以保证铰出的气门座中心线与气门导管的中心线相重合，气门座铰削工艺如下。

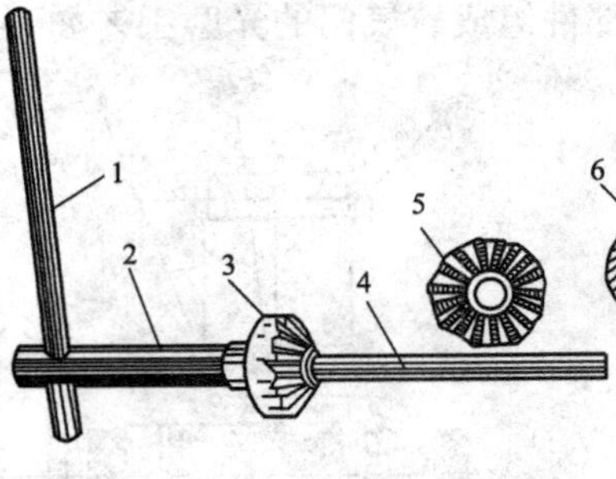

图5-4　气门座铰刀

1-铰刀手柄；2-刀杆；3-30°铰刀；4-导杆；5-15°细刃铰刀；6-45°铰刀；7-75°铰刀

(1)选择刀杆。铰削气门座时，利用气门导管作为定位基准，因此，要根据气门导管的内径选择相适应的刀杆直径，刀杆插入气门导管内应无松旷，以保证铰削的气门座与气门导管中心线重合。

(2)粗铰。选用与气门工作面角度相同的粗铰刀粗铰工作面。铰削时，两手要均匀用力。如果由于工作面硬化层使铰刀打滑，可用砂布垫于铰刀下砂磨工作面，然后进行铰削，直至将表面的凹陷斑点全部去掉。

(3)试配。粗铰后，用光磨过的同一组气门进行试配，在气门工作面上涂一层红丹，将气门杆插进气门导管，使气门工作面在气门座上轻轻下压，并相对转动一个角度，然后取出气门，检查气门与气门座的接触位置及接触面的宽度。要求接触面应位于气门工作面的中下部，进气门的接触面宽度为1.00～2.20mm，排气门为1.50～2.50mm，以保证进气门的密封性和排气门的散热作用。

若接触位置偏于气门工作面上部，用15°铰刀铰削气门座上口，使接触面下移；若接触面偏于气门工作面下部，用75°铰刀铰削气门座下口，使接触面上移。如果接触面的位置过于偏上或偏下，用铰刀无法修正时，应更换气门或气门座圈。

(4)精铰。选用与气门工作面角度相同的细刃铰刀进行精铰，或在铰刀下面垫以细砂布进行光磨，以保证工作面平整光滑。

气门座的铰削方法见图5-5。

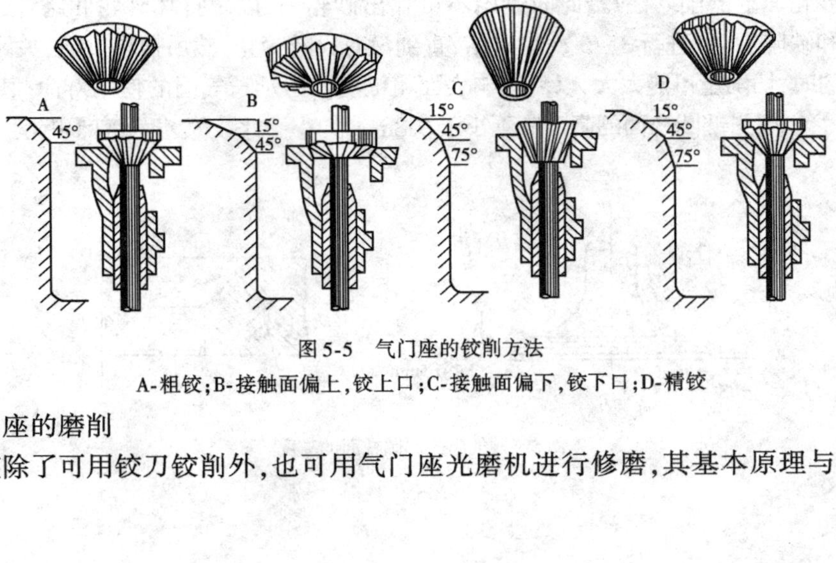

图5-5　气门座的铰削方法

A-粗铰；B-接触面偏上，铰上口；C-接触面偏下，铰下口；D-精铰

2. 气门座的磨削

气门座除了可用铰刀铰削外，也可用气门座光磨机进行修磨，其基本原理与铰刀铰削相

同，不同之处是用砂轮代替了铰刀，用手电钻或电动机代替了手工铰削。用光磨机修磨气门座速度快、精度高、质量好，特别适用于修磨硬度高的气门座。气门座磨削加工后，应检查气门工作面与气门导管孔的同轴度误差，其偏差不应超过0.05mm。

3. 气门座的镶配

气门座经多次铰削后，直径加大，导致气门下陷，影响压缩比和充气效率。在修理过程中，应检查气门下陷量，如气门顶平面低于缸盖底平面的数值超过说明书规定时，应重新镶配气门座。

(1)镗削气门座圈座孔。如果基体上未镶过气门座，要利用镗床以气门导管中心线为基准进行镗削，其座孔深度和孔径应符合座圈的尺寸要求。如原基体已镶有气门座圈，则应用专用工具将旧座圈拉出。

(2)镶入座圈。座圈与座孔为过盈配合，一般应有0.07～0.17mm的过盈量，镶入座圈时可采用冷缩座圈或热胀座圈孔两种方法进行，一般采用后者，即将汽缸盖在烘箱中加热到373～423K，保温2h，然后将座圈涂上甘油和黄丹粉混合的密封剂后迅速压入座圈孔。压入后，如上端面高出基体平面，应予修平。

三、气门与气门座的配合研磨及密封性检验

为了提高气门与气门座接触面的密合程度，防止工作中发生漏气，在气门光磨、气门座铰削或磨削后，一般还需将气门与气门座一起进行配对研磨。气门与气门座的研磨在专业修理厂是在专用的气门研磨机上进行的，一般小型修理企业通常采用手工操作，操作步骤如下。

(1)清洁气门、气门座及气门导管，并在气门上按顺序做好记号，以免错乱。

(2)在气门工作面上涂抹一层薄薄的粗研磨膏，同时在气门杆上涂以机油，将气门杆插入导管中，用橡皮捻子吸住气门上平面进行研磨。

(3)研磨时，应不时地提起和旋转气门，使气门与气门座不断改变接触位置。上下和旋转的幅度不要太大，用力不要过猛，气门不要在气门座上猛烈敲击。当气门接触面上出现一条整齐、无斑痕的接触带时，可将粗研磨膏擦去，换用细研磨膏进行精磨，直至出现一条整齐、灰色无光泽的环带时，再洗去细研磨膏，涂上机油，继续研磨几分钟即可。

研磨过程中，应注意不要使研磨膏进入导管中，以免产生磨损。

气门与气门座经配合研磨后，应检查其密封性能，方法有以下几种：

(1)用铅笔在气门工作面上均匀地画上直线条，如图5-6所示。然后将气门插入原气门座，使气门在气门座上上下拍击数次，取出后观察铅笔线，如全部切断，表示密封良好，否则要继续研磨。

(2)将气门装入气门座，装上气门弹簧等零件，在工作面上部浇上煤油，察看其渗漏情况，如几分钟内无渗漏，表示密封良好。

(3)在有条件的情况下，可用专门的气门密封检验仪进行检验。将检验仪的空气室紧贴在气门座上，然后压缩橡皮球，使空气室内具有59～69kPa的压力，如半分钟内压力表压力不下降，则表示密封良好，见图5-7。

四、气门杆与气门导管的检修

气门导管对气门的往复运动起导向作用，承受气门传动组的侧向力，传递气门的部分热量，工作温度较高，工作中内孔容易磨损，使配合间隙增大，造成工作中气门不密封和偏磨，所

以要检查气门杆与气门导管的配合间隙。

图5-6　用铅笔画线检查气门工作面

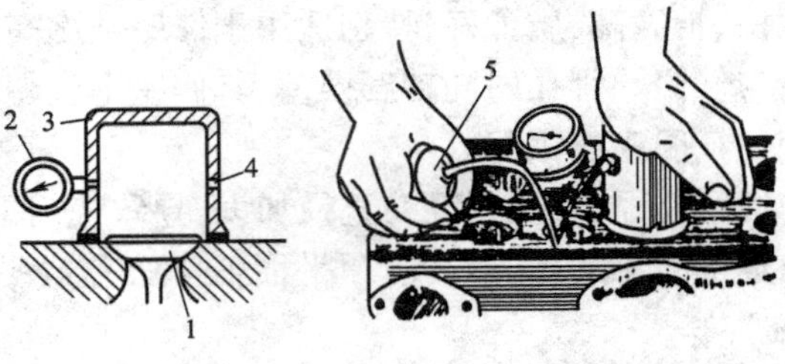

图5-7　用气门密封检验仪检查气门密封情况

1-气门;2-气压表;3-空气室;4-与橡皮球相通的气孔;5-压气橡皮球

1. 气门杆与导管内孔间隙的检验

其检验方法如图5-8所示。将百分表固定在汽缸盖或汽缸体侧壁,将气门升高15mm左右,使百分表测杆触头与气门头部边缘靠紧,摆动气门,百分表指针摆差即为气门杆与导管的配合间隙,该值超过大修允许标准时应予换新。

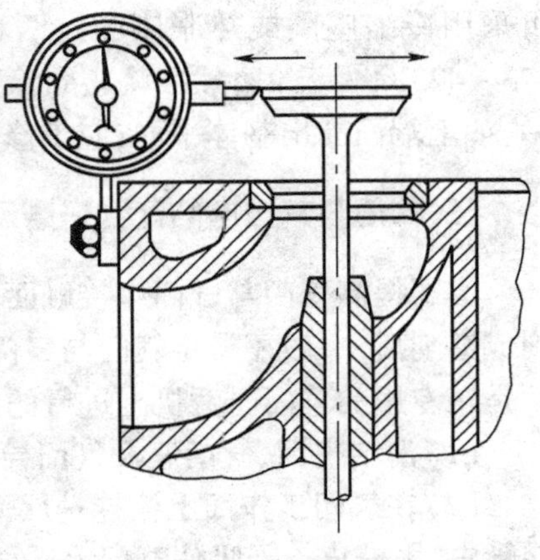

图5-8　气门杆与导管内孔配合间隙的检验

2. 气门导管的镶入与镶配

镶配气门导管的工作应在镗缸、光磨气门座工序之前进行,因为光磨气门座是根据导管内孔定中心的。另外,对于侧置式气门机构,压配气门导管时,容易引起汽缸的变形。

首先采用直径小于导管外径并具有台肩的铳头将旧导管铳出,并清洁导管孔。将选用的新导管外面涂上少许润滑油,用铳头铳入或压床压入导管孔内。

新导管镶入后,要用专门的导管铰刀对内孔进行铰削。铰削时,应根据气门杆直径大小选择和调整好铰刀,铰削量不能太大,铰刀应保持平正,边铰削边试配,每次铰削量为0.03～0.04mm,一直铰至所需的配合尺寸。对于气门杆与导管内孔的配合间隙,可用经验方法判断:将气门杆和导管内孔擦净,在气门杆上涂一层机油,放入导管内上下拉动数次,然后提起气门,若气门杆能在自重作用下徐徐下降则表示间隙合适。气门杆与气门导管的配合间隙见表5-1。

气门杆与气门导管的配合间隙　　表5-1

发动机型号	进　气　门			排　气　门		
	原厂规定	大修标准	使用极限	原厂规定	大修标准	使用极限
EQ6100—1	0.023～0.075	0.023～0.075	0.20	0.05～0.10	0.05～0.10	0.25
CA6102	0.025～0.062	0.025～0.062		0.04～0.077	0.04～0.077	
BJ492Q	0.02～0.085	0.02～0.10	0.17	0.045～0.105	0.05～0.12	0.23
桑塔纳JV发动机	0.02～0.04		不大于1.0	0.02～0.04		不大于1.3

五、气门弹簧的检修

发动机的气门弹簧经过长期使用后,由于受力压缩产生塑性变形,使弹簧疲劳而自由长度缩短，弹力减退，簧身歪斜，以致变形折断，影响配气相位的正确性和气门的密封性。弹簧折断后，不仅影响发动机的正常运转，而且气门易掉入汽缸，造成严重的机损事故。

气门弹簧的检查内容有：检查气门弹簧的表面是否光洁，有无裂纹。检查气门弹簧的弯曲和扭转变形情况，可在平板上用角尺检查垂直度，其垂直度误差不得大于2mm。用游标卡尺检测气门弹簧在自由状态下的长度，自由长度小于标准长度不得超过3mm。用弹簧检测仪检测气门弹簧在自由长度和压力负荷下的弹簧张力，均应符合原厂规定，若不符，应予更换。

第二节　气门传动组零件的检修

一、凸轮轴的检修

1. 凸轮轴的常见缺陷

凸轮轴工作中的常见缺陷主要是轴颈和凸轮工作面的磨损、擦伤和疲劳剥落，当发生气门咬死等事故或拆装不当时，凸轮轴也会产生弯曲或扭转变形。

由于工作负荷不大，润滑条件较好，凸轮轴轴颈的磨损一般比较缓慢。而凸轮工作面的磨损规律是，越靠近顶部，磨损越严重。凸轮工作面的磨损将导致气门升程减小，配气相位改变，从而使发动机功率下降，油耗上升。

凸轮擦伤主要是由于在表面接触应力的作用下，润滑条件较差，局部金属表面发生直接接触，造成金属的黏着而引起的刻痕。凸轮的疲劳剥落主要是由于凸轮工作时受到周期性的交变应力作用，使表面产生弹性或塑性变形，变形处发生硬化而出现裂纹，最后发展成点状或片状剥落。

2. 凸轮轴的检验

凸轮表面的擦伤和疲劳剥落，一般可用检视发现。凸轮外形的磨损可用样板检查或用外径千分尺测量。当凸轮表面损伤严重或其升程减小0.40mm以上时，应予修磨，恢复其升程和形状。

凸轮轴的弯曲变形，大多是由于挺杆阻滞，轴承间隙过大，在过大的弯曲、挤压应力作用下产生的。其检验方法如图5-9所示。

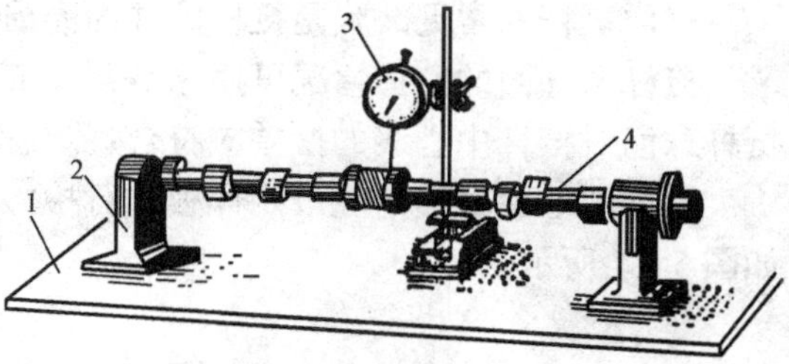

图5-9　凸轮轴弯曲的检验

1-平板；2-V形铁块；3-百分表；4-凸轮轴

将凸轮轴两端轴颈置于平台上的V形垫块上，将百分表触头与中间轴颈的表面接触，缓慢转动凸轮轴一周，当其径向圆跳动量大于0.10mm时，应予以冷压校正。对于只有三个轴颈的凸轮轴，应检测中间轴颈，有四个轴颈时，则应检测中间两道轴颈。凸轮轴的径向圆跳动量应不大于0.03mm，如径向圆跳动量在0.05～0.10mm范围内，可以结合凸轮轴轴颈磨修加以修整，若大于0.1mm，可用冷压法校正。

3. 凸轮轴的修理

当凸轮升程减小量小于0.40mm、凸轮表面无明显伤痕时，可直接在专用的凸轮磨床上进行修磨。修磨时，相当于沿标准凸轮各点法线方向均匀磨去一层金属，以恢复气门升起高度及配气相位。修磨后，其基圆高度应高出轴颈0.15mm以上，凸轮表面剩余渗碳层厚度不应小于0.6mm。

修磨凸轮轴时，除应保证凸轮的形状、尺寸、精度外，还要保证各凸轮与正时齿轮键槽的夹角偏差，否则将引起配气相位的变化。

当凸轮升程减小量大于0.4mm时，应采用堆焊、刷镀及镀铬等方法修复后，再在凸轮磨床上修磨。

凸轮轴轴颈磨损，其圆柱度误差超过0.015mm时，应按分级修理尺寸光磨轴颈，然后按同级修理尺寸选配与镗削轴承。

二、凸轮轴轴承的修配

凸轮轴轴颈与轴承之间的配合间隙一般在0.03～0.07mm之间，最多不超过0.15mm，否则应予更换，并进行刮配。轴承的修配方法有镗削法、铰削法、刮削法等，下面以镗削法为例介绍其工艺步骤。

(1)拆下旧轴承。

(2)根据凸轮轴轴颈的实际尺寸选配同一级修理尺寸的轴承。

(3)用量缸表或游标卡尺测量轴承与座孔的实际过盈量。过盈量一般在0.05～0.13mm之间。过盈量过大时，轴承难以装入，或导致汽缸体胀裂；过盈量过小时，轴承工作中易发生转动，引起润滑油孔的堵塞，破坏轴承的正常润滑。

(4)在镗床上加工轴承内孔，加工后轴承内孔尺寸应为：轴颈尺寸+轴颈与轴承配合间隙+轴承与座孔的过盈量。

(5)将轴承压入座孔时，应注意对正油孔，并防止将轴承打毛。

(6)将凸轮轴装入轴承内，转动数圈，检查接触情况，要求接触面积要在75%以上。这时可用经验法检查轴颈与轴承的配合情况：用手扳转凸轮轴正时齿轮，凸轮轴应能灵活转动，没有卡滞现象，沿径向移动凸轮轴时，应没有明显的径向间隙感觉。

三、气门挺杆和导孔的检修

气门挺杆的常见缺陷是挺杆圆柱面磨损、挺杆与导孔间隙增大、挺杆球面磨损拉毛等。

挺杆圆柱面的磨损情况可用千分尺测量，其圆柱度误差应不大于0.01mm，表面应光洁。挺杆球面对挺杆中心线的摆差应符合规定，检查方法见图5-10。

挺杆的球面磨损情况可用样板进行检验，当漏光大于0.2mm时，应更换挺杆或进行修复，如图5-11所示。

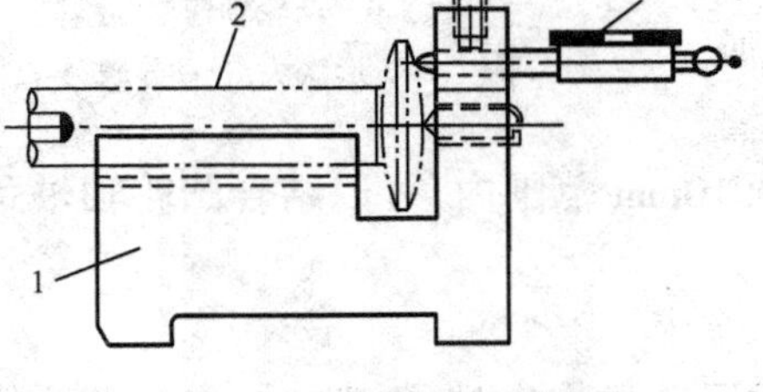

图5-10　挺杆球面对外圆中心线摆差的检查

1-座架；2-挺杆；3-百分表

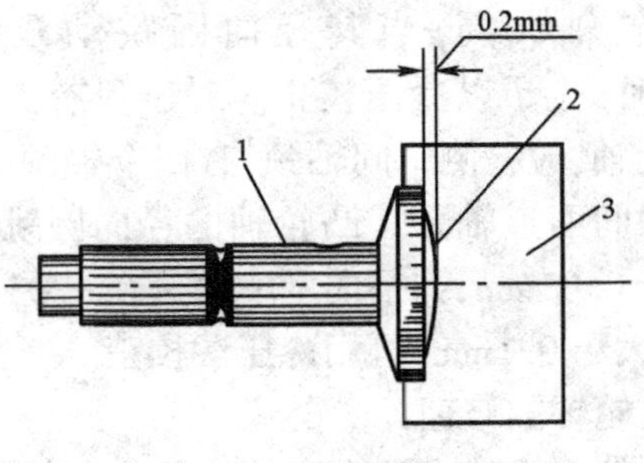

图5-11　挺杆球面的检验

1-挺杆；2-球头面；3-样板

挺杆与导孔的配合间隙应符合规定，一般为0.02~0.07mm。检验时，可不加机油，用拇指将挺杆推入导孔内，应稍有阻力。当挺杆完全推入后，再提起稍许用手摇动，应无或稍有间隙感觉。如果加了机油，挺杆应能自由地上下运动和转动，摇动时应无间隙感觉。挺杆球面的修磨，一般应在专用磨床上进行。

四、气门推杆的检修

气门推杆沿杆身轴线容易产生弯曲，检查推杆的弯曲度，可用下面的方法：将推杆放在平板上，在平板上滚动推杆，用塞尺测量推杆与平板间的间隙，其直线度误差不得超过0.03mm，否则应更换或进行冷压校正。若推杆两端磨损严重或损伤，也应更换推杆。推杆杆身表面应光滑、平直，不得有裂纹。推杆下端凸球面半径应符合规定，以免半径减小而加快挺杆内球面磨损。气门推杆损伤还包括推杆凹球端面和推杆下端凸球磨损，凹球端面和凸球磨损可采用弹簧钢丝堆焊球面，再进行修磨。

五、摇臂及摇臂轴的检修

摇臂的损伤主要是摇臂头的磨损和摇臂衬套的磨损，摇臂轴的损伤主要是摇臂轴轴颈的磨损和摇臂轴的弯曲变形等。摇臂与摇臂轴的配合间隙应符合规定。其规定的配合间隙为0.02~0.04mm，当该间隙超过0.1mm时，应更换摇臂衬套或摇臂轴。摇臂轴承孔的青铜衬套，在发动机大修时应予更换，并按摇臂轴的修理尺寸进行铰配。

第三节　配气机构的装配与调整

一、配气机构的装配注意事项

(1)配气机构总装前，应对各零件进行彻底清洗，零件工作表面应涂上润滑油。

(2)安装凸轮轴时，凸轮轴正时齿轮上的记号应与曲轴正时齿轮上的记号对准，然后紧固止推凸缘的固定螺钉。凸轮轴装好后，应检查凸轮轴的轴向间隙，使之符合说明书的规定。

(3)安装不等距气门弹簧时，应使螺距小的一端放在靠近气门头部的位置。

(4)安装气门、气门弹簧、气门弹簧座及锁销(块)时，应按顺序并使用专用工具进行。装好后应在气门杆顶端锤击几下，保证安装到位，防止脱落。

二、气门间隙的调整

发动机工作中，配气机构的零件(特别是气门)因受热而伸长，如果在气门与气门传动件之间不留间隙或间隙过小，受热后应处于关闭状态的气门就会被顶开，造成气门与气门座不能密合而漏气。气门漏气将会使发动机燃烧过程变坏，功率下降，并使气门很快烧损。因此，配气机构中，当气门关闭时，气门传动零件之间应留有适当的间隙，这个间隙称为气门间隙。但气门间隙如留得过大，工作时传动件之间将会产生冲击，使磨损和噪声增大，同时也会影响气门升程和气门正时。

气门间隙的数值与气门的大小、材料、工作温度有关，由于排气门工作温度比进气门高，所以通常排气门间隙要稍大些。几种常用发动机的气门间隙值见表5-2。

常用发动机的气门间隙(冷车间隙)　　表 5-2

发动机型号	进气门间隙(mm)	排气门间隙(mm)
4115	0.30	0.35
6135G	0.25 ~ 0.30	0.30 ~ 0.35
QD6102	0.20 ~ 0.25	0.20 ~ 0.25
EQ6100	0.20 ~ 0.25	0.20 ~ 0.25

气门间隙的调整应在汽缸盖螺母按规定力矩上紧、摇臂座已紧固的情况下进行,检查和调整气门间隙时,该气门的挺杆应处于最低位置。

气门间隙检查调整的部位如图 5-12 所示。用厚度符合规定间隙的厚薄规,插入气门杆尾端与摇臂之间,来回拉动时以感到有轻微阻力为合适。如间隙过大或过小,应先旋松锁紧螺母,然后旋转调整螺钉,直到间隙合适为止,最后扭紧锁紧螺母。

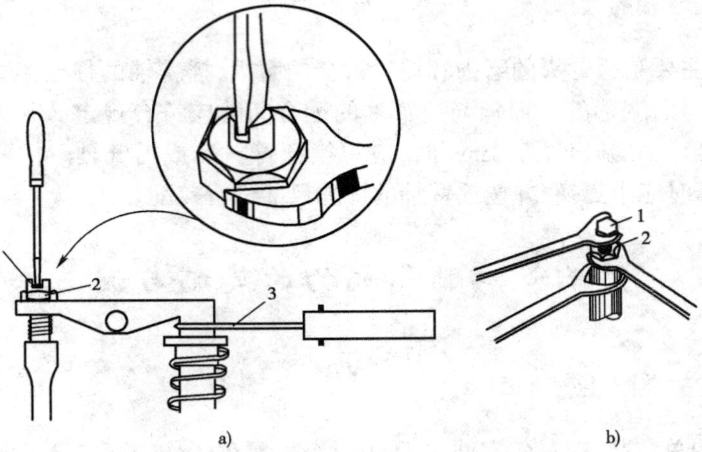

图 5-12　气门间隙的检查调整

a)检查气门间隙;b)扭紧锁紧螺母

1-调整螺钉;2-锁紧螺母;3-厚薄规

调整气门间隙,可采用逐缸调整法或两次调整法。所谓逐缸调整法就是转动曲轴,当某一缸活塞处于压缩行程终了时,即调整该缸的进排气门间隙,然后按工作方向转动曲轴,按发火次序逐缸进行调整。两次调整法是根据发动机的工作循环、发火次序和配气相位,当某缸处于压缩终了时,除调整该缸的进、排气门外,把其余各缸可以调整的气门间隙同时进行调整,这样,一台发动机只要两次就可以把全部气门间隙调整完毕。

例如,6135 柴油机,发火次序是 1-5-3-6-2-4,采用两次调整法时,可先将第一缸置于压缩终了上止点位置,这时可以调整间隙的气门是:

缸　　号	1	2	3	4	5	6
可调气门	进排	进	排	进	排	

第二次调整时,把曲轴转动 360°曲柄转角,使第六缸处于压缩终了上止点位置,这时可将其余的气门间隙全部调整完毕。

缸　号	1	2	3	4	5	6
可调气门		排	进	排	进	进排

复习思考题

1. 对气门和气门座的接触面宽度和接触位置有何要求？如何调整？
2. 气门与气门座的接触面过宽或过窄有什么危害？
3. 如何进行气门与气门座的配合研磨？
4. 如何进行气门与气门座的密封性检验？
5. 配气凸轮过度磨损对配气机构的工作有何影响？
6. 配气机构装配中有哪些注意事项？
7. 如何采用两次调整法调整气门间隙？

第六章　燃料供给系的检修

- 学习目标

知识目标

1. 准确描述燃料供给系各部件的常见缺陷和修复方法；
2. 准确描述组合式喷油泵供油定时的调整原理。

能力目标

1. 能按照正确的步骤拆装喷油器、喷油泵和化油器；
2. 能熟练进行喷油压力、雾化质量的检查调整；
3. 能正确进行组合式喷油泵供油正时的检查调整；
4. 能正确进行发动机的怠速检查调整；
5. 能正确进行化油器各供油装置的检查调整。

第一节　喷油器的检修

一、喷油器针阀偶件的磨损

喷油器针阀偶件在工作中，由于燃油中机械杂质的作用以及针阀弹簧力引起的冲击，会使偶件发生磨损。其主要磨损部位是导向圆柱面和密封锥面。导向圆柱面磨损后，使燃油向上泄漏，导致喷油量下降，而且转速越低，泄漏越严重。密封锥面磨损后容易引起喷油嘴滴油、结炭，从而导致燃烧恶化，油嘴过热。另外，针阀偶件的磨损使喷油器雾化质量下降，喷油量、喷油时间、喷油规律都将发生变化，影响柴油机的正常工作。

二、针阀偶件的检修

当针阀偶件圆柱导向面磨损过度、泄漏严重时，一般应予成对换新。

经过清洗的针阀偶件可以进行简单的滑动性试验。检查方法是将沾有清洁柴油的针阀放入针阀体内，然后将针阀体倾斜45°，将针阀拉出全长的1/3，放手后，针阀靠其自身的质量，缓慢而顺利地全部滑下，不能有任何阻碍、卡滞现象。

针阀偶件密封锥面磨损或有轻微伤痕，可用手工研磨法修复。研磨时，先除去喷嘴上的积炭，清洗干净后在针阀锥形面上涂一层薄薄的细研磨膏，然后与阀体锥面互相研磨。研磨时应注意，不要使研磨膏碰到针阀的导向圆柱面上。

三、喷油器的检验与调整

喷油器的检验应在专用的喷油器试验器上进行，如图6-1所示。向喷油器试验器的油箱内加注过滤后的柴油,并放净空气。首先要检验喷油器试验器本身的密封性是否良好。如将油压增至25MPa后,在3min内油压下降不大于0.89MPa,则表示试验器本身密封性良好。

1.喷油压力的试验与调整

将喷油器装在试验器的高压油管上,撤动试验器手柄均匀缓慢地压油(每分钟10次左右),直至喷油器开始喷油,观察油压表压力值是否与该喷油器规定的喷油压力相符,如6120型柴油机喷油器喷油压力为(17.5±0.3)MPa,若不符,应通过调压螺钉进行调整。如压力过低,可旋入调压螺钉,反之,则旋出调压螺钉。各缸喷油器喷油压力应调整一致,其差值不应大于245kPa。

2.喷油器针阀和针阀座的密封性检验

喷油压力调整正常后,应检查喷油器针阀和针阀座的密封性。撤动手柄压油,观察油压表的读数,当压力达到16MPa后,以每分钟10次左右的速度撤动手泵直到17.2MPa时开始喷油,在该过程中,喷孔周围允许有微量潮湿,但不允许有滴油现象,否则表明锥面密封性差,应重新研磨密封锥面。

3.雾化质量的检验

在规定的喷油压力下,以每分钟60~70次的速度撤动试验器手柄,观察喷出的油束,油束中的油粒应分布均匀,不得有肉眼看得见的油滴飞溅和浓稀不均现象;燃油的切断应干脆利落,每次喷油时应伴有清脆的声响。做该试验时,允许喷孔周围有微量潮湿,但不允许有滴漏现象。

4.喷雾锥角的检验

各种形式的喷油器,喷雾锥角不尽相同。喷嘴磨损后,喷雾锥角会发生变化。检验时,可用标准喷油器作喷雾对比试验来判断是否符合要求。如要比较正确地测定喷油器的喷雾锥角,可在距喷嘴100~200mm处放一张白纸,使油雾喷在纸上,量出喷油嘴到纸面的距离和纸面上的油迹直径d,则有:

$$\tan\alpha = \frac{d}{2A}$$

α角的两倍即为喷雾锥角,如图6-2所示。

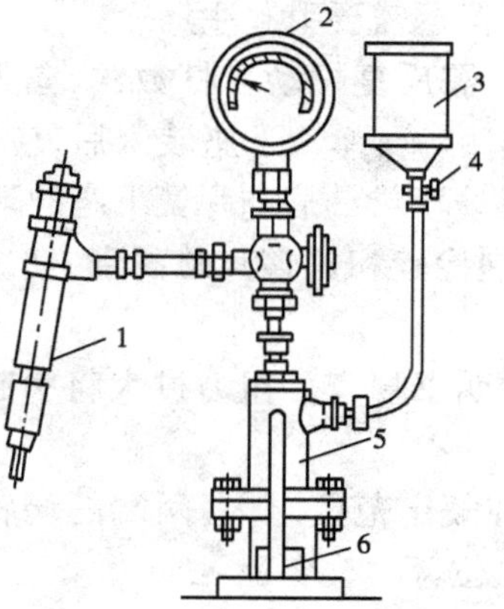

图6-1 喷油器试验器

1-喷油器;2-压力表;3-油箱;4-开关;5-油泵;6-手摇柄

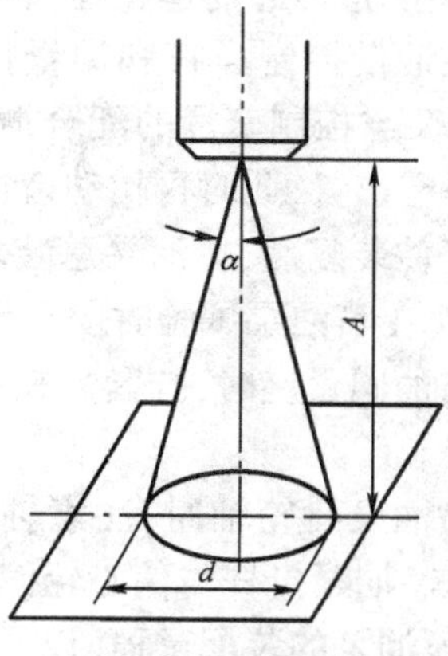

图6-2 喷雾锥角的检查

第二节　喷油泵的检修

一、组合式喷油泵的拆卸与清洗

拆卸喷油泵前,首先应准备好各种专用工具、托盘和清洗用的煤油、柴油等。

拆卸时,将喷油泵正置并夹牢在台虎钳或专用的夹具上。首先拆下出油阀紧座,取下出油阀弹簧,用专用工具把出油阀和出油阀紧座一起拔出。拆下的这些零件均应泡在清洁的煤油或柴油中,由于出油阀和阀座是一对精密偶件,拆卸后不能互相调换。

组合式喷油泵的柱塞是由弹簧压紧在滚轮组件上的,因此在拆除滚轮组件时,需将泵体倒置,用专用工具分别把各分泵的柱塞弹簧下座、弹簧等零件压下,然后依次把各分泵的滚轮组件取出。将滚轮组件拆下清洗后,应测量和记录组件的总高度,作为以后装复时参考。

下一步是使泵的上下壳体分离。然后把弹簧下座、弹簧、柱塞、弹簧上座及油量控制套桶等零件取出。各分泵柱塞要分别放置,切不可混乱。至此,便可拧出柱塞套桶定位螺钉,将各分泵的柱塞套桶拆下并与相应的柱塞配对。

最后,从下壳体中拆出喷油泵凸轮轴。由于一般组合式喷油泵均采用圆锥滚子轴承,轴的轴向定位系由轴承和端盖板保证,因此,在拆除了联轴节和泵壳端盖板后,喷油泵凸轮轴便可从下壳体中抽出了。

喷油泵的所有零件拆下后,应进行仔细清洗。清洗中,严禁用铜丝刷刷洗柱塞偶件和出油阀偶件,以免擦伤;也不允许用棉纱擦拭这些精密偶件,因为这些偶件的标准配合间隙只有0.002~0.004mm,即使极细微的纤维黏附在配合表面上,也会导致它们的卡滞。

零件清洗干净后,应分别放置在干净的托盘中,避免用有汗渍的手去触摸精密零件,以免引起锈蚀。

二、组合式喷油泵的装配

1. 组合式喷油泵的装配注意事项

喷油泵的装配是拆卸的逆过程,装配中有如下问题需要引起注意。

(1)在装入油量控制齿杆和油量控制套桶后,需反复拉动齿杆数次,应无卡滞现象。此外,还需检查拨叉与控制套桶的配合情况。当柱塞弹簧、弹簧下座装入后,应把柱塞(连同弹簧下座)压到一定位置,此时再拉动齿杆,以检验柱塞下端凸肩与弹簧下座的摩擦阻力。

(2)滚轮组件装复后,在油泵总装之前,应分别检验和调整其总高度,使之与拆卸时所测结果相符,这样,在喷油泵试验时便于调整。

(3)安装出油阀紧座时,拧紧力矩必须符合说明书规定。扭力过大将引起油泵套桶过度变形,引起柱塞卡死。

(4)安装喷油泵凸轮轴时,注意轴向间隙应在规定范围之内,两端的调整垫片应基本一致,否则易引起输油泵挺杆与偏心轮偏磨及推力盘位置的改变。

2. 组合式喷油泵的装配过程(以Ⅱ号喷油泵为例)

先装好凸轮轴、挺杆(包括挺杆上的垫块),然后将油量调节拉杆从调速器侧插入泵体。在插入过程中,分别将各个拨叉套入拉杆中,并按喷油泵解体时做的位置记号将各个拨叉牢固地安装在相应的缸位上。

将上泵体清洗干净，并拆下各缸柱塞套的定位螺钉。将需装配的柱塞偶件按缸序排列好，逐个取出柱塞套装入上泵体。装入时，可从定位孔观察柱塞定位槽是否与定位孔对齐。如确实对齐，将定位螺钉旋入（不要忘记垫圈）并拧紧。再用手左右旋动柱塞套下端，柱塞套应稍有松动余地，否则需拆卸定位螺钉重新调整柱塞套装配方向。依次装入出油阀偶件、出油阀垫圈、出油阀弹簧，并拧上出油阀紧座。全部出油阀紧座均拧上后，将上泵体夹在台虎钳上，用扭力扳手逐个紧固出油阀紧座，扭紧力矩应控制在36～42N·m。

将上泵体从台虎钳上取下，依次将密封垫圈、柱塞弹簧、柱塞弹簧下座（柱塞弹簧下座不可装反）、柱塞装上，用手左右来回旋转和拉动柱塞，应无阻滞感，否则该缸的柱塞偶件要重新装配。

把下泵体窗口朝上平放在工作台上，同时把上泵体的所有柱塞凸肩全部竖直朝上摆正（上泵体柱塞定位螺钉朝向下泵体窗口），然后将上泵体平稳地与下泵体接合，在接合过程中，可用手适当拨动调节拉杆，使所有柱塞的凸肩全部准确地滑入对应的拨叉当中。依次装上平垫圈、弹簧垫圈，并拧上坚固上下泵体的螺母。在紧固螺母时，应对角分三次上紧，以免上下泵体安装不正，因受力不均而变形。

三、组合式喷油泵的试验与调整（在喷油泵试验台上进行）

1. 第一缸供油开始时刻的检验与调整

在喷油泵试验台上可用溢油法检验供油开始时刻。检验时，利用油泵试验台供给的高压油通过连接管供入喷油泵腔中，当柱塞处于未关闭进油孔位置时，高压燃油可顶开出油阀，从标准喷油器的放气管流出。拨转喷油泵凸轮轴，使柱塞逐渐上行，当第一缸柱塞遮住套桶进油孔时，高压油被隔断，第一缸喷油器放气管停止流油，这就是第一缸供油开始时刻。此时，泵轴上的刻线与泵体上的刻线标记应对正。未对正时，应调整第一缸挺柱的高度，国产Ⅱ号喷油泵通过改变调整垫片的厚度来调整挺柱高度，而B型泵则是通过调整螺钉来调整挺柱高度，挺柱高度增加，则供油开始时刻提早，反之则推迟。调整挺柱高度的方法分别如图6-3和图6-4所示。

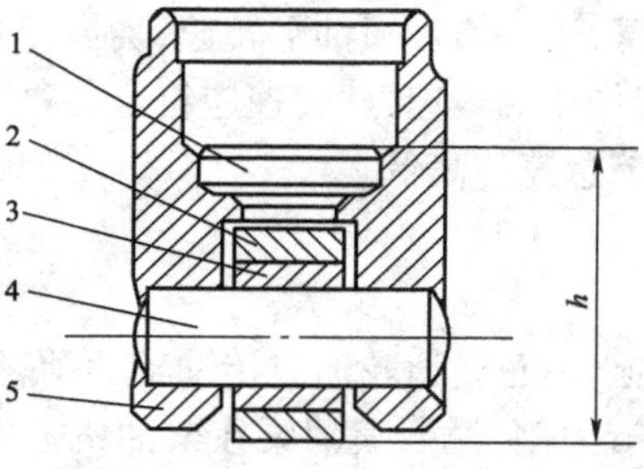

图6-3　Ⅱ号泵滚轮传动部件

1-调整垫块；2-滚轮；3-衬套；4-滚轮轴；5-滚轮架

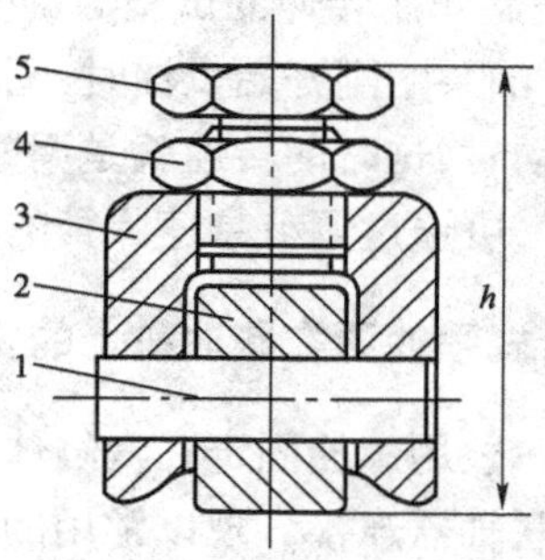

图6-4　B型泵滚轮传动部件

1-滚轮轴；2-滚轮；3-滚轮架；4-锁紧螺母；5-调整螺钉

2. 各分泵供油间隔角度的检验与调整

供油间隔角度是指按供油顺序（发火顺序），相邻发火的两分泵供油的间隔角度。由于组合式喷油泵凸轮轴是整体式的，各凸轮的相对位置是固定的，所以，调整各分泵的供油间隔角度时，以第一缸分泵供油开始时刻为基准，按供油顺序，依次调整各分泵滚轮组件的高度（调整方法同上)，直至各分泵供油间隔角度相等为止。

3. 供油量的检验与调整

多缸发动机供油量的不均匀度应在规定的范围之内。一般要求额定转速供油量不均匀度不大于3%，怠速供油量不均匀度不大于30%。

供油量不均匀度可按下式计算：

$$\text{各缸供油量不均匀度}=\frac{2\times(\text{最大供油量}-\text{最小供油量})}{\text{最大供油量}+\text{最小供油量}}\times 100\%$$

供油量的调整方法是：

(1)调整额定转速供油量时，应使喷油泵以额定转速运转，转动操纵臂至最大供油量位置，观察喷油100次的各缸供油量，如不合标准，松开调节齿圈或柱塞拨叉的夹紧螺钉，将油量控制套桶相对于调节齿圈或相对于拨叉转动一个角度，即可改变供油量。

(2)调整怠速供油量时，应使喷油泵在怠速条件下运转，缓慢向增加供油量方向转动操纵臂，在喷油器尖端开始滴油时，固定好操纵臂，喷油100次，观察各缸供油量，如不合标准，仍按上述方法调整。

(3)调整常用转速供油量时，通常因发动机在工作中以中速满负荷运转最多，所以，供油量规定为喷油泵在600~800r/min满负荷情况下的供油量。调整时，应使喷油泵在600~800r/min下运转，将操纵臂向最大供油量方向转到底，喷油100次，观察各缸喷油量，以多数缸的供油量与标准供油量相比较。如不合要求，调节满负荷供油量调节螺钉，供油量达到要求后，再分别调整各分泵供油量，使其达到均匀度的要求。

4. 调速器的试验与调整

(1)高速起作用转速的试验与调整。试验时，启动试验台，使喷油泵转速由低向高逐渐增加至额定转速，将喷油泵操纵臂向供油方向推到底，再慢慢增加喷油泵转速，当调节齿杆(拉杆)开始向减少供油量方向移动时，这时的转速就是调速器的高速起作用转速，这个转速应符合各机型说明书的规定，若不符，可通过增加或减少高速弹簧的弹力来加以调整。

(2)怠速起作用转速的试验与调整。试验时，使喷油泵在低于怠速转速下运转，缓慢转动操纵臂，当喷油泵刚刚开始供油时，固定住操纵臂，逐渐增加喷油泵转速，当齿杆开始向减少供油量方向移动时，这时的转速就是调速器怠速起作用的转速，此转速应符合各机型规定的怠速转速，若不符，可通过调节怠速弹簧的张力来调节怠速的高低。

四、组合式喷油泵在柴油机上的安装与调整

喷油泵一般用螺栓固定在汽缸体旁的支架上，由正时齿轮通过传动轴驱动，传动轴与油泵凸轮轴通过联轴器连接。现以常用的十字联轴节为例，说明喷油泵在柴油机上的安装及喷油正时的检查调整(图6-5)。

1. 喷油泵在柴油机上的安装

(1)盘动飞轮，使第一缸处于压缩终了上止点前的供油提前角处(可通过气门机构的动作来判断)。

(2)将喷油泵泵轴上的刻线与泵体上的刻线对齐，使第一分泵处于开始供油位置。

(3)安装喷油泵，使从动凸缘盘上的凸块a插入胶木传动盘上相应的槽中(此时主动凸缘盘、中间凸缘盘、胶木传动盘已经组装在喷油泵传动轴上)，然后把喷油泵固定在支架上。

2. 供油正时的检查调整

通过上述方法安装的喷油泵,能保证供油正时的大体正确,这时应进一步检查调整喷油泵的供油正时。

(1)接通油路,通过输油泵泵油驱气,使喷油泵齿条处于供油位置,用螺丝刀撬动第一分泵柱塞,使出油阀接头中出现油面。

(2)盘动飞轮,使第一缸活塞处于上止点前50°左右曲柄转角(比规定的供油提前角大20°左右)。

(3)顺曲轴转向缓慢而均匀地转动飞轮,同时密切注意第一分泵出油阀接头中的油面,当油面出现波动的瞬间,立即停止,此时上止点指针所指的飞轮刻度,就是第一分泵的供油提前角。

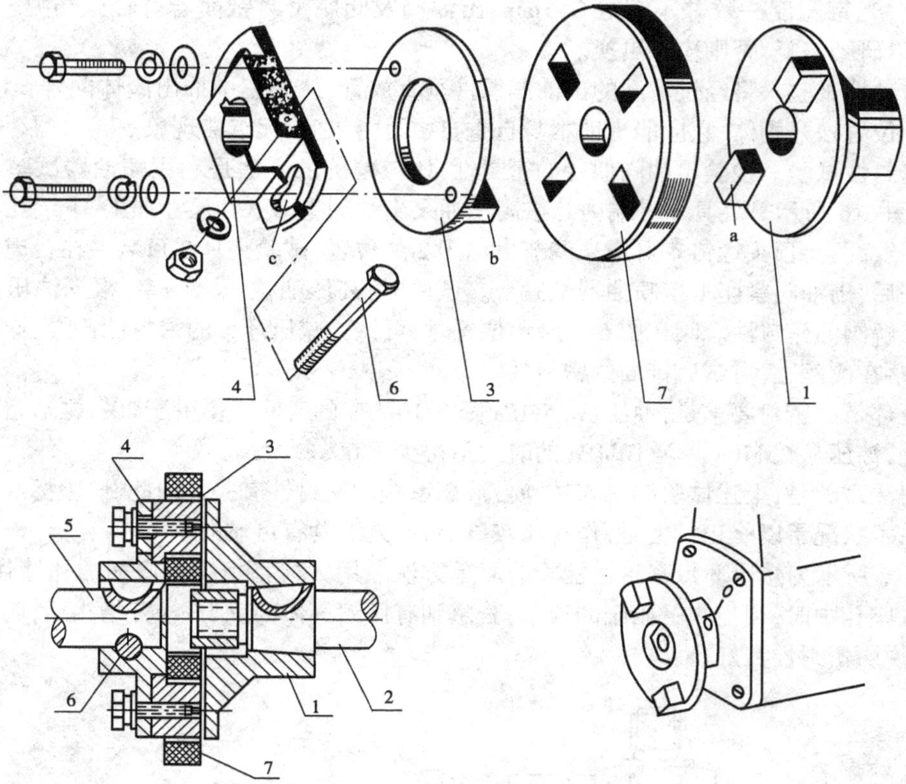

图 6-5　喷油泵用联轴器

1-从动凸缘盘;2-凸轮轴;3-中间凸缘盘;4-主动凸缘盘;5-驱动轴;6-夹紧螺栓;7-胶木传动盘

如果供油提前角过大或过小,可松开主动凸缘盘上的两个调节螺钉,保持喷油泵凸轮轴不动,微量转动飞轮进行调整。

若供油过早,可顺工作转向转动飞轮,使喷油泵传动轴相对于喷油泵凸轮轴转过一个角度(反之,则逆工作转向转动飞轮)。然后把两个螺钉上紧,再按上述方法检查,直到供油正时符合规定为止。

五、喷油泵主要零部件的检修

1. 出油阀偶件的检修

(1)出油阀偶件的磨损。出油阀偶件的磨损主要发生在阀与阀座的锥形密封面以及出油阀的减压环带上。

锥形密封面的磨损主要是由于出油阀在切断供油时，出油阀弹簧的作用力和高压油管中燃油剩余压力同时作用在出油阀上，使出油阀在落座时产生冲击。此外，高压燃油中的硬质颗粒在流经阀面时产生的强烈摩擦也是导致磨损的原因之一。

减压环带的磨损主要是由于供油开始时，减压环带即将离开阀座的瞬间，高压燃油以极高的速度冲击这一很小的环形缝隙，燃油中的杂质冲击工作表面，引起减压环带的磨损，特别在下部磨损较为严重。

(2)出油阀偶件的检验。

①外观检验。出油阀偶件表面应无锈蚀、裂痕、刻纹或明显损伤；锥形密封带应光泽明亮、连续完整，光带宽度一致并不超过0.5mm；出油阀及阀座密封锥面若有轻微伤痕、下凹及磨损，可予以研磨修复，否则应予更换。

②滑动性试验。将经过清洗的出油阀偶件垂直放置，从阀座中抽出阀体配合长度的1/3，转到任一位置松开阀体，它应能借助本身自重自由滑落入座，无卡滞现象。

③密封性试验。检验出油阀偶件的密封性，比较精确的方法是利用喷油器试验台和专用夹具，如图6-6所示。夹具3上端内孔按高压油泵出油阀室形状和尺寸加工，下端孔与顶头螺钉4为螺纹配合，顶头螺钉4可用来调节出油阀2的位置，试验夹具3可装夹在台虎钳上。出油阀装好后，出油阀紧座1接喷油器试验台。试验时，高压油被压入阀室，根据油压的下降速度即可了解阀的密封性。阀在图6-6所示位置时，可试验减压环带的密封性；适当拧出顶头螺钉，阀即落在阀座上，可试验锥面的密封性。

减压环带的密封要求是，油压从25MPa降至10MPa的时间不得少于20s；锥形密封面的密封要求是，油压从25MPa降至10MPa的时间不得少于60s。

值得注意的是，上述试验结果与试验台液压系统的密封性有关。因此，试验标准可根据试验台的技术状况予以修正。但是，作为比较试验，该方法具有可靠的精度。

图6-7所示为减压环带密封性检验的简单方法。用大拇指把阀座底面的孔堵住，当减压环带落入座孔中时，用指头轻压阀的顶端，若感到有压缩气体的反力，松开指头后，阀能反跳回原位，则说明密封性良好。

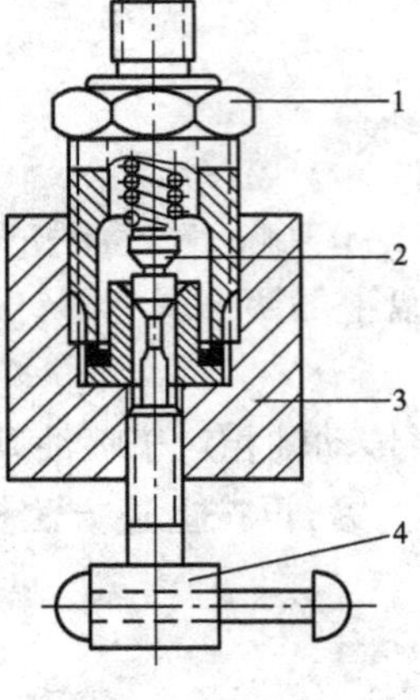

图6-6 出油阀偶件密封性试验专用工具
1-出油阀紧座；2-出油阀；3-试验夹具；4-顶头螺钉

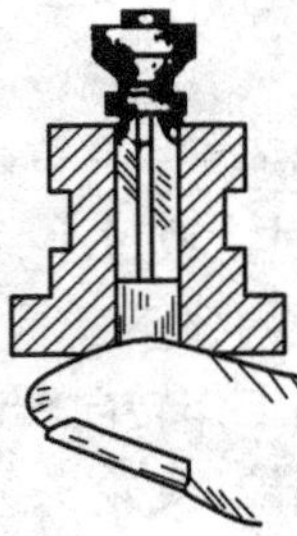

图6-7 出油阀偶件密封性能简易试验法

(3)出油阀偶件的修理。出油阀密封面有轻微缺陷或导向面配合过紧,可用细研磨膏研配加以消除,当阀面或减压环带上有较深沟痕时,应予成对换新。

出油阀座底面与柱塞套桶顶面为精密配合,当二者有轻微缺陷而不能紧密接触时,高压燃油就会从该处泄漏。这种缺陷可通过研磨密封端面予以消除。研磨可在平板上进行,研磨中零件要放正,施加的压力要均匀,使零件沿 8 字形轨道来回平移,当端面呈无光泽银灰色时,便认为合格。

出油阀弹簧如有扭曲和弹性减弱等现象,应换新,其弹性应符合相关标准的规定。

2. 柱塞偶件的检修

(1)柱塞偶件的磨损。柱塞偶件的磨损一般集中发生在柱塞和套桶的上部,柱塞供油斜槽表面和套桶回油孔的相应配合面附近。产生这种磨损的原因,除了工作中正常的摩擦作用外,还有就是燃油中的机械杂质引起的。其特征是在磨损部位呈白色的暗淡色泽,检验时应仔细观察。

(2)柱塞偶件的检验。

①外观检验。在干净的煤油或柴油中,把柱塞偶件清洗后进行检查,认真观察柱塞头部和导向部分的刮伤、变色和卡滞现象。如果柱塞表面光亮并呈蓝紫色光泽,表明磨损不大,可以继续使用;若表面呈无光泽的黄色,则说明磨损严重,应予成对换新。

柱塞偶件配合表面应无锈蚀、裂纹及明显损伤,柱塞不得发生弯曲变形,柱塞下脚调节臂应无松动现象。

②滑动性试验。将在柴油中浸泡过的柱塞偶件,用手指拿住柱塞套,与水平倾斜约 60°倾角,拉出柱塞 1/3 左右,放开后,柱塞应能靠自重平顺地滑入套桶中,转动任何角度,其结果应该相同。

③密封性试验。柱塞偶件的密封性试验,可在喷油器试验器上进行,如图 6-8 所示。将喷油泵各缸的出油阀取出,阀座与衬垫保留在孔内,装好出油阀紧座,放尽空气,将高压油管与喷油器试验器连接好。移动齿条使柱塞处于最大供油量位置。操纵喷油器试验器使油压达到 20MPa 时停止泵油,然后测定油压从 20MPa 下降到 10MPa 所需的时间,不得少于 12s,同一喷油泵上的柱塞偶件,其密封性相差应不得大于 5%。

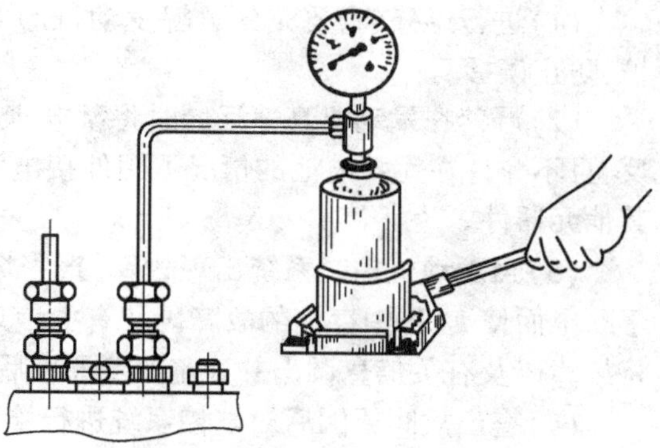

图 6-8 用喷油器试验器检验柱塞偶件的密封性

在缺少设备的情况下,也可用简易方法试验柱塞偶件的密封性:用手指堵住柱塞套桶顶部的孔和进、回油孔,使柱塞处于最大供油量位置,将柱塞由最上面的位置往下拉,拉下的距离以柱塞上边缘不露出套桶油孔为限,若能感觉到有真空吸力便迅速松开,柱塞能迅速地回到原来位置,则表示密封良好。

(3)柱塞偶件的修理。柱塞偶件有明显缺陷或因磨损导致配合间隙过大时,一般应成对更换。对于磨损较少的柱塞偶件,也可以用选配法或镀覆法修复。

选配法是将磨损的柱塞偶件清洗后,把选配的柱塞与柱塞套分别进行研磨,除去表面的磨损痕迹,恢复零件的正确几何形状,然后经过选配,成对地进行研磨,直到恢复足够的配合精度和表面粗糙度的要求。

经过研磨的零件应在柴油中彻底清洗,并按尺寸进行分组选配,选配时,以柱塞能插入柱塞套的1/3长度为宜。互研时,当柱塞能整个进入柱塞套时,则应停止,以免配合间隙过大。

镀覆法一般是对柱塞表面进行镀铬或镀镍,然后再进行研磨和选配。

第三节 电控汽油机燃料供给系的检修

汽油机电控燃油喷射系统采用各种传感器,它们将发动机的负荷、转速、加速、减速、温度、冷却水温度和吸入空气流量等变化情况转换成电信号,然后把这些电信号输入到电子控制器ECU,ECU根据这些信号与存储的信号进行精确计算后,输出一个控制信号去控制喷油阀的开启时间和持续时间,从而供给不同工况下发动机所需的最佳喷油量,如图6-9所示。汽油机电控燃油喷射系统按其部件功用来看,主要有进气系统(气路)、燃油系统(油路)和电子控制系统(电路)三部分。本节内容阐述了电控汽油机的燃油系统的检修。

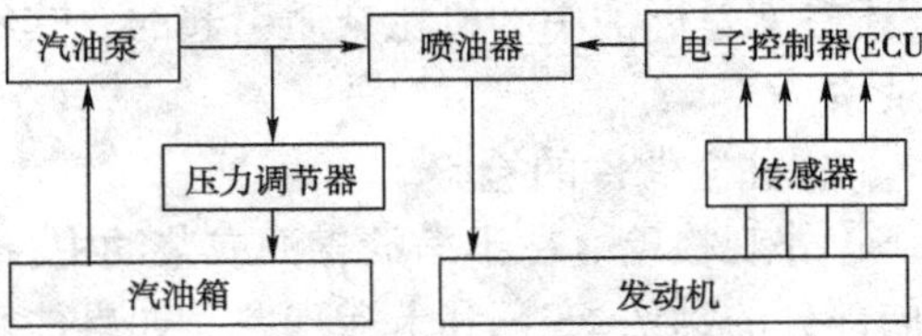

图6-9 电控燃油喷射系统基本原理框图

一、检修注意事项

(1)进行维修前,要充分了解发动机的ECU及主要电子元件的位置,以便实施可靠的保护,防止误拆。

(2)严禁在发动机高速运转时将蓄电池从电路中断开;无论何时,蓄电池的极性都不能接反,且不允许在无蓄电池的情况下用外接电源启动发动机,以避免因电压过高而损坏ECU和其他元器件。

(3)当发动机控制系统出现故障,报警灯点亮时,不能将蓄电池从电路中断开,以防止由于断电而使ECU中存储的故障码及有关信息被清除。只有通过自诊断系统或专用诊断设备将故障码及有关信息调出并确定故障原因后,方可将蓄电池从电路中断开。

(4)查出故障原因后对电控系统进行检修时,应先将点火开关关闭。

(5)在测试过程中,除特殊注明外,不能使用指针式万用表进行ECU及传感器测试,只能使用高阻抗数字式万用表进行测试。

(6)严禁用试灯测试与ECU相连接的电气装置;禁止用搭铁试火和拆线刮火的方法进行电路检测。

(7)电控装置附近不宜安装信号发射和接收装置及导线,以防对控制系统的工作产生不良影响。

(8)检修燃油系统时,先对油路进行卸压。

二、对电控汽油机进行故障分析的一般程序

在汽油机电控燃油喷射系统中,较常见的故障主要有在点火开关接通后油泵不转动、油泵不泵油、管路中油压过高或过低、喷油器不喷油、喷油器渗油或滴油、冷启动喷油器不工作、接插件和管道故障、油压调节器故障、滤清器故障、传感器故障等,燃油供给系统示意图如图6-10所示。在故障分析中,一般要遵循询问、观察、查阅、调取故障码、检测、试验的程序,采用逐一

排除的方法，将确定故障的范围一步步缩小，最终找到故障位置。

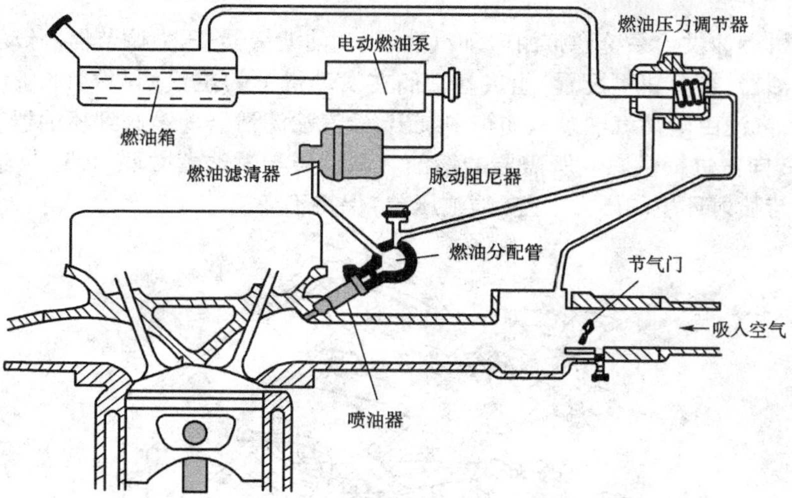

图 6-10　燃油供给系统示意图

(1)询问。为了准确判断故障发生的位置，首先应询问客户，了解机型及生产年份，故障发生的时间、状况，发生故障时的环境条件，进行了哪些操作，是否已进行检修，动过哪些部位等。同时，还要了解发动机在发生本次故障以前是否进行过维修及维修部位。通过信息收集，可以帮助初步估计故障发生的原因和部位，排除不必要的干扰，明确查找的目标。

(2)观察。这是故障分析最基本的检查，通过观察可以确定前面的估计是否正确。其内容包括：

①看。看是否有部件丢失，电线是否脱线，接线器是否接合，有无接错线，各种软管的连接状况等。

②听。启动发动机，检查是否有漏气、杂音，可能产生故障的部件能否正常工作等。

③摸。通过触摸检查某些部件是否在正常工作，接线是否牢固，软管是否断裂等。

(3)查阅。在对发动机进行检测前，一定要掌握该发动机的有关数据、所要检查部件的准确位置、接线图、接线和检测方法，包括检测仪器的使用。在不具备第一手材料的情况下，盲目地检查可能带来意料不到的后果。

(4)调取故障码。按照该发动机所要求的操作程序进入自诊断状态，调取故障码，以作为故障判断的依据。故障码可帮助快捷地找到故障发生的部位。得到故障码后，还要判断所显示的故障是否存在，与当前的故障现象是否有关，是否因没有清除故障码所致。还要注意，并非发动机上的所有故障都用故障码显示，还可以采用其他方法进行故障分析。例如，利用尾气分析仪，通过检测废气中二氧化碳(CO_2)和碳氢化合物(HC)的浓度，可以帮助判断喷油器等故障。

(5)检测。只有在进行检测后才能最终判定故障的位置和找到产生故障的原因。检测内容包括很多，如信号检测、数据检测、压力检测、执行器动作检测等；涉及的检测仪器也较复杂，要求能够正确选择和使用检测仪器，并谨慎、准确地与电控系统连接。

(6)试验。正确地判断出故障，进行修理后还要进行试验，以确认所出现故障确已被排除，并检查修理后的效果等。在发动机彻底修好后，要进行故障码的清除工作。

三、燃油供给系统概述

电控汽油机燃油供给系统通常由电动汽油泵、汽油滤清器、压力调节器、脉动阻尼器、喷油器和冷启动喷油器（部分机型配置）组成。它们在发动机上的位置如图6-11所示。在电控汽油喷射系统中，汽油由电动汽油泵从油箱中泵出，经汽油滤清器等输送到喷油器和冷启动喷油器（部分机型），向汽缸提供燃烧所需要的燃油。调节器与喷油器并联，保证供给电磁喷油器内的汽油压力与喷射环境的压力之差（喷油压差）保持不变。

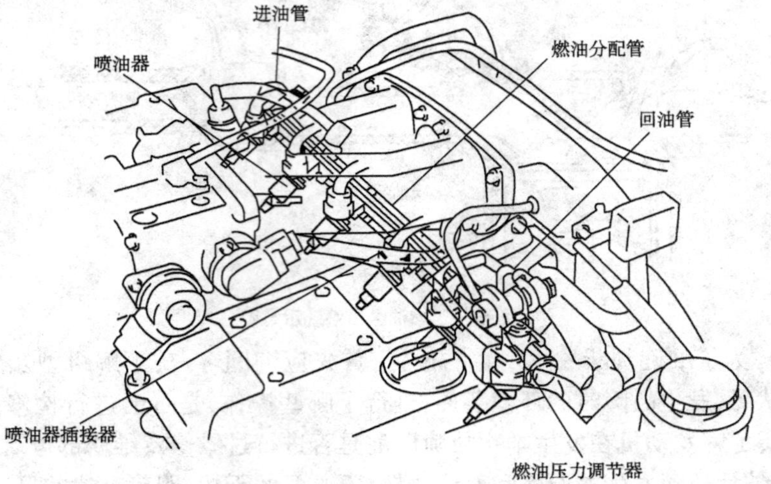

图6-11　发动机上燃油供给系统元件的位置

四、燃油系统压力的检测与异常分析

燃油供给系统的功用是提供燃烧所需要的具有一定压力的汽油。如果供油压力异常将使发动机出现故障，影响发动机的正常工作。在检修过程中，需学会对燃油压力的检测，在对燃油系统压力的检测前，还应掌握燃油系统压力的释放与预置方法及操作步骤。

1. 燃油系统的压力释放

目的，燃油系统的压力释放主要是防止在拆卸时，系统内的压力油喷出，造成人身伤害和火灾。

操作步骤与方法：

(1)启动发动机，维持怠速运转；

(2)在发动机运转时，拔下油泵继电器或电动汽油泵电线接线，使发动机熄火；

(3)再使发动机启动2~3次，就可完全释放燃油系统压力；

(4)关闭点火开关，装上油泵继电器或电动燃油泵电源接线。

2. 燃油系统的压力预置

目的：为避免首次启动发动机时，因系统内无压力而导致起动时间过长。

方法一：通过反复打开和关闭点火开关数次来完成。

方法二：

(1)检查燃油系统元件和油管接头是否安装好；

(2)用专用导线将诊断座上的燃油泵测试端子跨接到12V电源上；

(3)将点火开关转至"ON"位置，使电动燃油泵工作约10s；

(4)关闭点火开关,拆下诊断座上的专用导线。

3. 燃油系统压力测试

(1)释放燃油系统压力,拔下蓄电池负极电缆;

(2)将油压表接入燃油系统:有的机型油压表接到输油管的进油管接头处;有的机型油压表可接到脉动阻尼器的位置(拆掉脉动阻尼器);

(3)接好蓄电池负极电缆,启动发动机,维持怠速运转。

4. 燃油压力检测

(1)拆下燃油压力调节器(图6-12)上的真空软管,用手堵住进气管一侧,检查油压表指示的压力,多点喷射系统一般应为0.25~0.35MPa(不同机型,数值有所不同)。

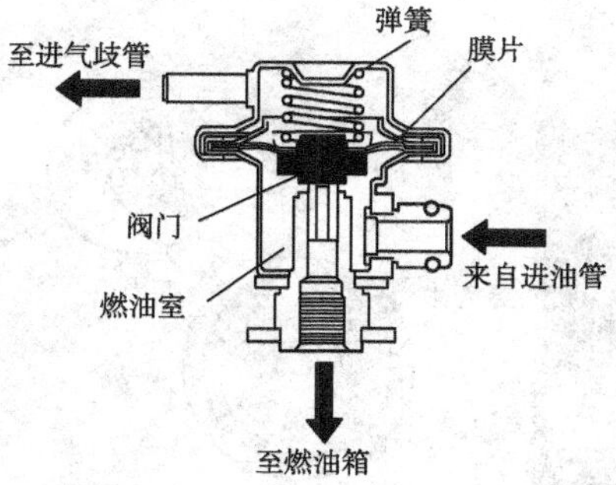

图6-12 燃油压力调节器构造

(2)接上燃油压力调节器的真空软管,检查燃油压力表的指示应有所下降(约为0.05MPa),否则检查真空管是否有堵塞和漏气,若正常,说明燃油压力调节器有故障。

(3)残压检测:油泵停止工作10min后,油压表数值即为残余压力。

①多点喷射系统的残余压力一般不低于0.20MPa,如果残压很低或等于零,将造成发动机难启动或不能启动。

②残压保不住的原因:汽油泵单向阀关闭不严、油压调节器阀门关闭不严、喷油器漏油、燃油系统漏油等。

(4)管路油压回落检查与分析:将各缸喷油器电线插头连接好,接通点火开关并连续启动15s,记下油压表所指示的压力,待30s后再次观察油压表指示的压力,其值不应回落。若油压有明显的回落,则再次启动15s,然后夹住油压调节器回油管,若30s后油压不再回落,则说明油压调节器泄漏。如果夹住回油管,油压仍然下降,则夹住油压调节器的进油口,再启动15s后,油压不再回落,则说明汽油泵单向止回阀泄漏,应更换油泵。

(5)系统最高油压检测:检查系统最高油压时,可将回油管夹住,使回油管停止回油,此时压力表指示油压应比没夹住回油管时高出2~3倍,否则表明汽油泵性能下降,泵油压力不足。

(6)检查完毕后,释放燃油压力,拆下油压表,装复燃油系统,然后预置燃油压力,启动发动机。

5. 燃油压力不正常的检查

(1)油压过低。夹住油压调节器回油管,检查油压。若油压升高至正常,则说明油压调节器有故障;若压力不升高,则应检查燃油滤清器是否堵塞。若滤清器正常,应检查油箱中是否有油,检查燃油泵滤网是否堵塞、燃油泵出油管路是否堵塞。若全部正常,则应更换燃油泵。

(2)油压过高。将油压调节器回油管拆下,接上一根干净的回油管至一个容器内。检查油压并观察回油管端的回油量。回油量少或没有，说明油压调节器故障；回油量多，说明回油管路堵塞。

五、燃油供给系主要部件的检修

1. 电动汽油泵及其控制电路的检修

在电控汽油机中，汽油泵及其控制电路的故障将直接影响到发动机能否启动及发动机的性能，因此对汽油泵及控制电路的检修是电控汽油机检修的重要内容之一。下面以在电控汽油机中应用广泛的涡轮式电动汽油泵（图 6-13）为例介绍电动汽油泵的检修。

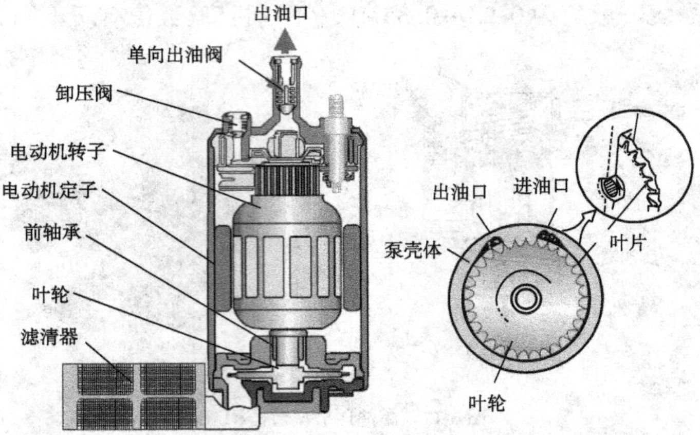

图 6-13 涡轮式电动汽油泵的结构及工作原理

1）汽油泵的就车检查

（1）用专用导线将诊断座上的燃油泵测试端子跨接到 12V 电源上。

（2）将点火开关转至“ON”位置，但不要启动发动机。

（3）旋开油箱盖能听到汽油泵工作的声音，或用手捏进油软管应感觉有压力。

（4）若听不到汽油泵的工作声音或进油管无压力，应检修或更换汽油泵。

（5）若听到汽油泵的工作声音，但进油管无压力，说明油泵转动但不泵油，可能是以下原因造成，应检修或更换汽油泵。

①油泵的泄压阀卡住，或泄压阀弹簧折断，使泄压阀常开，油泵所泵的油只能流回油箱，而不能泵压到燃油管路中。

②油泵出油口的单向阀卡住，不能出油，被加压的压力油只能经泄压阀流回油箱。

③油泵的进油口堵塞或进油滤网严重堵塞，使油泵吸入阻力太大而不能泵出燃油。

④油泵的叶轮和泵壳由于严重磨损，间隙太大，无法将燃油加压。

（6）若有燃油泵不工作故障，且上述检查正常，应检查汽油泵电路导通情况、继电器、易熔线和熔丝有无断路。

2）汽油泵的拆装与检测

拆装汽油泵时应注意，释放燃油系统压力，并关闭用电设备。拆下燃油泵后，测量燃油泵两端子之间电阻，应为 2 ~ 3Ω。用蓄电池直接给燃油泵通电，应能听到油泵电机高速旋转的声音，可通过听油泵转动的声音判断其工作状况，也可把油泵拆下来，通电检查。进行通电检查时动作要迅速，不要超过 10s，因为在没有汽油冷却的情况下，通电时间过长，线圈易被烧毁。

3)汽油泵控制电路的检查

要检查油泵控制电路，首先必须熟悉该机型的汽油泵控制电路，不同机型汽油泵控制电路各有差异，因此检查的方法、步骤不尽相同，但检查的基本方法和思路是相同的，大致可按下列步骤进行。

(1)检查油泵的电源供给电路。汽油泵电源供给电路一般受 EFI 主继电器及熔断器控制。当熔断器断路或主继电器出现故障时，接通点火开关，汽油泵控制 ECU 的“+B”端子将无电压。

(2)检查油泵控制电路。油泵工作电路主要由汽油泵继电器控制，汽油泵继电器受 ECU 控制。

①检查汽油泵继电器和汽油泵 ECU；

②检查汽油泵调速附加电阻(旁路电阻)；

③检查 ECU 控制线路相关端子。

(3)检查汽油泵。拔下汽油泵线路连接器，用万用表欧姆挡测量汽油泵电机连接器插座两端子间的电阻值，若电阻为无穷大，则电机内部有断路故障或碳刷接触不良。若电阻为零，则电机内部有短路故障。这两种情况均应更换汽油泵。

2. 喷油器及其控制电路的检修

图 6-14 所示为常见的孔式喷油器，喷油器是汽油供给系中的重要组成部件，其性能好坏及其控制电路对发动机工作性能及能否工作影响很大。喷油器及其控制电路的检修内容主要有以下几方面。

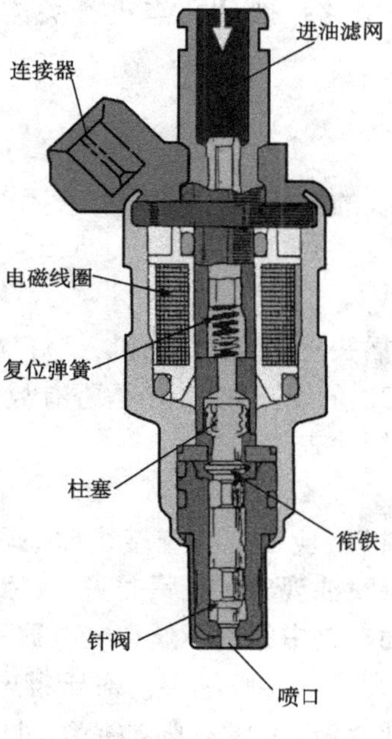

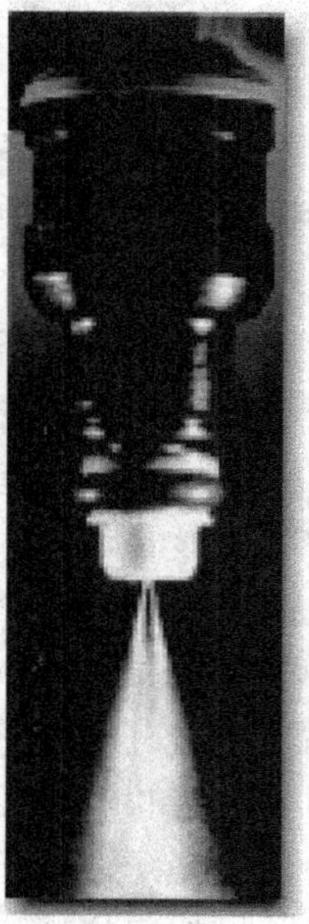

图 6-14　孔式喷油器的结构

1)喷油器的检查

喷油器是电控汽油机喷射系统中非常重要的部件，它的工作直接影响汽油喷射系统的质量。

(1)喷油器工作状况检查。在发动机运转时，通过检查喷油器的工作声音来判断其是否工作，可用手指触摸或用起子接触喷油器，用耳听的方法来检查。

(2)喷油器电特性检查。拔下喷油器导线连接器,用万用表欧姆挡测量喷油器电磁线圈的电阻值,低阻线圈阻值应为 2 ~ 3Ω,高阻线圈阻值应为 13 ~ 16Ω。如超出标准电阻值范围,则应更换喷油器。

(3)喷油质量的检查。喷油器喷油质量的检查主要包括喷油量、雾化质量和泄漏的检查。

此项检查可在专用的喷油器试验台(图 6-15)上进行。若无专用试验台,可就车将压力调节器,喷油器用软管及接头接于发动机的主油路中,并将喷油器置于一个量筒上。用导线将喷油器负端与蓄电池负极连接,正端用导线连接好,但暂时不要接蓄电池正极。上述准备工作做完后,可进行如下检查:

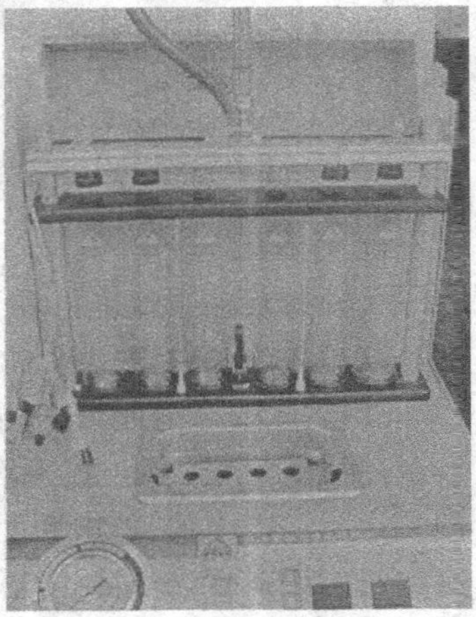

图 6-15　喷油器清洗试验台

①接通点火开关,但不要启动发动机。

②使汽油泵强制进入运转状态。

③将喷油器正端连接线与蓄电池正极连接,让喷油器喷油 15s。观察喷油器喷油雾化质量,测量并记录每次 15s 的喷油量。每个喷油器重复 3 次。标准喷油量为 55mL/15s ~ 70mL/15s,喷油量误差应小于 10mL,如不符合标准,则应更换喷油器。

④在汽油泵运转但喷油器不工作的 3min 内,喷油器的泄漏应少于一滴,否则应更换喷油器。

⑤试验完毕后,关闭点火开关,卸下所有连接导线及软管,注意卸油管时一定要防止剩余油压引起喷溅。将油压调节器、喷油器装回原位。

(4)喷油器控制电路的检查。喷油器控制电路一般均由点火开关或主继电器供电,由 ECU 控制喷油器的搭铁回路,检查方法如下:

①拔下喷油器连接器插头。

②接通点火开关,但不要启动发动机。

③测量喷油器控制线连接器插头上的电源线的电压,应为 12V。若无电压,则应检查点火开关及保险或主继电器及线路。

④检查 ECU 的喷油器搭铁线搭铁是否良好。

⑤将专用检查试灯串接到喷油器连接器两插头上,启动发动机,试灯应闪烁,不亮或不闪烁,则表明控制回路有故障,应检查喷油器至 ECU 的线路和 ECU 是否有故障。也可通过用示波器分析喷油器脉冲波形的方法对控制电路进行检查。

2)喷油器常见故障的分析

(1)喷油器不喷油故障。出现喷油器不喷油时,应首先检查接线插头和插座的接触情况。若在该处有故障,摇动和按下插头将会出现断续喷油现象。压紧插头,故障即可消除。进一步可使用万用表检测喷油器的电磁线圈,检查驱动电路中的熔断丝和继电器。过大的电阻,表明电磁线圈电路有问题,或者已经处于断路状态,则应更换喷油器。对于继电器,主要检查其触点和线圈是否有问题。如果电子控制单元出现故障,将没有喷油持续时间信号输出到电磁线圈。可通过示波器或频率计等仪器,检查到 ECU 是否有信号输出。当然,如果 ECU 发生故障,自诊断系统会及时报警,并以故障码显示故障之所在,可以方便地找到故障,并进行排除。

(2)喷油器漏油。由于使用的燃油不干净、滤网破损、针阀座密封不良等原因,会使燃油从喷油器的高压腔经阀座和喷孔向外泄漏。轻微泄漏时,可以看到喷油器断面经常是湿润的。

渗漏严重时,会发生滴漏。若喷油器内的弹簧折断,针阀不能紧压阀座,大量燃油就会从喷口漏出。另外,若附属于喷油器的O形密封圈有损伤时,将会使喷油器安装于油管处的密封不良,泄漏的燃油会顺着喷油器外表面流到机身各处。这时存在严重的事故隐患,必须密切关注,及时排除。

为此,应使用洁净的燃油,应按规定定时更换燃油滤清器和滤芯,每次拆卸喷油器后,必须使用新的O形密封圈。若喷油器使用时间超过期限,针阀和阀座已过度磨损,也应及时更换喷油器。

3. 冷启动喷油器的检修

在有的机型中,另外配置了冷启动喷油器。在发动机冷启动时喷油,以加浓混合气,改善发动机的冷启动性能。

(1)冷启动喷油器的拆卸和检修注意事项。

①激励冷启动喷油器超过5s可能会损坏喷油器线圈。

②冷启动喷油器维修和故障诊断的程序随发动机型号的不同而不同,维修时应参照制造商提供的维修手册进行操作。

(2)冷启动喷油器的拆卸和检修步骤:

①释放掉汽油供给系统中的压力。

②连接12V电源至点烟器,拆下蓄电池上的负极电缆。

③擦掉冷启动喷油器上的脏物。

④从冷启动喷油器上拆下电气接线器。

⑤拆下螺栓接线器和冷启动喷油器汽油导管。

⑥拆下冷启动喷油器固定螺栓,拆下冷启动喷油器。

⑦在冷启动喷油器接线端之间连接欧姆表测量电阻值。其阻值应为3~5Ω,如果电阻比规定值偏大或偏小,则需更换喷油器。

⑧把汽油管和螺栓接线器接在冷启动喷油器上,把喷油器尖端放入一个容器内。

⑨泄漏情况检查。用跨接线把电动燃油泵两个检测孔短接,接通点火开关,使燃油泵运转。这时,冷启动喷油器应无泄漏或在1min内的泄漏量不多于1滴,否则应予以清洗或更换。

⑩喷油形状及喷油量的检验。在检查喷油器泄漏情况之后,从冷启动喷油器接线端到蓄电池接线端之间连接一根专用的跨接线,使其喷油(注意:不要激励冷起动喷油器5s以上),检查燃油的喷射形状,并用量杯测量喷油量。不同机型冷启动喷油器的喷油量不尽相同,一般为30mL/15s。如果喷油雾化不良或喷油量不符合规定(查相关说明书),则应予以清洗或更换。

第四节 电控柴油机燃料供给系的检修

日益严格的节能和排放指标对柴油发动机的燃油供给与燃油喷射装置提出了新的技术要求,电子控制系统也逐步应用到柴油机上,尤其是电控高压共轨燃油喷射系统可对喷油定时、喷油压力、喷油规律等进行柔性调节,从而使柴油机的经济性、动力性和排放性能得到大幅度的提高,但同时使柴油机的结构也变得越来越复杂,给柴油机的维修带来一定困难。下面着重介绍电控柴油发动机的日常维护要点以及高压共轨燃油喷射系统的故障检修方法。

一、日常维护

1. 油液的检查与更换

发动机一定要使用符合发动机技术要求的润滑油，并符合所需要的加注量，否则将缩短发动机的使用寿命，并导致相关元件的损坏。其次，冷却液不仅关系到发动机的冷却效果，还影响到发动机的工作情况，如沸点过低等易造成不必要的“开锅”，质量不过关、酸碱性过强会导致发动机部件（包括传感器）的过早腐蚀等。

2. 滤清器和油水分离器的清洁与更换

机油滤清器的更换与传统的柴油机无区别，但在更换燃油滤清器时需要注意两方面：一是有的滤清器和油水分离器是一体的，并安装有燃油含水率传感器、燃油温度传感器和燃油加热器等，清洁和更换时都应该注意是在点火开关关闭后，且要注意插头和线束的紧固。欧Ⅲ要求的颗粒过滤度10μm以上要达到98%，5～10μm要达到97%，3～5μm要达到94%。所以对滤清器的要求很高，一定要用正规的合格产品，否则将会导致油泵和喷油器柱塞的过早磨损或卡滞。同样，不能在更换滤清器时，为便于发动机的启动而提前灌注柴油，而应该用相应的排空方法进行排空。应注意对空气滤清器经常进行清洁，并根据情况进行更换，更换的空气滤清器质量一定要过关，其质量的好坏不但影响发动机的早期磨损，还将影响到空气流量计和涡轮增压器的损坏，所以有的空气滤清器采用了两级滤芯。

3. 燃油系统的维护

一是要求进行油水分离器中水的排放，柴油里面的硫和水反应将产生硫酸，从而损坏燃油系统，并且通过活塞环串气进入润滑系统，导致润滑油失效，轴承磨损等问题。二是在更换滤清器后一定要按要求进行排空，对于有手动输油泵的按要求将滤清器座上的排气塞旋开后，按压操作开关直到无气泡输出时再扭紧排气塞。三是检查相关管路的密封情况，注意是否有渗漏处，并进行及时的紧固和相应密封件的更换。

4. 电器系统的维护

一是电控系统的工作是在一定的电压范围之内，如五十铃4KH1-1TC电控柴油发动机是8～16V，东风康明斯ISBE是16～32V，应保障蓄电池电压的充足和发电机的正常工作。二是蓄电池充电时，需拆下蓄电池，不能在车充电，但拆卸前一定要将电源钥匙开关关闭。三是在蓄电池的更换时，一定要注意蓄电池的极性和控制单元的极性不能接反，也不允许在发动机工作过程中将蓄电池从电路中拆卸。四是要注意系统中所有电器元件或插接头防水罩的密封性以及线束的紧固情况及位置的合理性。并定期清洁线束和传感器上的油污与灰尘，保持其连接部分的干燥与清洁。五是部分机型应根据燃油情况或在一定的行驶里程时对利用燃油进行冷却的ECU（电控单元）冷却腔进行清洁。

5. 气门间隙的调整

电控柴油发动机对气门间隙的要求比传统柴油机要高，必须用塞尺（厚薄规）进行测量，并严格按技术标准进行调整。

二、检修注意事项

（1）发动机的蓄电池电容量不足时，不能用快速启动电源的方法来进行启动，但可以采用蓄电池辅助启动。

（2）跨接启动其他发动机或用其他发动机跨接本机时，应先断开电源钥匙开关，才能拆装跨接线。

(3)检修后的喷油泵装机后，排完空气后方可启动，否则容易烧坏预行程执行器。

(4)搬移泵时，不能拎电线束或电器元件，以防损坏。

(5)检修中不要打开电脑盖，打开后很可能将电脑损坏。

(6)严禁在柴油机高速运转时将蓄电池从电路中断开，以防产生瞬变过电压将电脑和传感器损坏。

(7)在进行发动机的故障检查过程中，不能随便拔插电器接头及元件，应在点火开关关闭后进行，并注意不要直接用万用表笔在插接头前端进行相应的测量，而应采用专用接头或按技术手册要求进行。此外，还应注意接头及元件的保洁，不要让水、燃油或灰尘进入。

(8)不能直接对装备电控柴油发动机的车辆进行电焊工作，需将控制单元拆除后才能进行这些方面的作业，冬季作业时还应注意人体静电对电器元件的损害。

(9)如需要对燃油系统进行拆卸时，一定要在发动机停机一段时间后才能进行管路和器件的拆卸，具体时间由各车型、发动机型号和电控系统的不同而不同。在组装时，要注意保持接头的清洁及紧固后的密封性，根据拆卸的情况进行排空。对于部分发动机，要逐段进行排空，首先是油箱到滤清器，然后是滤清器到油泵，即将泵体上的排气塞或排气口旋开，用手动真空泵将泵体内的气体排空。由于电控柴油发动机的供油压力要比汽油机高几十倍甚至上百倍，因此在检修燃油系统尤其是在更换零部件时需要注意，一定要按照维修手册的步骤进行卸压。

(10)当柴油机电控系统出现故障，检查柴油机警示灯(CHECK ENGINE)点亮的同时，ECU将故障信息存入存储器，所以不能将蓄电池从电路中断开，以防止电脑中存储的故障码及有关资料信息被清除。只有通过故障自诊断系统将故障码及有关信息资料调出并诊断出故障原因后，方可将蓄电池从电路中断开。

(11)电控柴油机系统故障诊断多采用逆源诊断法，先使用诊断设备找出故障的可能原因，然后从外围设备到控制单元逐步寻找故障所在的部位，最后加以解决。

(12)不能用传统的方法进行新型电控柴油发动机的故障诊断，只有经过该系统专业知识培训的技师方能从事新型电控柴油系统的故障诊断，并应用合适的诊断设备、专用工具进行电控柴油系统的故障诊断。同时，在故障诊断前，需要详细阅读发动机制造厂的操作指南和技术说明。

三、故障诊断与检修的基本原则

要诊断并排除一个可能涉及微机系统的柴油机故障，首先应按普通柴油机故障的诊断方法，查找可能引起的故障原因，确定故障与微机有关后，再利用电控单元自诊断系统进行故障诊断，电控柴油发动机故障诊断程序如图6-16所示。

电控发动机故障诊断与检修的基本原则可概括为以下几点。

(1)先外后内。在发动机出现故障时，先对电子控制系统以外的可能故障部位予以检查。这样可避免本来是一个与电子控制系统无关的故障，却对系统的传感器、电脑、执行器及线路等进行复杂且又费时费力的检查，即真正的故障可能是较容易查找到却未能找到。比较容易的方法是：发动机发生故障，首先应观察系统的故障指示灯，如果指示灯没有显示，则基本可以作为机械故障来进行处理。如果指示灯有显示，就可以通过闪码来知道故障位置，进而进行相应处理。

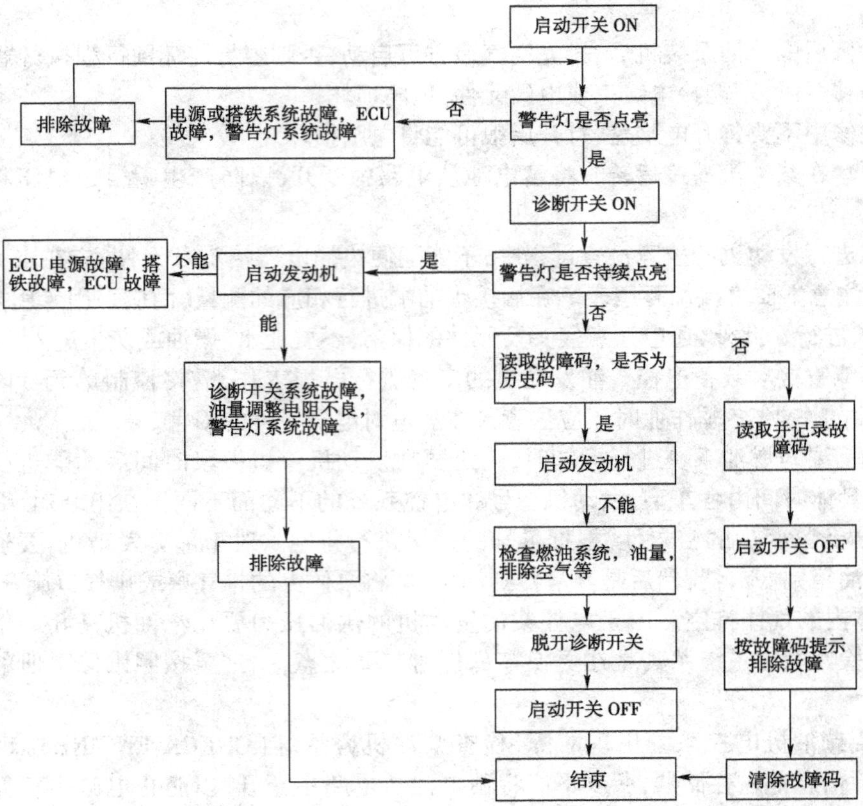

图 6-16 电控柴油发动机故障诊断程序

(2)先简后繁。实际上,发动机故障绝大多数都是比较简单的故障,电气系统的故障也是如此。首先,应对电气系统进行初步的检查,比如检查电控系统线束的连接状况;传感器或执行器的电连接器是否良好;线束间的连接器是否松动或断开;电线是否有磨破或线间短路现象;电连接器的插头和插座有无腐蚀现象等,检查每个传感器和执行器有无明显的损伤。

直观检查未找出故障,需借助于仪器仪表或其他专用工具来进行检查时,也应对较容易检查的或最有可能产生故障的地方先予以检查。

(3)闪码先行。电子控制系统一般都有故障自诊断功能。当电子控制系统出现某种故障时,故障自诊断系统就会立刻监测到故障,并通过检测发动机警告灯向驾驶员报警,与此同时,以代码的方式储存该故障的信息。这时应该按下发动机诊断开关,发动机故障指示灯会按顺序闪出闪码,根据对应的手册查出闪码指示的故障,从而解决故障。

(4)代码综合。如果前面所做的都解决不了问题,就需要利用专门的诊断仪对电控系统做一个全面的检测了。先确认代码故障,然后可利用诊断仪的各项功能对发动机进行具体诊断,比如,发现发动机喷油器某一缸喷油量为零,则可初步判断这一缸喷油器或者线束有问题,再进行下一步的排除就比较简单了。

(5)换件排除。电控发动机的电气系统中线路发生的故障通常是配线和连接器接触不良造成的,这时想要具体查处故障原因可能要耗费比较多的时间。在实际的维修过程中,为了能快速解决问题,排除故障,最便捷的方法莫过于在诊断出故障部件后采用新件替换,这样能够以最快速的方法解决问题。找到故障部件后,查找问题原因要容易得多。

四、故障码诊断方法

1. 利用仪表诊断

当发动机在运行状态下，闪码灯常亮，则说明发动机有故障。可以利用 ECU 的自诊断功能通过整机仪表板上的闪码灯读出闪码，参照闪码表初步判断错误部件及原因。

2. 利用专用诊断仪诊断

利用专用诊断仪读取故障码，当电控系统出现故障码时，则说明电控系统存在一定的故障，进行电路和控制系统的故障排查时，通常进行下列 5 个方面的基本检查。

(1)元件功能检查。由于电路元件的多样性，元件的功能检查需要根据实际的元件采取不同的方法。如温度传感器可采取测量其电阻的办法；压力传感器需要专用的测试导线在其工作时测量其输出的信号电压；对电磁阀可以通过诊断仪测试。

(2)供电电源的检查。正确的电源供应是电子控制系统元件正常工作的必备前提。没有电源供应或者错误的电源供应都会导致系统不能工作或工作异常。在整个控制系统中，ECU 由蓄电池供电，其他大部分元件由 ECU 提供工作电源。常见的电源故障包括由于插头损坏等造成的电路虚接，熔断丝熔断和错误的接线等。

(3)导通性检查。导通性检查是电子控制系统最常用的检查项目。导通性检查是测量两点之间的电阻值，用于确认这两点之间是否导通。对导通性的要求是两点之间的电阻值小于 10Ω。

(4)对搭铁短路检查。搭铁短路是指电路上的某点按电路设计要求不应该搭铁而实际电路已经搭铁的故障。火线对搭铁短路会引起熔断丝熔断等故障。

(5)线与线短路检查。与对搭铁短路检查相似，线与线之间短路是指两点之间按照电路设计的要求不应该导通而实际却导通的故障。两点之间开路的要求是两点之间的电阻大于 100kΩ。

五、高压共轨电控燃油喷射系统的典型故障检修

高压共轨燃油喷射系统借助各种传感器(发动机转速、加速踏板位置、冷却液温度等)检测发动机工况，并将信号传给 ECU，利用 ECU 综合控制相应的燃油喷射量、喷射定时、喷射速率和喷射压力等，使发动机在最佳状态下运行。系统从功能上可分为电子控制系统和燃油喷射系统(图 6-17)。

ECU 利用接收安装在发动机及车辆上的各种传感器采集的数据，并与存储在里面的大量经过试验得到的最佳喷油量、喷油时间和喷油规律的数据进行比较分析，计算出当前状态的最佳参数，来控制喷油器、流量计量单元等机构工作。电子控制系统包括传感器、ECU 和执行器。共轨燃油喷射系统是将喷射压力的产生和喷射过程彼此完全分开的一种供油方式。由高压油泵把高压燃油输送到共轨管，不再采用传统的柱塞泵脉动供油的原理，而是通过共轨直接或间接地形成恒定的高压燃油，分送到每个喷油器，并借助于集成在每个喷油器上的高速电磁阀的开启与闭合，定时、定量地控制喷油器喷射至柴油机燃烧室的油量，从而保证柴油机达到最佳的空燃比和良好的雾化，以及最佳的着火时间。

电控共轨式柴油机在使用中由于各种不可预见的因素会产生故障，牵涉到燃油喷射系统的常见故障症状主要有启动困难、功率不足、运转不稳、排烟异常等，其原因一般为供油系统零部件出现堵、漏、卡、坏以及电控元件的工作异常等。

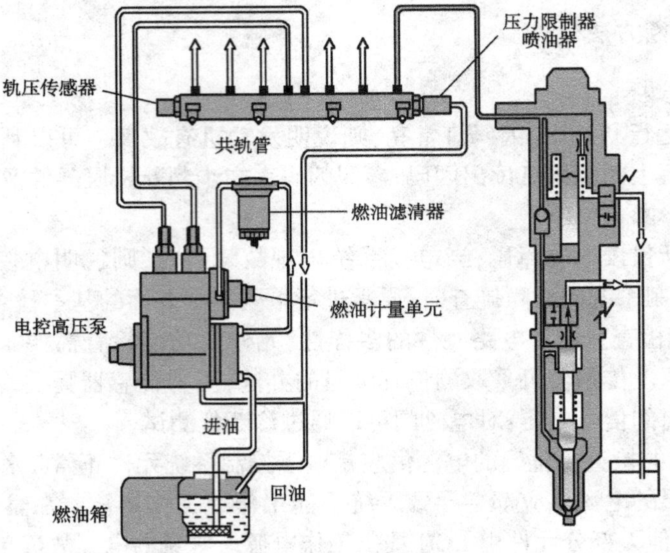

图 6-17 燃油喷射系统组成

1. 电控柴油机启动困难的检修

对于电控共轨式发动机，一般启动发动机旋转了 3 ~ 4 转，即能着火。若用启动机带动发动机曲轴正常速度转动，虽有明显着火征兆，但不能着火运转，或需要多次启动或长时间启动才能着火，或启动后出现熄火，均是启动困难。

故障主要原因：燃油不达标；燃油系统压力低；油路有空气；喷油器漏油；电控系统元件异常等。

诊断与排除：先进行故障自诊断或用专用诊断仪检测，如有故障信息则按故障信息指示查找相应的故障原因。

(1)线束及插接件故障。检查喷油器线束、传感器线束、整车线束插接件是否插好；用万用表按照线路图检查线路是否有断路或短路，如图 6-18 所示。

图 6-18 线束插接件检查

(2)曲轴信号和凸轮轴信号丢失。柴油机上安装有两个转速传感器，分别在飞轮壳和高压油泵外侧，如图 6-19 所示。电控柴油机的喷油正时取决于这两个传感器，如信号全部丢失则柴油机不能启动。信号丢失的可能原因如下：

①传感器损坏，线束短路或断路。

②传感器固定不牢，造成传感器与感应齿之间间隙过大或过小(一般为 1mm ±0.5mm)。

排除方法：检查传感器是否损坏，线束是否连接良好，传感器是否松动等。

(3)燃油箱无油或燃油品质不达标。电控共轨燃油喷射系统，喷油器为高压小孔径预喷电控技术，对燃油品质要求较高，对燃油的污染十分敏感。燃油应选用符合国Ⅲ规定的轻柴油，并随地区环境气温的不同而选用不同型号的柴油，一般夏季选用0号，冬季选用－10号，当环境温度为－20℃时，应选用－20号，当环境温度为－30℃时应选用－35号。若加注品质低劣的柴油，可能会造成油路堵塞，过油不畅，喷油器雾化不良，燃烧不充分，从而导致启动困难。

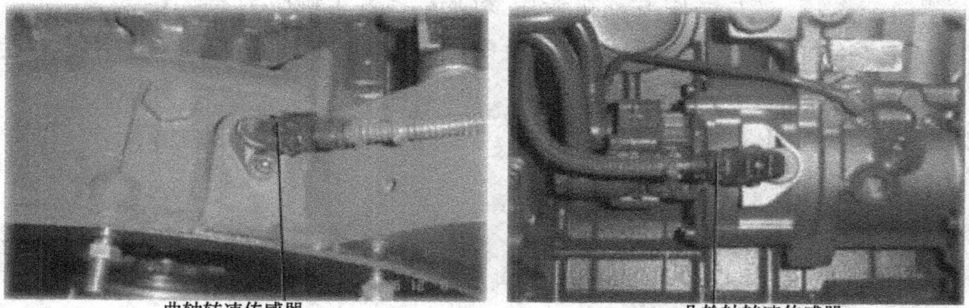

图6-19　曲轴和凸轮轴转速传感器位置

(4)轨压无法建立。可以从诊断仪显示故障信息或使用发动机专用诊断仪检测共轨压力，以确认故障部位。实际轨压值小于设定的轨压值5×10^4kPa时，则发动机无法启动。轨压不能建立的原因有两种可能：一是低压油路有堵塞或泄漏；二是高压油路有泄漏，严重的泄漏会造成共轨油压无法建立；三是高压油泵中燃油计量阀或共轨控制装置出现故障，不能为共轨提供足够的油量。

常规的判断办法：

①用手触摸高压油管，启动发动机，如明显感觉有较强的脉动油流，则说明共轨能提供一定压力的燃油。

②查看喷油器回油管回油情况是否正常，如果回油过多，则会导致共轨系统中燃油压力低。

(5)低压油路堵塞。对配置了手动油泵的低压油路，可用手油泵判断油路故障：压动手油泵，应有明显反弹阻力，能感到柴油在流动，并能听到手泵阀门吱吱响，压下去有弹力，拉上来有吸力，松开放气螺钉，柴油喷涌而出，感到压力很大，而且没有气泡和油沫，则证明油路正常。反之，如果打开手油泵压动几下，感觉阻力较大，有时甚至压不下去，可能原因是柴油只进不出，说明手油泵后端到输油泵进油口前的油路有堵塞现象。排除方法：逐个松开该段油路部件的油管接头，一边松开一边泵油，就能很快找到堵塞部位。

(6)低压油路中进入空气。低压油路进空气的检查：利用手油泵泵油时，燃油流量不是很大，泵出的油夹杂着气泡或泡沫，总感觉空气排不尽。其可能原因是由手油泵进油口前端到油箱有进气现象，可能是由于柴油箱油面过低，吸油立管脱焊裂缝，ECU冷却板内泄，ECU出油管处焊接不实、有裂缝等引起。注意：共轨式发动机禁止运转时拧松高压管路接头进行排气，禁止使用起动机拖动发动机进行燃油系统排气。

2. 发动机动力不足的检修

所谓发动机动力不足，主要指发动机转速达不到标定的转速，其扭矩达不到使用规定要求的最大扭矩指标。其主要表现为发动机无负荷运转时基本正常，带负荷运转时加速缓慢，上坡无力，加速踏板踏到底仍感到动力不足，转速提不高，达不到最高车速。

故障主要原因：燃油品质差；系统油压力低；高压油泵、喷油器出现问题等。

诊断排除：先进行故障自诊断或用专用诊断仪检测，如有故障信息则按故障信息指示查找相应的故障原因。

(1)检查燃油油品是否达到国Ⅲ标准，若燃油中有过多杂质，将会造成喷油器雾化效果不佳，燃烧不充分。

(2)检测燃油系统压力：使用发动机专用诊断仪检测共轨压力是否正常，共轨管压力偏低的可能原因是油路供油不畅，难以保证在共轨中建立足够的压力，共轨压力不足，导致喷油器不能正常足量喷射。

(3)高压油泵柱塞偶件、溢油阀偶件磨损过大，造成燃油泄漏压力降低；个别喷油器雾化不良或堵塞，将会造成发动机动力不足。

3. 发动机工作不稳定的检修

工作不稳定是指发动机启动着车后，不论是怠速或全负荷运转，发动机均出现抖动，并易熄火。

故障主要原因：燃油品质低劣；燃油系统油路不通畅；高压油泵、喷油器出现故障等。

诊断排除：先进行故障自诊断或用专用诊断仪检测，确认故障部位。

(1)供油系统燃油质量不好，夹杂水分杂质，或有少量空气进入，各缸喷油器之间的喷油差异变大，使各缸喷油量不能保证均匀。

(2)燃油系统有轻度堵塞，造成系统燃油压力过低，不能保证怠速所需的供油压力。

(3)喷油器工作不良，喷油器喷嘴烧死或喷油器电磁阀损坏，都可能造成某缸工作不良，使发动机产生抖动。检查喷油器电磁阀是否损坏，可用数字万用表测量喷油器电磁阀阻值是否在 0.33Ω(20℃)标准内，否则应更换。图 6-20 所示为电控喷油器的打开与关闭状态图示。

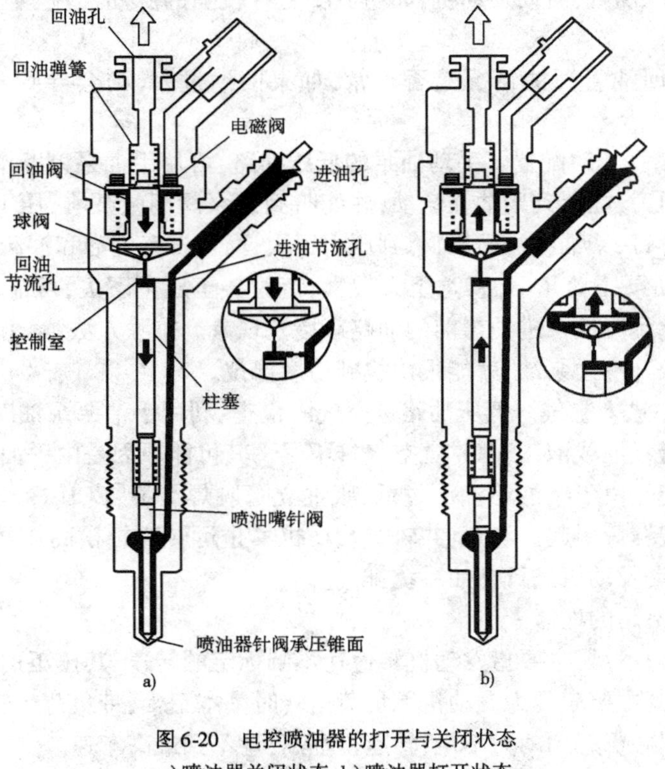

图 6-20 电控喷油器的打开与关闭状态

a) 喷油器关闭状态；b) 喷油器打开状态

(4)高压油泵内部精密元件出现磨损形成泄漏,共轨压力传感器出现故障信号失误,ECU使控制共轨流量限制器出现错误,在没有达到规定压力时,便泄压,从而使发动机抖振。图6-21所示为高压油泵工作原理图。

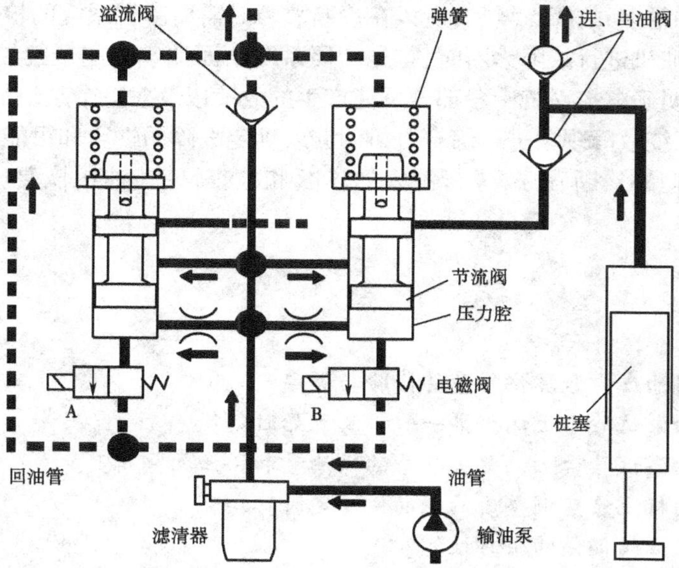

图6-21　高压油泵工作原理图

(5)直观回油法检测故障:对于电控共轨发动机,发动机所需的燃油喷射量,是根据ECU给喷油器的通电开启时间长短指令来控制的,如果不控制燃油压力为相对恒定值,即使给喷油器的通电时间相同,当燃油压力高时,喷油量就多,反之,喷油量就少,势必造成发动机工作不稳定,所以电控共轨发动机采用燃油计量阀,压力传感器和ECU组成的闭环系统对共轨油压进行精确的控制,以提高喷油量控制的计量精度,故在供油系统中设有三种油压过高保护装置:①高压油泵总成回油,通过泵的回油压力阀,经回油管将多余燃油回到油箱。②共轨管高压保护回油,当共轨中燃油压力过高时,轨压卸压阀打开放油孔卸压,将多余燃油流回油箱。③喷油器回油,喷油器工作后剩余的燃油经缸盖回油孔回到预滤器进入油管处。若这些回油管出现异常的回油,除会出现上述故障外,还可能造成难以启动和无法启动的故障。

检查这三处是否存在故障时,可通过观察回油管泄油量进行判断。高压油泵总成回油过多,可能是回油压力阀出现了故障,存有杂质异物,导致阀门处于关闭不严或常开状态;共轨管高压回油这种情况发生几率低,一般不会泄油,达不到这么高的油压。若共轨管泄压阀出现了泄油,可能使发动机在异常的高压下运行,燃油喷射压力超过工作范围,燃油流量调节电磁阀出现故障,故障排除后也需将共轨管卸压阀更换。喷油器回油管泄油过多,可能是喷油器出现了故障。

喷油器工作情况的简单诊断:电控共轨发动机燃油喷射压力可高达1.65×10^5kPa,为防止对维修人员造成伤害,严禁采用高压断油法对喷油器工作好坏进行判断。应采用发动机专用诊断仪断缸检测发动机工作情况,来判断喷油器的工作性能。常规检查:发动机启动后刚开始工作时,用手摸各缸排气管温度上升情况,若某缸温度上升明显低于其他缸,说明该缸不工作。然后进一步检查,用手触摸通往喷油器的各缸高压油管,应明显感觉到均有较强的脉动情况,节奏随转速成正比,若某缸节奏重,可能该缸喷油器柱塞卡死在常闭位置或半开半闭位置,此时明显感觉该缸回油管泄油偏多。若某缸节奏轻滑,可能喷油器柱塞卡在常开位置,喷油器喷嘴将会给汽缸内连续喷射高压燃油，造成发动机工作不稳，排气管伴有大量白烟，而且发动机缸内发出类似的敲缸声，即有可能是喷油器故障。

电控高压共轨燃油喷射柴油机与传统的机械喷射柴油机相比，由于引入了电控系统，使得电控柴油机零部件增多，故障点增加，所以在诊断故障时需要掌握系统的检修步骤和方法。原则上，在对电控柴油机进行故障诊断时，首先需要系统全面地掌握电子控制系统的结构、原理和线路连接方法，明确电控系统中各部分可能产生的故障以及对整个系统的影响；运用科学的故障诊断方法对系统故障现象进行综合分析、判断，确定故障的性质和可能产生此类故障的原因和范围；制订合理的诊断程序，进行深入的诊断和检查，使柴油机恢复应有的性能和技术指标。

复习思考题

1. 如何进行喷油压力和雾化质量的检验与调整？
2. 如何在喷油泵试验台上调整第一缸供油开始时刻？
3. 如何在喷油泵试验台上调整各分泵的供油量和供油间隔角？
4. 如何在柴油机上检查调整喷油泵的供油定时？
5. 如何检查出油阀偶件的密封性能？
6. 如何检查柱塞偶件的密封性能？
7. 如何检测电控汽油发动机燃油系统的油压？
8. 如何检查电控汽油发动机喷油器的工作状况？
9. 对高压共轨系统的电控柴油机，轨压不能建立的原因有哪些？如何检查？

第七章　点火系的检修

- 学习目标

知识目标

1. 能正确描述点火系各零件的常见缺陷和修复方法；
2. 能准确描述点火正时的调整原理。

能力目标

1. 能按照正确的步骤拆装分电器等部件；
2. 能熟练进行火花塞电极间隙、断电器触点间隙的检查调整；
3. 能正确进行点火正时的检查调整；
4. 能正确进行点火电路的故障检测。

第一节　火花塞的检修

一、火花塞的主要缺陷

火花塞长期工作后出现的主要缺陷有积炭、绝缘体出现裂纹及电极间隙过大等。

火花塞积炭主要是由于汽缸内润滑油过多或混合气过浓所致。绝缘体表面积炭严重将导致漏电，使点火线圈产生的高压降低，电火花减弱，引起发动机熄火、间歇断火或不能启动。

火花塞电极间隙一般为0.6～0.7mm，如果火花塞长期过热，电极被烧蚀，则电极间隙增大，需要跳火的电压增大，高速时容易发生断火现象。

二、火花塞的检修

1. 火花塞的清洁

(1)拆下火花塞前，应用压缩空气或毛刷将火花塞座孔周围的灰尘、脏物除净，以防落入汽缸中。

(2)用火花塞套筒拆下各缸火花塞，并堵住火花塞座孔。

(3)在专用的火花塞清洁仪上清除火花塞上的积炭。

如无专用设备，也可采用将火花塞在煤油中浸泡，使积炭软化后用铜丝刷刷洗，然后用压缩空气吹干的方法来清除积炭。

2. 火花塞电极间隙的调整

火花塞电极间隙的检查调整，应用专门的标准塞规进行，间隙不合规定时，可弯曲侧电极来进行调整，如图7-1所示。如果电极有明显烧蚀或其他缺陷，火花塞应予更换。

3. 火花塞的密封性试验

将被试火花塞旋入清洁仪火花塞座孔中，启动空气压缩机，当气压达到 780 ~ 980kPa 时，旋松针阀使压缩空气进入气室，关闭针阀持续 1 ~ 2min，观察气压表的动向。若气压表指针不动，表明火花塞密封良好，若气压表读数自动下降（清洁仪本身密封性必须良好），表明火花塞漏气，应更换。

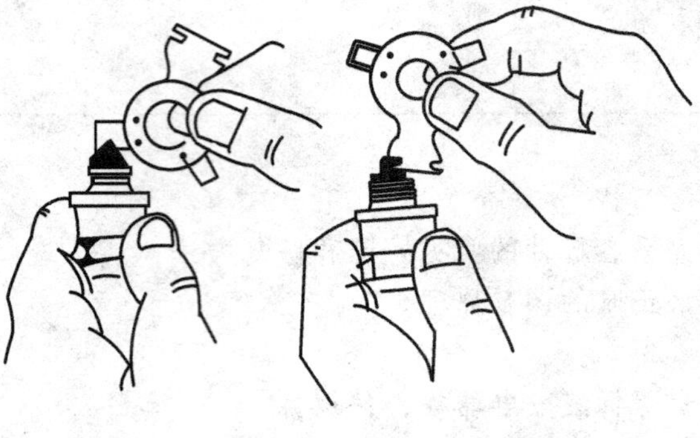

图 7-1　火花塞电极间隙的测量与调整

4. 火花塞发火性能的试验

将被试火花塞旋入清洁仪火花塞座孔中，启动空气压缩机，旋松针阀，待气压表指示压力达 900kPa 时，按下开关，从反射镜中观察跳火情况，若火花塞电极间连续产生强烈的蓝色火花，表明火花塞性能良好；若不跳火，可将气压降到 800kPa；若还不跳火，表明火花塞性能不佳，不宜使用。

若无专用仪器，火花塞发火性能的试验也可以在发动机上进行。方法是：使发动机以怠速运转，用带有绝缘柄的螺丝刀搭于火花塞接线柱并触及汽缸体，使该火花塞高压电流短路，同时听发动机声音，如果发动机运转状态有变化，说明该火花塞工作正常，如果发动机运转状态无变化，则说明该火花塞不跳火。

第二节　点火线圈的检修

一、点火线圈的常见缺陷

点火线圈的常见缺陷是初级和次级绕组短路、断路和搭铁，附加电阻短路、搭铁或烧断。另外，点火线圈有时会发生过热现象，原因主要有：发动机停歇时点火开关接通或触点闭合；发电机调节电压过高、初级电流过大；断电器触点间隙过小或发动机长期低速运转等。

二、点火线圈的检验

1. 测量电阻

(1) 检查一次侧绕组。将万用表置于电阻 R × 1Ω 挡，然后将两触针分别与一次侧绕组的两接柱相接，若电阻大，则表明线头与接柱连接不良；若电阻小，则表明绕组匝间短路；若表针不动，则表明绕组内部有短路。再将万用表的一触点接到外壳上检查，表针应不摆动，否则说明一次侧绕组与外壳搭铁。

(2) 检查二次侧绕组。将万用表置于电阻 R × 100Ω 挡，然后将万用表的一触针与一次侧绕组接柱相接，另一触针与高压线中心插孔相连，若表针不摆动，则表明二次侧绕组断路；若电阻过小，则表明二次侧绕组有匝间短路。

2. 交流试灯检查

用220V交流试灯检查一次侧绕组的绝缘情况，检查时，将试灯的一触针接一次侧绕组接柱，另一触针接点火线圈外壳，若试灯不亮，则表示绝缘良好；若试灯亮，则表示绕组绝缘损坏，有搭铁故障。

对二次绕组短路和断路的检验如下：将试灯的一触针接高压插孔，另一触针接低压接柱。如试灯亮，则表明有短路故障；如试灯不亮，则表明没有短路故障。此时，可在触针移开低压接柱的同时观察是否有火花产生。如有，则表明点火线圈二次侧绕组良好；如没有，则表明二次侧绕组有断路故障。

点火线圈内部绕组如有短路、断路或搭铁故障时，应予更换。

第三节　分电器的检修

1. 断电器活动触点臂弹簧片弹力的检查

如图7-2所示，在断电器触点闭合状态下，用弹簧秤钩住活动触点臂，拉动秤环，当触点刚一张开的瞬间，观看弹簧秤的读数，弹力应在4～5N为宜，若弹力小于4N，应予更换。

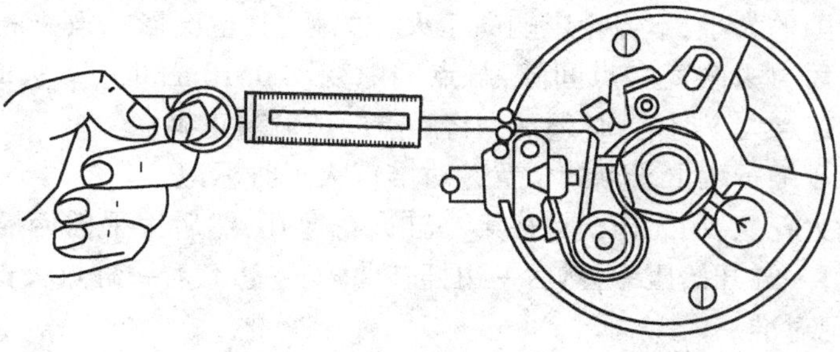

图7-2　检查触点臂弹簧弹力

2. 触点的检修

触点表面起白点或很脏，可用沾有汽油的布擦净；触点有轻微烧蚀时，可用细纱布轻轻打磨；如触点烧蚀严重，表面凸凹不平，则应拆下触点，在细砂石上加少许机油磨平。注意触点单片厚度不得少于0.5mm，否则应予更换。两触点的中心线必须重合，不可歪斜或偏移，否则会使接触面积变小，容易烧蚀。触点上下偏移时，可在活动触点臂下面加垫圈进行调整；若左右偏移或歪斜，可用钳子扳动固定触点架加以调整。

3. 触点间隙的检查调整

转动分电器轴，使触点分开到最大开度，用厚薄规测量触点间隙，此间隙一般在0.35～0.45mm。如不符合规定，可通过固定触点底板的固定螺钉进行调整，如图7-3所示。

4. 配电器的检修

配电器转子和盖是用胶木制成的，长期使用后容易产生裂纹而发生漏电，以致不能着火。当配电器盖产生裂纹或绝缘击穿时，高压电流不按点火次序而自行漏至火花塞，因而发生错火或缺火现象，致使发动机运转不均匀，有时出现“放

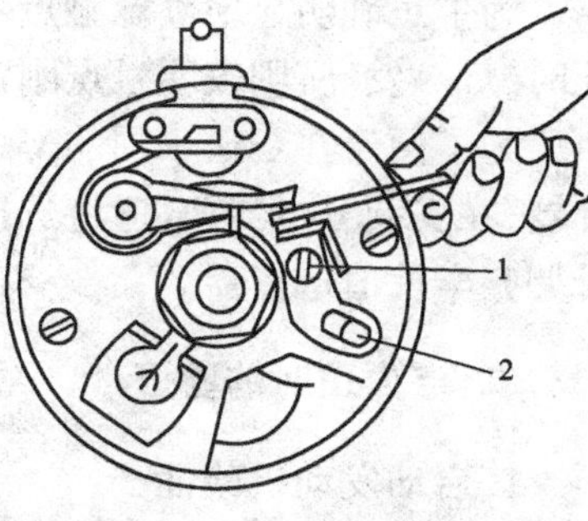

图7-3　触点间隙的检查调整

1-固定螺钉；2-偏心调整螺钉

炮”现象。

配电器转子的检验可以利用火花塞试验器进行。试验时，引出两根导线，将转子导电片平放在金属板上，板和一根导线连接，另一根导线抵触转子绝缘体的内孔，若有火花，便是有漏电处。配电器盖也可用类似的方法检查，有裂纹时应予更换。配电器盖因脏污受潮而漏电时，应进行清洗并烘烤。

5. 电容器的检查

电容器的故障主要是绝缘损坏导致漏电，绝缘击穿导致短路以及引出线在内部短路。

检查方法：可用万用表 R×1k 挡测量。分别将红、黑表笔接电容器引出线及外壳，注意观察指针的摆动情况，如指针有电阻读数并维持不动，则说明漏电；如指针指示为零，则说明短路；如指针摆动一角度后又回到无穷大，此时可将表笔对调一下再试一次，如仍然如此，则表明电容器完好。

第四节　点火正时的检查调整

一、点火正时的调整

1. 检查断电器触点间隙并调整到规定值

断电器触点间隙的大小，不但会影响高压火花的强弱，也会影响点火时刻。实践证明，如在校正好点火正时后再去改变触点间隙，触点间隙变动 0. 10mm 时，点火时刻将推迟或提前 4°~5°，因此，在检查点火正时前，必须首先将触点间隙调整正确。

2. 找出第一缸压缩行程上止点的位置并对准点火正时标记

卸下第一缸的火花塞，用大拇指堵住第一缸火花塞孔，然后用手摇柄摇转曲轴，当拇指感到有压力时，表明第一缸开始压缩，然后一边摇转曲轴，一边察看一缸点火正时的标记，慢慢摇转曲轴，使正时标记对准。

3. 确定断电器触点断开的时刻

拧松固定分电器外壳压板上的固定螺栓，拔出分电器盖上的中央高压线对着缸体，距离 2~3mm，接通点火开关，先将分电器外壳顺时针（分电器轴工作顺时针转动的发动机）转动一个角度，以使触点完全处于闭合状态。然后慢慢地逆时针转动分电器外壳，当高压线刚跳火时，则表明触点刚张开，这时将分电器固定压板的固定螺栓拧紧，此时分火头所指方向就是分电器盖插孔的第一缸位置，然后即可按点火顺序连接各缸的高压线。

为了正确明显地确定触点张开的时刻，也可在触点间并联一试灯，当逆时针转动分电器外壳时，灯一发亮，则表明触点刚张开。

为了便于在更换不同的辛烷值汽油时校正点火正时，有些发动机的分电器装有辛烷值选择器，在安装分电器前，应将选择器调整到零位。在更换不同型号的汽油时，应按所用汽油型号调整辛烷值选择器。

二、点火正时的验证

1. 启动发动机验证

启动发动机，并等到冷却水温度正常，发动机由怠速突然加速，如果此时发动机转速迅速增加，有轻微爆燃并很快消失，表明该发动机点火正时正确；若发动机转速不能随节气门的加大而迅速增加，而感到“发闷”或排气管发出“突突”声，则表明点火过迟，应适当提前；若能明显听到发动机发出金属敲击声（敲缸），则表明点火过早，应适当推迟。

2. 路试验证

车辆满载，发动机冷却水温正常，在平坦的路面上用直接挡以稳定的初速度行驶，这时急速将加速踏板踩到底，如果发动机出现轻微爆燃声，并随车速升高爆燃声消失，表明点火正时是正确的；如果产生强烈的爆燃声，则表明点火过早；如果在加速过程中始终听不到爆燃声，而且转速提高缓慢，则表明点火过迟。

复习思考题

1. 火花塞积炭过多对发动机工作会有什么影响？
2. 断电器触点间隙过大或过小对发动机工作有何影响，如何调整？
3. 为什么在检查点火正时前，首先要检查调整断电器的触点间隙？
4. 如何保证各缸火花塞与分电器盖上连接的高压线连接正确？
5. 如何在启动和行走中进行发动机点火正时的验证？

第八章　润滑、冷却系的检修

- 学习目标

知识目标

1. 准确描述润滑系各部件的常见缺陷和修复方法；
2. 准确描述冷却系各部件的常见缺陷和修复方法。

能力目标

1. 能按照正确的步骤拆装清洗机油泵、机油滤清器；
2. 能按照正确的步骤拆装清洗水泵、散热器；
3. 能正确进行机油泵、水泵的试验调整；
4. 能按照常规方法进行水泵、散热器等部件的检修。

第一节　润滑系的检修

一、机油泵的检修

发动机上常用的机油泵有外啮合齿轮泵和内啮合转子泵两种，均属于容积式机油泵。机油泵的主要故障是零件磨损以后造成密封性降低而导致供油压力不足。下面以齿轮泵为例叙述其分解方法和检修内容。

1. 机油泵的分解

(1)从发动机体上拆下机油泵总成，如果机油泵在曲轴箱内，应先拆下油底壳后再拆机油泵。

(2)旋下机油泵盖的固定螺栓，取下泵盖和衬垫，取出被动齿轮。

(3)拆下泵盖上的限压阀螺塞，取出弹簧和钢球(或柱塞)。

(4)取掉泵盖上固定集滤器位置的开口销，或卸去集滤器与泵体的连接螺栓，取下集滤器。

(5)用锉刀锉掉传动齿轮横销的铆钉头，取出铆钉，拉出传动齿轮，抽出主动齿轮及泵轴。

2. 机油泵的检修

(1)端面间隙检查。机油泵齿轮端面与泵盖内平面之间的间隙 $S = S_1 + S_2$，其中 S_1 为齿轮端面到泵分解面之间的距离，S_2 为泵盖在轴向的磨损量，S_1 和 S_2 的测量可用直尺和厚薄规配合进行，如图 8-1 所示。此间隙应不大于 0. 10mm，间隙不当可通过增减垫片或磨削泵壳端面进行调整。

(2)齿轮啮合间隙检查。用厚薄规在互成 120°的三点测量，啮合间隙为 0. 05 ~ 0. 25mm，齿隙差不应大于 0. 10mm，见图 8-2。

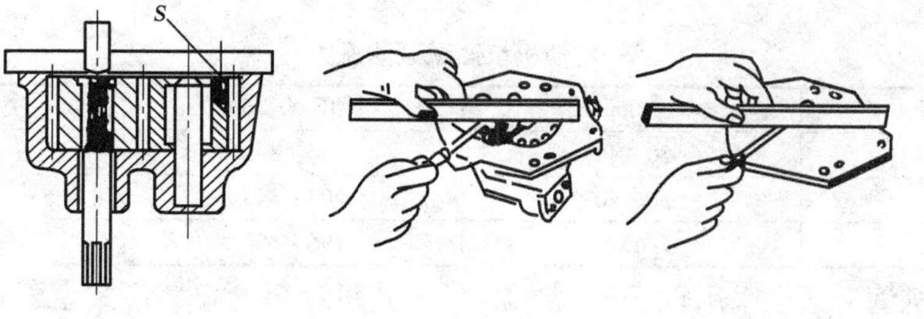

图 8-1 齿轮泵端面间隙及检查

(3)用厚薄规检查齿顶与泵壳的径向间隙。该间隙为0.05～0.15mm，检查方法见图 8-2，间隙过大时应更换齿轮。

(4)用百分表检查主动轴与轴承的配合间隙。该间隙一般为 0.03～0.08mm，最大不得超过 0.12mm，否则可进行铰孔后换用加大直径的轴，也可采用镶套法予以修复。

3. 机油泵的装复

机油泵的全部零件经过检修后应清洗干净，将各零件按分解时的相反顺序装配总成。装复时，边装边检查各机件的配合情况，如齿轮的啮合间隙、从动轴与壳体的配合、主动轴与齿轮承孔的配合等。应重点检查和调整主、从动齿轮端面与泵盖间的间隙，该间隙过大，将会导致供油压力下降。另外，装配时要注意主动轴轴向间隙应略小于齿轮端面与泵盖的间隙，以免造成碰伤。

图 8-2 齿轮泵啮合间隙、齿顶与泵壳径向间隙检查

4. 机油泵的试验

机油泵装合后，应进行总成试验，试验条件应尽量接近发动机的正常工作条件，这样可以比较客观地反映出机油泵的技术状态。

(1)机油泵转速。转速对机油泵泵油量的影响较大，当压力不变时，转速与泵油量的变化近似于呈直线关系，对于不同车型的机油泵应按其所要求的转速进行试验。

(2)试验压力。机油在发动机内流动时有一定阻力，试验时可人为增加机油泵出口处的阻力(可采用阻力管)，使其与在发动机内流动时的阻力相近。有些车型若有特定要求，则应根据不同的要求调整试验压力。

(3)机油黏度。发动机工作时机油的工作温度约为 353～363K，油温上升时，机油黏度下降，为使室温下试验时机油的黏度与正常工作时相似，可在试验机油中加入一定比例的煤油。

(4)试验温度。一般要求试验时室内温度为 20℃，但温度偏差几度时，对试验结果影响不大。在一些缺少试验设备的修理厂中，也可用经验方法检验机油泵。试验时，将机油泵灌满机油，用拇指堵住出油口，按工作方向转动机油泵轴，如感觉到有一定的出油压力，即认为合格。

机油泵安装到发动机上后，发动机温度正常时，机油压力应符合说明书的规定，如不符，应调整机油限压阀。当油压过低时，可在限压阀螺塞孔内加调整垫片，以增加弹簧张力，使油压升高；当油压过高时，应在连接处加垫圈，或减少螺塞孔内的调整垫片，以减弱弹簧张力，使油压降低。若因球阀关闭不严而影响机油压力时，则应换用新阀。常见发动机的机油压力应符合表 8-1 的规定。

发动机机油泵泵油压力　　表 8-1

车　　型	车速(km/h)	机油压力(kPa)	怠速压力(kPa)
CA1091	30～40	196～390	不低于 98
EQ1090E	30～40	294～343	不低于 98
BJ2020	45	196～390	不低于 49

有些发动机润滑系统采用转子式机油泵,转子式机油泵的损坏形式主要是机油泵磨损过大及机油泵限压阀失效。为判定转子式机油泵磨损是否过大,可做如下检测:

(1)检测内转子齿顶与外转子齿廓面间的间隙,方法如图 8-3a)所示。

(2)检测外转子与泵体间的间隙,方法如图 8-3b)所示。

(3)检测转子断面与泵盖间转子轴向间隙,方法如图 8-3c)所示。

(4)检查机油泵轴与轴孔间的间隙。

以上各间隙超过标准所示的数值,即表明机油泵磨损过大,应更换内外转子或泵体,更换后还达不到规定的数值时,则应更换机油泵总成。

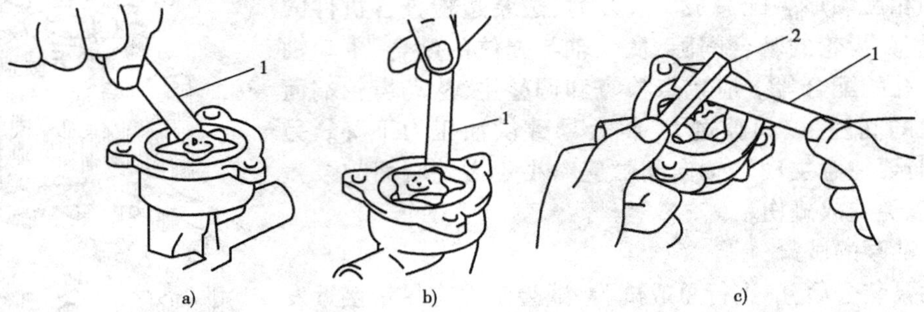

图 8-3　检测转子式机油泵

a)内、外转子间隙;b)外转子与泵体间的间隙;c)转子轴向间隙

1-塞尺;2-钢板尺

二、机油滤清器的检修

1. 粗滤器的检修

车用发动机上经常使用的是金属片式滤芯和纸质滤芯的机油粗滤器,其中,金属片式滤芯属永久性滤芯,可以反复使用;而纸质滤芯是用微孔滤纸制成的,是一次性滤芯。下面主要介绍金属片式滤芯的检修。

发动机大修时,对金属片式粗滤器应进行全面检修,内容主要有:

(1)检查滤清器的壳盖有无破损和裂缝,当裂缝较小时,可以进行焊修。

(2)检查和清洗壳体中的油道和旁通阀,如旁通阀钢球与球座密封性不好,应研磨修理或更换。

(3)检查滤片、中间片、刮片是否平整完好,有缺陷的应予更换。

滤清器装合时,各零件应按原位装复,装合后,手柄应能灵活转动且没有轴向间隙。如不合适,可用增减滤片和刮片数量的方法调整。

滤清器装合后,应在试验台上进行密封性试验,当机油泵油压在 300～350kPa 时,试验油经过滤清器后的压差应在 10～20kPa 范围内,同时调整旁通阀,使其在 70～80kPa 时打开。

2. 精滤器的检修

对于纸质滤芯的精滤器，检修时只需对其外壳和中心管进行清洗，然后换新滤芯即可。

对于离心式机油精滤器，发动机大修时要进行如下检修：

(1)清洗转子内腔的脏物，检查转子体和转子盖是否有裂纹、破损。

(2)检查转子轴与轴套的间隙是否符合规定。

(3)检查转子转动时有无阻力，转子清洗后装在转子轴上，用手推动旋转时应转动灵活无跳动。

(4)检查转子内部油路是否堵塞。转子内部油路堵塞的主要部位是滤网和喷嘴，对于堵塞的喷嘴孔，应用软金属丝疏通。

(5)检查喷嘴孔磨损是否超过限度，当喷嘴孔磨损过大时，会导致转子转速下降。对磨损过大的喷嘴，应予更换。

离心式精滤器在装配、试验时要注意如下几点：

(1)装转子罩壳时，注意转子罩壳与转子体上的箭头要对准，否则将会破坏转子总成的平衡，使转速下降，滤清效果降低。

(2)在装复转子上方止推垫圈时，应注意垫圈光滑面朝下。

(3)在转子总成上方固定螺母拧紧后，转子应能轴向移动，其轴向间隙为0.4～0.8mm。

(4)精滤器限压阀装好后，应检查其进油开启压力，当机油压力达到147～196kPa时，限压阀应开启，机油进入精滤器。若开启压力不符合要求，可通过增减限压弹簧后面的调整垫片来调整。

离心式精滤器装在发动机上正常工作时，在发动机熄火后的2～3min内，在发动机旁应能听到转子由于惯性旋转而发出的轻微“嗡嗡”声，若无此声音，说明转子不工作，应拆下检查并排除故障。

三、机油散热器的检修

机油散热器的功用是对机油进行冷却，一般装在冷却系统散热器的前面，与主油道联通。机油在管中流动，借助风扇向空气中散热。机油散热器常见的故障是管道阻塞，管道破裂，散热片重叠变形，限压阀调整不当等。拆下机油散热器后，可用煤油灌入散热管道进行清洗，并用压缩空气吹通。散热管如有损坏，应进行换修，散热片如重叠变形，应予以拨正，并用压缩空气吹净片间积垢，连接散热器的管道应畅通无阻。

第二节　冷却系的检修

一、水泵的检修

水泵的常见损伤，主要有水泵壳体的渗漏、破裂，水泵轴的弯曲、磨损，叶轮叶片的破损、腐蚀以及垫圈的磨损、老化等。

1. 就车检查水泵的技术状况

检修水泵之前，应首先就车检查水泵的技术状况。启动发动机，查看水泵溢水孔是否有渗漏，若有渗漏，则表明水封已损坏。查听有无异常声响。停机后，用手扳动风扇叶片，察看带轮与水泵轴配合是否松旷，稍有间隙感觉为正常，若明显松旷，表明带轮与泵轴或带轮与锥形套配合松旷。如果就车检查水泵无漏水、发卡、异响及带轮摇摆现象，可不用分解水泵，只要加注润滑油即可，如有上述异常现象，则应分解检查，并予以修理。

2. 水泵主要零件的修理

(1)水泵壳体的修理。铸铁水泵壳体如有裂纹，可在裂纹两端各钻直径为2.5mm的止裂孔，沿裂纹开"V"形坡口，经预热后，用铸铁焊条焊修。水泵壳体接合平面翘曲变形量超过0.05mm时，可采用车、锉削的方法予以修复，但总的加工量应不大于0.5mm。为保证叶轮与端盖的原有间隙，在装合时，应视加工的厚度，加厚水泵盖的衬垫。

(2)水泵水封的检修。水泵水封的陶瓷动环或水泵水封的密封圈应平整光滑，水封弹簧应无严重的锈蚀或弹力减退现象，水封胶木垫圈磨损超过规定的，应换用新件。

(3)水泵叶轮的修理。水泵叶轮如有破损，可采用堆焊修复。叶轮与轴的配合孔磨损后，可采用镗孔镶套法修复，注意衬套材料应与叶轮材料相同。

(4)水泵轴的修理。水泵轴前后轴颈磨损过度时，可采用镀铬、镀铁法修复。水泵轴弯曲时，可采用冷压校正。轴端螺纹损伤若超过两牙，可采用堆焊后重新加工螺纹的方法修复。泵轴轴向间隙应不超过0.03mm，径向间隙应不超过0.15mm，否则应更换。

(5)水泵装合后的性能试验。水泵经修理装合后，应进行工作性能试验。首先用手转动皮带轮，水泵轴应无阻滞现象，叶轮与泵壳、泵盖之间应无碰擦。然后装于水泵试验台上进行流量和压力试验。试验过程中，应观察水泵运转时有无异响，有无漏水，皮带轮是否偏摆等。

3. 水泵的润滑

水泵轴承应定期加注润滑脂，否则会加速水泵轴承磨损。水泵壳上有一个小孔，加注润滑脂时，加至从小孔能挤出少许润滑脂即可。加注完毕，应将挤出的润滑脂擦净，防止甩在风扇皮带上造成打滑。

二、散热器的检修

散热器的常见缺陷有：内部积垢、渗漏、散热片损伤以及水管堵塞等。发动机大修时，应对散热器进行检查和修理。

1. 散热器的清洗

散热器经长期使用后，在管道内壁上会沉积有一层较厚的水垢，积垢越严重，散热器的水容量越少，散热器的散热条件也越差。

清除水垢时，应先将散热器的外部洗净，然后采用化学清洗法清除内部水垢，方法如下：

先将含有3%～5%的碳酸钠水溶液在洗涤池中加热，使温度保持在353～363K之间，将散热器置于其中浸泡5～8h后取出，用清水冲洗干净。

对于水垢特别严重的散热器，可用3%～5%的盐酸溶液，并按每升溶液加入3～5g六亚甲基四胺，然后加热到333～343K，清洗30min后，再用热碱水清洗，最后用热清水冲洗干净。

2. 散热器渗漏的检查

散热器的渗漏情况可用气压法检查，渗漏检查应在散热器外表洗净、水垢清除后进行。

检查时，应将散热器的进出水管口用膨胀式橡皮塞堵住，将散热器盖拧紧，把连接空压机的软管接在放水开关上，并在管路中用三通管连接一只气压表，然后将散热器置于清水池内。打开散热器放水开关，向散热器内充入压缩空气，当散热器盖泄气管放出压缩空气时，压力表的读数应为24.5～29.4kPa。再关闭放水开关，将压缩空气从泄气管处充入，加压至49～98kPa，保压1min，检查散热器有无渗漏，如压力表指针迅速下降，则表明散热器有渗漏，应将渗漏部位做好记号，以便修复。

3. 散热器的修理

散热器的渗漏大多出现在散热管与上下水室间的接触部位，如渗漏不太严重，仅有少数小孔或斑点时，可用镀锡法修理。

若上下水室有较大的孔洞和裂缝时，可用补板法修理，方法是：在裂缝两端各钻一个止裂孔，将补板盖在裂缝上（补板长度应大于裂缝 10～20mm），其间涂以氯化锌—铵混合溶剂，用氧—乙炔焊加热，将接口用锡焊焊牢。

散热器冷却管的修复可根据冷却水管的损坏情况确定。当散热器外层冷却管有少数损坏且长度不大时，可用接管法进行修复。修复时，应先将损坏的冷却管断口修整平齐，再取一段旧管，其长度为镶接部分长度加 10mm，并将其断口处略扩大，使其套装在原冷却水管的两断口处。将通条插入冷却水管，将端口整理平整，然后用空气—乙炔焰加热，用锡焊焊牢。

当冷却水管损坏的长度大，可以采用换管法修复，这时需将损坏的冷却水管抽出，然后装入新冷却管并焊合。

三、节温器的检修

节温器的主要故障是阀门开启时的温度过高甚至不能开启，所以检修中要对节温器进行检验。

检验时，将节温器拆下放在装有热水的烧杯中，然后逐渐提高水温，用温度计测量水温，分别记下节温器开始开启和完全开启时的温度。性能良好的节温器阀门在 341～345K 时开始开启，在 353～358K 时完全开启。若开始开启和完全开启的温度高于上述数值，水套水温就会过高。

若节温器失灵，一般应予更换新件。

四、风扇的检修

1. 风扇叶片的检修

风扇叶片由钢板冲压而成，如果检查出风扇叶片有裂纹或折断，应及时更换。连接风扇叶片的铆钉如有松动，应予重铆。风扇叶片与旋转平面有 30°～45°的倾斜角度，每片倾斜度应相等，可用样板检查是否符合规定，否则会影响风量，而且产生振动和噪声。叶片角度变形，可在压模内扳正。

2. 风扇皮带张力的检查和调整

风扇传动皮带的张力要适当。如张力过小，皮带容易打滑，使发动机过热，蓄电池充电电流过小；张力过大，会加速发电机和水泵轴承磨损，同时导致皮带的早期损坏。

风扇皮带张力的检查调整：在两带轮之间，用拇指以约 39N 的力按下单根皮带，带的挠度应为 10～15mm，如不符合要求，可用移动发电机与调节臂相对位置的方法来调整。两根皮带的松紧度要保持一致，换用新带时应同时更换两根同一厂家的产品，以免伸长量不一致。

复习思考题

1. 如何检查机油泵的端面间隙？
2. 离心式精滤器的装配要点有哪些？
3. 如何就车检查水泵的技术状况？
4. 如何进行散热器渗漏的检查？
5. 如何调整风扇皮带的张力？

第九章　发动机的总装、磨合与试验

- **学习目标**

知识目标

1. 能准确描述发动机总装的正确步骤、操作要领和注意事项；
2. 能准确描述发动机磨合和试验的正确步骤、操作要领和注意事项。

能力目标

1. 能按照正确的步骤拆装清洗机油泵、机油滤清器；
2. 能按照正确的步骤拆装清洗水泵、散热器；
3. 能正确进行机油泵、水泵的试验调整；
4. 能按照常规方法进行水泵、散热器等部件的检修。

第一节　发动机的总装

发动机的总装，就是把符合修理技术要求的零件和已经装配好的组合件，按照一定的工艺顺序和原则装配到发动机机体上，使之成为一台完整的发动机。它是发动机修理的最后一道工序。装配质量的好坏，对整个发动机的修理质量影响很大，总装中的一个细小的疏忽，都可能造成严重的机械事故，因此，对总装的工艺和过程要予以足够的重视。

一、发动机总装的注意事项

(1)总装之前，必须对各零件和部件进行检查和测量，以确保质量合格。

(2)不可互换的基础件、组合件(如汽缸体和飞轮壳、活塞连杆组与其对应的汽缸、主轴承盖和连杆轴承盖等)，一定要按拆卸和修理中所做的记号装回到原来位置，不得错乱。尤其是有相互位置要求的零部件(如经过平衡试验的曲轴、飞轮，与点火正时、喷油正时有关的零部件)，必须按规定的方向找准位置，不能弄错。

(3)重要的螺栓、螺母(如汽缸盖、主轴承和连杆轴承盖等)，必须按规定的力矩分次上紧。上紧汽缸盖螺栓、螺母时，必须从中间开始，按顺序交叉分次进行，以防缸盖变形。

(4)各重要零件或组合件之间的间隙(如活塞与汽缸、轴颈与轴承、气门间隙等)，都必须符合修理技术标准。各缸的配气相位、喷油正时、点火正时等都必须符合原说明书的规定。

(5)各螺纹连接件所需的开口销、保险垫片等必须配备齐全，不得漏装。

(6)各有相对运动的摩擦表面(如轴承与轴颈、活塞与缸套等)，在装配中要涂以机油，防止在冷磨合初期发生干摩擦，从而加速零件磨损。

(7)在装配过程中，应尽量采用专用工具，尤其对于过盈配合的零件，为防止损坏，一定要使用压力机或专用工具操作。

(8)装配前,必须认真清洗零件、工具和工作台等,对汽缸体、汽缸盖、曲轴上的润滑油道要彻底清洗,并用压缩空气吹净。

二、发动机总装的工艺过程

为了保证装配质量、提高工作效率和减少劳动强度,对发动机的总装必须制订出合理的工艺过程。而工艺过程的制订必须根据发动机本身的结构特点、工具设备、技术条件和劳动组合方式等来统筹安排。

发动机的装配包括各组件的装配和总成装配两部分,由于各种型号发动机结构上各有特点,其装配的操作步骤和方法也稍有差异,但其装配原则基本相同,即以汽缸体为基础,由内向外逐渐装配。

1. 装配曲轴

(1)将清洗干净的汽缸体倒置在工作台上,各挡主轴承盖按原装顺序放置,配齐紧固螺栓,用压缩空气清洁曲轴内油道。

(2)装复止推垫圈和定时齿轮隔圈,将曲轴定时齿轮用专用工具压入,注意定时齿轮上有标记的一面应朝前。

(3)将轴承装入轴承座及轴承盖,在轴承合金面上涂以机油,将轴承抬放到缸体轴承中。

(4)按顺序装上轴承盖,并使轴承盖上的凸台向前。有调整垫片的,应将垫片装在原位。

(5)按表9-1规定的拧紧力矩上紧主轴承盖的固定螺栓,拧紧顺序应从中间向两端分两次交叉均匀地上紧。每上紧一道主轴承盖,都要试转动曲轴一次,如阻力明显增加或转不动时,则应查明原因,并予以排除。

(6)主轴承盖上紧后,应检查曲轴的轴向间隙,检查方法是把曲轴推向一端,用塞尺检查第一道主轴承的止推垫圈和曲轴轴颈之间的间隙,若间隙达不到规定要求,应检查主轴承盖是否装偏。

(7)安装曲轴油封,注意松紧度要合适,与曲轴要同心。

部分发动机重要螺栓螺母的拧紧力矩(N·m) 表9-1

名　称	EQ6100—1	CA6102	CA10B　CA15
汽缸盖螺栓	167~196	98~118	98~117
连杆螺栓螺母	98~118	98~118	98~88
主轴承盖螺栓	167~186		
后主轴承和中间主轴承		98~118	78~98
其他主轴承		137~157	108~127
飞轮紧固螺栓	118~137	98~118	

2. 装配飞轮及飞轮壳

(1)检查汽缸体安装面及定位环是否完好无损,再将飞轮壳对准定位环装入,先拧紧定位环螺栓,再按十字交叉次序分两次拧紧全部螺栓。

(2)先检查定位销是否完好,以该销定位装入飞轮,分两次按交叉次序上紧紧固螺栓。最后将锁片翻边锁紧。

3. 安装凸轮轴和定时齿轮

(1)把定时齿轮安装在凸轮轴上,使带记号的一侧朝前,上紧固定螺母,用锁片锁紧。

(2)检查凸轮轴轴向间隙,其值应为0.08～0.208mm。如不符合要求,可通过更换不同厚度的隔圈来调整。

(3)将凸轮轴插入汽缸体承孔的凸轮轴轴承中,注意定时齿轮上的记号要对正。

4. 安装机油泵和定时齿轮室盖

(1)把机油泵总成注满机油后装在汽缸体的相应位置上,拧紧固定螺钉。装上机油管,固定支架。最后检查机油泵齿轮和曲轴定时齿轮的啮合间隙,其值为0.10～0.20mm。

(2)在曲轴前端套上挡油盘,在定时齿轮室盖上压入曲轴前油封,上紧固定螺钉。

5. 安装机油盘

在汽缸体与正时齿轮室盖和垫板接口处、汽缸体与第七道主轴承盖接合部位分别涂以密封胶,以防漏油;在汽缸体下平面放正密封垫,装上机油盘,按左右交叉的方式从中央向两边分两次拧紧固定螺钉。

6. 安装挺杆导向体和挺杆

将挺杆涂上机油并按号放入导向体孔中,再将挺杆导向体总成按记号装入汽缸体的相应位置上,均匀地拧紧固定螺栓,注意检查全部挺杆是否能上下自由移动,转动是否灵活。

7. 安装水套盖板

检查盖板结合平面应平整无损,如有变形或损伤,应校正或换新;装固定螺钉之前,应在螺纹上涂密封胶;密封垫片应更换新件;坚固螺钉应从中间向两端依次拧紧。

8. 安装活塞连杆组

(1)检查活塞是否偏缸。发动机主要零件修理质量不高,特别是相对位置偏差较大时,往往会在活塞连杆组的装配中反映出来,会使活塞在汽缸中发生歪斜,通常称为偏缸。活塞偏缸会加速汽缸磨损,使汽缸的密封性与活塞环的润滑条件恶化。因此,活塞连杆组装配中应对活塞的偏缸进行检查校正。

检查偏缸时,将汽缸体侧放,把未装活塞环的活塞连杆组装入相应汽缸,按规定的拧紧力矩上紧连杆螺栓,转动曲轴数圈,使各工作部位处于工作状态。首先检查连杆小头在活塞销座间是否居中,要求连杆小头每边与销座两端面之间的距离不小于1mm,再转动曲轴,使活塞在活塞行程内运动,当活塞分别处于上止点、汽缸中部和下止点时,用塞尺在活塞顶前后两个方向测量,其间隙应相等,若间隙差大于0.10mm,则说明活塞偏缸。

活塞偏缸往往是由许多因素综合造成的,主要原因有:连杆弯曲或扭曲,活塞销座孔或连杆衬套孔偏斜,汽缸中心线与曲轴中心线不垂直,曲轴轴向间隙过大等。确定了偏缸原因后,要根据不同情况分别进行检查校正,直到活塞在汽缸中的位置符合要求为止。

(2)检查活塞连杆组的装配质量。检查活塞连杆组的装配质量主要是检查活塞和连杆的缸号是否相同,两者的相对位置是否正确,活塞有无碰伤、拉毛等。另外,还要检查活塞销与连杆衬套及活塞销座孔的配合是否符合技术要求,如有过松或过紧现象,应调换活塞销或予以修刮。检查活塞销锁环的安装是否符合技术要求,检查连杆螺栓和螺母是否有损伤,如有,应予更换。

(3)检查活塞环的装配质量。检查活塞环的装配质量主要是检查活塞环的端隙、侧隙和背隙是否符合技术要求,以消除装配中发生的误差,检查活塞环在环槽中的运动是否灵活,有无卡滞现象。

(4)将活塞连杆组装入汽缸。将汽缸体侧置，在连杆轴承内表面、活塞外表面及汽缸壁均匀地涂上一层机油，把连杆大端插入相应的汽缸内，装上对应的连杆轴承盖，按规定力矩上紧连杆螺母。这时连杆大端应能在连杆轴颈上移动，连杆大端端面与连杆轴颈端面应有0.17～0.33mm的间隙。每装好一道活塞连杆后，应转动曲轴，若转动曲轴时感到阻力明显增大，说明轴承过紧，应查明原因，予以排除后继续安装。

活塞顶面高出或低于汽缸体上平面均不得超过0.40mm，否则应查明原因，并予以消除。

9. 安装汽缸盖总成

清洗汽缸盖及气门组各零件，将已研磨好的气门在杆部涂上少许机油后插入各自的导管中，装好气门弹簧、弹簧座和锁块。将汽缸垫用压缩空气吹净，以定位销定位，将缸盖放到汽缸垫上，按规定次序和力矩上紧汽缸螺钉。

10. 安装摇臂轴和摇臂总成

先把摇臂定位弹簧等零件装配在摇臂轴上，并把摇臂调整螺钉调至最高位置，以免装配中碰弯推杆，然后把推杆插入挺杆孔中，并保证落入挺杆的球面座内。将摇臂和摇臂座装在汽缸盖上，检查摇臂应摆动灵活，摇臂一侧与支座之间应有0.05mm的间隙。

摇臂总成安装结束后，需进行气门间隙的检查调整，方法见第五章。

11. 安装分电器及其传动机构

转动曲轴，使第一缸曲轴处于压缩上止点位置，安装分电器传动轴，用手拧入传动轴定位螺钉，在保持定位螺钉位置不变的情况下，锁住锁紧螺母，装入分电器，转动分电器外壳时，断电器触点刚刚张开，将其固定，此时分火头指向第一缸位置，调整断电器触点间隙为0.35～0.45mm，先将一缸的分缸线插入分火头所指的旁插孔中，再根据点火次序按顺时针方向插入其余的分缸线，最后装上分电器至化油器下体的真空管。

12. 安装其他附件

(1)安装水泵及风扇总成。安装前，检查皮带轮是否转动灵活，若阻力较大，要查明原因后排除故障。对紧固水泵的螺栓螺纹涂以润滑油后，再旋入螺纹孔中以规定的扭紧力矩予以上紧。用改变发电机位置的方法，将风扇皮带的松紧调到正常。

(2)安装机油粗滤器。将粗滤器总成用紧固螺栓及密封垫固定在汽缸体的法兰面上，按规定扭矩上紧紧固螺栓。

(3)安装离心式转子精滤器。将精滤器按规定力矩紧固在汽缸体的法兰面上，注意不要把过渡法兰装反。

(4)安装空气压缩机及传送带。把空气压缩机支架装于发动机右侧，以规定力矩上紧紧固螺栓。将压缩机总成装于支架上，套上传动带，左右移动压缩机位置，调节好传动带的紧度。

(5)安装化油器。将固定化油器的螺柱旋入进气管，装上化油器并拧紧螺母，连接好节气门操纵机构。

(6)安装汽油泵。转动曲轴，使凸轮轴上驱动汽油泵的偏心轮高点转至背离汽油泵，将汽油泵上紧在螺柱上，连接好进出油管。

(7)安装发电机、起动机。用专用长螺栓将发电机安装在支架上，并调整好风扇传动带的张紧力。安装起动机时，应使电枢轴与飞轮齿圈的啮合面保持平行，按规定力矩上紧螺栓。

(8)安装节温器及曲轴箱通风装置。将水管底座固定在汽缸盖上，将经过检验的节温器装入底座，接上出水管，注意出水管应向前。将旁通管与水泵接通。最后安装曲轴箱通风装置及其余附件。

第二节 发动机的磨合

发动机在修理和装配过程中，各配合零件之间，必然存在着或多或少的宏观和微观缺陷。磨合的目的是以最少的磨损量和最短的磨合时间，自然建立起适合于工作条件要求的配合表面，防止破坏性磨损。在磨合过程中，还可以检验发动机修理和装配的质量，消除在修理和装配中没有被发现的某些缺陷，从而提高发动机的动力性、经济性和工作可靠性，延长发动机的使用寿命。

发动机的磨合，通常分为冷磨合和热磨合两个阶段。

一、发动机的冷磨合

发动机的冷磨合，是把发动机装在专用的磨合架上，加足润滑油，利用可变转速的外来动力带动发动机旋转。冷磨合时，侧置式气门的发动机可不装汽缸盖，顶置式气门的发动机则不装火花塞或喷油器。

冷磨合时所用的润滑油，一般宜用黏度较小的车用机油，如机油黏度较大，可加入15%的煤油或轻柴油。因为润滑油黏度较小时，可以缩短磨合时间，同时也有利于散热和冲洗磨合中产生的金属微粒。

发动机冷磨合的起始转速对磨损量和磨合时间影响较大，起始转速主要应当保证主要润滑表面的润滑条件。试验资料表明，车用发动机冷磨合的初始转速以600r/min为宜，在此转速下，可以保证在各摩擦面上形成良好的润滑油膜。然后，在此基础上逐步增加每一级的发动机磨合转速，一般每一级转速以100～200r/min递增。

发动机冷磨合时间一般为2～4h。因为经过一段时间的磨合以后，零件配合表面的接触面积逐渐增大，磨损速度趋于缓慢，继续冷磨合已经不能在短时间内达到磨合的最终目的，这就要求增加负荷和提高转速，在另一级磨合条件下完成以后的磨合过程。发动机的冷磨合规范见表9-2。

发动机冷磨合规范 表9-2

发动机额定转速（r/min）	磨合转速（r/min）	时间（min）	总时间（h）	发动机额定转速（r/min）	磨合转速（r/min）	时间（min）	总时间（h）
≤3 200	500～600	30～45	≥2	>3 200	700	60	≤4
	600～800	30～45			900	60	
	800～1 000	30～45			1 100	60	
	1 000～1 200	30～45			1 300	60	

在整个冷磨合过程中，都要注意观察机油压力表指示的压力是否正常，各机件的工作情况是否良好。如发现有不正常的现象或异常的响声时，应停止磨合，检查原因排除故障后再继续进行。磨合中，如果发动机温度达到363K，应及时用风扇冷却。

冷磨合结束后，应放出全部润滑油，加入清洗油（90%的柴油和10%的车用润滑油），再运转5min左右，然后放出清洗油，清洗或更换机油滤清器的滤芯，拆检、清洗发动机各零件及油道，检查活塞、活塞环与汽缸壁的接触情况以及轴颈与轴承的磨合情况，如果一切正常，则将各机件按规定装复，再进行热磨合。

二、发动机的热磨合

发动机的热磨合可分为两个阶段,即无负荷热磨合和有负荷热磨合阶段。热磨合的目的是全面检验各部件的技术状况,发现和排除修理中存在的缺陷,使发动机各主要机件得到进一步磨合。

1. 无负荷热磨合

冷磨合结束后,装上发动机的全部附件,启动发动机,使其空车运转一段时间,这一过程称为无负荷热磨合。无负荷热磨合的目的,除了进一步对各配合表面进行磨合以外,主要应对发动机的油路、电路进行必要的检查调整。无负荷热磨合时,发动机转速为 600 ~ 1 000r/min,正常出水温度为 348 ~ 368K,机油压力应符合原厂规定,发动机应无漏水、漏油、漏气、漏电现象。磨合过程中,应注意各部位摩擦零件的发热情况,注意有无异响,观察机油压力和冷却水温度的变化情况,如有故障,应停止试验,并进行检修。

在发动机无负荷热磨合过程中,应认真检查和调整如下内容:

(1)检查调整喷油正时(柴油机)和点火正时(汽油机)。

(2)检查调整化油器浮子室油平面高度、主量孔调整针和怠速等。调整怠速应在发动机温度正常时进行,怠速应稳定在 480 ~ 500r/min 范围内。

(3)检查汽缸压缩压力:通过对汽缸压力的检查,可以判断发动机的技术状况,并且根据试验出现的异常情况,确定汽缸和活塞、气门和气门座的密封状态。

无负荷热磨合一般进行 0.5 ~ 1h。

2. 有负荷热磨合

有负荷热磨合即通过加载装置,使发动机对外输出功率,进行负载运转,目的是使发动机在有载状态下进一步磨合,改善摩擦副工作表面的微观平面度,检验发动机在修理后的各项技术性能指标,以及发现在无负荷热磨合中不能发现或不易发现的故障。

有负荷热磨合的初始负荷约为额定负荷的 10% ~ 15%,然后逐渐增加负荷并提高转速,磨合时间应不少于 3h,如配合较紧时,应适当增加磨合时间。应注意的是,在磨合试验中,应尽量减少发动机在较大负荷下的工作时间,特别不能做满负荷试验,以免损坏发动机。

三、磨合后的检查

为了保证发动机的大修质量,热试后应将主要的运动部件拆下来检查,在拆检中应注意观察以下情况。

(1)检查汽缸内表面有无纵向划痕,上止点处活塞环的印迹是否完整。汽缸壁表面应光洁,呈深蓝色,无异常磨痕。

(2)注意活塞裙部的摩擦痕迹是否均匀,是否有划伤、拉毛等现象。正常情况下,磨合后活塞裙部长轴两侧的方向应磨成灰白色,有 30 ~ 40mm 宽的丝缕状磨痕。

(3)检查活塞环的开口位置是否符合技术规定,如果活塞环的开口位置移至一条线上,则说明汽缸有变形。

(4)活塞环外表面的摩擦痕迹应沿圆周方向均匀分布而不间断,扭曲环的磨痕应在环的下边缘呈整周窄的亮条带(宽度约为 0.3 ~ 0.5mm)。

(5)检视活塞顶面、汽缸盖底面的积炭颜色和厚度。如果积炭层较厚且呈潮湿的深黑色,说明有窜油现象;若呈深黑色细灰状烟质积炭,可能是发动机过冷,火花塞不灵所致;若积炭层较薄并为松质浅色时,说明汽缸工作良好。

(6)检查气门头积炭和气门杆的结焦情况。如积炭较多,则说明汽缸可能不工作;如气门杆结焦,则说明气门导管等处漏油。

(7)检查轴瓦和轴颈表面有无擦伤、拉毛等现象。磨合后的主轴承和连杆轴承接触表面一般都呈灰白色或暗红色,磨合正常的轴承表面应光滑平整,无异常磨痕,手工刮削的轴承,接触面应在75%以上。

(8)检查喷油器、火花塞表面有无积炭。发动机拆检后,如无异常,则可将零件清洗干净后重新装复,然后再低速运转一会儿,重新调整并消除松漏现象。如拆检中发现有划伤、拉毛等现象时,应查明原因,消除隐患,必要时应更换有缺陷的零件。如果仅仅更换轴瓦或活塞环,则可不必再磨合,但应低速运转1h左右。

凡经过拆检修理的发动机,热试后应检查汽缸盖螺栓,并按规定扭矩复检一遍,铸铁汽缸盖可在发动机工作温度正常时进行,铝合金汽缸盖应在发动机冷却后进行。

第三节　发动机的试验

经过大修后的发动机,其修理质量究竟如何,动力性和经济性的恢复是否已达到规定的要求,只有通过试验才能确定。所以,在发动机经过充分磨合以后,应该进行发动机的性能试验,进行发动机性能试验时需要测量的参数很多,应根据不同的目的和要求来确定所需测量的参数。

一、最高空转转速和最低稳定转速的测量

这两项指标可由台架转速表中直接读出。

二、有效功率的测量

发动机的有效功率可以用曲轴的输出扭矩 M_e 和曲轴转速 n 来表示。因此,在测定有效功率时,可测出发动机的扭矩和转速,再根据它们的乘积求出功率值。

测定扭矩常用的测功器,按扭矩测量方法的不同可分为吸收法和传动法两种。吸收法是用某种装置将转轴制动,与发动机发出的功相当的制动功以热的形式散发,测量这时的制动力就可求得扭矩。由于测功器把发动机的功全部吸收,故称为吸收式测功器。其类型有水力测功器、电力测功器等。传动法是测定内燃机与被驱动机械的连接轴的扭转或应变,从而直接测得扭矩,称为传动式测功器。目前,在港机修理厂家普遍使用的是水力测功器。

试验时,应首先预热发动机,使冷却水温上升到353K左右,使机油温度上升到348K左右,待发动机运转稳定后,逐渐加大水力测功器的进水量,使发动机负荷逐渐加大,测出发动机的转速,读取测功器称盘上的指针读数 p,按下式计算发动机的有效扭矩 M_e 和有效功率 N_e:

$$M_e = 7.062 \times p$$

$$N_e = \frac{M_e \cdot n}{9\,554}$$

式中:M_e——发动机的有效扭矩,N·m;

N_e——发动机的有效功率,kW;

n——发动机转速,r/min;

p——测功器指针读数。

三、有效燃油消耗率的测定

图 9-1 为用重量法测量有效燃油消耗率的装置简图。在天平右端加两个法码 W_0 和 W，在测量前，将三通阀 4 与油箱 1 接通，发动机由油箱 1 供油。准备测量时，把三通阀 4 扳到使油箱的燃油一方面供给发动机使用，另一方面向油杯 2 内充入，直到油杯内的燃油重于右边的砝码。然后，把三通阀 4 扳到由油杯向发动机供油的位置。待油杯燃油量下降到天平的指针指零时，按动秒表开始计时，同时取出砝码 W，待油杯燃油量下降到天平指针又一次指零时再按动秒表，计时结束。这样，在计时时间内，发动机所消耗的燃油质量就是砝码质量 W，砝码 W 的选择，应使测量时间在 1min 左右较合适。所测得的有效燃油消耗率为：

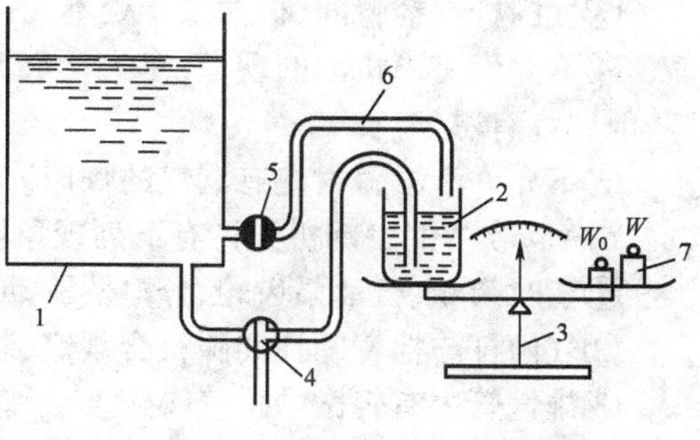

图 9-1　重量法测量有效燃油消耗率的装置简图
1-油箱；2-油杯；3-天平；4-三通阀；5-二通阀；6-油管；7-砝码

$$g_e = 3\,600 \frac{W}{t \cdot N_e}$$

式中：W——所测燃油消耗量，kg；

t——测量时间，s；

N_e——测试中发动机的有效功率，kW。　　螺

第四节　发动机的验收

发动机经磨合和检验调整后，即可进行验收，被验收的发动机应保证动力性能良好，怠速运转稳定，燃料消耗经济，验收时应符合下列技术要求。

(1) 发动机在环境温度不低于 −5℃（柴油发动机不低于 5℃）时，用原车规定电压的蓄电池或外电源和手摇柄，应能顺利启动，在常温下，启动时间不超过 5s。

(2) 发动机在正常温度下，怠速、中速、高速运转平稳均匀，改变转速时应过渡圆滑，突然加速或减速时，不得有断火、缺火、过热现象，化油器不得回火，消声器不得有“放炮”现象。

(3) 汽缸压缩压力、进气管真空度和机油压力应符合规定。其中，汽缸压力除符合原设计值外，各缸汽缸压力差，汽油机不大于 8%，柴油机不大于 10%。

(4) 大修后的发动机在磨合期内，要按规定加装限速片。

(5) 发动机的怠速排放应符合有关规定。具体规定见表 9-3。

发动机怠速排放的有关规定　　表 9-3

车辆状况 / 污染物		新　车	在 用 车
汽油机	CO 含量(%)	≤5	≤6
	HC 含量(ppm)	≤2 500	≤3 000
柴油机	烟度值(波许单位)	≤Rb5.0	≤Rb6.0

(6)验收中的发动机不能有下列现象：

①发动机各部位不得有漏气、漏油、漏水、漏电及温度过高的现象。

②在正常温度下，不允许有活塞敲缸声，以及活塞销、连杆轴承和主轴承的响声及正时齿轮的敲击声。

③气门杆与摇臂间、机油泵等处不允许有明显的声响。

④不允许有窜机油的现象，怠速运转5min后，拆下火花塞检查，电极与瓷芯处不应有油迹，但允许有黑烟色。

⑤不允许汽缸盖衬垫有漏气的噪声。

(7)验收中的发动机允许有下列现象：

①正时齿轮、机油泵齿轮、分电器驱动齿轮有轻微均匀的噪声。

②气门杆与摇臂间在间隙符合规定、装配调整符合要求时，允许有轻微均匀的噪声。

③排气管内有轻微的排气噪声。

复习思考题

1. 发动机总装中，要特别注意哪些零件必须按记号装复到原来的位置，为什么？
2. 发动机上的哪些螺栓必须按规定的力矩上紧，在上紧这些螺栓时要注意什么问题？
3. 什么是活塞的偏缸，如何检查？
4. 发动机磨合的作用是什么？什么是发动机的冷磨合和热磨合？
5. 顶置式气门的发动机冷磨合时为什么不装火花塞或喷油器？
6. 发动机磨合后要进行哪些检查？
7. 水力测功器测量发动机功率的原理是什么？
8. 如何计算发动机的有效燃油消耗率？

第十章　发动机常见故障分析及异响诊断

第一节　发动机常见故障及检查分析

发动机的故障诊断是一件比较困难的工作，因为组成发动机的各种机构与系统都有可能出现故障，有时出现单一的故障，有时则可能同时出现几种故障。几种故障混杂在一起，且故障产生的外部现象可能十分相似，这就给故障的判断带来很大的难度。要正确判断发动机的故障，除了依靠经验的积累外，还应掌握一些正确的诊断方法。下面对发动机的几种常见故障及诊断方法进行分析。

一、发动机不能启动

1. 汽油机不能起动的主要原因及检查步骤

(1) 主要原因：

①点火系高低压电路存在断路、短路、搭铁等故障，致使火花塞不跳火或跳火很弱。

②点火正时不正确或点火次序错乱。

③汽油泵损坏，不能泵油。

④汽油输送管路堵塞或漏气。

⑤化油器喷嘴或油道堵塞。

⑥进排气门密封不严，汽缸压力过低。

(2) 检查步骤：

①接通点火开关，拔出分电器中央高压线做跳火试验。若无火花或火花太弱，说明点火系有故障，而后应进一步检查判断故障在低压电路还是在高压电路。

②若有强烈火花跳过，则应检查点火次序、火花塞和点火正时。

③若点火系无故障，应继续检查油路。

④扳动油门往复加油，如加速喷嘴无油喷出，应拆下化油器进油接头，检查油泵、油管与油箱开关。

⑤若点火系和燃料供给系均无问题，但发动机仍不能启动，则应检查汽缸压力和汽缸垫床，是否是气门漏气或汽缸垫冲坏造成汽缸压力不足而不能启动。

2. 柴油机不能启动的主要原因及检查步骤

(1) 主要原因：

①输油泵止回阀装配不当、活塞咬住或弹簧折断，致使输油泵不供油或供油不足。

②喷油泵油量调节杆咬住，使柱塞不能转到供油位置。

③柱塞咬死在柱塞套中。

④高压油管破裂或接头松动。

⑤喷油时间过早或过迟。

⑥喷油器针阀咬住或喷孔堵塞。
⑦喷油压力过高或过低。
⑧燃油管路中有空气。
⑨气门或活塞环漏气，汽缸压力过低。
(2)检查步骤：
①检查油箱开关及存油情况。
②检查高、低压油路中是否有空气。
③用手泵供油，检查输油泵的供油情况。
④松开高压油管接头，用起子撬动柱塞，检查高压油泵供油情况。
⑤检查喷油器密封及雾化情况。
⑥检查喷油时间是否正确。
⑦若燃油系无故障，应检查空气滤清器是否堵塞。
⑨若以上检查均无问题，应检查汽缸压力是否不足。

二、发动机工作无力

汽油机和柴油机工作无力的常见原因有：
(1)个别汽缸熄火或工作不正常。
(2)燃料供应不足。
(3)点火或喷油时间过迟。
汽油机工作无力的检查包括：
(1)检查高压火花是否强烈。
(2)检查点火正时是否正确。
(3)检查化油器量孔是否调整适当，油道是否畅通。
(4)检查汽缸压力是否正常。
柴油机工作无力的检查包括：
(1)检查各缸供油量是否均匀。
(2)检查供油定时是否正确。
(3)检查喷油器是否漏油，雾化是否良好。
(4)检查汽缸压力是否正常。

三、发动机运转时剧烈振抖

1. 汽油机运转中剧烈振抖的主要原因及检查步骤
(1)主要原因：
①少数缸不工作或工作不良。
②点火时间过早。
③汽缸点火次序错乱。
④混合气过浓或汽油中有水。
⑤汽缸垫冲坏。
(2)检查方法：
①观察发动机排烟情况，如排气管大量冒黑烟，并有“突、突”的响声和放炮声，说明混合

气过浓，应检查、调整化油器。

②若混合气并不浓，而排气管有放炮声或化油器有回火声，此时应适当关闭阻风门，若发动机运转情况有好转，一般是汽油中含有水分；若运转情况无好转，则可能是个别高压分线插错或点火正时不对，应检查调整点火系。

③若上述检查均未发现问题，则可使发动机处于怠速运转状态，用逐缸断火的方法判断每一缸的工作情况，检查是否有个别汽缸不工作或工作不良。

2. 柴油机运转振抖的主要原因及检查方法

(1)主要原因：

①喷油时间过早。

②各缸供油不均或有的缸不供油、喷油雾化不良。

③喷油间隔角度不一致。

④吸入汽缸的空气量不足或柴油牌号不对。

⑤燃料供给系中有水或空气。

(2)检查方法：

①使发动机怠速运转，用逐缸停油的方法检查各缸的工作状况。若停油后运转状况无变化，则说明该缸不工作。

②检查发动机运转时发出的敲击声，判断喷油时间是否过早或过迟。

③检查空气滤清器是否堵塞或燃料供给系中是否有空气和水。

四、发动机超速

发动机转速失去控制，疾转不止的现象称为超速（俗称飞车），这种现象是很危险的，应及时采取措施，以免造成重大事故。

1. 主要原因

(1)加速踏板拉杆或供油齿杆卡滞。

(2)供油齿杆与调速器拉板脱离。

(3)喷油泵柱塞弹簧折断或柱塞卡在大油量位置。

(4)柱塞的油量调整齿圈固定螺钉松动而使柱塞失去控制。

(5)调速器的高速限制螺钉或最大油量调整螺钉调整不当。

(6)调速器内润滑油过多、黏度太大或太脏使飞块难以甩开。

(7)调速器内部零件损坏。

(8)调速器推力盘与传动轴套配合表面不光滑、推力盘在轴上不能灵活转动和移动。

(9)额外燃料进入汽缸燃烧。

2. 应急处理

出现飞车时，应迅速采取以下停车紧急措施：

(1)迅速将加速踏板回到停车位置。

(2)供油拉杆外露的喷油泵，可迅速将拉杆拉回到停车位置。

(3)堵住进气管，切断空气的供给。

(4)挂入挡位，踩下制动踏板，缓抬离合器，使发动机因扭力不足而窒熄。

(5)迅速松开各缸高压油管以停止供油。

(6)有减压装置的，迅速将减压手柄拉到减压位置。

3. 诊断与排除

(1)迅速将加速踏板回到停车位置后,如转速不再继续升高,则多为加速踏板拉杆或拉臂等处卡住。

(2)若迅速收回加速踏板后转速不能随之降低,则为调速器本身有故障,等发动机停下后拆下调速器上盖检查,首先检查润滑油是否太多,再检查低速弹簧是否折断,调速器拉杆是否可靠,飞块销是否脱落,压力轴承是否损坏,凸轮轴的轴向间隙是否过大,高速调节螺钉和最大油量调节螺钉是否调整适当等。

(3)若抬起加速踏板后发动机转速继续升高,可能是供油拉杆被卡住,熄火后拆下调速器上盖,如能用手扳动供油拉杆,则说明拉杆与调速器连接的某一部位卡住,若扳不动,则说明喷油泵柱塞卡住,应拆检修理。

(4)若供油系良好,应接着检查有无额外的燃油或机油进入汽缸,如空气滤清器内的机油能否漏入汽缸,汽缸内是否窜机油等。

五、发动机排烟

一般来说,汽油发动机在正常工作时不应有明显的排黑烟、白烟和蓝烟的现象。对于柴油机,在有负荷时,排烟的颜色很淡,大负荷时可能呈深灰色,这是正常的。如果排出浓重的黑烟、白烟或蓝烟,说明柴油机工作不正常。

无论是柴油机还是汽油机,排烟情况取决于燃料在汽缸中的燃烧情况和燃料的成分。如燃料在汽缸中燃烧不完全,则发动机排黑烟;燃料未燃烧或燃料中含有少量水分,则排白烟;燃料中含有机油,则排蓝烟。根据上述情况,即可进行有针对性的检查。

(1)排黑烟的检查诊断。

①检查喷油量或混合气浓度。

②检查喷油或点火时间。

③检查喷油器雾化情况。

④检查空气滤清器是否畅通。

(2)排白烟的检查诊断。

①检查燃料供给系中是否有水。

②检查汽缸盖、汽缸垫是否损坏使冷却水漏入汽缸中。

③检查喷油器是否严重滴漏,汽油机可燃混合气是否过浓或过稀。

④检查汽油机点火系工作情况,火花是否太弱。

(3)排蓝烟的检查诊断。

①空气滤清器中的机油是否加注过多。

②曲轴箱油面是否过高。

③活塞环是否装错方向,刮油环是否失效。

六、发动机冷却水温过高或过低

1. 冷却水温过高的主要原因及检查步骤

(1)主要原因:

①冷却水量不足。

②百叶窗开度不足。

③风扇、水泵皮带松弛打滑。

④水泵故障。

⑤节温器故障。

⑥散热器、发动机冷却水腔内积垢过多，散热不良。

⑦发动机后燃严重或严重超负荷。

(2)检查步骤：

①检查冷却水容量是否足够，散热器、冷却水管路是否漏水，水流是否畅通，如上述情况良好，则检查散热器、冷却水套结垢情况。

②检查百叶窗是否转动灵活，能否开到最大开度；风扇叶是否变形，风扇、水泵皮带松紧是否合适。皮带松紧度的检查方法是用大拇指以3～4N的压力压下皮带，皮带下沉量在10～15mm为合适。对装有风扇离合器的发动机，应注意检查风扇离合器工作是否正常。

③检查水泵的工作情况。可打开散热器盖，突然提高和降低发动机转速，观察冷却水液面有否明显升高或降低，或在怠速工况下观察冷却水的搅动情况，可大致判断水泵的工作性能。

④检查节温器的工作情况。若发动机温度过高，而散热器温度却不高，或散热器上水室温度较高，下水室温度却较低，说明节温器在高温下打不开或阀门升程太小。

⑤如上述检查均无故障，应注意发动机燃烧是否正常，负荷是否过大。

此外，还应注意水温感应塞和水温表是否有故障。

2. 冷却水温过低的原因及检查

在发动机负荷正常的情况下，如果冷却水温长时间偏低，常见原因是节温器发生故障，主阀门处于常开状态，使发动机散热过度。另外，百叶窗卡住在打开状态，使散热器冷却过度，也会造成发动机冷却水温偏低。

七、发动机机油压力过高或过低

发动机机油的正常工作压力为98～392kPa($1\sim4kgf/cm^2$)，怠速时一般为49～147kPa($0.5\sim1.5kgf/cm^2$)，高速时一般为294～392kPa($3\sim4kgf/cm^2$)。机油压力过高或过低，都将影响发动机的正常运转。

1. 机油压力过高的原因及检查步骤

(1)主要原因：

①机油黏度过大。

②机油泵限压阀压力调整过高或球阀生锈卡死。

③油道或机油滤清器局部阻塞，机油循环困难。

④曲轴、凸轮轴、连杆轴承间隙过小，流动阻力过大。

(2)检查步骤：

①检查机油黏度是否过大，机油牌号和机油温度是否合适。

②检查油道及滤清器是否堵塞，旁通阀是否卡住。

③检查限压阀调节是否适当。

④如是新装发动机，应检查各轴承配合间隙是否过小。

⑤检查机油压力表或传感器是否失灵。

2. 机油压力过低的主要原因及检查步骤

(1)主要原因：

①机油量过少造成机油泵吸空。

②机油温度过高,黏度过小。

③机油泵零件磨损过度,间隙过大,工作性能下降。

④限压阀调节不当。

⑤旁通阀弹簧折断或弹簧过软。

⑥润滑系各密封面和阀门及管接头密封不严或油管破裂而漏油。

⑦曲轴、凸轮轴、连杆各轴颈与轴承配合间隙过大。

⑧机油滤清器或油道阻塞。

(2)检查步骤:

①检查机油量、机油温度、机油黏度是否合乎要求。

②拆下空气压缩机进油接头或传感器做短时间运转,察看喷油是否有力。如喷油无力,则检查滤清器、旁通阀、限压阀、管路、机油泵等工作是否正常。

③必要时,检查各轴颈与轴承间隙是否过大。

④检查机油压力表及传感器是否失灵。

八、机油消耗量过大

发动机正常的机油消耗量为0.1～0.5L/100km,若机油消耗达1L/100km以上时,则为机油的不正常消耗。

(1)主要原因:

①油底壳放油螺塞、管路接头、油封、油底壳与机体接合面等处泄漏。

②气环(扭曲环)安装不正确,刮油环工作不良等原因引起机油窜入燃烧室。

③汽缸磨损严重,圆度偏差过大,致使机油窜入燃烧室。

④曲轴箱通风换气装置失效,汽缸内的部分高压气体窜入曲轴箱后,迫使机油从曲轴箱与进气歧管相连接的气管吸入燃烧室。

⑤空气压缩机的活塞、活塞环、汽缸磨损严重,机油被压缩空气带走。

⑥正时齿轮室或曲轴后油封密封不良。

(2)检查判断:

①当大量机油进入燃烧室燃烧后,会导致排气管冒蓝烟,据此,可根据排气烟色,判断是否烧机油,进而判断机油通过什么途径进入燃烧室。

②若从贮气筒放污塞能放出较多机油,说明空气压缩机上油。

③检查各处有无泄漏。

九、柴油发动机"游车"

"游车"现象主要发生在柴油机上,其特征表现为柴油机动力不足,运转中出现有规律的忽快忽慢现象,转速提不高。

主要原因:

(1)调速器的原因:

①调速器外壳的孔及喷油泵盖板孔磨损松旷。

②飞块销孔、座架磨损松旷,飞块过重或收张距离不一致。

③调速器内润滑油太脏或太少,润滑不良。

④调速弹簧变形或断裂。

(2)喷油泵的原因：

①供油调节齿杆卡滞或调节齿杆(或拨叉)的拉杆销子松旷。

②柱塞套安装不良,致使调节齿杆(或拨叉)不能自如活动。

③柱塞调节臂或扇形小齿轮变形或松动,使齿杆不能自由活动。

④喷油泵凸轮轴轴向间隙过大。

⑤供油量调节齿杆与扇形齿轮齿隙过大(或柱塞调节臂与油量调节拨叉配合间隙过大)。

⑥个别汽缸喷油器针阀烧结。

故障排除：

(1)拆下喷油泵侧盖,检查供油齿杆的松紧度,若齿杆不能前后推动,可能是杆与孔配合过紧。如果齿杆只能在很小的范围内被推动,应找出阻滞点,有可能是调速器内部缺油或调速器各连接点过紧,也可能是某缸喷油泵柱塞在泵体内安装不垂直,使调节齿条(或拨叉)拉动不灵活,也可能是柱塞的紧固螺钉拧力过大,造成柱塞与泵体不垂直,柱塞在往复运动中不灵活。应根据具体情况进行检修。

(2)如调节齿杆拉动自如,则"游车"多为调速器各连接点松旷,如飞块销孔和座架磨损过大,供油齿杆齿隙过大,齿条(或拨叉)拉杆销子松动,凸轮轴轴向间隙过大,调速器外壳孔及油盖板磨损松旷等。

(3)气动调速器产生"游车"的主要原因是密封性受到破坏,要首先检查真空管及两端接头是否漏气,调速器左腔是否密封良好,膜片有无破裂,右腔是否与大气相通等。

(4)对于带有可变调速率装置的 RSV 型全速调速器,由于装配或调整不当,不仅会使调速率发生改变,而且会使调速器工作不稳定,产生"游车"现象,这时应进行重新调整。

第二节　发动机异响诊断

发动机在工作中某些部位出现故障后,会发出与正常工作时不同的声响,即异响。发动机可能出现异响的部位很多,不同部位发生的异响,其反映可能相同;而同一部位发生的异响,又可能反映不一样。由于异响与正常的响声混合在一起很难分辨,因此正确判断异响具有很大困难。本节仅讲述常见异响的发生部位、现象及诊断方法。

一、燃烧不正常产生的异响

1. 汽油机燃烧不正常产生的异响

(1)现象:①发动机增大负荷时,出现"嘎、嘎"的金属敲击声,同时明显感到发动机功率不足。②发动机空载运转,在怠速状态下突然加大油门使转速升高的瞬间,可听到"嘎啦啦"的金属敲击声。

(2)原因:点火时间过早或使用的汽油牌号与规定不符。

(3)诊断:如将点火时间调迟,或换用辛烷值高的汽油后,异响消失,即可断定该异响是由于汽缸内燃烧压力过高、产生爆燃而引起的。

2. 柴油机燃烧不正常产生的异响

(1)现象:声响发生在汽缸体上部,类似清脆的金属敲击声,随转速的提高和负荷的增大,异响增大。

(2)原因：供油提前角过大或使用的柴油牌号不对。

(3)诊断：如果异响均匀而粗暴，可将整机各缸供油提前角减小，这时响声减弱或消失，说明是供油过早引起的。如异响声不均匀，可采用逐缸断油的方法来判断，当某缸断油时异响减轻或消失，则表明该缸敲缸。

二、曲柄连杆机构的异响

1. 主轴承敲击声

(1)现象：该异响为低沉、钝哑的“铛、铛”声，响声随转速的提高和负荷的增大而增大，突然踩下或抬起加速踏板时，声响更突出，发动机本身振动大。发动机温度变化时，响声无变化，机油压力表指示压力比正常时有所下降。

(2)原因：①主轴承盖螺栓松动。②轴承径向间隙过大。③曲轴弯曲。④固定飞轮的螺栓松动。⑤轴瓦润滑不良、过热而烧瓦。⑥轴承与座孔配合松动。

(3)诊断：

①低速运转发动机，反复踩下加速踏板试验，在加机油口处测听，当发动机在慢加速中响声随转速升高而增大，急加速时，发出明显的“咚咚”的响声，机油压力明显降低，即可诊断为主轴承响。

②为了查明是哪一挡主轴承响，将可疑轴承的相邻两缸火花塞同时断火(或喷油器断油)，响声减弱或消失，说明该挡主轴承有故障(最前或最后两挡轴承发响，只在首尾两缸单缸断火或断油)。

③若响声不很明显，可在坡路上起步试验，或起步时稍拉驻车制动器，或在载重行驶时不断改变转速，即可在负荷或转速改变时查明响声来源。

④主轴承响的最佳听诊部位在缸体下部的轴承座处，在最佳听诊转速中，用听诊器具在曲轴箱两侧与曲轴轴线平齐的位置听诊，响声最强的部位即为发响轴承之所在。

⑤听诊柴油机主轴承响时，可采用加大供油拉杆行程后再迅速收回的方法，在发动机转速降低时，如能听到坚实而沉重的“咚、咚、咚”的响声，则为主轴承发响。为了确诊，应打开加机油口盖，借助内外听诊方法和汽缸断油方法进行诊断。

发动机主轴承响，应立即停车检修，否则会烧坏轴承合金，引起曲轴弯曲变形。主轴承发响，一般在两挡以上主轴承松旷后才会发生，测听时，往往松旷严重的一挡容易查出，松旷不太严重的则不易查出，因此，在检修时，应对各挡主轴承仔细检查调整，以便彻底排除故障。

2. 连杆轴承敲击声

(1)现象：连杆轴承敲击声较主轴承敲击声轻。转速越高，声响越大，急加速时声响更为突出。

(2)原因：①连杆螺栓松动或折断。②轴瓦与轴颈配合间隙过大。③轴瓦合金层烧毁、脱落或轴瓦在座孔中转动。

(3)诊断：打开机油加油口盖子测听，声响更为明显。如单缸断火断油时，声音减弱或消失，则该缸连杆轴承有异响。

3. 活塞敲击声

(1)现象：怠速时，声响明显，为“铛、铛”的敲击声。发动机温度较低时，声响明显；温度升高后，声响减弱或消失。

(2)原因：①活塞与汽缸冷态间隙过大。②连杆弯曲或扭曲变形。③活塞顶碰击汽缸盖或衬垫。

(3)诊断:活塞敲击声如果在冷机时比较轻微,走热后即基本消失,可不予排除;如在汽缸内加入少许黏度较大的机油后,声响减轻,则说明该缸活塞与汽缸间隙过大;用起子抵触在汽缸盖上,感到某处有很大振动,说明此缸活塞顶可能碰撞衬垫。

4. 活塞销敲击声

(1)现象:活塞销敲击声,声音较脆;转速变化时,声响随之变化;急加速时,声响更大。发动机冷态启动时,声响较轻,发动机走热后,声响不减,甚至更大。

(2)原因:①活塞销与连杆衬套配合间隙过大。②活塞销与销座配合间隙过大。

(3)诊断:单缸断火或断油后,响声减低或消失,在复火的瞬间,声响会敏感的突然恢复,说明该缸活塞销敲击。

5. 曲轴轴向窜动响声

(1)现象:发动机在低速运转而后急加速的瞬间,发出较沉重的“咯噔咯噔”的不连续撞击声。

(2)原因:曲轴轴向限位装置和与之相对应的正时同步齿轮或曲柄臂的摩擦表面磨损过度,或启动爪松动,止推垫圈过度磨损导致曲轴轴向间隙过大。

(3)诊断:

①曲轴在工作时,由于各种轴向力的作用使曲轴前后窜动而发出异响。其响声没有节奏,车辆在加、减速,制动和解除制动的开始瞬间,以及加减挡踩离合器踏板时,发动机发出沉重的“咯噔咯噔”金属撞击声,即可诊断为曲轴轴向窜动响。

②曲轴轴向窜动响声最严重的振动部位在汽缸体下部曲轴止推轴承对应的位置上,在此位置听诊,其响声清晰明显,在加机油口处听诊声音也很清晰。

③发动机停止转动时,用力轴向推拉飞轮,同时仔细观察曲轴的轴向移动量,其移动量一般在0.05~0.25mm之间,若移动量过大,则表明曲轴轴向间隙过大。

三、配气机构的异响

1. 气门敲击声

(1)现象:发动机怠速时可听到有节奏的、连续的“嗒、嗒”声,转速升高,声响随之增大。中速以上时,声响变得模糊嘈杂,发动机温度变化或做断火试验,声响都不随之变化。

(2)原因:①气门间隙过大;②气门杆端面与摇臂接触面磨损起槽;③气门杆与导管配合间隙过大。④推杆弯曲变形。

(3)诊断:单缸断火断油时,声响没有变化;怠速时,在摇臂与气门杆接触处插入厚度适当的厚薄规,如响声消失,则说明该气门间隙过大。

2. 气门弹簧故障的敲击声

(1)现象:怠速时,有明显的“嚓、嚓”声,在各种转速下均有较清脆的声响,拆下气门室盖,声响更明显。

(2)原因:①气门弹簧折断;②气门弹簧弹力太弱。

(3)诊断:将气门室盖拆下,通过检视即可发现折断的弹簧;用起子别住气门弹簧,如响声消失,则该弹簧太软。

3. 凸轮轴轴承敲击声

(1)现象:低速时出现沉重而有节奏的“嗒、嗒”声响,中速时声响明显,高速时一般减弱。

做单缸断火试验时,声响没有变化,在发响时凸轮轴轴承附近有振动。

(2)原因:①凸轮轴弯曲变形;②凸轮轴轴颈与轴承配合间隙过大;③轴承与座孔配合松旷;④轴承烧坏。

(3)诊断:用起子头触在缸体凸轮轴轴承附近,耳朵贴在起子把上仔细查听,反复变换发动机转速时若感到有振动,即为凸轮轴敲击声。

4. 正时齿轮异响

(1)故障现象。正时齿轮的异响比较复杂,有时有节奏,有时无节奏;有时是间响,有时是连续响;发动机转速变化时,在正时齿轮室盖处发出杂乱而轻微的噪声,转速提高后噪声消失,急减速时,此噪声随之出现;有的声响不受温度和单缸断火试验的影响;有的声响在温度低时不明显,而在温度正常后才出现;有的声响伴随正时齿轮室盖振动,有的声响不伴随其振动。

(2)主要原因:

①齿轮啮合间隙过大。

②齿轮啮合间隙过小。

③齿轮啮合不均匀。

④凸轮轴轴向间隙过大。

⑤正时齿轮紧固螺栓松动。

(3)检查诊断。操纵加速踏板,不断改变发动机转速,找出响声最强的转速,同时用听杆在发动机前部听诊,如果最强的响声发生在正时齿轮室盖处,则可断定为正时齿轮异响。

四、汽缸窜气异响

1. 故障现象

汽缸窜气异响是高压气体冲击曲轴箱发出的异响。在发动机运转时,从加机油口处可以听到"嘣、嘣"的漏气声,响声随转速、负荷的增大而增大。严重时,伴随响声的出现加机油口处脉动地向外排烟,发动机窜机油,排气管冒蓝烟,发动机动力不足,油耗增加,这种响声通常与敲缸声同时出现。

2. 主要原因

其根本原因是活塞环与汽缸不密封,部分高压气体窜入曲轴箱,形成冲击噪声。汽缸密封性差的主要原因有:

(1)活塞环磨损,弹力减弱,活塞环的开口重合。

(2)活塞环卡死在环槽中。

(3)活塞与汽缸壁磨损过度,或汽缸壁刮伤出现沟槽。

(4)新换活塞环与汽缸接触不良。

3. 诊断

(1)打开机油盖口查听:提高发动机转速,使其稳定在响声和冒烟最明显的转速,逐缸断火查试,若某缸断火后响声减弱或消失,且加机油口处冒烟明显减少,即可判断该缸窜气。

(2)为进一步确诊,可将发动机熄火,卸下发响汽缸的火花塞,向缸内注入稍许浓机油(20mL 左右),摇转曲轴数圈,然后装复火花塞立即启动发动机,或响声和脉动冒烟在短时间内减弱或消失,即表明该缸曲轴箱窜气。

发动机曲轴箱窜气,若响声轻微,不打开加机油口盖听不出来,可以继续使用;对于大修或换环维护的发动机有轻微的曲轴箱窜气,发动机磨合后响声可能会消失;若响声大,窜气严重,应及早排除,若汽缸壁已被刮出沟槽,则应及时修理。

复习思考题

1. 为什么气门或活塞环漏气会导致柴油机启动困难?
2. 如何排除柴油机燃油管路中的空气?
3. 为什么点火或喷油过迟会导致发动机工作无力?
4. 什么现象是发动机的“飞车”? 出现“飞车”时应采取什么样的紧急措施?
5. 为什么柴油机喷油过迟会导致冒黑烟?
6. 发动机工作中发现机油压力过低应如何检查?
7. 什么是柴油机的“游车”,一般是由什么原因引起的?
8. 什么是“敲缸”,为什么使用不合要求的汽油或柴油可能会导致“敲缸”?

第三篇　底盘检修

第十一章　离合器的检修

- **学习目标**

知识目标

1. 能正确识别典型离合器主要零部件名称,掌握离合器的动力传递过程;
2. 能准确描述离合器的常见缺陷及修复方法。

能力目标

1. 能按照正确的步骤拆装离合器;
2. 能正确进行离合器的调整;
3. 能按离合器维修操作要求及操作规范,正确判断、分析和排除离合器的常见故障;
4. 能对离合器的各种失效进行原因分析。

第一节　离合器主要零件的检修

一、从动盘的检修

1. 常见缺陷与损伤

从动盘是离合器的主要易损零件,其主要缺陷有:

(1)摩擦片磨损、烧蚀、破裂,铆钉松动等。

(2)从动盘钢片翘曲。

(3)从动盘毂花键槽磨损。

(4)钢片与接合盘之间减振弹簧断裂或失效。

2. 从动盘的检修

如果离合器摩擦衬片的磨损不太严重,铆钉头部埋入深度大于0.5mm时,可不必更换衬片。当衬片严重磨损或有裂纹、大面积烧焦等现象时,则需更换。更换衬片的工艺过程如下。

(1)拆去旧衬片。用比铆钉直径稍小的钻头将旧铆钉钻除,取下旧衬片,清除钢片上的锈蚀和油污。

(2)检查从动钢片上花键轴套内花键齿的磨损程度和从动钢片与花键轴套的铆合紧度,如不符合规定,应更换或重新铆合。

(3)检查从动钢片是否翘曲。从动盘钢片翘曲过度,会导致车辆起步发抖和摩擦片磨损不均。严重时会使离合器分离不彻底。钢片的检查与校正方法见图11-1。

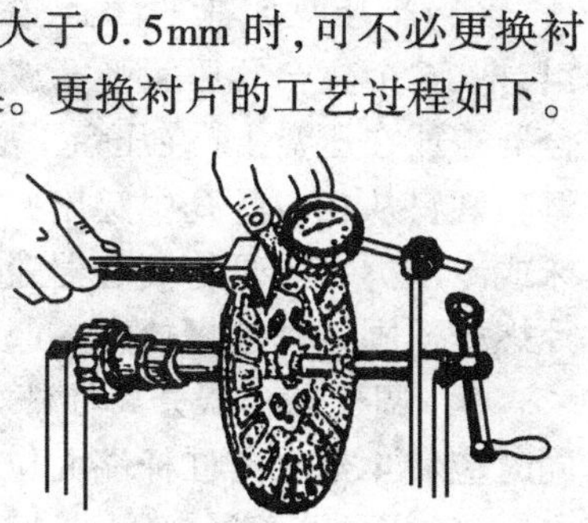

图11-1　从动钢片翘曲情况的检查与校正

(4)选配新摩擦片和铆钉。新摩擦片的尺寸和材料应符合原厂规定,两片应同时更换,铆钉应是铜制或铝制的。

(5)钻孔和铆合。将两片新摩擦片同时放在钢片一侧,使其边缘对正,并用夹具夹牢。选用与钢片孔相当的钻头钻孔,钻完后松掉夹具,注意不要让摩擦片与钢片上的对应孔错位。然后将其中的一片移至对面一侧,将三者做好记号,再用埋头钻钻出摩擦片的埋头坑。坑的深度按摩擦片的材质不同而不同,含铜丝的摩擦片,坑的深度为摩擦片厚度的2/3,不含铜丝的为1/2。

摩擦片的铆合一般采用单铆,即一颗铆钉铆上面的衬片,而相近的另一颗铆钉铆下面的衬片,相互交错进行,这样既铆得紧又不易造成衬片龟裂。

(6)修磨衬片表面。为了使衬片与飞轮、压盘接触良好,需对铆合后的衬片修磨。手工修磨时,可在飞轮上涂一层白粉,放上从动盘,略施压力作转动检查,然后锉去从动盘上沾有白粉的突出部位。有条件时,也可用专用的修磨机修磨。

二、压盘的检修

压盘的常见损伤主要是磨损起槽、翘曲或产生龟裂。有缺陷的压盘可以在平面磨床上磨削修复,但磨削后的压盘厚度应符合规定,如压盘过薄,将使压紧弹簧伸长而弹力减少,导致离合器打滑,另外,过薄的压盘也易产生变形。

双盘离合器中间压盘传力孔与销或传力槽与块的配合间隙超过规定时,可换位另开孔槽或换新。

三、压紧弹簧的检查与更换

压紧弹簧的常见损伤是疲劳、扭曲、折断或弹力明显减弱,当出现上述情况时,应予更换。压紧弹簧的自由长度不得小于标准弹簧3mm,同一离合器上的弹簧自由长度之差不得大于2mm。

第二节　离合器的装配与调整

一、离合器的装配

图11-2为东风EQ140单片离合器,下面以该离合器为例,说明离合器的装配程序。

(1)将压盘传动片一端用铆钉和离合器盖铆在一起。

(2)将4个分离杠杆弹簧分别装到离合器盖上。

(3)把压盘放在平台上,在压盘上依次放上摆动块,分离杠杆16穿入浮动销15,调整螺钉14,把16个离合器压紧弹簧放在压盘的16个弹簧座上,将已装有分离杠杆弹簧和传动片的离合器盖放在压盘上(在压盘下必须放一个外径小于325mm、厚度大于9.7mm的垫块),使4个调整螺钉从相应的孔中穿出并拨正传动片,使传动片未铆接一端的孔对准压盘上螺纹孔,用压床或专用拆装工具将离合器盖压紧在平台上,在分离杠杆调整螺钉上装上调整螺母,再把传动片螺栓连同传动片螺栓座一起固定在压盘的螺纹孔中,并冲铆螺栓座。

(4)调整离合器分离杠杆端部至飞轮表面的距离,使其保持在(56±0.20)mm的范围内,同时应使4个分离杠杆端面位于同一平面内,且高度差不得超过0.20mm。

(5)以两个直径10mm的定位销孔定位,进行总成的静平衡,不平衡度应不超过0.49N·cm,超过规定时,允许在压盘的16个凸台上钻直径14mm、深度不超过15mm的平衡孔。

(6)将已装好的从动盘总成放于压盘和飞轮之间,使飞轮与离合器上的装配记号对正,然后均匀拧紧固定螺栓。为了保证变速器第一轴与曲轴的同轴度,以利安装变速器,应以第一轴作导杆。

(7)装上操纵机构,调整离合器踏板自由行程,其值应在 30 ~ 40mm 范围内,然后将分离杠杆锁紧螺母拧紧。

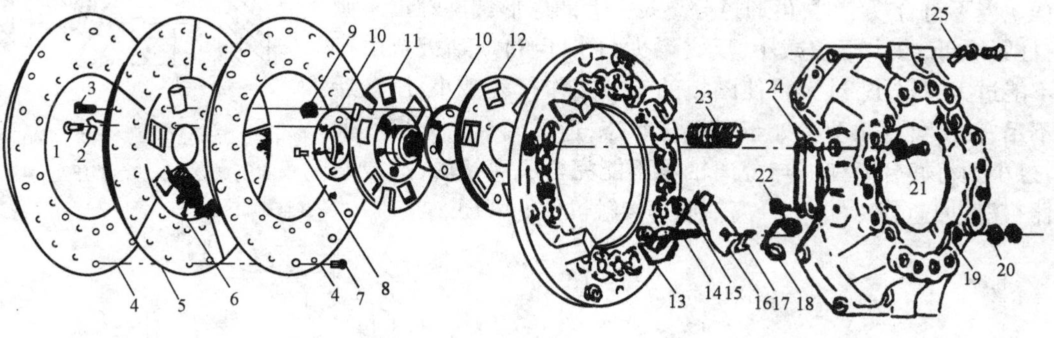

图 11-2　东风 EQ140 离合器分解图

1-减振器阻尼弹簧铆钉;2-减振器阻尼弹簧;3-从动盘铆钉;4-离合器摩擦片;5-离合器从动盘;6-减振器弹簧;7-离合器摩擦片铆钉;8-减振器阻尼片铆钉;9-从动盘铆钉;10-减振器阻尼片;11-离合器盘毂;12-离合器减振盘;13-离合器压盘;14-离合器分离杆调整螺钉;15-离合器分离杆浮销;16-离合器压盘分离杠杆;17-离合器分离杆摆动块;18-离合器分离杆弹簧;19-离合器盖;20-离合器分离杆调整螺母;21-压盘传动片螺栓座;22-压盘传动片铆钉;23-离合器压盘弹簧;24-压盘传动片;25-离合器平衡片

二、离合器的调整

1. 分离杠杆高度的调整

为了保证离合器正常工作,各分离杠杆的着力平面,应与飞轮工作平面平行,且距离符合规定,否则离合器在分离和接合过程中会产生压盘倾斜,导致离合器分离不彻底和起步发抖等现象。

离合器结构形式不同,分离杠杆高度的调整方法亦有所不同。EQ140 离合器要求分离杠杆端部至压盘距离为 35.4mm,至分离轴承距离为 3 ~4mm,4 个分离杠杆端部应位于同一平面内,高度差不得大于 0.20mm,不符合要求时,可利用调整螺钉 8 进行调整(图 11-3)。

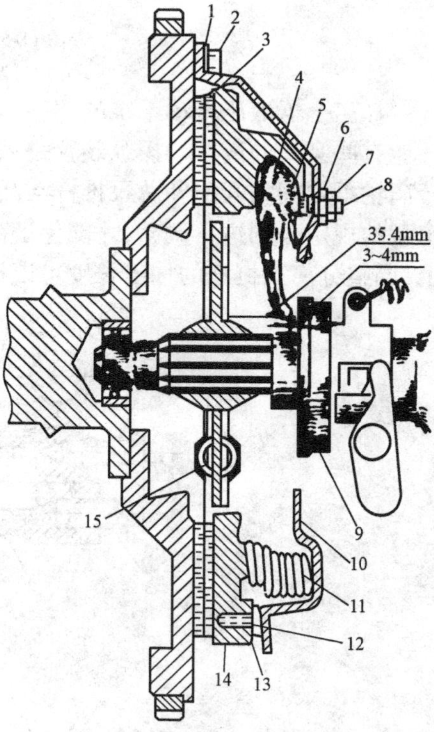

图 11-3　离合器分离杠杆高度调整

1-平衡块;2-紧固螺栓;3-从动盘;4-分离杠杆;5-摆动块;6-调整螺母;7-锁紧螺母;8-调整螺钉;9-分离轴承;10-离合器盖;11-离合器弹簧;12-螺栓;13-传动片;14-压盘;15-减振弹簧

2. 离合器中间压盘限位螺钉的调整

对于双片式离合器,需要对中间压盘的限位螺钉进行调整,如 CA141 汽车离合器,中间压盘与限位螺钉之间应保持 1 ~ 1.25mm 的距离。调整方法:在离合器完全接合的状态下,分别将三只限位螺钉拧到抵住中间压盘,然后退回 4/6 ~5/6 转(六角锁片响 4 ~5 次),见图 11-4。

3. 离合器踏板自由行程的调整

离合器踏板自由行程是指离合器分离杠杆内端面与分离轴承之间的间隙在踏板上的反映。各种车辆的踏板自由行程不完全相同，EQ140 离合器的踏板自由行程为30～40mm。

测量踏板自由行程时，先用直尺量出踏板在完全放松时的高度，再测出压下踏板稍感阻力时的高度，两者之差即为踏板自由行程。当不符合规定时，可通过分离拉杆上的球形调整螺母来调节，拧紧螺母，自由行程减小，反之增大（图 11-5）。踏板自由行程不能过大或过小，过大将使踏板的有效工作行程减小，压盘后移不足，使压盘与从动盘处于半接合状态，造成离合器分离不彻底；过小则将使分离杠杆与分离轴承不能完全脱离接触，造成离合器打滑，加速分离杠杆、分离轴承等接触机件的磨损。

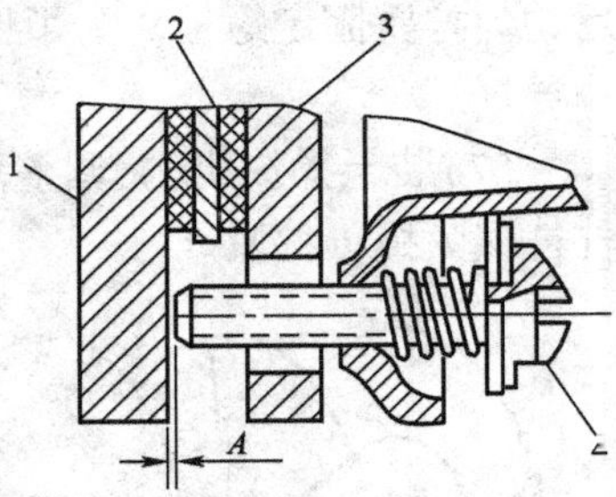

图 11-4　中间压盘限位螺钉的调整

1-中间压盘；2-从动片；3-压盘；4-限位调整螺钉

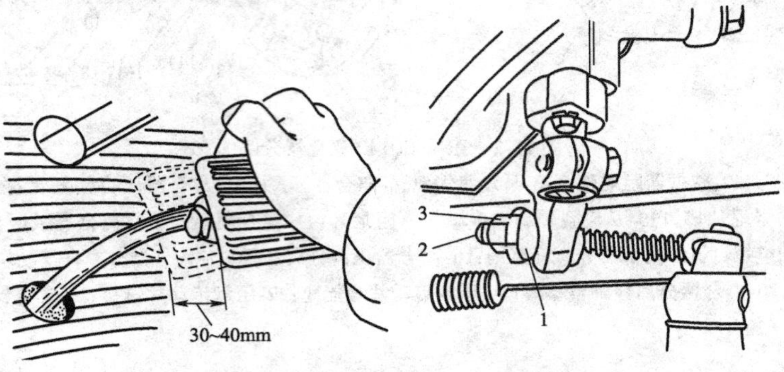

图 11-5　离合器踏板自由行程及其调整

1-球形调整螺母；2-分离拉杆；3-锁紧螺母

4. 离合器液压传动系统的调整

有些叉车的离合器操纵装置是采用液压传动的，它的离合器踏板自由行程是分离杠杆与分离轴承之间的间隙和总泵推杆与活塞之间的间隙在踏板上的总反映，两种间隙必须按不同车型的规定分别进行调整，才能保证离合器正常工作。在图 11-6 所示的液压操纵机构工作缸上，调整分离叉挺杆的伸出长度可以调节分离轴承与分离杠杆之间的间隙。

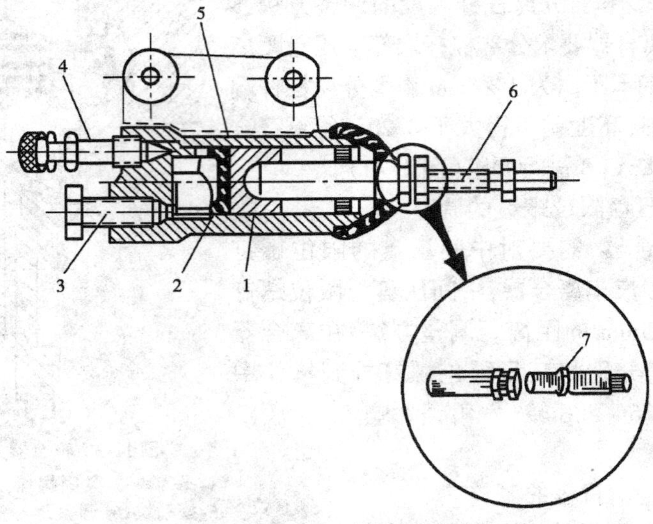

图 11-6　离合器液压操纵机构工作缸

1-活塞；2-皮碗；3-进油管接头；4-放气螺钉；5-分泵体；6-分离叉挺杆总成；7-锁紧螺母

第三节　离合器常见故障分析

一、离合器打滑

1. 故障现象

离合器从动盘不能与飞轮和压盘同步旋转，其表现主要是车辆起步困难，完全放松离合器踏板，发动机动力也不能完全输出，上坡无力，发动机加速时，车速不能随之增加。在满载或负荷上坡时，发动机过热。打滑严重时，离合器发热并发出焦臭味，进而烧坏摩擦衬片。

2. 主要原因

(1)离合器踏板自由行程太小或无自由行程，分离轴承常压在分离杠杆上，使压盘处于半分离状态。

(2)离合器摩擦片磨薄或铆钉外露。

(3)离合器压盘和飞轮的摩擦表面翘曲或磨出沟槽。

(4)离合器压盘弹簧太软或折断。

(5)摩擦片表面有油污或严重烧蚀。

(6)离合器与飞轮联接螺栓松动。

(7)液压操纵式离合器总泵、分泵有故障。

3. 检查判断

(1)将车辆停放在平坦的场地，拉紧手制动，启动发动机，挂上低速挡，慢慢放松离合器踏板，逐渐踩下加速踏板起步，若车身不动，发动机却不熄火，说明是离合器打滑。

(2)首先检查离合器踏板有无自由行程，若没有，应予调整。若有，可拆去离合器盖，检查分离轴承的回位情况，如分离拨叉随离合器踏板一起回位，而分离轴承仍抵在分离杠杆内端上，说明分离轴承不回位。如分离轴承能回位至最后端，但仍与分离杠杆内端抵在一起，则为分离杠杆向后位移过多，可能为飞轮后端、压盘和从动片三者工作面磨损所致，应按规定要求调整分离杠杆内端高度，使其与分离轴承前端面保持合适的间隙。

(3)若踏板自由行程符合要求，可检查离合器从动片的清洁情况，若有油污甩出，说明从动摩擦片因有油污而打滑。

(4)若上述检查无问题，则离合器打滑可能是由于压盘弹簧太软或折断所致，应分解离合器，视情况更换弹簧或加垫片。

二、离合器分离不彻底

1. 故障现象

离合器分离不彻底是指将离合器踏板踩到底时，从动盘仍不能完全分离，造成挂挡困难。挂挡中，变速齿轮发出撞击声，挂挡后，未放开离合器踏板，车辆即向前移动或使发动机熄火。

2. 主要原因

(1)离合器踏板自由行程过大，有效行程减小，导致分离不彻底。

(2)分离杠杆高低不一，个别分离杠杆或调整螺钉折断。

(3)离合器从动盘翘曲严重或新换摩擦片过厚。

(4)压盘或飞轮摩擦表面不平。

(5)变速器第一轴弯曲或磨损过大。

(6)离合器摩擦片装反。

(7)液压操纵式离合器制动液不足。

(8)双片式摩擦片中间从动盘限位螺钉调整不当，或分离回位弹簧过软甚至折断。

(9)从动盘在轴上滑动不灵活。

3. 检查判断

(1)不启动发动机，变速器置空挡，一人踩下离合器踏板，一人拆下离合器盖后用起子拨动从动片，若拨转费力，且从动片不能轴向移动，则说明离合器分离不彻底。

(2)首先检查离合器踏板自由行程，如不符合标准，应予调整。

(3)若离合器踏板自由行程符合要求，应检查各分离杠杆高度是否在同一平面上，如不在同一平面，应予调整。

(4)如分离杠杆高度在同一平面，则应检查分离杠杆内端高度是否太低，如调整后分离彻底，说明分离杠杆内端高度调整不当或磨损过甚，当分离杠杆内端高度调好后，要重新调整踏板自由行程。

(5)对双片式离合器，还应观察中间压盘的分离情况，若中间压盘及其从动片在离合器分离过程中无轴向移动量，则应重新调整，如调整后分离仍不彻底，则可能是中间压盘支承弹簧折断、疲劳或中间压盘本身移动不灵活所致。

(6)如上述检查均无问题，则可考虑新换的摩擦片是否太厚，从动片翘曲变形，从动片正反装错等。

(7)对液压传动离合器，还应考虑系统中制动液是否充足，是否有空气进入系统等。

三、离合器异响

1. 故障现象

离合器工作中有不正常的噪声，异常响声类似于金属零件的相互撞击声。

2. 主要原因

(1)分离轴承长期缺油、磨损严重。

(2)离合器踏板或分离轴承回位弹簧过软折断。

(3)飞轮与曲轴或变速器连接螺栓松动。

(4)从动片毂与变速器输入轴花键磨损松旷。

(5)分离杠杆支承销孔严重磨损。

(6)从动钢片铆钉松动，钢片碎裂或减振弹簧折断。

(7)变速器第一轴导向轴承松旷。

3. 判断方法

(1)当启动发动机，即出现“沙沙”的摩擦声时，应先检查离合器踏板自由行程，若自由行程正常，但在发动机转速变化时有间断撞击声或摩擦声，说明离合器踏板回位弹簧脱落、折断或过软，应拆下离合器盖进行认真检查。

(2)发动机怠速运转时，踩下踏板少许，使自由行程消除，若此时发响，则为分离轴承响；注入润滑油再试，如有效，则为分离轴承松旷，如无效，再踩下踏板少许，并略提高发动机转速，如声响增大，则为分离轴承损坏。

(3)在踩下离合器踏板的过程中无异响，但踩到底后出现金属敲击声，且随发动机转速升高而加重，但在中速稳定运转时声响又明显减弱或消失，对双片式离合器，这是因为中间主动盘传动销与销孔配合松旷，对单片式离合器，则为压盘与盖配合松旷，可在踏板踩到底时，用起子拨动压盘进一步检查。

(4)连续踩动离合器踏板，在将要分离或结合的瞬间有异响，多系分离杠杆或支架销孔磨损松旷或摩擦片铆钉松动外露所致。

(5)在刚起步时出现金属摩擦声，并伴有发抖现象，说明从动盘花键轴套的铆钉松动或破裂，若在结合时发出一次撞击声，一般为从动盘花键轴套与变速器第一轴配合松旷，若从动盘带有减振器，则可能是减振弹簧折断造成的。

四、离合器起步时抖动

1. 故障现象

车辆起步时，离合器不能平稳结合，使车身发生抖动。

2. 主要原因

(1)分离杠杆高度不一致，压紧力分布不均匀。

(2)离合器压盘和飞轮表面不平。

(3)离合器钢片键槽松旷或变速器第一轴花键轴磨损过甚而松旷。

(4)曲轴中心与变速器第一轴中心不重合。

(5)变速器飞轮壳或发动机缸体与飞轮壳连接螺栓松动。

(6)离合器摩擦片有油污或铆钉头外露。

(7)压盘或从动盘钢片翘曲或从动盘铆钉松动。

(8)压紧弹簧弹力不均或个别弹簧折断。

3. 判断方法

首先检查分离杠杆内端与分离轴承的间隙是否一致，若不一致，应予调整。若一致，可检查分离叉支点部位是否正常，若不正常，应予修复。若以上均正常，可检查发动机前后支架及变速器的固定情况，如果也正常，则应分解离合器，检查从动盘是否翘曲，摩擦片是否破裂、油污，主动盘有无翘曲，从动盘在变速器第一轴上是否移动自如等。

复习思考题

1. 离合器从动盘的常见缺陷有哪些？
2. 更换离合器从动盘衬片的工艺顺序有哪些？
3. 如何装备 EQ140 离合器？
4. 离合器分离杠杆的调整内容有哪些？有何影响？
5. 离合器踏板自由行程调整的种类和内容分别是什么？
6. 离合器打滑的常见表现有哪些？原因是什么？如何判断？
7. 谈谈你对离合器分离不彻底和异响的认识。

第十二章　变速器的检修

- **学习目标**

知识目标

1. 能正确识别普通机械变速器主要零部件名称,掌握动力传递路线;
2. 能准确描述变速器的常见缺陷及修复方法。

能力目标

1. 能按照正确的步骤拆装普通机械变速器,并能进行正确的检修;
2. 能正确进行普通机械变速器的磨合试验;
3. 能按离合器维修操作要求及操作规范,正确判断、分析和排除离合器的常见故障;
4. 能对动力换挡变速器的常见缺陷进行正确的判断、分析和故障排除;
5. 能对动力换挡变速器进行正确的维护保养。

第一节　普通机械传动变速器主要零件的检修

一、齿轮的检修

1. 齿轮的常见损伤

变速器齿轮经常处于变转速、变负荷的状态下工作,高速时齿轮的圆周速度很高,齿轮齿面又受到冲击载荷的冲击,使齿面受到损伤。

(1)磨损。变速器通过齿轮的变换来改变转速和扭矩。低速挡的受力较大,采用滑动圆柱直齿轮;高速挡使用时间较长,采用斜齿轮和花键齿啮合。就齿轮磨损来说,滑动齿轮的磨损和损坏大于常啮合齿轮,斜齿轮中的花键齿又比齿轮磨损快,而换挡频繁的齿轮磨损则更快。

(2)轮齿破碎。轮齿破碎,其原因大多是由于齿轮间隙不符合要求,或齿轮啮合接触部位不当,使轮齿局部的接触应力过大所致。另外,在传动过程中受到过大的冲击载荷也可能造成轮齿破碎或折断。

(3)齿面擦伤及疲劳剥落。齿面局部接触应力过大和长期受冲击性载荷的作用,可使齿面局部擦伤或产生疲劳剥落。

2. 齿轮的修理与更换

轮齿表面有轻微的麻点、斑痕或擦伤,可用油石进行修磨后继续使用;齿轮磨损或损伤出现下列情况,一般应予更换。

(1)齿长磨损超过原齿长30%(在齿高2/3处测量)。

(2)齿厚最大磨损量超过0.40mm,两齿轮啮合间隙超过0.80mm。

(3)啮合套和套合齿的配合间隙超过0.60mm。

(4)齿面有较严重的剥落,剥落面积超过齿面的1/4(单齿面积)。

(5)齿轮出现裂纹。

二、变速器轴的检修

变速器在工作过程中,各轴承受着变化的弯曲、扭转力矩,键齿部分还承受挤压、冲击等载荷。轴的常见损伤是轴颈和键齿的磨损及轴的弯曲等。

(1)轴颈磨损。轴颈磨损过大,不但会使齿轮轴线偏移,导致齿轮啮合齿隙的改变,使传动噪声增大,而且会使轴颈与轴承的配合关系受到破坏,在两者配合运转时,引起烧蚀。轴颈磨损超过规定时(如中间轴各挡轴颈磨损超过0.4mm),可采用镀铬修复,使其恢复至标准尺寸。

(2)键齿磨损。键齿在受力的一侧磨损较为严重,磨损情况可用与其相配的新的花键槽套入后检查其配合间隙和松旷程度。键齿磨损后可采用堆焊修复,磨损严重时应予换新。

(3)轴的弯曲。检查轴的弯曲度误差时,可将轴装到车床顶针中心,用百分表检查其弯曲情况,如果径向圆跳动超过0.5mm时,应进行冷压校正。

三、滚动轴承的检修

滚动轴承的常见缺陷有:滚柱和滚道磨损或表面剥落,外圈表面和内圈内表面磨损,保持架磨损、变形和破裂等。

如果滚动轴承发生滚珠、滚柱、滚道表面剥落,保持架变形、破裂等缺陷时,应予更换。

滚珠、滚柱或滚道的磨损,将使轴的径向和轴向间隙增大,该间隙可用图12-1和图12-2所示的方法进行检查,当径向间隙和轴向间隙超过规定时,应予更换。

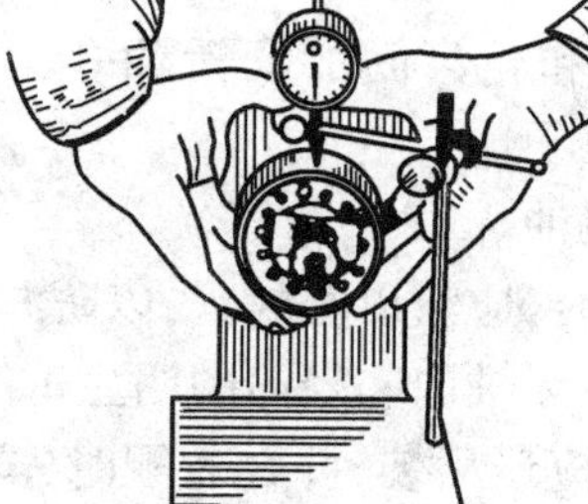

图12-1 轴承径向间隙的测量

图12-2 轴承轴向间隙的测量

四、同步器的检修

随着车辆运行速度的不断提高,为便于换挡,同步器得到广泛的运用,由于同步器各零件的配合要求较高,零件磨损后尺寸的变化对同步器的工作性能会产生很大的影响,因此,修理中应予以足够重视。现以常用的锁销式惯性同步器为例说明同步器工作中的常见缺陷及修理方法。

1.锥环的磨损

同步器锥环与锥盘的端面应保持不小于0.70mm的间隙,若锥环端面与锥盘端面接触并有擦伤痕迹,则同步器工作失效,允许将锥环端面车削修复,但最大累计车削量不得超过1mm。

锥环端面上0.40mm深的沟槽若已磨至0.1mm(但端面尚未擦磨),应更换同步器总成。一般情况下,更换同步器总成后,原锥盘仍可用,但要检查锥环端面和锥盘端面间的间隙,不得接触。

2. 定位销的磨损

定位销与滑动齿套上配合的相应孔为滑动配合,长期使用后销和孔会因磨损而出现松旷,导致同步器工作失效。因此,当定位销磨损超过规定时,应及时更换,以达到正常的配合间隙,保证同步器正常工作。

3. 锁销的磨损

锁销应不松动,锁销外端面与滑动齿套上相配合的孔端面倒角组成一对锁止面,经长期使用磨损后,会影响同步器的工作,故应及时更换。

4. 接合套凹槽的磨损

接合套凹槽磨损后,增大了与其配合的变速拨叉之间的配合间隙,可导致相啮合齿轮的啮合长度减少而产生脱挡,所以,接合套磨损后要及时更换。

第二节　普通机械传动变速器的装配与试验

一、变速器的装配注意事项

变速器装配调整的质量如何,对修理质量的影响很大,即使是全新的零件,如果装配调整不当,仍不能保证变速器正常工作,甚至会因此出现新的故障。变速器装配过程中要注意以下事项。

(1)所有零件应彻底清洗干净,要注意疏通轴上和轮齿间的润滑油孔,并用压缩空气吹净。

(2)各轴承及滑动键槽在安装前应涂以齿轮油或机油。

(3)壳体上的螺纹孔和轴承孔,在安装螺栓和轴承时,应涂以密封膏,以防漏油。

(4)所有在轴上转动的齿轮,都应保证转动灵活,并无轴向和径向的明显旷动。

(5)在装配操纵机构变速叉轴时,注意中间的一根应最后装,并在装配时先将另外两根拨入空挡位置。

(6)在安装变速器盖和换向器盖之前,将各齿轮置于空挡。变速器盖也应拨入空挡。

(7)在装配过程中,不要用金属榔头直接敲打零件表面,应垫以软金属,以防损伤零件。

二、变速器的磨合试验

变速器装配好以后,按规定要进行磨合试验。磨合试验的目的有二,一是通过磨合来改善各配合运动副表面的工作状况,二是检验变速器的修理和装配质量,及时发现和排除修理中的隐患,避免装车后再返工。

磨合试验分为无负荷磨合和有负荷磨合两个阶段进行。

磨合试验时,将变速器(附驻车制动器)装在专门的试验台架上,以电动机或发动机为动力,拖动变速器运转,以驻车制动器作为短暂的加载机构,检查变速器带负载时的工作情况。

磨合试验的顺序是：先进行无负载磨合试验，观察各挡齿轮的配合运转情况，当一切正常时，在电动机(发动机)负荷能力允许的条件下，拉动驻车制动器2~3次(负荷最好为传递最大扭矩的30%左右)，使变速器承受突加载荷，观察变速器在有负荷的情况下，齿轮有无发响、脱挡现象。

各挡磨合运转时间不得少于15min，磨合时间总和不得少于1h，对换修零件较多的挡位可适当增加磨合时间。

变速器在磨合运转试验中，应符合下列要求：

(1)换挡时，齿轮的接合和分离应轻便自如、灵活可靠。

(2)在任何挡位，均不得有脱挡和乱挡现象。

(3)各挡齿轮允许有均匀的啮合声，在稳定转速下，不允许有高低变化的异常声响。

(4)所有密封部位不得漏油。

(5)磨合一段时间后，齿轮油温升不得高出室温40℃以上。

磨合后，放净磨合的机油，换用加有50%煤油的柴油清洗各部件。检查各挡齿轮的啮合情况，对于运转中有严重噪声的挡位齿轮，应拆下修磨或重新更换。齿轮的啮合印痕应在齿面中部，新齿轮的啮合面积应不小于齿面的1/2，原有齿轮应不小于2/3，不符合要求时，可用油石或手砂轮修磨后重新磨合。

变速器磨合后的拆检原则是：哪一挡有故障，就检查哪一挡；空挡发响，则检查常啮齿轮；无负荷不响而有负荷发响，一般是由于轴承过于松旷或不同轴所致。发响和脱挡不一定全属于齿轮的故障，当齿轮间隙和磨损情况都较好时，应着重检查换挡机构的装配及壳体的变形情况。

第三节　普通机械传动变速器的常见故障分析

一、机械传动系中变速器的异常响声

1. 故障现象

变速器工作中发出异常响声。

2. 主要原因

(1)主轴与副轴平行度超过标准。

(2)变速器与飞轮壳连接螺栓松动。

(3)轴承磨损过甚或损坏。

(4)齿轮磨损过甚。

(5)变速拨叉磨损变形。

(6)副轴轴向窜动。

(7)修理时未成对更换齿轮。

3. 检查判断

(1)若发动机怠速运转时有异响，踩下离合器踏板后响声消失，则为第一轴后轴承、第二轴前轴承、常啮齿轮或中间轴轴承响。若踩下离合器踏板后有响声，而抬起离合器踏板后响声消失，则为第一轴前轴承响。

(2)若行驶中换入任何挡位都响，则为第二轴后轴承响。若换入某挡后响声明显，则为该

挡齿轮啮合响。如果响声均匀，多为齿面磨损过大造成的，如响声呈周期性，多为某齿面损伤或轮齿断裂所致。若用力换入某挡位后，有齿轮碰击声或齿轮端面摩擦声，松手后响声消失，则为挂挡用力过猛或自锁装置欠佳引起的。若在变速行驶时，变速器内发出在旋转轴向上的撞击声，则为所挂挡齿轮齿隙太大或该挡齿轮与第二轴花键配合间隙太大引起的。

(3)在空挡滑行时，若变速器内发出齿轮碰击声或齿轮端面摩擦声，可手握变速杆从空挡位置依次向每个挡位上轻轻靠拢，若靠拢某挡后响声加剧，向反方向靠拢响声消失，则说明该挡齿轮与相邻齿轮有碰擦现象。

(4)当变速器内齿轮油的黏度太低、数量不足、规格不符合要求时，均会增大变速器的噪声，应引起足够重视。

二、普通机械传动变速器跳挡

1. 故障现象

变速器跳挡，是指变速器挂入某挡后，在车辆行驶或机械作业中，变速器自动跳回空挡。这种现象容易发生在中高速或载荷较大以及载荷和转速突然变化的时候。另外，车辆剧烈振动时，也易发生跳挡。

2. 主要原因

(1)变速叉轴凹槽及定位钢珠磨损松旷，以及定位弹簧过软或折断，以致某挡位的定位装置失效或定位效果不佳。

(2)变速换挡叉弯曲或磨损过度，以及固定螺钉松动，使齿轮轴向移动的有效行程减少而不能正常啮合。

(3)齿轮或齿套沿齿长方向磨成锥形，使齿轮或齿套传力时产生轴向分力，造成齿轮脱离。

(4)变速器第一、二轴的轴承严重磨损，致使轴承松旷或轴向间隙过大，使轴和齿轮传动时产生跳动和窜动，造成跳挡。

(5)第二轴后端固定螺母松动，造成第二轴轴向窜动。

(6)同步器锁销松动或散架。

3. 检查判断

(1)用手扳动变速杆做挂挡试验检查，换入该挡后，若感到没有冲劲(空位锁球没进拨叉轴凹槽的感觉)，同时又感到很松，则故障在换挡机构，应拆下变速器盖后检查叉轴定位销球、凹槽和锁球弹簧等。

(2)若挂挡时有冲劲的感觉，则将跳挡的某挡仍挂入该挡，拆下变速器盖检查齿轮啮合情况，如齿轮未完全啮合，而用手推动后能完全啮合，应检查换挡叉是否弯曲或磨损过大，以及换挡叉固定螺钉是否松动。

(3)若换挡机构和齿轮啮合没有问题，则应检查齿轮是否磨成锥形，以及轴的前后移动情况。

(4)若上述检查均正常，则应检查第一轴与曲轴的同轴度是否超差。检查时，可旋松变速器固定螺母，挂入直接挡，松开手制动，用手柄摇转发动机，察看变速器与离合器壳的接触面间隙是否一致，若不一致，则有可能是变速器第一轴与曲轴同轴度超差，应予排除。

(5)对装有锁销惯性式同步器的发动机，则应检查同步器锁销是否松动，同步器是否散架等。

三、变速器换挡困难或乱挡

1. 故障现象

车辆起步或在行驶中换挡时，挂不上所需的挡位，或者所挂挡位与需要挡位不符，或者虽挂入所需挡位但不能及时退回空挡。

2. 主要原因

(1)离合器工作状况不正常和驾驶操作不当。

(2)长距离操纵杆机构磨损松旷、咬死、变形和调整不当。

(3)变速杆球头与座磨损过甚，或定位销松旷、失效。

(4)变速杆下端及拨叉导块槽磨损过大。

(5)同步器锥面磨损丧失工作能力。

(6)齿轮油不符合规定标准。

3. 检查判断

(1)以变速杆中心线为轴转动变速杆，若能成圈转动，说明其球头限位销磨短或脱落，应予修复或更换。

(2)挂挡后不能脱入空挡，若变速杆可以转动而引起错挡，则属于变速杆下端弧形工作面和变速叉顶端凹槽或变速叉轴导块上的凹槽磨损过大，应予修复。若变速杆摆动幅度大而引起错挡，说明变速杆下端弧形工作面脱出导块凹槽或变速叉槽，应拆下变速器盖，查明原因，予以排除。

(3)若能同时挂两个挡，说明变速叉轴互锁装置失效，可能是弹簧折断或钢球磨损过甚造成的，应予更换。

(4)若只有挂入直接挡才能行驶或空挡也能行驶，而其他挡位均不能正常行驶，则应检查第二轴前端的滚针轴承是否烧结而使第一轴和第二轴联成一体，此时应分解清洗变速器。

第四节　动力换挡变速器主要零件的检修

一、动力换挡变速器箱体的检修(以 SH380 型变速器为例)

检查箱体是否有裂纹、破损，各机械加工面是否碰伤，各螺纹孔是否损坏。

箱体上有不超过 150mm 的裂纹，且裂纹未穿过轴承座孔和油道，则箱体可以焊修；箱体接合面碰伤时，应修磨光平。轴承座孔磨损不大时，可用刷镀的办法恢复座孔与轴承的配合。轴承座孔的尺寸见表 12-1。

SH380 变矩器和变速器体座孔尺寸　　表 12-1

磨损部位	尺寸(mm)	
	标准	极限
变矩器箱体		
第一轴轴承座	$200^{+0.045}_{0}$	200.08
第二轴轴承座变速器体	$170^{+0.04}_{0}$	170.07
油泵驱动轴轴承座	$80^{+0.03}_{0}$	80.06
第一轴轴承座	$170^{+0.04}_{0}$	170.07
第二轴轴承座	$200^{+0.045}_{0}$	200.08

变矩器和变速器箱体出厂时是配对加工的，因此，如果其中之一损坏时，必须成对更换。

二、动力换挡变速器齿轮的检修

变速器齿轮有下列缺陷之一者必须换新：

(1)齿厚磨损超过允许极限。

(2)齿面渗碳层疲劳剥落，出现大量麻点。

(3)轴承孔磨损超过允许极限。

(4)花键侧表面磨损超过允许极限。

(5)齿轮轮齿折断。

一、二主动齿轮及三、倒挡被动齿轮轴承孔标准尺寸为 $125^{+0.027}_{-0.014}$mm，允许极限尺寸为125.067mm，倒挡中间齿轮轴承孔标准尺寸为 $90^{-0.010}_{-0.045}$ mm，允许极限尺寸为90.025mm。

齿轮轮毂渐开线外花键装换挡离合器盘的部位容易磨损。因此，应测量花键和盘相摩擦部位的花键厚度。测量高度为2.5mm，标准齿厚为 $7.852^{-0.08}_{-0.16}$mm，允许极限尺寸为7.3mm。

三、变速器第一轴和第二轴的检修

第一轴和第二轴有下列缺陷之一者必须修复或更换。

(1)轴承轴颈磨损超过允许极限。

(2)第二轴固定凸缘花键超过磨损超限。

(3)密封环槽宽度磨损超限。

轴弯曲变形，直线度误差超过0.10mm时，应予校正。

第一轴和第二轴的标准尺寸和允许极限见表12-2。

第一、二轴标准尺寸和允许极限尺寸 表12-2

名　称	磨损部位	尺寸(mm)	
		标准	允许极限
第一轴	后轴承颈(花键外径)	80±0.01	79.97
	齿轮轴承轴颈(花键外径)	80±0.01	79.97
	前轴承轴颈(花键外径)	$80^{+0.023}_{+0.003}$	79.98
	涡轮轮毂轴承颈(花键外径)	$60^{0}_{-0.01}$	59.96
	密封环槽(宽度)	$3^{+0.12}_{0}$	3.62
第二轴	后轴承颈	80±0.01	79.97
	齿轮轴承颈	80±0.01	79.97
	前轴承颈	$80^{+0.023}_{+0.003}$	79.98
	固定凸缘花键齿厚	$12^{-0.03}_{-0.09}$	11.75
倒挡中间轴	轴承颈	$40^{0}_{-0.017}$	39.98

四、换挡离合器的检修

换挡离合器的主要损伤是活塞与油缸工作表面磨损，活塞密封环磨损，主动盘和从动盘磨损或由于长期打滑而烧蚀、翘曲变形等。

离合器油缸的标准尺寸为 $200^{+0.009}_{0}$ mm,允许极限为 200.6mm。活塞环厚度标准尺寸为 (4.50 ± 0.07) mm,允许极限为 4.00mm,超限时换新。活塞回位弹簧变形或弹力下降,应换新。弹簧的自由长度应为 $105^{+3.5}_{-1.0}$ mm,压缩后长度为 80mm 时,负荷应为 260 ~ 320N。主动盘厚度标准尺寸为 $2^{\ 0}_{-0.06}$ mm,允许极限为 1.44mm;从动盘厚度标准尺寸为 $4^{-0.04}_{-0.12}$ mm,允许极限为 3.32mm,超限时换新。当摩擦片磨损后不具备大修条件时,为解决因主从动片总厚度减少引起的打滑,可在紧贴压盘或止推盘处增加一片主动盘。当主从动盘齿顶磨尖时,必须更换新件。主动片翘曲超过 0.20mm 时,应校平或换新;从动盘翘曲超过 0.10mm 时,应换新。

第五节　动力换挡变速器的装配与维护

一、动力换挡变速器的装配

组装前,所有零件应用煤油或柴油清洗,尤其应注意清洗箱体及第一、二轴上油道,并用压缩空气吹净。组装时,先装成部件,最后进行总装配。现以 SH380 型自卸汽车变速器为例,说明其组装要求及其注意事项,其他动力换挡变速器组装时,亦可参照执行。

1. 第一轴和第二轴的组装

组装前,应检查轴上所有橡胶密封圈是否损坏或老化,必要时换新。换挡和润滑油道分配器装入轴孔中后,应做换挡油道和润滑油道的密封及连通性检验。检验应使用专用工具进行,该工具由带焊接头的卡箍 2 及进气软管 3 的管接头组成,见图 12-3。

首先检查油道的连通性。为此,软管 3 应轮流地与卡箍 2 上的管接头连接,并往油道里输送压缩空气,压缩空气只能从相应的出油孔排出。

检查油道的密封性时,当软管 3 和油道 4 连通,往油道内输送压缩空气时,若关闭油道 7,压缩空气不应从油道 6 排出;将软管 3 与油道 5 连接,关闭油道 6 时,压缩空气不应从油道 7 排出。然后将第一、二轴装到箱体上。

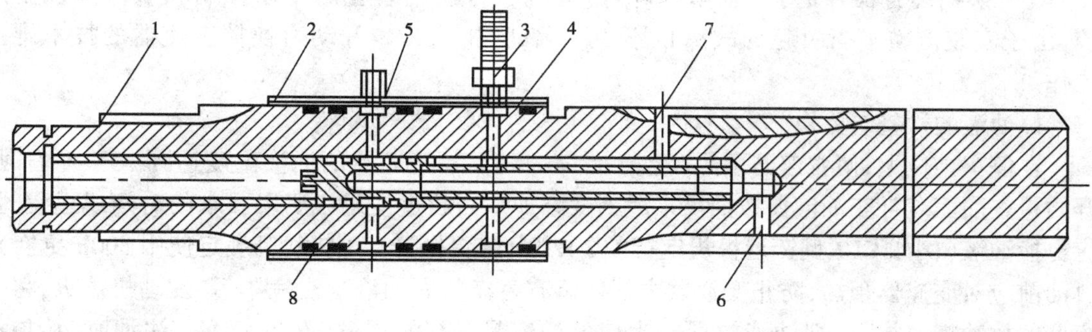

图 12-3　第一轴油道密封性和连通性的检验

1-第一轴;2-卡箍;3-软管;4-润滑油道;5-一挡离合器供油道;6-一挡离合器进油道;7-润滑油进油道;8-分配器

2. 变速器组装

(1)在第一轴和第二轴上安装各挡齿轮和换挡离合器。装离合器时应注意油孔位置,检查离合器的工作情况。为此,将进气软管接到离合器的进油管路上(此时可不装换挡阀),然后依次周期性地往换挡油道内输送压缩空气(图 12-4)。离合器的结合应迅速、平稳,分离应彻底,没有卡滞现象。在确保离合器状况良好后,再将变速器箱体装到变矩器箱体上。

(2)第二轴是用后轴承固定其轴向位置的。为了防止变速器工作时因温度变化将前轴承咬死，前轴承应有 $1^{+0.2}_{0}$mm 的轴向间隙。为此，组装时应测量第二轴倒挡被动齿轮后端面至变速器箱体后端面之间的距离 G(图 12-5)；测量第二轴后轴承前端面至弹性挡圈内侧的尺寸 H(图 12-6)，则 $G-H=1^{+0.2}_{0}$mm。如不符合要求，可在倒挡被动齿轮和后轴承之间加垫片调整。这样，当第二轴后凸缘固定螺钉拧紧后，其前轴承可得到 $1^{+0.2}_{0}$mm 的轴向间隙。

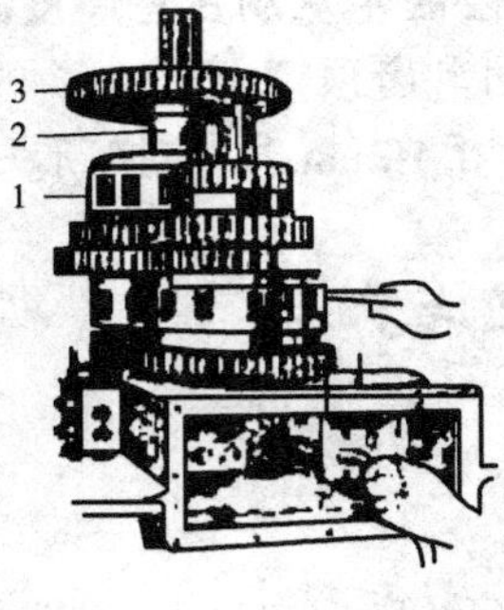

图 12-4 换挡离合器工作状况的检查
1-二挡离合器；2-隔套；3-倒挡齿轮

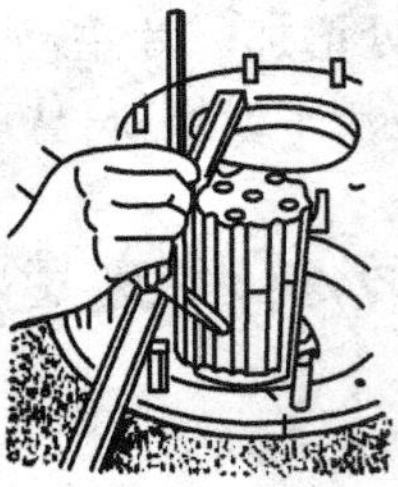

图 12-5 测量第二轴倒挡被动齿轮后端面至箱体后端面之间距离

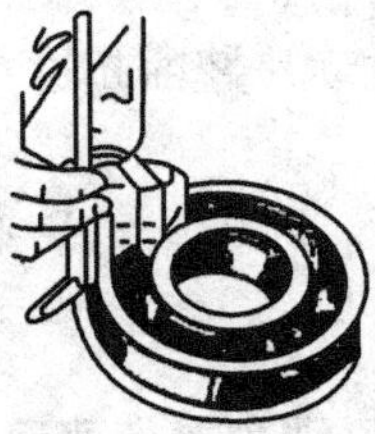

图 12-6 测量后轴承前端面至弹性挡圈内侧的尺寸

对于工程机械和重型汽车上所采用的行星齿轮式动力换挡变速器的检修，主要是齿轮的检修、花键连接的检修及换挡离合器和换挡制动器的检修。这些项目的检修亦可参照本章中所介绍的定轴式动力换挡变速器的检修方法进行，但具体处置尚需查找所属机型的技术规定。换挡制动器(盘式)的检修与换挡离合器基本相同。带式制动器可结合所属机型的使用维护说明书参照带式制动器的检修方法进行。

二、动力换挡变速器的维护

动力换挡变速器对各零件精度要求极高，故障往往是由于液压油的质量不好引起阀门"卡阻"，换挡离合器片磨损，轴承损坏等。其次，各联动装置的手动控制和节流阀控制系统，由于安装调整不当引起的故障也不少。因此，要认真做好动力换挡变速器的技术维护工作。

1. 油液的检查与更换

在停车挡位上，使变速器预热(空转 3～4min)。当变矩器的油液温度达到 70℃左右时，开始检查油面。补充油液要按油尺指示刻度添加。当超过使用说明书要求的时间或里程时，应更换油液(例如 CL7 型铲运机规定行驶 2×10^4km 更换，ZL50 装载机规定使用 500h 更换)。放油前应对变速器预热，防止变速器内部残留有害杂质。油液预热完毕后，发动机熄火，将变矩器的放油螺塞拧下，把油液放尽。为使放油容易，需拔下换气孔的管塞。注油时，从加油口先注入一定量，启动发动机，在变速器空挡(怠速)状况下运转 2min 左右，再加足剩余的油液。

2. 油压试验

试验前应仔细清洗变速器，避免脏物从测压孔内进入。由于各种油压测定器的位置和油压规定值不同，应按使用说明书的规定进行试验。在试验中，如果管路压力超过规定值，则是节流阀开度过小所致，需调大，相反则应调小。

第六节　动力换挡变速器的常见故障分析

大、中吨位的内燃叉车和轮式装载机通常由液力变矩器和动力换挡变速器组成动力系统，以满足道路条件、工况负荷变化及前进、后倒、停车的要求，并依靠湿式摩擦离合器或制动器的结合和分离进行换挡，下面以 CPCD50 型叉车采用的多片湿式离合器常啮齿轮半自动液压换挡变速器为例分析常见故障。

一、变速器挂不上挡

1. 故障现象

变速器挂挡时，不能顺利进入挡位。

2. 主要原因

(1)挂挡压力阀压力过低。

(2)液压泵工作不良，密封不好。

(3)液压管路堵塞。

(4)湿式离合器密封圈损坏、泄漏或活塞环磨损。

(5)湿式离合器摩擦片烧毁或钢片变形。

(6)湿式离合器制动滑阀不回位。

(7)制动皮碗不能回位或回位不好。

(8)支承座螺栓松动。

(9)40 环磨损。

(10)挂挡阀杆不到位。

3. 检查判断

(1)若挂挡时不能顺利挂入挡位，应首先察看挂挡压力表指示压力，如挂空挡时压力低，则可能是液压泵供油压力不足，这时应检查油面高度，如油位符合要求，则应检查液压泵传动零件的磨损情况及密封装置的密封情况，同时要考虑过滤器是否有密封不严使空气进入系统，如液压泵、过滤器无不良情况，则应察看变速压力阀是否失灵，变速操纵阀阀芯是否磨损。

(2)如空挡时压力正常，挂挡时压力低，则可能是湿式离合器供油管接头及变速器第一轴、第二轴分配器和离合器的油缸活塞密封圈密封不严而漏油。

(3)如发动机转速低时压力正常，转速高时压力降低或压力表指针跳动，一般是油位过低，过滤器堵塞或液压泵吸入空气造成的，应分别检查和排除。

(4)若非挂挡压力不够的原因，则应检查制动滑阀的工作情况，察看是否有卡死、弹簧弹力不足等情况。

(5)如上述检查均正常，则应检查制动皮碗、制动滑阀与操纵阀的配合间隙等，必要时更换皮碗或研磨制动滑阀。

二、变速时挡位脱不开

1. 故障现象

变速器变速时，挡位脱不开。

2. 主要原因

(1)离合器活塞拉伤鼓轮孔。

(2)离合器活塞环胀死。

(3)离合器摩擦片烧毁。

(4)离合器回位弹簧失效或损坏。

(5)回油路堵塞。

3. 检查判断

启动发动机,变换各挡位,检查是哪个挡位脱不开,以确定该检修的部位。拆开回油管接头,吹通回油管路,连接好后再进行检查,看挡位分离是否迅速,如仍不奏效,需拆开离合器,检查弹簧力是否合适,摩擦片是否烧蚀,活塞环是否发卡,鼓轮内腔是否拉伤等。

三、动力换挡变速器已挂上挡,但叉车运行乏力

1. 故障现象

动力换挡变速器已挂上挡,但叉车运行乏力,甚至不能行走。

2. 主要原因

(1)离合器摩擦片磨损过甚,间隙过大。

(2)离合器轴套磨损严重,使间隙增大,漏损严重。

(3)离合器自动排油阀密封不严,使压力下降。

(4)换挡操纵阀管路堵塞。

(5)断流阀(切断阀)的自动滑阀不能自动回位。

(6)变速阀定位装置弹簧过软或折断,钢球跳动。

(7)离合器活塞环、密封圈磨损严重,使泄漏增大。

(8)换挡操纵阀到位而误认为挂上挡,实际未挂上挡(由于油箱油面过低,液压泵、过滤器、流量控制阀等故障所致)。

(9)换挡操纵阀滑阀磨损严重导致泄漏增大。

3. 检查判断

(1)首先检查换挡压力表压力值是否为1.2MPa,如压力未达到此值,应检查动力换挡操纵油路系统是否有严重泄漏,油箱压力油是否过少,压力油是否变质,液压泵的输出压力是否达到规定值,过滤器、油管是否堵塞等。

(2)如换挡压力达到规定值,可变换各挡位,观察叉车是否能运行,如叉车在各挡位均不能行走,可能是主油路的压力油未进入各离合器,其中可能是由于断流阀中制动滑阀未回到位,应拆开断流阀检查。也可能由于油液太脏,使换挡操纵阀内进油道堵塞,使高压油无法进入各离合器,因此,实际上并未挂上挡,而表面上滑阀已移动,给人挂上挡的错觉,此时应拆下进油管接头,吹通油路,同时移动换挡滑阀,即可排除故障。

(3)如系某一挡挂上后叉车难以行走,是由于该离合器摩擦片磨损严重,密封圈损坏,活塞环严重磨损,自动排油阀密封不严,或管路堵塞、换挡滑阀严重磨损,各接头处漏油等原因,应逐一检查排除。

四、变速器操作油压过低

1. 故障现象

压力表反映的变速器各挡油压均低于正常值,叉车不能行走。

2. 主要原因

(1)变速器油底壳油量不足。

(2)主油道漏油。

(3)变速器过滤器堵塞。

(4)转向(变速)液压泵齿轮磨损或密封损坏,造成严重内漏。

(5)变速器挂挡压力阀调压阀调整不当。

(6)挂挡压力阀弹簧失效、折断或滑阀发卡。

(7)过滤器堵塞。

3. 检查判断

(1)首先检查油底壳油量是否足够,如不足,应加到规定油位。

(2)检查油底壳中是否由于滤油器堵塞而造成液压泵吸油不足,检查油道中的过滤器是否堵塞而使油流不畅。

(3)检查主油道是否漏油,接合面是否密封不严。

(4)调整挂挡压力阀,使压力达到规定值,如失效,应检查弹簧是否失效或折断,滑阀是否发卡等。

(5)检查转向(变速)泵是否有故障,可拧松该泵出油管接头渗出油液,观察在发动机低速和高速下渗油量的变化,若渗油量显著变化,表明泵无故障,若渗油量变化不大,表明该泵有故障,应拆检之。

五、变速器有异常响声

1. 故障现象

工作中变速器发出“咣咣”或“咯噔、咯噔”的异响。

2. 主要原因

(1)润滑油不足。

(2)变速器轮齿打坏。

(3)轴承间隙过大。

(4)花键轴与花键孔磨损松旷。

3. 检查判断

(1)首先检查变速箱内液压油是否足够,如不足,应加到规定油位。

(2)采用变速法听诊,若异响为清脆而较轻的“咯噔、咯噔”声,则表明轴承间隙过大或花键轴松旷,同时在齿轮、轴承和花键轴等所在部位的外壳处听诊,以确定异响所在。

复习思考题

1. 如何进行齿轮的选用?齿轮的磨损特征有哪些?何种失效应予以更换?

2. 同步器的失效分为哪几个部分?

3. 机械变速器的装备要注意哪几个事项?磨合要求有哪些?

4. 机械变速器的异响原因、跳挡原因、乱挡原因各是什么?分别如何检查?

5. 如何检查动力换挡变速器的各种不同失效现象?

6. 检查更换动力换挡变速器油液时有哪些注意事项?

7. 如何装配动力换挡变速器?

第十三章　万向传动装置的检修

- **学习目标**

知识目标

1. 能正确识别万向传动装置主要零部件名称，掌握万向传动装置的动力传递特点；
2. 能准确描述万向传动装置的各部分常见缺陷及修复方法。

能力目标

1. 能按照正确的步骤拆装万向传动装置；
2. 能正确进行万向传动装置的检修；
3. 能正确判断、分析和排除万向传动装置的常见故障；
4. 能对万向传动装置进行正确的保养。

第一节　万向传动装置主要零件的检修

一、万向节的检修

万向节十字轴是精度要求较高的零件，万向节分解后，应对十字轴零件进行仔细的外观检查。一般要求十字轴不得有裂纹，各轴颈表面不得有金属剥落和其他明显缺陷，否则应予更换。

万向节轴承与轴颈的配合间隙应符合原厂规定（如东风 EQ140 规定该配合间隙为 0.02 ~ 0.09mm）。检查配合间隙时，可将十字轴夹在虎钳上，把滚针轴承套在十字轴轴颈上，用百分表触头抵住轴承壳外表面最高点，用手上下推动滚针轴承壳，百分表的读数变化值，即为其径向间隙（图13-1）。

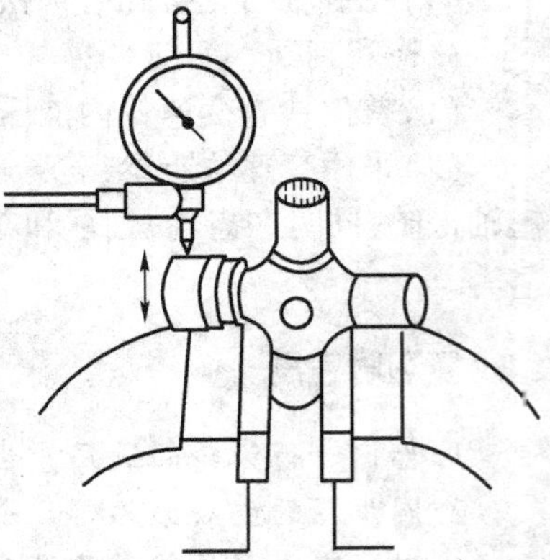

图 13-1　万向节轴承径向间隙的检查

当十字轴轴颈磨损起槽，深度超过 0.04mm 时，应进行修复，修复方法有电镀、镶套、堆焊等，目前用得较多的是堆焊修复。

轴颈的镀铬修复：轴颈磨损不大时，可采用镀铬修复。镀前先将轴颈的不均匀损伤磨去，使其恢复正确的几何形状，然后进行电镀，镀层厚度视其磨损情况而定。当镀铬层厚度超过 0.03mm 时，应先镀铜后再镀铬，镀后磨至规定尺寸。

轴颈的堆焊修复：轴颈磨损较大时，可采用电振动堆焊后再光磨至配合尺寸。十字轴在光磨前,应先修整轴颈端面的中心孔,用此孔作为磨削定位基准,这样可以保证各轴颈轴心线在一平面内。磨削后,应检查其粗糙度、硬度是否符合技术要求,其圆度、圆柱度误差不得大于0.005mm,两轴线垂直度误差不得大于0.01mm。

轴颈的镶套修复:先将十字轴各轴颈磨至相同尺寸,镶套后再磨至配合尺寸。套筒用20铬钢制成,然后经渗碳、淬火、回火使其硬度达到RC56~62。

二、传动轴总成的检修

1. 传动轴轴管检修

检查传动轴轴管的弯曲情况时,可将传动轴两端用顶针支承,用百分表在传动轴中部测量,径向跳动一般不得超过1mm,超过规定时,应予以冷压校正。

轴管上出现明显凹陷时,可将花键轴头和另一端万向节叉在车床上切下,做好装配对正记号,然后在轴管中穿一根较轴管内径细而长的钢棒,在凹陷处局部加温至600~850℃,垫上型模,予以敲击修复,修复后再与切下来的花键轴头和万向节叉按原位焊接。焊接时,应先均匀点焊3~4点,再检查径向跳动,合格后再焊接全部焊缝。重新焊接后长度误差应小于5mm。

2. 传动轴花键检修

传动轴花键套与花键轴头的主要损伤是花键齿磨损,使花键套与花键轴头在配合时扭转侧隙增大。当花键磨损过度时,可采用堆焊修复,在磨损过度的键齿部位堆焊后,按技术标准重新加工出新齿,此法在旧件修复中常用来修复花键轴。

三、传动轴中间轴承及支承的检修

中间轴承是传动轴易产生故障的零件,传动轴运转中的噪声主要来自于中间轴承。拆检中,如发现轴承滚珠、滚柱和外滚道上有烧蚀、刻痕、裂纹、金属剥落等缺陷时,应及时更换。另外,如果滚动轴承的径向和轴向间隙超过规定,也应予以更换。

中间支承的橡胶垫环在使用一定时间后,会发生老化、龟裂而丧失弹性,从而使传动轴在运转中产生振动,修理中应予更换。在平时小修时,为减少工作量,往往在垫环外圈垫一周厚度为1.5~2.0mm的铁皮,以改善垫环弹性,但应注意不要堵住油嘴孔。

第二节　万向传动装置总成的装配

一、装配注意事项

(1)为了避免由于普通万向传动装置的不等速传动而造成传动轴工作抖动、发响以及主传动器齿轮承受冲击载荷,在安装传动轴时,应注意使两端万向节叉位于同一平面内,同时应保证与传动轴两端通过万向节相连的两轴和传动轴的夹角相等。

(2)如原车传动轴伸缩套管叉有装配记号,应按原记号对正装配,如果修理过程中将其更换,经动平衡后,应重新作出对正记号,安装时按平衡后的记号对正装配,以保证传动轴的平衡。

(3)传动轴上的附属零件应齐全可靠。伸缩套处的油封除了能防止花键轴内润滑脂外流外,还能防止潮湿空气和灰尘的侵入。传动轴上的伸缩防尘套应齐全完整,并用夹箍紧固。为了不影响传动轴的平衡,两只夹箍的锁扣应错开180°。

(4)为了便于加注润滑脂，十字轴不可反装，油嘴必须朝向传动轴，并成一直线。中间支承轴承盖上有油嘴的应装在支架的后面且油嘴朝下。

(5)十字轴轴承盖板紧固螺栓或U形螺栓，凸缘连接紧固螺栓、螺母等必须紧固锁止可靠，以防松脱造成事故。

(6)中间支承轴承支架安装时应注意其方向，与车架横梁接触面有角度者，厚的一面应朝前。

(7)为了减少旋转质量中心偏移旋转轴线造成的附加动载荷，传动轴出厂前均应进行过动平衡试验。在组装时，传动轴上的平衡片不可随意取掉。

(8)传动轴组装后，应进行动平衡试验，其动不平衡量应符合原厂规定，否则应在轴管两端焊平衡片进行动平衡调整。

二、装配工艺

1. 花键轴与套的装复

先将油封盖、油封垫片和油封套在花键轴上，套上防尘罩，将一端用夹箍夹紧。然后，对准花键套叉和轴管上的装配记号，把套管叉套在花键轴上。装好油封垫片，旋入油封盖。用手推动花键套叉，应做到伸缩移动自如，花键无松动感。最后装好防尘罩，将另一端夹箍夹紧。

2. 万向节的装复

(1)将十字轴按正确方向插入万向节叉座孔内，把滚针轴承放入座孔并套到十字轴轴颈上。用铜棒轻敲滚针轴承外端面，使轴承进入座孔并到位，用卡簧钳把挡圈装入座孔内的槽内。

(2)对准装配标记，把十字轴的另一对轴颈放置到凸缘叉套的座孔中，再把滚针轴承放入座孔，如前用铜棒敲入并用卡簧固定。

3. 中间支承的装复

(1)将检验合格的轴承装入轴承座内，两侧压入油封，在轴承座外壳槽内，装上橡胶垫块，键齿嵌入槽内，即完成中间支承轴承的装配。

(2)将装好的中间支承，其无油嘴的一侧对着第一传动轴，套在第一传动轴的轴颈上。然后套上传动凸缘，传动凸缘4个螺栓孔的布置位置应一致，如果凸缘花键齿无法保证4个螺栓孔位置一致，则应将凸缘按旋转方向向前转过一个键槽，再套上传动凸缘的花键套。垫上垫块，用手锤轻敲，使中间支承和凸缘到位。放上垫圈，拧上螺母，并装好开口销。

第三节　万向传动装置常见故障分析

一、车辆行驶中有异响

1. 故障现象

车辆起步时无异响，但行驶过程中，从传动轴部位传出类似于金属碰击的声音，且整个行驶过程中声响不断。

2. 主要原因

(1)传动凸缘连接松动。

(2)万向节轴颈和轴承因磨损过度而松旷。

(3)中间轴承支架固定螺栓松动或中间轴承内圈松旷。

(4)中间轴承安装不当。

(5)后钢板弹簧上骑马螺栓松动。

(6)万向节轴承外圈压得过紧,转动不灵活。

3. 检查判断

(1)车辆行驶中,当突然改变转速时,有金属敲击声,可能是个别突缘或万向节十字轴轴承磨损松旷,用撬棒撬动突缘,晃动很明显的突缘即为故障所在。

(2)起步和变速时,撞击声明显,低速行驶时比高速时明显,可能是中间支承轴承内圈过盈配合松动所致。

(3)起步和行驶中,始终有明显异响,并伴有振抖,可能是中间支承轴承支架固定螺栓松动,导致位置偏斜造成的。

(4)低速行驶时,出现清脆而有节奏的金属撞击声,脱挡滑行时声响清晰存在,可能是万向节十字轴轴承壳压紧过甚所致,应拆开重新装配。

(5)车辆行驶中,声响随车速的增大而增大,一般是中间支承轴承响,若响声混浊、沉闷而连续,则说明中间支承轴承已散架。若响声是连续的“呜、呜”声,应首先检查中间支承轴承支架橡胶垫环隔套紧固螺栓是否过紧或过松,使轴承位置偏斜,可旋转轴承盖螺栓,若声响消失,则说明中间支承轴承装置偏斜。若仍有声响,应拆下中间支承进行分解检查。

二、传动轴异响并伴随车身的振动发抖

1. 故障现象

在一些传动轴较长的车辆上,传动装置在车辆行驶中除了发出周期性异响外,还伴随着车身的振动与发抖。此种异响的特点是中速以上才出现,车速越高,响声越大,达到一定速度时,车身发生振抖,高速时脱挡滑行,振响仍然存在。

2. 主要原因

(1)万向节滚针轴承磨损、损坏。

(2)传动轴弯曲或平衡片脱落。

(3)传动轴中间支承轴承磨损松旷或损坏。

(4)装配不当,传动轴两端的万向节不在同一平面内。

(5)传动轴万向节滑动叉的花键配合松动。

(6)发动机前后支架的固定螺栓松动。

3. 检查判断

(1)若声响呈周期性,且随车速升高而增大,此时可将驱动桥支起,挂高速挡,察看传动轴的摆振情况,特别是当收抬起加速踏板时,若摆振更大,则说明是突缘和轴管焊接时歪斜或传动轴弯曲引起的,应检查轴管的径向跳动量,采用加热校正法校正或更换传动轴。

(2)若声响呈连续振响,这时将发动机熄火,到车底下用手握住中间支承架附近的中间传动轴,径向晃动,检查中间支承轴承与架的橡胶垫环隔套是否间隙过大,固定螺栓有无松动,支承架是否偏斜等。

(3)若以上检查未发现故障原因,则应进一步检查十字轴回转中心与传动轴的同轴度是否超差,超差原因大多是十字轴两端的滚针轴承壳凹槽内加垫厚度不等所致,故从检查其加垫厚度是否均匀即可判断其同轴度。

复习思考题

1. 十字轴式刚性万向节不等速性的解决方案有哪些?
2. 何种情况下应该更换万向节的十字轴?
3. 如何检查万向节轴承与轴颈的配合间隙?
4. 如何修理凹陷的传动轴轴管?
5. 如何改善传动轴中间支承轴承的弹性?
6. 万向传动轴总成装备注意事项有哪些? 如何装复?
7. 万向传动轴异响的主要原因有哪些?

第十四章　驱动桥的检修

- **学习目标**

知识目标

1. 能准确描述驱动桥的主要零部件及动力传递路线；
2. 能准确描述锥轴承预紧度调整原理；
3. 能准确描述主从动锥齿轮啮合印痕和啮合间隙的调整原理。

能力目标

1. 能按照正确的步骤拆装驱动桥；
2. 能正确处理驱动桥壳和半轴导管的常见缺陷；
3. 能正确进行差速器的装备与调整；
4. 能熟练进行主减速器的检查与调整。

第一节　驱动桥主要零件的检修

一、主减速器及主要零件的检修

1. 主从动锥齿轮的检修

主从动锥齿轮的主要损伤是自然磨损和齿面产生斑点、剥落或烧蚀，对主从动锥齿轮的检修应着重注意以下几个方面。

(1)齿轮不应有裂纹，轮齿工作面上不应有明显的斑点、剥落和缺损，当牙齿端部剥落部分不超过齿高的1/3和齿长的1/10且主动齿不多于两个(不相邻)、从动齿不多于3个时，允许修磨后继续使用。修磨时，可用油石磨去其尖锐部分。牙齿损伤超出上述规定时，应予成对更换。如由于条件限制，只能单个更换时，应选用同一品牌的齿厚相接近的旧齿轮相配，以减少啮合噪声。

(2)圆锥主动齿轮轴上的螺纹损伤应不多于两牙，损伤超过规定时，可堆焊后重新加工出螺纹。

(3)圆锥主动齿轮前后轴承与轴颈、承孔的配合应符合规定，不允许有松旷转动现象，当轴承轴颈磨损过度时，可采用镀铬或镀铁恢复其配合尺寸。

2. 主减速器壳的检修

主减速器壳体的常见损伤有：由于受力过大或铸造后的残余应力而使壳体产生变形，使配合表面及正确的相互位置遭到破坏；主动齿轮轴前导轴承座孔支架变形；各轴承座孔因磨损而松旷等。

(1)主减速器壳形位公差要求。

壳体上左右差速器轴承座孔同轴度应为0.03mm,并以此为基准,要求主动齿轮轴座孔中心线与它的垂直度误差小于0.05mm,与后桥安装平面的平行度误差小于0.15mm,跳动量小于0.10mm,各端面的平面度误差小于0.03mm,对于双级齿轮减速器的两轴平行度误差应不超过0.05mm,对于前导轴承座孔轴线与主动齿轮轴座孔的同轴度误差应小于0.08mm。

(2)主减速器壳体的检修。

主减速器壳体座孔磨损过度时,可采用镀铁或堆焊后重新加工;前导轴承座孔损伤,可采用高矾焊条堆焊修补后重新镗孔,或采用镶套修复。各端面平面度误差过大时,一般可采用手工锉平或铲削;平面的螺栓孔处有裂纹时,也可用高矾焊条焊补后用手工锉平。

另外,主减速器修复中,应更换油封。更换时,应先将新油封外圈涂上密封胶,再用木质垫块垫平,然后均匀敲击入内,不得损伤内表面。传动轴连接凸缘的油封位置,若磨损起槽超过0.35mm,应更换或镶套修复。

二、差速器主要零件的检修

1. 差速器壳的检修

差速器的常见损伤有:与行星齿轮相接触的止推球面磨损,与半轴齿轮相接触的止推平面磨损,半轴齿轮轴颈座孔磨损,差速器十字轴座孔磨损,差速器壳轴颈磨损,以及螺栓孔磨损等。

止推球面或止推平面磨损过度或出现沟槽时,可镗削止推面,然后采用相适应的加厚球面垫圈及平垫圈以恢复齿轮的啮合间隙,半轴齿轮轴颈座孔磨损超过0.25mm时,可用镶套法修复。

2. 十字轴的检修

十字轴颈工作表面允许有不大于其表面25%的轻微剥落腐蚀,磨损不得超过0.08mm,如磨损过度,可采用镀铬或堆焊后重新加工轴颈予以修复。十字轴不允许有任何性质的裂缝,否则应予报废。

三、驱动桥壳与半轴套管的检修

1. 驱动桥壳的受力及常见损伤

驱动桥壳在车辆工作中受力十分复杂,除车辆的重力外,还有牵引力、制动力和侧向力等。这些力综合作用的结果,使桥壳及半轴套管产生较大的弯曲、扭转、剪切等应力,在超载、紧急制动及恶劣道路上高速行驶时,受力更为严重,容易引起弯扭变形和断裂。桥壳上应力最大的断面是在钢板弹簧座附近,半轴套管则在桥壳和套管过渡处,断裂常产生在这些部位。而钢板弹簧外侧的桥壳及半轴套管,则易出现弯曲变形。

桥壳的主要损伤除弯曲变形和断裂外,还有半轴套管座孔的磨损以及螺纹孔和铆钉孔的磨损。另外,半轴套管上安装滚动轴承的轴颈及支承轴颈也会出现磨损。

2. 驱动桥壳的检验与校正

桥壳的弯曲情况检查可用准直仪来检查各轴承孔的同轴度,这种检验较准确,但拆装不方便。有些修理企业采用装入专用量棒的检验方法,量棒直径比套管内径小2mm,长度比桥壳长50mm,插入整个套管内,如能自由转动,即为基本符合要求。也可在套管内贯穿一根细线,两端伸出套管外,使线拉直。细线如能与套管内孔壁均匀贴合,即为符合要求。为使检验准确,应沿内孔圆周每隔45°检查一次。

桥壳的弯曲，一般是在压床上作冷压校正。如弯度较大或桥壳的刚度较大时，也可以加热校正，但加热温度不能超过700℃，以免改变可锻铸铁的性质，使强度下降。

3. 其他损伤的修理

桥壳的裂纹，应根据不同的部位，采用不同的方法修复。如果裂纹不大，且不在承受大应力部位，可用黄铜焊条焊补。如果裂纹在钢板弹簧座附近，应先用高矾焊条将裂纹焊补后，再按情况焊接相应的加强板。

桥壳上钢板弹簧的中心定位孔，当磨损穿孔或偏移大于1.50mm时，应用堆焊恢复其原孔位置及尺寸，以免轴壳漏水和前后桥轴心线不平行。

安装制动底板的凸缘孔磨损，可采用修理尺寸法或重新钻孔予以修理。钻孔时，应将制动底板与其夹紧，一起钻孔。其他螺纹孔损伤，可采用镶螺纹套的方法修理。

半轴套管如有裂纹或磨损严重，应予更换，对原装半轴套管的驱动桥。可在专用机具或压床上，将旧半轴套管压出，再压入具有0.013 5～0.015mm过盈量的半轴套管。应注意套管外露长度要符合原厂规定。

四、半轴的检修

半轴的常见损伤有：半轴弯曲、扭曲、断裂，花键磨损，半轴凸缘螺栓孔和螺纹孔磨损等。

检查半轴的弯曲情况，可将半轴置于平台上的V形块上或夹于车床上用百分表在油封轴颈处测量，当径向跳动大于0.5mm时，应进行冷压校正，施压作用点应在半轴的中间位置。校正后，应检查半轴凸缘平面与半轴中心线的垂直度误差，当半轴凸缘端面圆跳动大于0.15mm时，应车削端面。半轴花键槽磨损时，可堆焊后重铣。油封轴颈磨损过度或有明显沟槽时，可用堆焊或镀铬、镀铁法修复。半轴出现裂纹时，应予更换。

第二节　驱动桥的装配、调整与试验

一、差速器的装配与调整

1. 差速器的装配(图14-1)

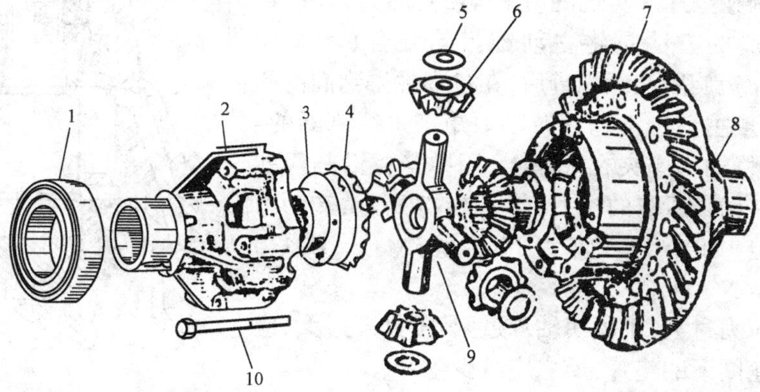

图14-1　差速器分解零件图

1-轴承；2-左外壳；3-半轴齿轮止推垫片；4-半轴齿轮；5-行星齿轮球形垫片；6-行星齿轮；7-从动齿轮；8-右外壳；9-十字轴（行星齿轮轴）；10-螺栓

用压力机或其他工具将轴承1的内座圈压入左右差速器壳的轴颈上，然后把差速器右外壳8放到工作台上（装轴承的轴颈向下），在与行星齿轮6、半轴齿轮4相配的工作面上涂抹机油，将半轴齿轮支承垫及半轴齿轮一起装入，注意垫片有油槽的一面应朝向齿轮，将已装好行星齿轮及支承垫圈的十字轴9装入差速器壳8的十字槽中（应注意按位置装配），并使行星齿轮与半轴齿轮啮合。再在行星齿轮上装上半轴齿轮4、支承垫圈3，将差速器外壳2合到外壳8上，注意对准标记，按规定的方向穿入螺栓10，装上锁片，按规定力矩对称交叉拧紧螺母，并用锁片锁住。

2. 差速器的调整

（1）行星齿轮与半轴齿轮啮合间隙的检查调整。为了保证行星齿轮与半轴齿轮的正常工作，它们之间必须具备合适的啮合间隙。当按规定力矩拧紧差速器左右壳固定螺栓后，用手转动半轴齿轮应能转动自如，用厚薄规从差速器壳窗孔测量半轴齿轮背面与差速器壳之间的间隙，一般为0.3～0.6mm，最大不得超过1mm。测量应分别从四个窗孔进行，其误差不得超过0.20mm，否则应更换垫片。根据经验，一般的做法是：转动和推拉半轴齿轮时，它既能灵活转动，又有少量轴向间隙为合适。

差速器在工作时，在轴向力的作用下，半轴齿轮端面与差速器壳或支承垫圈间的间隙反映为行星齿轮和半轴齿轮间的啮合间隙，此间隙过大或过小，都会影响差速器的正常工作。

半轴齿轮与行星齿轮啮合间隙的调整是靠增加或减少行星齿轮球形垫圈和半轴齿轮支承垫圈的厚度来调整的。调整后，应使半轴齿轮大端端面的弧面与四个行星齿轮的背面的弧面相吻合，并在同一球面上，不合适时，可通过改变行星齿轮背面球形垫圈的厚度来达到要求。

（2）差速器轴承紧度的调整。差速器轴承紧度可以利用差速器左、右轴承环形调整螺母来调整。其经验方法是：从差速器轴承开始没有轴向间隙的位置起，把左右调整螺母中的一个再退出一个凹槽（指环形调整螺母外端止动用的凹槽）。调整时，应边转动调整螺母，边转动差速器总成，齿轮应转动自如，无卡滞现象。

二、主减速器的装配调整

1. 主从动锥齿轮轴承紧度的调整

在很多车辆上，主动锥齿轮轴承紧度的调整是以增减两轴承之间的调整垫片来实现的（图14-2）。通常评价轴承紧度是否合适的方法是将主动锥齿轮装合（不装油封），并按一定扭矩旋紧凸缘螺母后，在各零件得到润滑的情况下，通过测量主动锥齿轮的转动力矩来进行判断的。测量的方法是：将轴承座夹在虎钳上，用弹簧秤沿凸缘的切线方向测量转动轴所需的拉力，如图14-3所示，转动力矩必须符合规定（如W613叉车为196～245N·m，EQ140汽车为196～294N·m）。

如弹簧秤拉力过大，则说明轴承过紧，预紧度过大，应增加前轴承内座圈下的垫片，反之应减少垫片。

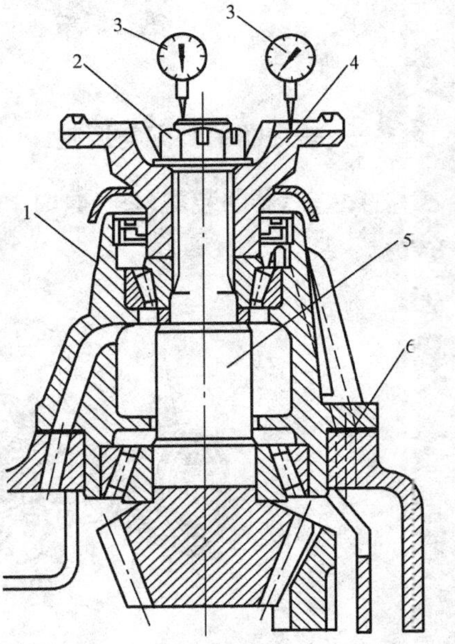

图14-2 主动锥齿轮轴承紧度的调整

1-调整垫片；2-锁紧螺母；3-百分表；4-万向凸缘；5-主动锥齿轮；6-调整垫片

主动锥齿轮轴承紧度也可用经验法检查：用手转动凸缘，转动应灵活而无阻滞，沿轴向推拉凸缘，没有可感觉到的轴向间隙（一般轴向间隙为0.05mm，最大不得超过

0.10mm)。

2. 从动锥齿轮轴承紧度的调整

根据主减速器结构形式的不同,从动锥齿轮轴承紧度的调整方法也不尽相同。

对于双级式主减速器,从动锥齿轮轴承紧度的调整是利用增加或减少主减速器壳和轴承盖之间的垫片来实现的,如轴向间隙大于规定值,应减少任意一边轴承盖下的垫片厚度,反之则应增加任意一边的垫片厚度。对单级式主减速器,从动锥齿轮轴承紧度的调整(即差速器轴承紧度的调整),是利用轴左右的环形调整螺母来调整的。

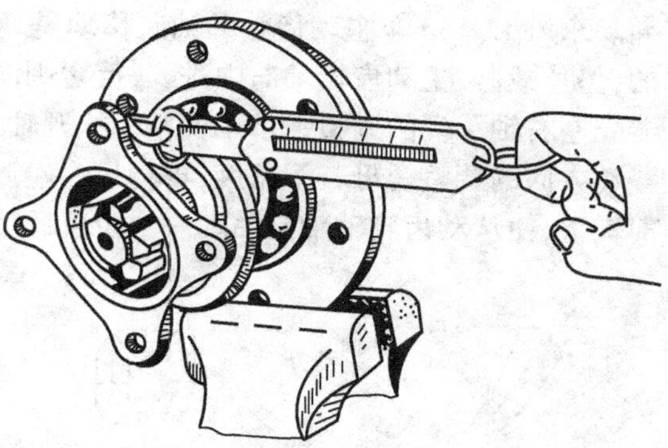

图 14-3 测量主动锥齿轮轴承紧度

对于分开式后桥壳单级主减速器,它的从动锥齿轮轴承紧度的调整,应在差速器装配和调整之后进行。调整前,先检查从动锥齿轮背面的端面跳动应不大于0.05mm,然后将两半桥壳接触平面间垫上适当厚度的衬垫装合,均匀对称地拧紧一周的固定螺栓,用起子从装主动锥齿轮的孔中伸入,拨动从动锥齿轮,应转动灵活,如发现轴承过紧或过松,可通过减少或增加该处的调整垫片来调整。有些车型的主减速器没有该调整垫片,只能靠改变两半桥壳结合面间的衬垫厚度来作微量调整。

三、主从动锥齿轮啮合印痕和齿侧间隙的调整

1. 啮合印痕检查与调整的必要性

为了使齿轮副能正常工作,两齿轮啮合时应有正确的齿面接触区域和齿侧间隙,而两者之中,尤以齿面接触区域更为重要。理论上,要求两齿相啮合的齿面应具有完全一致的曲率半径,接触区域为全线接触或在中央部位。但减速器在工作过程中,特别是在载荷较大时,由于轴、轴承和壳体的变形以及装配调整中的误差,使两齿轮略有偏移,导致载荷偏于轮齿的大端,从而造成应力集中,磨损加剧,甚至引起轮齿断裂。为了消除这一危险,在齿轮制造时,规定两齿轮的轮齿不允许全长接触,只沿齿长方向接触1/2~2/3,且接触区域偏向于轮齿小端,这样,在负荷作用下,接触区域会逐渐偏向大端,其长度及高度均有所扩展,保证了主减速器在工作中两轮齿的接触区域基本在轮齿中部。轮齿在装配时和负荷下正确的接触印痕见图14-4。

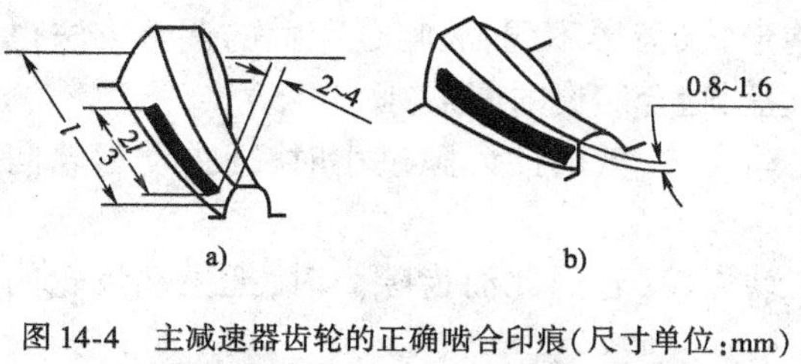

图 14-4 主减速器齿轮的正确啮合印痕(尺寸单位:mm)
a)装配时的啮合印痕;b)负荷下的啮合印痕

2. 啮合印痕和齿侧间隙的检查调整

检查齿轮啮合印痕的方法如下:在主从动锥齿轮轴承紧度调整好以后,将轮齿擦洗干净,在从动齿轮上相隔120°的三处,每处取2~3个轮齿在齿面上均匀涂以红丹,对从动齿轮略施阻力,转动主动齿轮几圈,然后停下来,观察主、从动齿轮上所压出的红色印痕是否合乎技术要求。

常见的不正确的啮合印痕有四种情况:接触印痕偏大端、偏小端、偏齿顶、偏齿根,见图14-5。调整时,可利用改变两锥齿轮到装配中心的距离,使两齿轮做相互靠近或相互离开的轴向移动,从而改变接触印痕的位置。

由于各种车辆的主减速器结构形式不同,齿轮轴向位置调整的具体操作方法也有很大差

异。东风 EQ140 车主动齿轮的轴向移动是通过增减主减速器壳和轴承盖之间的垫片来实现的,垫片减薄,主动齿轮轴向内进入,反之则向外退出。从动锥齿轮的轴向移动则是通过差速器壳左右轴承端的调整螺母来调整。松开轴承盖螺栓,取下保险锁片,根据移动方向,先旋松移动方向的调整螺母若干角度,再将另一端调整螺母旋紧相同的角度,在保证轴承紧度不变的前提下,使从动齿轮轴轴向移动一个位置,以满足调整啮合印痕的需要,见图 14-6。

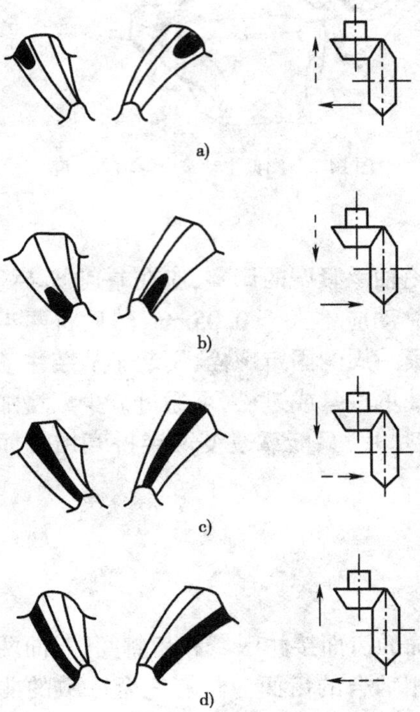

图 14-5 不正确的啮合印痕及调整方法

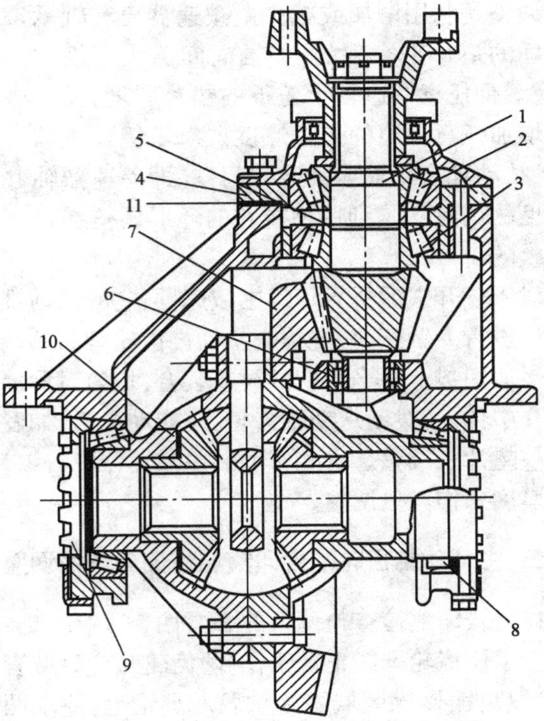

图 14-6 东风 EQ140 主减速器和差速器

1-主动锥齿轮;2、3-滚锥轴承;4-轴承座;5-调整隔套;6-滚动轴承;7-从动锥齿轮;8-轴承盖螺栓;9-调整螺母;10、11-调整垫片

由于主减速器主从动锥齿轮的加工方法、结构形式、齿形不同,故啮合印痕的调整方法也有所区别。现以常用的圆弧螺旋圆锥齿轮为例来说明啮合印痕的调整(图 14-5)。

(1)啮合印痕偏于大端时,把从动齿轮移近主动齿轮,若因此齿隙过小时,把主动齿轮向外移动。

(2)啮合印痕偏于小端时,把从动齿轮移开主动齿轮,若因此而齿隙大时,把主动齿轮向内移动。

(3)啮合印痕偏于齿顶时,把主动齿轮移近从动齿轮,若因此齿隙过小时,把从动齿轮向外移动。

(4)啮合印痕偏于齿根时,把主动齿轮移开从动齿轮,若因此齿隙过大时,把从动齿轮向内移动。

以上调整原则可归纳为口诀:大进从、小出从、顶进主、根出主。

如果主从动圆锥齿轮为双曲线齿轮,由于主动锥齿轮轴心线与从动锥齿轮轴心线不相交而有偏移量,所以,当主动锥齿轮做轴向移动时,啮合印痕的移动方向与圆弧螺旋圆锥齿轮相反,从动锥齿轮轴向移动时,其规律仍与圆弧螺旋圆锥齿轮相同,其口诀为“大进从、小出从、顶出主、根进主”。

在检查调整齿轮啮合印痕时,应注意两齿轮之间的侧向齿隙。因为轮齿的润滑是靠齿隙来保证的,齿隙过小,不能在齿面之间形成一定厚度的油膜,齿轮工作面的润滑和冷却不足,将产生噪声,使轮齿发热,从而加速齿面磨损,甚至发生卡死和轮齿折断。当齿隙过大时,齿面工作中发生冲击,产生附加载荷,将破坏油膜,同样会加速磨损甚至使轮齿折断。齿隙的调整,也是靠主从动锥齿轮的轴向移动来实现的,两齿轮靠近,齿隙减小,反之,齿隙增大。

由于啮合印痕和齿隙的调整都是通过齿轮的轴向移动来完成的,两者之间就必然会发生矛盾,即在调整啮合印痕时,齿隙会发生变化,而在调整齿隙时,啮合印痕也会改变。在调整中,往往是啮合印痕符合要求时,齿隙不理想,或齿隙符合要求时,啮合印痕位置不够理想。由于啮合印痕的重要性大于齿隙要求,印痕是矛盾的主要方面,所以在两者发生矛盾时,应尽可能迁就印痕,可把齿隙适当放大一些,但最大不应超过 1mm,否则应重新选配齿轮。

四、主减速器与差速器的磨合试验

为了改善各运动配合副的工作表面状况和检查修理质量,后桥在修理装配后,需要进行磨合试验。在试验中,可以从齿轮的运转噪声、轴承的发热程度以及各密封面的密封情况等来判断修理和装配的质量,发现隐患并及时排除。

试验前,应按规定油量加注黏度比正常使用时低的润滑油。试验时,主动轴转速一般为 1 400 ~1 500r/min,在此转速下进行正、反转,无负荷及有负荷试验,各项试验运转时间不少于 10min。试验过程中,各轴承区的温升不应大于 25℃,用手摸外壳及各轴承处,不应有过热的感觉,并倾听有无不正常的响声(允许有均匀的啮合声),观察各结合部位,不允许有漏油现象。磨合运转的时间,应根据检查中发现问题的具体情况而定,但一般不得少于 1.5h,带负荷运转一般不得超过 15min。

进行带负荷试验的形式有两种,一种是将主减速器连同后桥一起装到车辆上进行,另一种是装在试验台上进行。在车辆上进行试验时,应先将后桥顶起,将变速器挂入适应转动轴转速为 1 400 ~1 500r/min 的挡位,将一边车轮的制动蹄片与制动鼓间的间隙适当调小,使齿轮和轴承都具有一定负荷,在近似使用条件下检验主传动器的工作情况,同无负荷运转情况进行比较,当一边制动时,差速器不得有敲击声或异常噪声。在试验台上进行带负荷试验时,应按规定施加制动力矩。

第三节　驱动桥的常见故障分析

一、驱动桥发生异响

1. 故障现象

车辆行驶中,驱动桥有噪声,尤其是在急剧改变车速时更为清晰,车速越高,噪声越大,滑行时,响声减轻或消失。

2. 主要原因

(1)圆锥主、从动齿轮齿隙过大。

(2)圆锥或圆柱主、从动齿轮齿隙不均匀。

(3)圆锥主、从动齿轮啮合不良、齿面损伤或轮齿折断。

(4)差速、行星齿轮与半轴齿轮啮合间隙或齿轮背面间隙过大。

(5)主动锥齿轮的锥轴承及差速器锥轴承松旷。

(6)主动锥齿轮端部传动轴突缘紧固螺母松动。

(7)从动锥齿轮连接螺栓松动。

(8)齿轮润滑油不足。

3. 检查判断

(1)若随着车速加快而响声增大,空挡滑行时响声减弱或消失,可能是圆锥主、从动齿轮齿隙过大所致,应检查调整。

(2)若等速行驶时有"哽哽"声,高速行驶时声响增大,节奏明显,且伴有驱动桥振抖,则可能是圆锥或圆柱主、从动齿轮齿隙不均匀。

(3)若车速提高时驱动桥出现"嗯嗯"声,空挡滑行时声音消失,一般为圆锥主、从动齿轮啮合不良,即啮合印痕不符合要求,应重新调整。

(4)若车辆行驶或作业中突然出现强烈而有节奏的金属敲击声,空挡滑行即消失,说明圆锥或圆柱主、从动齿轮有牙齿折断,应立即停车检修。

(5)若车辆低速行驶或作业时,有连续的"嗷嗷"声响,车速加快,响声增大,空挡滑行时有所减弱,可能是圆锥主、从动齿轮啮合间隙过小,应重新调整。此外,润滑油数量不足导致齿轮润滑不良,圆锥主动齿轮轴承过紧时也会出现上述现象。

(6)若车辆直线行驶时情况正常,转弯时驱动桥有异响,可将驱动桥支起,变速器置于空挡,转动任一侧后轮,倾听有无异响,并观察另一侧后轮的转动方向,如果有异响且两后轮转向相反,说明行星齿轮轮齿损坏。如果有异响且两后轮转向相同,说明行星齿轮与十字轴卡滞,或行星齿轮支承垫圈过厚使其转动困难所致,可通过增减行星齿轮背面的支承垫圈的厚度进行调整。若做上述检查时并无异响,则为行星齿轮与半轴齿轮不匹配所致。

二、驱动桥过热

1. 故障现象

车辆行驶一定里程或作业一定时间后,用手触摸后桥主减速器外壳时有无法忍受的烫手感觉。

2. 主要原因

(1)轴承装配过紧。

(2)齿轮啮合间隙过小。

(3)齿轮缺油或齿轮油黏度过小。

3. 检查判断

(1)用手测试驱动桥中部的各个部位,如果普遍过热,可打开加油口螺塞,检查齿轮油液面是否太低,若油面不低,应检查齿轮油黏度是否合适,如齿轮油变质,应予更换。

(2)用手测试时,如油封处最热,说明油封不合格,应更换。如轴承处最热,则为轴承装配过紧,这种情况常会伴有起步费劲、行驶中发沉和滑行不良等现象,应重新调整。如果主传动壳体上最热,则为主传动器一对锥齿轮啮合间隙调整不当所致。

三、漏油

1. 故障现象

漏油是指齿轮油经后桥主减速器和半轴油封或其他衬垫处向外渗漏。

2. 主要原因

(1)润滑油加注过多。

(2)主减速器油封损坏,密封不良。

(3)半轴油封损坏。

(4)与油封接触的轴颈磨损,使之表面有沟槽。

(5)衬垫损坏,或紧固螺栓松动,或平面不平。

(6)驱动桥壳有砂眼、裂纹。

3. 检查判断

(1)若齿轮油从半轴凸缘周围渗漏,则属半轴油封不密封;若是无半轴油封的后桥,则因加注齿轮油过多或在横向坡度较大的路面行驶造成的。

(2)若减速器圆锥主动齿轮凸缘处漏油,说明该处油封不良或凸缘轴颈表面磨损产生沟槽。

(3)当其他衬垫处漏油时,应先拧紧螺栓,如仍无效果,则可能是衬垫损坏,另外,金属衬垫腐蚀后表面不平也会导致漏油。

四、车轮摆动

车轮摆动在车辆高速行驶时更为明显。应首先检查轮毂轴承是否因磨损而松旷,若不是轴承松旷,则应检查轮辋是否变形或整个桥壳是否弯曲变形。

复习思考题

1. 在什么情况下应对主从动锥齿轮进行检修?检修应注意哪些方面?
2. 如何检验驱动桥壳的弯曲情况?
3. 如何进行差速器行星齿轮和半轴齿轮啮合间隙的检查调整?
4. 主从动锥齿轮啮合印痕检查的目的是什么?如何进行检查和调整?
5. 如何进行主减速器和差速器的磨合试验?
6. 驱动桥过热的原因有哪些?

第十五章　转向桥和转向机构的检修

- **学习目标**

知识目标

1. 能正确识别转向机构主要零部件名称，掌握转向机构的装备与调整；

2. 能准确描述转向机构主要零部件的常见缺陷和修复方法。

能力目标

1. 能按照正确的步骤拆装转向机构；

2. 能正确进行转向机构的检修和调整；

3. 能按转向机构维修操作要求及操作规范，正确判断、分析和排除制动机构的常见故障；

4. 能对转向机构的各种失效进行原因分析和判断。

第一节　转向桥和转向机构主要零件的检修

一、横梁的检修

1. 横梁的常见损伤

(1)横梁发生弯曲或扭转变形。

(2)主销孔或主销孔上下端面磨损。

(3)钢板弹簧座及定位孔磨损。

(4)横梁表面有裂纹。

2. 横梁弯曲、扭转变形的检查

(1)用拉线法检查。

如图 15-1 所示，在细线的两端吊上重锤，并使线通过两主销孔中心，测量两个钢板弹簧座平面至细线之间的距离 h_1 和 h_2，两者之差即为梁的直线度误差；再检查两座的定位中心孔至线的距离是否有偏差，如有偏差，说明梁有扭曲。

(2)用试棒和角尺检查。

如图 15-2 所示，用与主销直径相同的标准试棒插入主销孔内，在钢板弹簧上放两块与主销孔上端面同样高的垫块，用专用角尺检查。如果角尺与试棒的上端存在间隙，说明梁的端部向下弯曲，反之向上弯曲。此外，根据角尺与垫块刻线的重合情况以及角尺与试棒的重合情况，可以判断横梁有无前后弯曲或扭曲。

3. 横梁的修理

横梁的弯曲、扭转变形超过规定时，应予以冷压校正，如变形量较大，可局部加热，加热温度不得超过600℃,加热长度不应超过500mm。

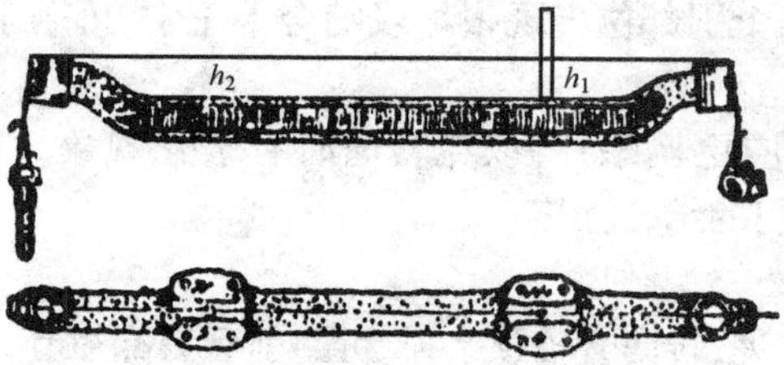

图15-1 用拉线法测量横梁弯曲情况

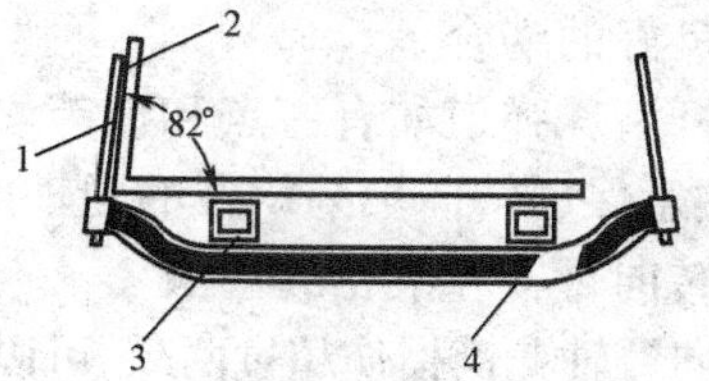

图15-2 用试棒和角尺检查横梁弯曲情况

1-试棒;2-角尺;3-垫块;4-工字梁

横梁上的主销孔磨损过度,可用修理尺寸法或镶套法进行修复;主销孔端面磨损时,可用手工锉平;横梁出现裂纹时,原则上不进行焊补修理,以免影响安全。

二、转向节的检修

1. 转向节的主要损伤

(1)转向节根部裂纹和断裂。

(2)转向节端部螺纹损伤。

(3)转向节内外轴颈磨损。

(4)主销孔及上下端面的磨损。

2. 转向节的检修

转向节内外轴颈的根部容易产生裂纹,可用磁力探伤法、浸油敲击法或着色探伤法检查,重点检查轴颈下部和上部。敲击时,应在轴颈中部锥面用铜锤轻敲,以免损伤轴颈。转向节前端螺纹应无裂纹、滑牙等损伤。轴颈与轴承的配合间隙超过规定时,可用堆焊修复。

转向节最常见的损伤是主销衬套磨损,当主销与衬套间隙超过0.15~0.20mm时,应更换衬套。压入衬套时,应注意使衬套的油槽与油嘴注油孔对齐,衬套的两端应不高于转向节销孔端面。

衬套压入后,即可进行铰削,铰削时,最好采用长刃铰刀,一刀能同时铰上下两孔,以保证两套同轴。在铰削过程中,应随时选配,一般手感是,用铜棒将主销轻敲入内,用扳手能转动主销。如果主销在孔中能自由地轴向移动或自行落下,则说明主销与孔间隙过大,应重新换套、再铰配。

三、转向器的检修

转向器的结构形式很多,现以球面蜗杆滚轮式转向器为例介绍转向器主要零件的检修。

1. 转向器壳的检修

转向器壳如有裂纹,一般应予更换。

转向蜗杆的轴承座孔磨损过度时,可镶套修复。

转向臂轴孔衬套磨损时,应予换新,在铰配转向臂轴孔时,应注意使两孔衬套保持同心。

为了防止转向器漏油,其侧盖和端盖不应有翘曲。

2. 转向轴及蜗杆的检修

(1)转向轴的检修。转向轴在使用中,装蜗杆的根部易发生弯曲,弯曲情况可用百分表检查,如弯曲度超过规定,应进行冷压校正。如果转向轴中间部位弯曲,应在轴管中充满细砂,然后再校正,以防轴管凹陷。检查和校正方法见图15-3。

(2)蜗杆的检修。蜗杆轴颈有裂纹或齿面磨损严重、齿面剥落,应予更换。磨损不严重,但转动时阻力较大,可通过啮合印痕检查,如个别部位出现根切或啮合不正常,可磨削蜗杆,使之恢复良好的啮合。

蜗杆滚珠弹道如有斑点和疲劳剥落,也应更换蜗杆,以免转向时有卡死现象。更换蜗杆后,应注意保证转向轴与蜗杆的同轴度和它们的结合强度。

3. 转向臂轴和滚轮的检修

转向臂轴花键损伤超过两牙,可以堆焊修理;转向臂轴颈磨损,可磨削后另配衬套,也可以磨削后镀铬修复;滚轮径向间隙过大,应拆下滚轮,更换滚针;滚轮轴向间隙过大,应调整止推垫片。

转向臂轴及滚轮的易损部位见图 15-4。

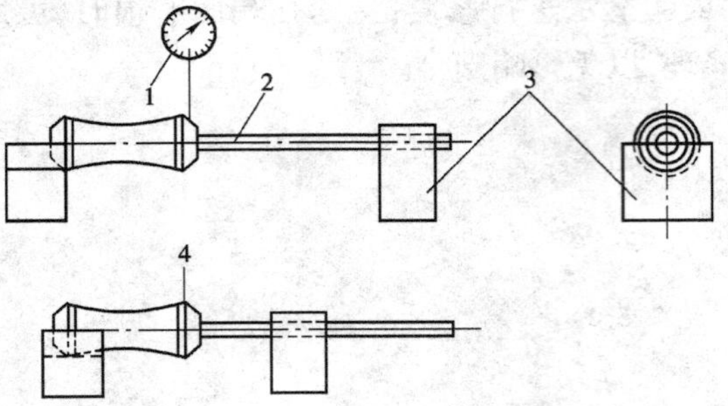

图 15-3　转向轴弯曲的检查校正

1-百分表;2-转向轴;3-V 形铁;4-施压部位

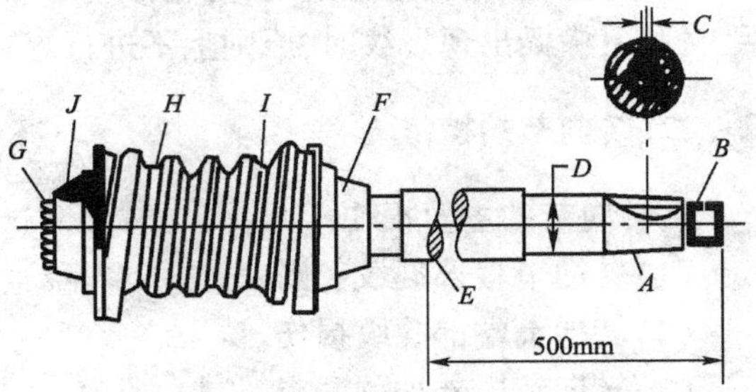

图 15-4　转向臂轴及滚轮易损部位

四、转向传动机构的检修

1. 转向垂臂的检修

转向垂臂的花键孔磨损后,致使花键轴的端面伸出花键孔的端面,应予以更换。垂臂的另一端球头,如果磨损起槽或磨损超过 1mm 时,也应予以更换。

2. 转向节臂的检修

转向节臂上的锥形销颈与轴向节上的锥形孔配合时,锥形销颈小端面应低于锥形孔,其凹入不得小于 2mm;锥形销的键与键槽应配合紧密,但键不要顶住键槽底部,以免影响正常紧固。

3. 横、直拉杆的检修

直拉杆的球节座孔磨损过度时,会造成球头自行脱落而引起严重的事故,因此,当座孔磨损超过 2mm 时,应予堆焊修复;横、直拉杆的弯曲变形超过 2mm 时,应进行冷压校正。横拉杆两端的倒顺螺纹,前束调整接头上的螺纹,均不得损伤,紧固螺栓应有效。

第二节　转向机构的装配与调整

一、转向器的装配与调整

各种不同形式的转向器,装配调整的步骤和方法也各不相同,现以螺杆曲柄双销式转向器为例,简要说明转向器装配与调整的基本步骤。

(1)装复转向器蜗杆轴下盖。把转向器壳体竖起来固定,壳体下端轴承朝上,把新轴承外圈压入壳体轴承孔内,轴承外圈有滚道的一面朝壳体里面。外圈压入后距端面距离为 12.5 ~ 13mm。再把新的“O”形密封圈套入轴承垫块的槽中,然后把轴承垫块装入转向器壳体下盖轴承孔中,见图 15-5。

在转向器壳体下盖端面涂上密封胶,并放上新衬垫,再把转向器下端盖总成(包括下盖、调整螺钉、锁紧螺母)装入轴承孔中,并对准螺栓孔,用固定螺栓按规定力矩拧紧,然后翻转转向器壳体。

(2)装复蜗杆轴。用专用套管将新轴承内圈在压床上压入蜗杆轴两端,至两端的台阶平面平齐,放置轴承。然后把蜗杆从转向器壳体上盖轴承孔中装入,蜗杆输入端朝上,使下端轴承内圈、轴承保持架与下盖外圈总成吻合,如图 15-6 所示。

(3)装上盖总成。把蜗杆轴输入端平面轴承外圈压入壳体上端的孔中,轴承外圈平面端朝壳体孔外,滚道朝壳体孔内,外圈平端面到壳体上端面距离为 12.5 ~ 13mm,若上盖密封圈更换,可将旧“O”形密封圈取下换上新件,新密封圈装入上盖槽内时,注意不要扭曲,不要损伤密封面(图 15-7)。

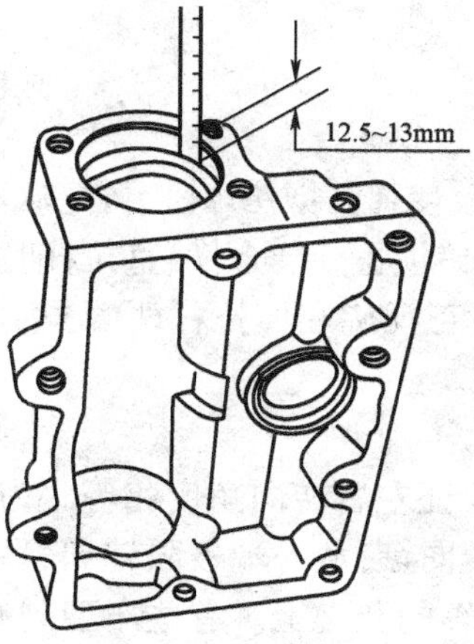

图 15-5　蜗杆轴承外圈的装复

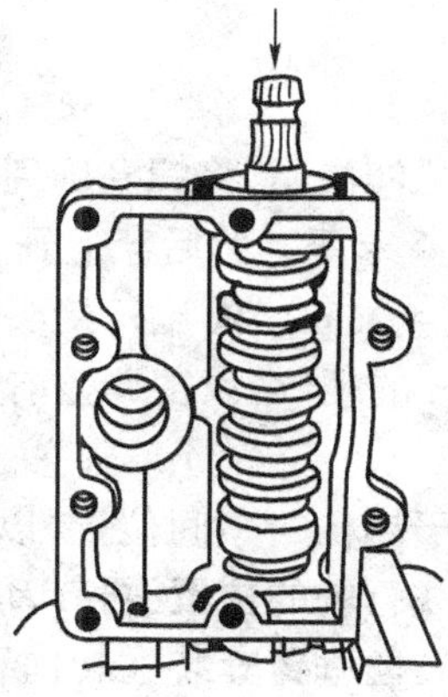
图 15-6　蜗杆的装复

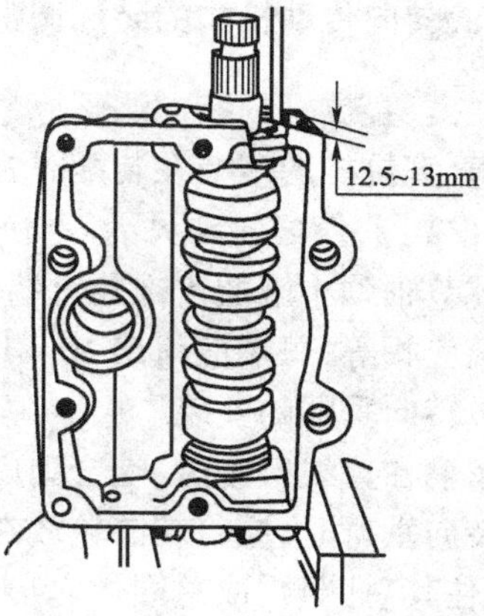

图 15-7　上盖轴承密封圈的装复

(4)转向器的调整。蜗杆平面轴承预紧度的调整应在摇臂轴未装入之前进行,以保证精确。调整时,用内六角扳手将转向器下盖处的调整螺钉不断拧紧,当拧到底后,再向后退回 1/8 ~ 1/4 圈,此时,转动输入轴,应具有 1.0 ~ 1.7N · m 的预紧力矩。调好后,用锁紧螺母将调整螺钉锁住,在锁紧调整螺钉时,应保持原位置不变,否则,应重新调整。

摇臂轴主销总成拆检后应重新装复或更换主销轴承,必须检查调整轴承预紧度。调整前,主销轴承必须清洗干净,加入少许润滑油,换掉主销轴承止动旧垫片,主销轴承装入摇臂轴孔中用主销上的螺母来调整,调整后,主销应能转动自如,在轴承孔中无轴向间隙为合适,最后翻起止动垫片 1 ~2 齿,如图 15-8 所示。

(5)装摇臂轴总成。在蜗杆轴表面、摇臂轴颈及衬套上涂以机油,将摇臂轴插入转向器壳体的摇臂轴支承孔中,并使摇臂轴主销与蜗杆螺纹槽啮合,此时转动蜗杆应灵活自如,无卡阻现象,总圈数应符合规定,一般不少于 6 圈。

(6)装侧盖。首先将摇臂轴调整螺钉和紧固螺母装配在侧盖螺纹孔内,并拧松到最低位置。在壳体、侧盖和纸垫上涂上密封胶,对准螺栓孔将侧盖装复,按规定的扭紧力矩对角均匀上紧。

(7)蜗杆与摇臂轴主销啮合间隙调整。调整时,先松开摇臂轴,调整螺钉的锁紧螺母,用手握住蜗杆轴输入端,在蜗杆行程的中间位置附近来回转动,用螺丝刀按顺时针方向旋紧螺钉,直到有摩擦阻力的感觉时为止。调好后,在蜗杆轴输入端检查其旋转力矩,应不大于

2.7N·m,见图15-9。

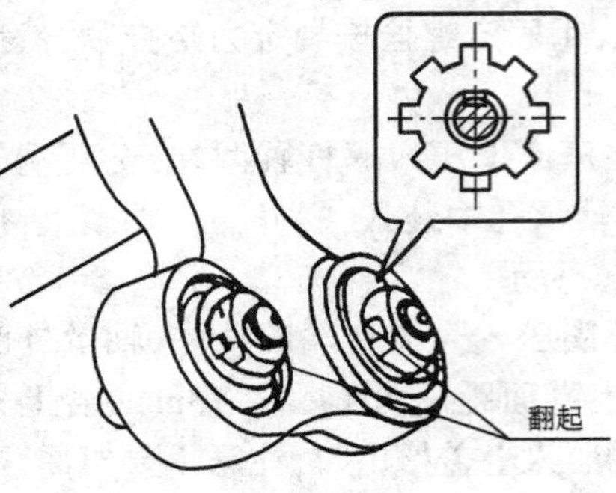

图15-8　主销轴承的装复

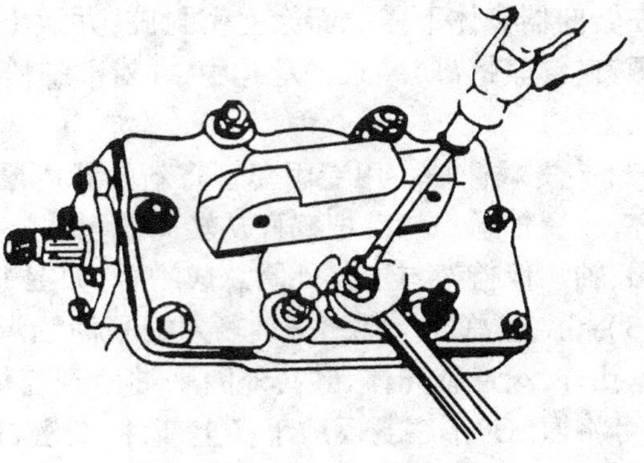

图15-9　蜗杆与摇臂轴主销啮合间隙调整

二、转向传动机构的装配调整

1. 横、直拉杆的装配调整

横、直拉杆的球节在装配时要加足润滑脂,将螺塞旋到底,使弹簧抵住球座,再把螺塞退回1/4～1/2圈,使之转动灵活、不松旷、不卡死。然后穿上开口销锁止。装合横、直拉杆时,应保证各球节轴颈小端低于锥孔上端面1～2mm。横拉杆接头按正反旋在横拉杆两端,左右旋入的距离应相等,每端应留出10～15mm的螺纹,以备调整前束。

2. 转向垂臂的安装

车辆在直线行驶时,啮合副应处于蜗杆的中间位置,以保证左右转向角度相等。为此,在安装转向垂臂时,应将转向轮放在直线行驶的位置,再转动转向盘,从一端极限转到另一端极限,记住其总圈数,取总圈数之半,将转向垂臂套装在转向臂轴的花键上。有些车型刻有装配记号,可按记号安装。最后按规定力矩拧紧锁紧螺母。

3. 前束检查调整

前束值是车辆前轮定位的主要参数之一,前束不正确,会造成车辆行驶阻力增加,轮胎磨损加剧。前束的检验和调整方法如下:

首先将前桥用千斤顶架起,使两前轮悬空并处于直线行驶状态。用前束尺对准两前胎前面的中心位置,并做好记号,测出两前胎的距离,然后将前轮回转180°,再在同一记号位置上测出后面位置的距离,前后两次测量数值之差则为前束值。

调整前束时,先把横拉杆两端锁紧螺母松开,用管子钳旋转横拉杆,横拉杆伸长,前束增大,反之前束减小。

4. 转向角的检查调整

为了避免转向角度不足或过大,应进行转向轮最大转向角度的检查调整。转向角的检查,应该在前束调整后进行。检查时,将转向桥顶起,使转向轮处于直线行驶位置,在轮胎下面垫一张白纸,用木尺紧靠车轮外边缘在纸上画出与车轮平行的直线,把转向盘向左转到底画出第二条线,两线夹角即为左转向角,用同样的方法可检查右转向角。转向角过大或过小时,可旋出或旋进转向节凸缘上的限位螺钉予以调整。

5. 转向盘自由行程的检查

转向盘自由行程也称为转向盘游隙,是指转向轮不发生偏转而转向盘所能转过的角度。游隙过大,会使转向不灵,转向迟滞时间延长,或者在转向轮遇到障碍物时使其偏转量增大,导致车辆操纵困难，影响行车安全。

转向盘游隙的检查，可用图 15-10 所示的游隙检查器来进行。检查时，使转向轮处于直线行驶位置，装上游隙检查器，左右转动转向盘，直至感到有阻力为止。这时，指针在刻度盘上所划过的角度，即为转向盘游隙。

游隙的大小是转向机构各零部件配合间隙的综合反映，其影响因素很多，如游隙不符合要求，应重新检查调整转向机构各部件的装配间隙。

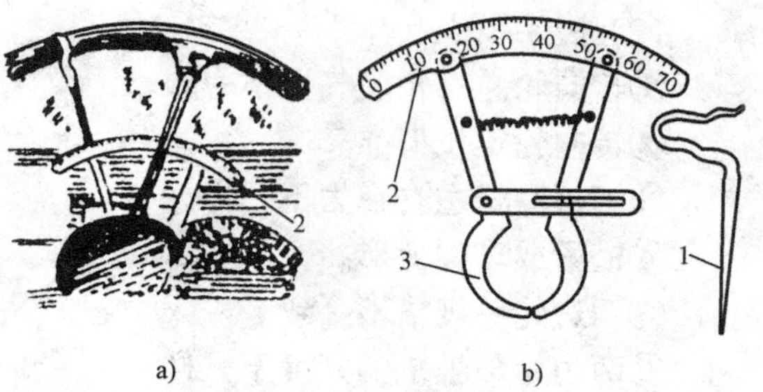

图 15-10　转向盘游隙的检查
1-指针；2-刻度盘；3-夹子

第三节　转向桥、转向机构的常见故障分析

一、机械式转向装置

1. 转向沉重

(1) 故障现象。转向沉重是指转向轮转动不灵活，转动转向盘时感觉费力。

(2) 主要原因：

①转向器主从动轴轴承装配过紧。

②转向器啮合传动副啮合过紧或润滑不良。

③横直拉杆球头销装配过紧或接头处缺油。

④转向节主销与衬套配合过紧或缺油。

⑤前束调整不当。

⑥转向轮轮胎气压不足或两转向轮气压相差过多。

⑦车架弯曲或损坏。

⑧前钢板弹簧弹力变弱。

⑨前轴变形。

(3) 检查判断。

①支起前轴，转动转向盘，若转向变轻，则故障在前轴、车轮或其他部位，应检查前轴、车架有无变形，前钢板弹簧是否良好，轮胎气压是否过低等。若以上部位良好，则应拆检转向轮定位的主销内倾、车轮外倾是否符合要求。

②若支起前轴后仍感转向沉重，说明故障在转向器或转向传动机构，可拆下转向垂臂，再转动转向盘，若感到转向灵活了，说明故障在转向传动机构，进而检查各球头销装配是否过紧或推力轴承是否缺油损坏，各拉杆是否弯曲变形等。

③若拆下转向垂臂后，转向依然沉重，则故障在转向器本身。这时，应先打开转向器加油口，检查转向器润滑油的数量，如缺油，应加注润滑油；如油量充足，则转动转向盘，听察转向轴与管壁是否碰擦，内部有无卡阻，拆下转向器，检查转向器蜗杆轴承预紧度是否过大，蜗杆与蜗轮的啮合间隙是否过小等。

2. 行驶跑偏

(1) 故障现象。车辆行驶或作业时，不能保持直线方向行驶而自动偏向一边，为了保证直线行驶，必须用力握住转向盘，不断校正方向。

(2)主要原因：

①转向轮左右轮胎气压不一致。

②转向轮定位失准。

③钢板弹簧左右弹力不一样。

④横梁或车架变形。

⑤两边轮胎规格不一致。

⑥两边轮毂轴承的紧度不一样。

⑦前轴、转向节臂、直拉杆等零件变形。

⑧某一边减振器失效。

(3)检查判断。

①先检查转向轮左右轮胎气压是否一致，左右轮胎花纹和磨耗高低是否相同，如气压不同或花纹不一样，应充气或更换同花纹的轮胎。

②当行驶一定里程或工作一段时间后，用手触摸轮毂轴承处，如感到烫手，则是轮毂轴承过紧而使车辆向轴承过紧的一边跑偏。用手触摸制动鼓，如感觉到烫手，则架起前轴，转动车轮，侧耳细听是否有制动蹄片刮磨制动鼓的声音，如有不正常的摩擦声，则为制动间隙过小引起行驶跑偏，应重新调整。

③若左右两转向轮气压相等，而车身一边高一边低，应检查低的一面钢板弹簧的弹性和拱度，不符合规定时，可进行热处理恢复，若有裂纹和断损，应予更换。

④经以上检修，若故障仍未消除，应检查前轴和车架是否弯曲，前轮定位是否失准等。

3. 行驶摆头

(1)故障现象。车辆在低速行驶时，感到方向不稳，转向轮摆动，高速行驶时，或在某一高速行驶时，出现转向轮发抖摆振，行驶不稳定等。

(2)主要原因：

①前钢板弹簧挠度不良。

②前轴变形。

③转向轮定位不准。

④前轮毂轴承调整不当。

⑤转向节主销与衬套间隙过大。

⑥转向节上臂与左右转向节臂松动。

⑦车轮轮辋摆差过大。

⑧减振器损坏。

⑨传动轴弯曲。

⑩稳定杆作用不良。

(3)检查判断。

①机械低速摆头时，应首先检查前钢板弹簧挠度的变化，是否错位，有无折断，弹簧的规格是否一致等，再左右转动转向盘，检查其自由转动量是否过大，若过大，则检查横、直拉杆球节是否松旷，如松旷，则为球头或球碗磨损过甚，或弹簧折断，或螺塞调整过松，应更换或重新调整。

若自由转动量正常，则检查滚轮与蜗杆的啮合间隙是否过大，如啮合间隙正常，则检查转向器轴承和传动机构是否松旷,若轴承松旷,可通过增减调整垫圈进行调整,若传动机构松旷,则应修复或更换。

如果以上检查均无问题,可支起前轴,沿轴向扳动轮胎,如有明显间隙感觉,而转向节有松旷,说明转向节主销和衬套的间隙过大,应更换衬套或主销,如转向节没有松旷,则为转向轮毂轴承松旷,应重新进行调整。

②机械高速摆头时,可在转向轮下垫上塞块,支起驱动桥,启动发动机,逐渐提高转速换入高速挡,若转速提高到某一数值,出现车身和转向盘振抖,则是传动系统故障引起的摆头。若转速提高后并不出现振抖,说明故障部位在转向桥,应检查转向轮轮辋是否拱曲,钢板弹簧骑马螺栓是否松动,车架前横梁铆钉有无松脱,前轴是否弯曲变形等。

4. 转向盘不能自动回正

(1)故障现象。车辆行驶中,将转向盘转过一定角度后取消外力时,必须用力扳转转向盘才能回复直线行驶状态。

(2)主要原因:

①转向轮定位失准。

②左右轮胎气体压力不等或气压不足。

③转向机构各联接件润滑不良。

④转向节主销与衬套配合过紧。

⑤独立悬架稳定杆弯曲。

(3)检查判断。首先检查轮胎充气情况和各连接处是否缺油,若无故障,可顶起前轴,用双手扳动前轮来回转动。检查转向节主销与衬套的配合情况,如仍检查不出原因,应检查转向轮定位是否符合要求。

对具有独立悬架的工程机械车辆,还应检查独立悬架上下臂与轴间隙是否过大,若过大,应重新装配或调整。

二、动力式转向装置

在一些较重型的港口机械上,如 CPCD50 型叉车和 QLD16 型轮胎起重机,均采用液压助力式动力转向系统,它是在机械式转向器上加装液压助力器。动力转向传动装置的故障前已述及,下面主要分析由于液压传动部分的泄漏、液压系统中进入空气、液压泵工作不良等所引起的故障。

1. 转向沉重

(1)故障现象。对于转向轻便的动力转向机械车辆,突然感到转向沉重或转动转向盘很费力。

(2)主要原因:

①液压泵传动带松动。

②油面过低。

③液压泵压力不足。

④转向轴衬套太紧。

⑤转向盘弯曲或变形。

⑥前悬架过低。

⑦转向器调整不当。

⑧压力控制阀门黏结。

⑨内、外泄漏过大。

⑩液压系统中有空气。

(3)检查判断。

①首先检查液压泵传动带是否打滑，再检查转向器、贮油罐和转向液压泵之间的液压管路及接头有无泄漏，油面是否过低，液压油质量是否符合要求等。

②若以上检查无问题，应检查油路中是否有空气，排空气的方法是：启动发动机，并保持发动机转速在 1 000r/min 左右，同时在顶起前轴的情况下，左右转动转向盘至极限位置，如此反复 10 余次，在操作过程中，不断向贮油罐内补充油液，直至油液充满整个液压系统，当罐内汩液平静无气泡时为好。

③若故障仍未排除，则应检查液压泵及安全阀的工作情况，即在液压泵和转向器之间接上压力表和开关，打开开关，转动转向盘到尽头，启动发动机在低速运转，如果油压表达不到规定值，且在逐步关闭开关时油压也提不高，说明液压泵流量不足或安全阀未调整好，可通过增减转向液压泵溢流阀垫片来调整流量大小，增强安全阀弹簧弹力，提高压力，如压力和流量仍运不到要求，说明液压泵严重磨损，应更换。若油压表读数能达到规定值，且在逐步关闭开关时压力有所提高，说明液压泵工作良好，故障在动力缸或分配阀，可能是分配阀滑阀磨损，定位弹簧损坏，动力缸密封不良等，应逐一检查。

④如上述检查一切正常，则可能是各球销或机械部分润滑不良与调整不当所致。

2. 车辆直线行驶时，转向盘发飘或跑偏

(1)故障现象。车辆直线行驶时，难以保持正直方向，总是向一边跑偏。

(2)主要原因：

①分配阀滑阀位置不当。

②分配阀推力轴承失调或损坏。

③个别轮胎气压不足或磨损过度。

④转向轮前束调整不当或横拉杆弯曲。

⑤前轴弯曲或轮毂轴承松旷。

⑥前钢板弹簧的骑马螺栓松动。

⑦转向器固定螺栓松动。

(3)检查判断。

①如跑偏为动力转向装置所引起，应检查调整分配阀推力轴承，方法是：架起前轴，使转向轮离开地面，放出液压油，拆下分配阀盖，拧下锁紧螺母，取出锁紧垫圈，把专用挡板装在阀壳上并紧固，向左转动转向盘至极限位置，并继续施力，用手转动推力轴承，应能转动并稍有阻力，若不合适时，通过转动调整螺母进行调整，合适后，按拆卸的相反顺序进行装配。

②若推力轴承间隙合适，则可能是由于分配阀滑阀不能保持中立位置所造成，应检查调整滑阀的中立位置。将动力缸的防尘罩拆开，打开锁紧垫片，松掉锁紧螺母，如果转向自动左偏或右转沉重时，则将活塞杆顺时针适当转动，如果转向自动右偏或左转沉重时，则将活塞杆逆时针适当转动，转动的角度可根据跑偏的严重程度而定。调整好后，将锁紧螺母拧紧，并装上锁紧垫片。

(3)若非上述原因引起的跑偏，则应检查排除动力转向装置以外的其他故障。

3. 左右转向轻重不同

(1)故障现象。车辆在左右转向时,转动转向盘感到转向盘轻重不同。

(2)主要原因:

①分配阀滑阀偏离阀体的中间位置。

②滑阀或阀体台肩擦伤或磨损不一致。

③某侧的转向限止阀调整不当。

④贮油罐中油液脏污。

⑤助力器管路部分被压扁。

(3)检查判断。

①首先检查油液的数量、质量,如果油液脏污,应放出系统中的油液,清洗后更换新油。

②若油液良好,转向限止阀调整合适,则可能是分配阀有故障,应先检查滑阀是否偏离中间位置,如不能保持在中间位置,应调整。如调整后仍有故障,应分解分配阀,检查缝隙台肩是否有毛刺及环肩的磨损程度,必要时应更换滑阀和阀体。

③如上述检查均正常,则应检查助力器管路部分是否有地方被压扁,造成油路被轻微堵塞。

4. 动力转向器异响

(1)故障现象。车辆转向时,转向液压泵发出噪声。

(2)主要原因:

①液压油严重不足或液压油污染。

②油路堵塞。

③液压系统中有空气。

④泵驱动带过松。

⑤压力控制阀黏结。

⑥液压泵磨损严重。

(3)检查判断。

①首先检查液压泵带是否过松打滑,接着检查贮油罐内的油面高度并查看油液中有无泡沫,如有泡沫,应查找漏气处并排除,若无漏气,说明油路有堵塞或油液严重污染,使液流通道受阻,应对转向系统进行彻底清洗,并按规定及时更换油液。

②如上述各项检查正常,则应检查调整液压泵的流量和压力,必要时更换液压泵。

三、全液压转向装置

全液压转向系与动力转向系不同之处在于以全液压转向器取代了机械式转向器和直接杆等机械元件,且用高压油管将转向器和转向液压缸联通。叉车、装载机上常用的有摆线转阀式和摆线滑阀式转向器,下面以摆线转阀式转向器为例,分析其常见故障。

1. 转向沉重

(1)故障现象。操纵转向盘感觉沉重、费力。

(2)主要原因:

①油液黏度不符合要求。

②油箱内油位过低。

③液压泵供油量不足。

④转向系统中有空气。

⑤阀体内钢球单向阀失效。

⑥阀块中溢流阀压力低于工作压力。

⑦溢流阀被脏物卡住或弹簧失效、密封圈损坏。

⑧转向液压缸内泄漏过大。

(3)检查判断。

①若快转或慢转转向盘均感沉重,并且转向无压力,则可能是油箱液面低,油液黏度太大,或阀体内单向阀失效造成的,应首先测量液压油箱油位,检查液压油的黏度,如果油位低于标准高度或油液黏度过大,则应添加或更换液压油。如果油位、黏度正常,则应分解转向器,若钢球丢失,则应装入新钢球,若有脏物卡住钢球,应进行清洗,若阀体单向阀密封带与钢球接触不良,应用钢球冲击之,使其密封可靠。

②若慢转转向盘轻,快转转向盘沉,则可能是液压泵供油量不足引起的,应检查试验液压泵工作是否正常,如液压泵供油量少或压力低,则应更换或修理液压泵。

③若空载或轻负荷时转向轻,而重负荷时转向沉重,则可能是阀块中溢流阀压力低于工作压力,或溢流阀被脏物卡住,或弹簧失效造成密封圈损坏所致,应首先调整溢流阀工作压力,在调整无效的情况下,分解清洗溢流阀,更换弹簧或密封圈。

④若在转动转向盘时,液压缸时动时不动,且发出不规则的响声,则可能是转向系统中有空气或转向液压缸内泄漏太大引起的。首先应察看油箱中是否有泡沫,检查吸油管路有无漏气,油管有无破裂,如以上情况正常,则应检查液压缸活塞的密封情况,必要时更换密封装置。

2. 转向失灵

(1)故障现象。机械车辆行驶时,要较大幅度转动转向盘,才能控制行驶方向,且转向盘不能自动回中,有时甚至不能转动。

(2)主要原因:

①定位弹簧片折断或弹性不足。

②传动销折断或变形。

③传动杆(联轴器)开口折断或变形。

④转子与传动杆相互位置装错。

⑤安全阀堵塞或密封圈损坏。

(3)检查判断。

①若转动转向盘时,转向盘不能自动回中和定位,中间位置压力降增加,可能是转向器定位弹簧片弹力不足或折断,应将转向器分解,检修或更换弹簧片。

②若转动转向盘时,压力振摆明显增加,甚至不能转动,可能是转向器传动销折断或变形,传动杆开口折断或变形,应分解转向器,察看传动销和传动杆,进行校正或更换。

③若转向盘自转或左右摆动,可能是转子与传动杆相互位置装错的缘故,应分解转向器,将传动杆上带冲点的齿与转子花键孔带冲点的齿相啮合即可。

④若机械跑偏或转动转向盘时油缸不动,则可能是安全阀的钢球被脏物卡住,密封圈损坏,应分解转向器,清洗安全阀,并更换密封圈。

3. 转向盘不能自动回中

(1)故障现象。转向盘在中心位置时压力降增加,或转向盘停止转动时转向器不卸载。

(2)主要原因:

①转向柱与阀芯不同心。

②转向柱轴向顶死阀芯。

③转向柱转动阻力太大。

④定位弹簧片折断。

⑤传动销变形。

(3)检查判断。

①将转向轮顶起,发动机低速运转,转动转向盘,若转动阻力大,此时将发动机熄火,两手抓住转向盘上下推拉,如没有任何间隙感觉,且上下拉动很费力,说明转向柱轴向顶死阀芯(或转向柱与阀芯不同心),应重新装配调整。

②若经调整后,转向盘仍不能自动回中,可能是定位弹簧片折断或传动销变形,应分解转向器,分别检查定位弹簧、传动销等零件,予以校正或更换。

4.无人力转向

(1)故障现象。动力转向时,液压缸活塞到极限位置驾驶员终点感不明显,人力转向时转向盘转动而液压缸不动。

(2)主要原因:

①转子与定子的径向间隙过大。

②转子与定子的轴向间隙超过限度。

③阀芯、阀套与阀体之间的径向间隙超过限度。

④转向器销轴断裂。

⑤转向液压缸密封圈损坏。

⑥转向系连接油管破裂或接头松动。

⑦管路堵塞。

(3)检查判断。

①首先检查转向系统的连接管路有无破裂,接头有无松动,如有漏油,应检修管路,拧紧接头。

②若管路完好,可将转向液压缸一油管接头松开,向左(右)转动转向盘,看油管接头处有无油流出,如无油流出,说明管路系统有堵塞,或转子与定子之间的轴向、径向间隙超过限度,阀芯、阀套与阀体之间的径向间隙大于允许范围,应分解转向器,按技术要求检测各部件的配合间隙,并予以修复。如各部件检测值在规定范围,则应清洁系统油道。

③若上述检查完好,则故障可能在转向液压缸,应分解液压缸,检查密封圈是否损坏,活塞杆是否碰伤,导向套筒有无破裂等,视情况更换或修复。

复习思考题

1.转向节的主要损伤有哪些,如何检修?

2.如何检查转向轴的弯曲情况?

3.检查调整前束的目的是什么,如何检查调整?

4.转向角过大或过小有何危害,如何检查调整?

5.转向盘自由行程过大或过小有何危害,如何检查调整?

6.机械式转向装置中,转向沉重的主要原因是什么,如何检查判断?

7.机械式转向装置中,行驶跑偏的主要原因有哪些,如何检查判断?

8.全液压转向装置中,转向沉重的主要原因是什么,如何检查判断?

第十六章　制动装置的检修

● 学习目标

知识目标

1. 能正确识别车轮制动器主要零部件名称，掌握制动器的制动原理；

2. 能准确描述气压制动与液压制动的特征及其常见缺陷和修复方法。

能力目标

1. 能按照正确的步骤拆装典型制动器；

2. 能正确进行车轮制动器的检修和调整；

3. 能按气压、液压制动机构维修操作要求及操作规范，正确判断、分析和排除制动机构的常见故障；

4. 能对制动机构的各种失效进行原因分析和判断。

第一节　车轮制动器的检修

一、车轮制动器检修中的注意要点

1. 制动器摩擦衬片的摩擦系数

制动器的制动作用是由摩擦衬片与制动鼓之间的摩擦阻力来实现的，摩擦系数是影响摩擦阻力的重要因素之一。摩擦系数的大小主要取决于摩擦衬片的材料，而对于同一材料来说，摩擦系数随温度的升高而降低。因此，修理时除了应选用与原车规定相符合的衬片材料外，还应注意避免由于修理、装配不当而影响各零件的散热，造成制动器温度过高而降低摩擦系数。例如，当改变了衬片长度，增大了包角或制动间隙过小时，均会影响制动鼓的散热性能。另外，在液压制动系统中温度过高还会导致制动液汽化，使制动失效。

2. 保持制动鼓具有一定的刚度

车辆制动时，制动鼓内径会增大，这种弹性变形，会削弱摩擦衬片对制动鼓的压紧力，破坏其接触状态，使制动效能降低。因此，在制动鼓的修理中，镗削制动鼓时，应保证其修理尺寸不得超过极限尺寸。

3. 制动鼓与摩擦衬片间应有良好的贴合面

在制动蹄端推力一定的情况下，制动效能的好坏在很大程度上取决于制动鼓与摩擦衬片间的贴合情况。在一般情况下，当摩擦衬片外径大于制动鼓内径时，摩擦衬片与制动鼓呈两端接触；反之，摩擦衬片与制动鼓呈中部接触。经验证明，当摩擦衬片外径加工至比制动鼓内径大 0.25 ~ 0.4mm 时，能够获得比较理想的制动效能。

4. 车桥两边制动器的制动力要平衡

两边制动器的制动力不平衡,车辆制动时会发生跑偏现象,导致车辆的制动稳定性降低。

左右车轮制动力不平衡的主要原因有:

(1)两边制动器摩擦力不同。如果两边制动器摩擦衬片的材料、表面性质有差异,制动蹄的推力有大小,衬片与制动鼓的接触情况不同,均会导致两边制动器的摩擦力不等。

(2)两边制动器的间隙调整不一致。同一车桥的制动器,制动鼓与制动蹄间的间隙应调整一致,否则,间隙大的,制动反应迟缓,制动力降低。

二、车轮制动器主要零件的检修

1. 制动鼓的检修

制动鼓的主要损伤是工作面磨损,产生失圆。另外,制动蹄摩擦衬片磨损后,铆钉头露出,会在制动鼓内表面造成沟槽与拉伤。

在修理中,应对制动鼓进行检查和测量。制动鼓内径的失圆检查可用弓形内径规进行(图16-1),测量时使一端弓架固定,装有百分表的一侧沿圆周摆动,找出最大读数为其直径,再沿鼓的内径轴线移动,测出其最小值,算出制动鼓内表面的圆度和圆柱度误差,当制动鼓的圆度、圆柱度超出允许值时,应对其内表面进行镗削。

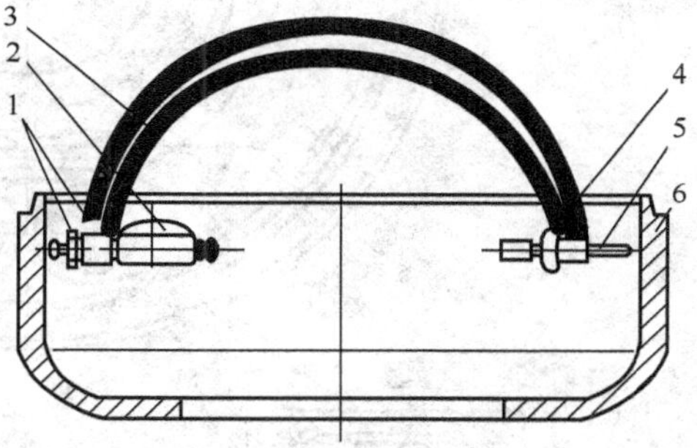

图16-1 用弓形内径规测量制动鼓内径

1-锁紧装置;2-百分表;3-弓形规;4-锁紧螺母;5-测量调整杆;6-制动鼓

2. 制动蹄的检修

制动蹄摩擦片经长期使用后,工作表面会发生磨损,磨损严重时应予更换。

在制动蹄上固定摩擦衬片,一般采用铆接法,工艺过程如下。

(1)将蹄片与摩擦片在专用夹具上夹紧,以蹄片上的孔定位,在摩擦片上钻出相应的铆钉孔。

(2)在摩擦片外表面上,用钻头扩出埋头孔,孔深一般为片厚的1/2~2/3。

(3)从制动蹄的中部向两端依次铆紧铆钉。铆合后,摩擦片与制动蹄之间必须紧密贴合,不得有0.12mm以上的间隙。为了使摩擦片外表面能与制动鼓很好的贴合,还必须对摩擦片表面进行光磨和车削。

三、车轮制动器的检查调整

车轮制动器修理装配后,应对制动鼓与蹄片之间的间隙进行检查调整,使蹄片与鼓之间有适当的间隙,在不制动的情况下避免蹄片与制动鼓的摩擦。另外,还要使蹄片张开时的外圆与制动鼓同心，保证在制动时，两只蹄片能均匀压紧制动鼓内表面，产生可靠的制动作用。

1. 液压制动机构中制动器的调整

图 16-2 所示为液压制动机构中的非平衡式车轮制动器，在这种制动器中，制动鼓与制动蹄片间的间隙调整是通过调整凸轮和两支承销来实现的，按图示方向转动调整凸轮 8，间隙减小，且上端的间隙减小得更多；转动支承销 4 和 5，也可改变间隙，且下端间隙改变得多，按图示方向转动支承销，间隙减小。制动鼓上开有检查窗口，以便于用厚薄规来检查制动鼓与蹄片间的间隙。此间隙一般在 0.25 ~ 0.5mm 之间。

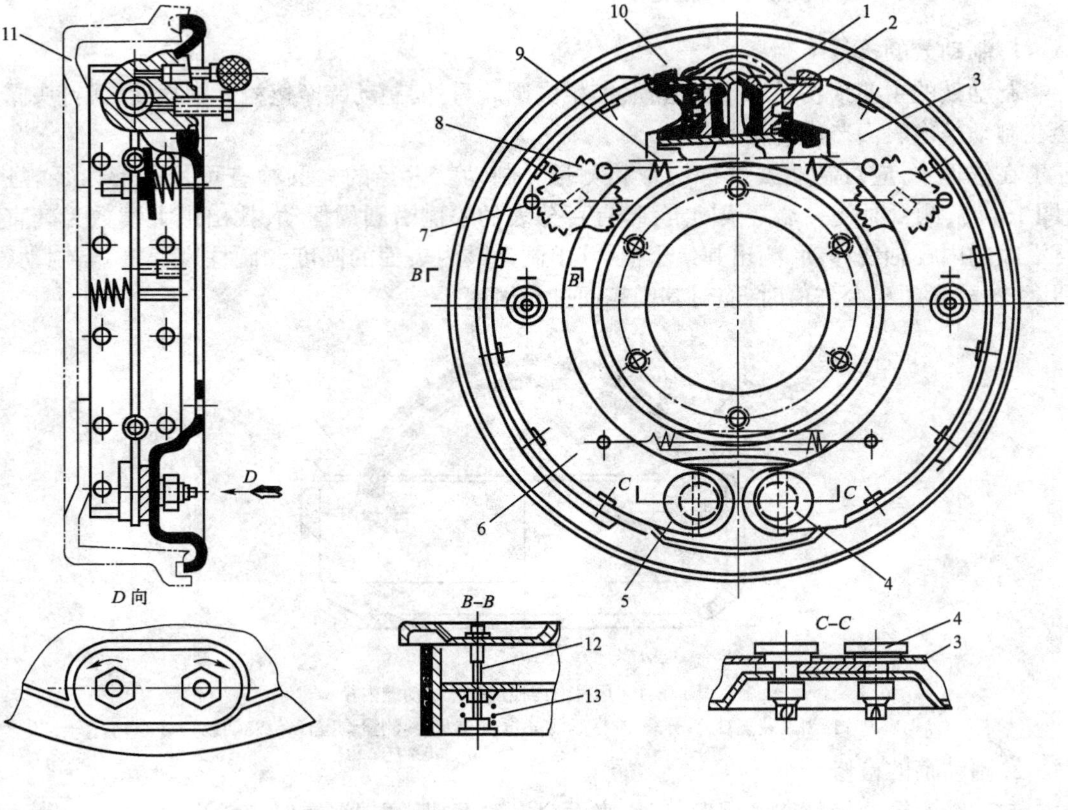

图 16-2　非平衡式制动器

1-制动分泵；2-分泵活塞；3-后制动蹄；4、5-支承销；6-前制动蹄；7-调整凸轮锁销；8-调整凸轮；9-回位弹簧；10-制动底板；11-制动鼓；12-制动蹄限位杆；13-制动蹄限位弹簧

2. 气压制动机构中制动器的调整

气压制动机构利用气体压力来驱动凸轮张开器，在这种制动器中，制动鼓与制动蹄片间的上部间隙依靠调整凸轮的初始位置来保证，转动调整蜗杆，经蜗轮带动凸轮轴转动一个角度，可以调整到合适的上部间隙，下部间隙也是靠转动偏心支承销来调整，其原理同图 16-2 所示的制动器。

3. 自增力对称式制动器的调整

图 16-3 所示为带间隙自调机构和手制动机构的自增力对称式制动器，这种制动器除了在倒车时可实现自调间隙外，也可用手调，即从制动底板上取下橡胶塞，用螺丝刀伸入孔内拨动调整螺母，即可实现间隙的调整。

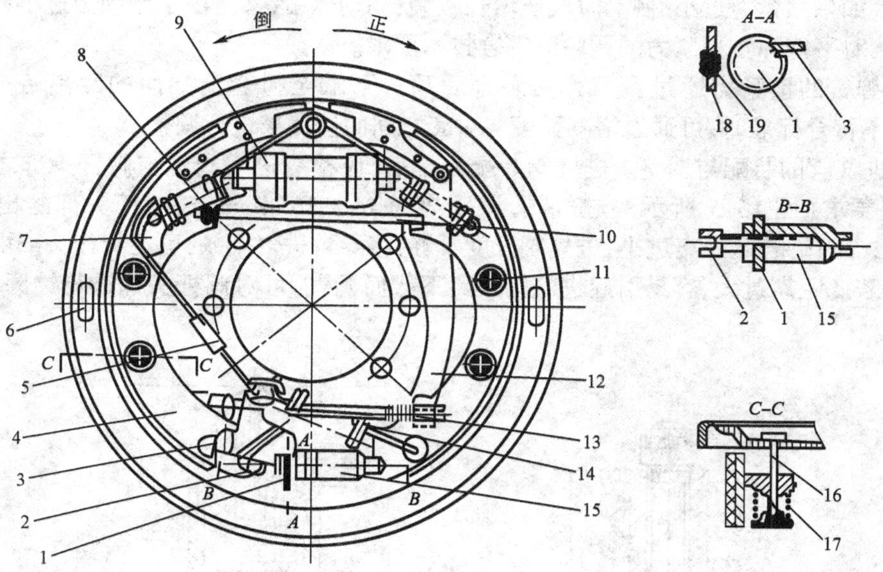

图 16-3　带间隙自调机构的自增力式制动器

1-调整螺母;2-顶杆;3-拨板;4-后制动蹄;5、13-钢丝绳;6、19-橡胶塞;7-导向板;8-弹簧;9-制动分泵;10-推板;11-制动蹄限位机构;12-拉板;14-拨板回位弹簧;15-顶杆套;16-制动蹄限位杆;17-限位弹簧;18-制动器底板

第二节　气压制动机构的检修

一、制动控制阀的检修

1. 制动控制阀主要零件的检修

(1)进、排气阀与阀座的检修。进、排气阀是制动阀中最容易发生故障的部件,常见的故障是磨损漏气、咬死、不能回位等。检修时,应拆下阀门,清洁阀门外缘和弹簧。进排气阀座如有刮伤、凹痕或磨损过度,应予更换。如有轻微磨损,可在接触面上涂一层细研磨膏进行研磨。

(2)橡胶膜片的检修。橡胶膜片使用一定时间后,表面会发生变形、翘曲、龟裂和破损。最易产生损伤的部位是膜片折皱处、内环圈边及与轴连接的部位。对有损伤的橡胶膜片,均应予以更换。

(3)平衡弹簧。平衡弹簧长期使用后,会发生弹力下降、折断等缺陷,造成弹簧失效,使制动气压过高或过低,制动性能不稳,应予更换。

(4)阀体检修。阀体的螺纹口、膜片平面和连接螺栓孔容易产生裂纹、翘曲和断裂,应予以更换。

2. 制动控制阀的装配与调整

制动控制阀的类型很多,结构也有差异,但其基本的工作原理是相似的,本节主要讨论装配调整中一些具有共性的内容。

(1)平衡弹簧预紧力的调整。各种型号的制动控制阀对平衡弹簧的预紧力都有规定。预紧力过大,平衡弹簧压得过紧,将失去平衡作用,进入气室的工作气压就会接近甚至等于贮气筒的工作气压,使制动力增长过快过猛,容易因制动过于猛烈,从而造成某些零件的过载而损坏。反之,如果预紧力过小,制动时气压增长缓慢,制动迟缓,甚至由于制动力过小而使制动不灵。因此,对平衡弹簧预紧力的调整应符合技术要求。

平衡弹簧的预紧力通过调节弹簧装合后顶杆下端至衬套上端面的距离 L 来调整(图 16-4),L 不符合标准时,可通过增减弹簧与衬套之间的垫片来进行调整。

(2)进气阀的装配与调整。进气阀装配完毕后,应检查进气阀座与阀杆头部之间的距离是否符合要求(图 16-5 所示的进气阀,该距离为 16 ~ 16.4mm,气门杆头部露出的高度为 5mm ±0.5mm)。若此距离过小,进气阀开度不够,将导致进气不畅,可在阀杆头部堆焊铜条予以修复。若此距离过大,容易引起进气阀关闭不严而漏气,可对阀杆头部进行锉磨,以达到规定要求。

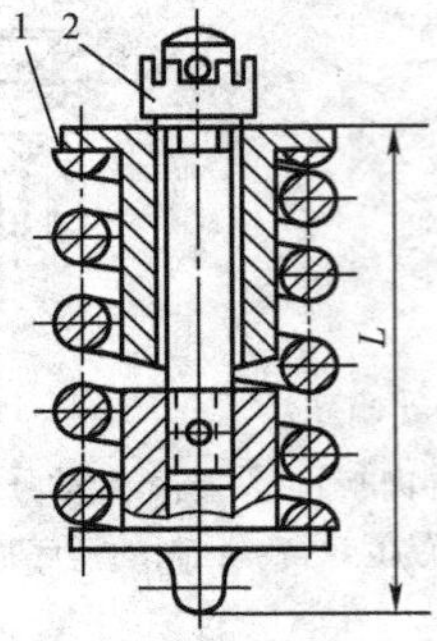

图 16-4　平衡弹簧预紧力的调整

1-垫片;2-螺母

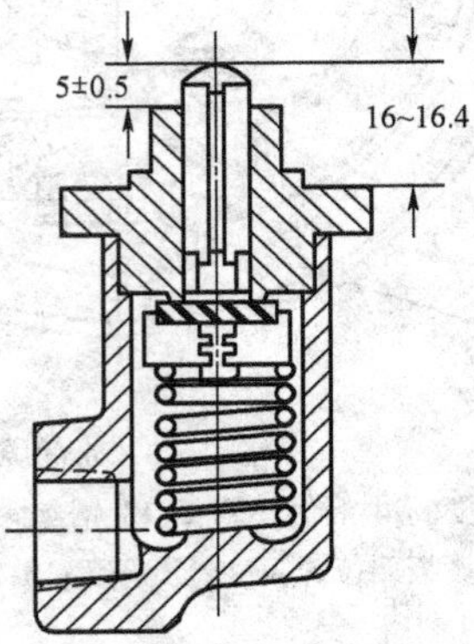

图 16-5　进气阀的装配调整(尺寸单位:mm)

(3)排气阀的装配调整。排气阀组装后,应检查气门杆头部至气门壳端间的距离(图 16-6 所示排气阀为 4.5mm ±0.5mm),这样,排气阀安装到制动阀后,其实际工作行程应为 1.2 ~ 1.7mm(可用深度尺或长触杆的百分表检查)。若工作行程太长,则排气阀关闭时间晚,制动迟缓。若工作行程太短,则排气阀开度减小,排气不畅,制动不能迅速解除,严重时会出现制动拖滞。工作行程不符合规定,可通过增减排气阀座与制动阀壳之间的垫片来调整。

(4)制动踏板自由行程的调整。制动踏板的自由行程应按规定进行调整,一般都是通过制动阀拉臂上的调整螺钉 1 来调节,如图 16-7 所示。螺钉旋入,自由行程减小,反之增大。

(5)最大工作气压的调整。当制动踏板自由行程调整正常后,应检查和调整最大工作气压。调节时,把图 16-7 中的螺钉 2 旋入,工作气压降低,反之,工作气压提高。

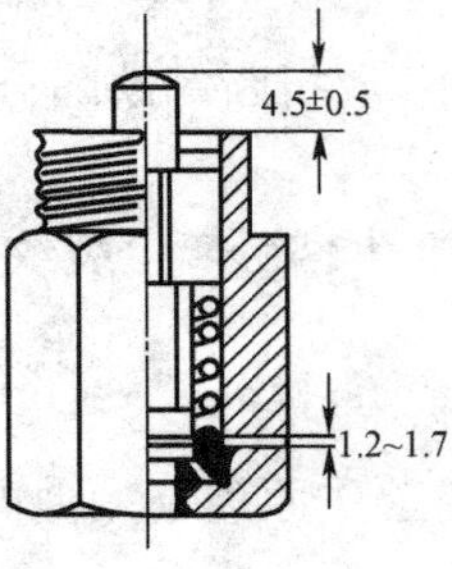

图 16-6　排气阀的装配调整(尺寸单位:mm)

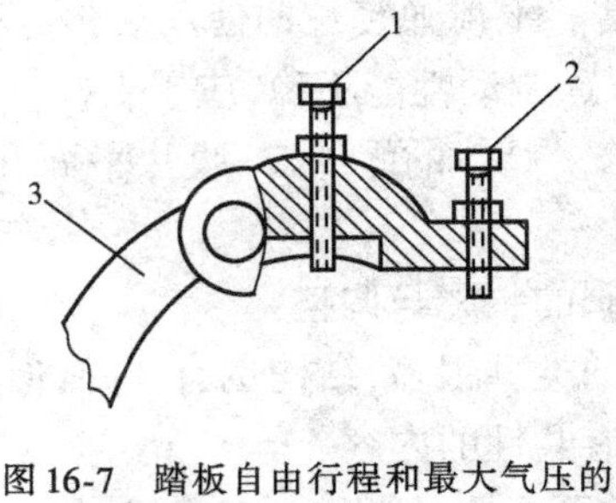

图 16-7　踏板自由行程和最大气压的调整

1-自由行程调整螺钉;2-气压调整螺钉;3-制动阀拉臂

二、制动气室的检修

制动气室的作用是将来自制动阀的空气压力转变为气室推杆的机械力。气压制动机构中用得较多的是膜片式制动气室(图 16-8)。膜片式气室的检修与装配应注意如下事项。

(1)气室中的橡胶膜片,如有裂纹、老化、变形等损伤时,应予更换。橡胶膜片的厚度和制动轮管的内径、长度,同一轴上的左右轮应当一致。

(2)左右气室弹簧的弹力应一致,弹簧如有断裂、变形、弹力减弱等缺陷时,应予更换。

(3)气室的壳体和盖如有裂纹,可用环氧树脂胶黏结或焊修,推杆弯曲时,应予以校直。

(4)制动气室装合时,应注意盖上的进气孔与支架固定孔的相互位置,以免左右装错。上紧螺母时,应分两次均匀对称拧紧,防止膜片变形而漏气,装合后气室推杆的运动应灵活无阻滞。

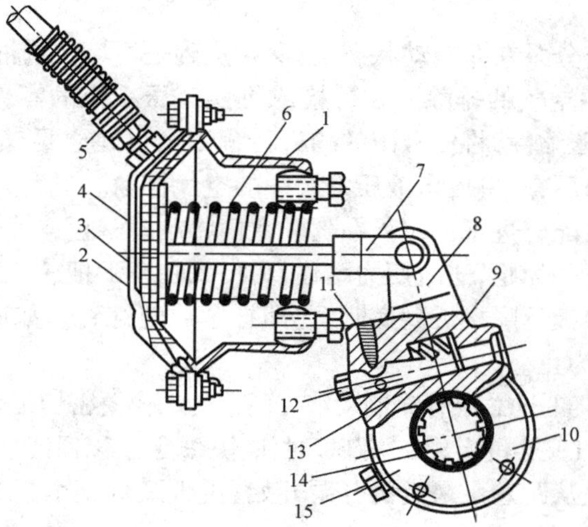

图 16-8 制动气室

1-外壳;2-膜片;3-盖;4-推杆;5-软管;6-弹簧;7-推杆叉;8-制动臂;9-调整蜗杆;10-制动臂外壳;11-定位球及弹簧;12-调整蜗杆轴;13-蜗轮;14-凸轮轴;15-螺塞

第三节 液压制动机构的检修

一、制动总泵和制动分泵的修理

1. 总泵与分泵主要零件的检修

制动总泵和分泵是液压制动机构中的主要部件,其技术状况的好坏,直接影响制动效能,检修中应予以特别重视。

(1)泵缸内壁工作面上不允许有麻点和划痕,当圆柱度误差超过 0.025mm,或泵缸与活塞的配合间隙超过 0.15mm 时,可按规定用修理尺寸法修复。修复后,左右分泵泵缸的内径尺寸要一致。

(2)总泵、分泵弹簧的技术参数应符合规定的技术条件,否则应予以更换。

(3)泵体上不得有任何裂纹,否则应予更换。

(4)总泵、分泵活塞磨损、起槽、变形也应更换,换新件时,除检查配合间隙外,还应检查新旧件的轴向尺寸误差。

(5)泵上的出、回油阀门失效,皮碗、密封圈发胀、变形,防尘罩损坏,均应更换。

(6)制动软管如有龟裂、擦损、老化或接头螺纹损伤超过两牙时,应予换新。

2. 总泵、分泵的装配与调整

(1)装配注意事项。

装配前,总泵、分泵的所有零件应浸在制动液中清洗干净,并检查主泵贮油室内的补偿孔、旁通孔、活塞顶部的小孔、螺塞上的通气孔等孔道是否畅通,这些孔道的阻塞将会严重影响制动机构的正常工作。

总泵装复后,以推杆推动活塞数次,检查其运动是否灵活自如,活塞是否能回到原位。然后放松推杆,用细铁丝检查回油孔是否畅通,如果被皮碗封闭,应查明原因并予以排除,否则将会发生制动发咬现象。常见的原因是回位弹簧弹力不足,活塞过长及皮碗边缘尺寸过大等。

分泵装复后,应检查分泵在非制动状态下,两端皮碗是否堵住进油孔和放气孔。

(2)液压制动机构中空气的排除。在拆检或更换液压系统的零件时,空气可能进入液压系统内。由于空气有可压缩性,将使有限的踏板行程不足以建立足够的液压强度而影响液压制动效能。因此,在检修后,应将侵入液压系统中的空气排除。

排除空气时,应两人配合进行。一人在驾驶室内将制动踏板连续踩下数次,直至踏板一次比一次增高,最后踩不下去为止,这时用力踏住,另一人在车下把放气螺钉旋松少许,让空气与一部分制动液排出,在踏板下降接近到底时,立即拧紧放气螺钉。如此反复几次,直至放出的完全是制动液而无气泡为止。

在放空气过程中,应随时向总泵补充制动液。两人的动作要密切配合,在放气螺钉未拧紧时,切不可抬起踏板,否则空气又会侵入。在踩踏板时,应快踩慢抬,以保证空气能彻底排除干净。

放空气的顺序,一般从距总泵最近的分泵开始,由近及远逐个进行。空气放净后,应补充贮油室油液,使油液加至距加油口 15 ~ 20mm。

(3)制动踏板自由行程的调整。液压制动机构的踏板自由行程,实际上是总泵推杆与总泵活塞之间的间隙在踏板上的反映。如不留间隙,活塞与皮碗不能退回到最后的位置,皮碗可能把回油孔堵塞,使制动不能彻底解除;但留的间隙太大又会使踏板自由行程太大,使制动力产生过迟。

踏板自由行程的调整一般是用改变总泵推杆的长度来调整的(图 16-9),将推杆锁紧螺母 2 旋松,转动推杆 3,即可改变推杆长度,使推杆伸长,踏板自由行程减小,反之增大。一般推杆端部与活塞之间的间隙为 1.5 ~ 2.5mm。

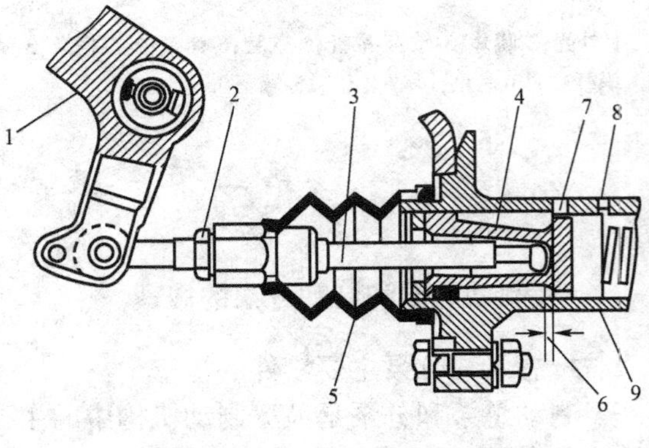

图 16-9　制动踏板自由行程的调整

1-踏板杠杆;2-锁紧螺母;3-推杆;4-活塞;5-橡皮护罩;6-推杆自由行程;7-补偿孔;8-旁通孔;9-皮碗

二、真空增压器的修理

真空增压器的结构形式很多,但基本结构都是由增压缸(辅助缸)、动力缸(加力气室)和控制阀三部分组成,这三部分的构造和工作,分别与液压制动机构中的制动总泵,气压制动机构中的制动气室和制动阀相似,其检修方法也有相似之处。真空增压器的技术状况变坏,大多数是因密封被破坏而引起的,因此,在拆检时,应重点检查各密封部位的技术状况,而在装配时,应特别注意保持内部各零件间及外部各连接处的密封。

1. 各部件的检修

(1)增压缸的检修。增压油缸的故障除各连接部位密封不良而漏油外,主要是活塞组零件的损伤,如皮圈损坏、活塞磨损、单向阀工作不正常等。

活塞皮圈损坏后,制动时高压油腔中的油会沿皮圈边缘流向低压腔,使制动分泵的油压降低而导致制动失效。另外,流回低压腔的油会使低压腔和制动总泵的油压升高,使总泵油塞回位,形成所谓踏板反冲现象。皮圈损坏后,应予更新,皮圈的刃口应朝向高压腔。

活塞顶部的油液通孔,由单向阀控制,应保持此孔在制动时完全封闭,不制动时畅通。

(2)动力缸的检修。动力缸的常见损伤主要是推杆油封损坏漏油,弹簧弹力减弱或变形等。在更换油封时,注意不要使油封变形;更换皮碗等密封件时,要注意安装顺序和安装方向;在装合时,应注意各部位的密封,如推杆与增压缸间的连接部位,膜片与推杆的连接部位以及各管路的接头部位等。膜片在气室中应运动自如、不歪斜,回位弹簧应有效。

(3)控制阀的检修。控制阀的常见损伤有:小活塞运动阻滞、皮碗磨损漏油、膜片破裂、阀门密封不良等。

小活塞皮碗损坏,会使控制阀动作不灵敏,并使制动油液窜入真空腔;膜片破裂会使动力缸工作失效;阀门密封不良会降低真空系统的真空度,使真空增压器作用力下降,从而影响制动效能。

检修中,应着重检查各密封部位的密封性能,必要时更换新件。同时,应注意检查空气阀、真空阀和膜片的回位弹簧弹力是否正常。另外,由于控制阀是精密零件,在清洗和装配中要保持清洁,不得采用汽油清洗,也不得用纤维丝擦洗,以免微小纤维渗入而影响控制阀的工作。

2. 真空增压器的试验

真空增压器修理装合后应进行试验,以检验其修理质量,精确的检验应在试验台上进行,如条件不具备时,也可以就车试验,大致判断真空增压器的工作性能是否良好。

启动发动机,当达到足够的真空度后,踩制动踏板,测出踏板至驾驶室底板的距离。然后将发动机熄火,再踩制动踏板数次,当真空度为零时,用同样方法踩制动踏板并测出上述距离。如果两次测出的距离没有差别,说明真空增压器工作不良。

第四节　制动器制动效能试验

车辆制动机构经修理后,应对其制动效能进行测试,以判断是否合乎修理质量和行车安全的要求。评价制动效能的指标一般有:制动距离、制动减速度、制动力和制动时间。

制动效能的试验有道路试验和台架试验两种。

一、道路试验

道路试验就是在车辆行驶过程中检查其制动效能。检验方法通常是让车辆以规定速度行驶时作紧急制动,以轮胎在路面上拖磨时留下的痕迹压印和拖印来作为评价的依据。这种方法较简便，能在一定程度上反映制动效能的好坏。但其也有很多缺点，首先是轮胎遭受剧烈磨损；其次是试验结果的准确程度，受人们的主观判断和路试条件的影响很大；此外，制动时，当车轮制动力等于或大于轮胎与路面的附着力时，车轮被抱死在路面上拖滑，此时滚动阻力消失，制动器不能吸收能量，车辆的动能消耗于轮胎与地面间的摩擦而转化为热能，使胎面局部剧烈发热，轮胎与地面附着系数下降，车辆容易产生侧滑，使车辆的行驶稳定性受到破坏。因此，随着测试手段的不断完善，拖印路试的方法将逐步被更完善的方法所代替。

二、台架试验

1. 平台式制动试验台

该试验装置如图 16-10 所示。试验台由 4 个位于地平面的平台以及指示柱组成。平台台板能沿纵向移动，指示柱能指出制动力的大小。

检验时，车辆以 10 ~ 12km/h 的速度驶上平台，并作紧急制动，车辆的惯性通过轮胎与平台表面接触摩擦力的作用，使平台台面沿车辆行驶方向移动，如图 16-10b）所示。平台的移动通过杠杆机构 13、15 和棘轮 16、拉杆 3 推动活塞 7 将油缸 5 内的液体压向指示柱 9，在刻度标尺 8 上指示出制动力。车辆在制动时作用于平台台板上的力由弹簧 14 平衡，棘齿 17 使指示柱液面保持在一定的位置。通过试验，若车轮的制动力不足或左右两轮制动力不平衡时，应对制动机构进行检查调整。

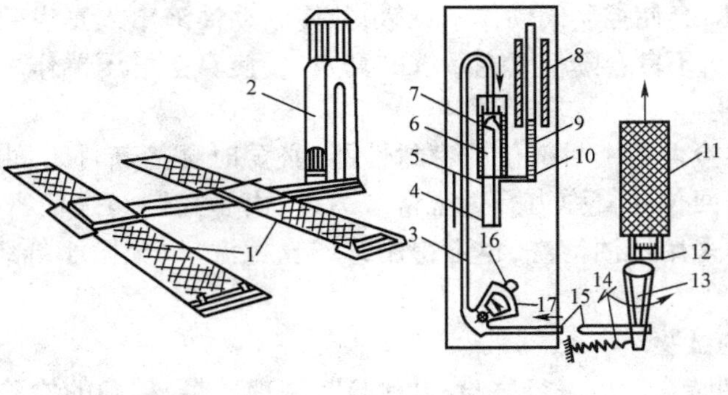

图 16-10　平台式制动试验台

1-平台；2-制动指示柱；3-拉杆；4-弹簧；5-油缸；6-贮油室；7-活塞；8-制动力刻度标尺；9-指示柱管；10-量孔；11-平台台板；12-支销；13-杠杆；14-弹簧；15-杠杆；16-棘轮；17-棘齿

2. 反力式制动试验台

反力式制动试验台的结构如图 16-11 所示。

试验时，将制动轮停置在一对滚筒之间，开动电动机，待滚筒稳定在一定转速后，踩下制动踏板，使车轮制动，滚筒在制动力作用下要停止转动，由此传到与滚轮同轴的齿轮副，这时齿轮副中的被动齿轮带动浮动齿轮架，绕齿轮副中的被动齿轮滚动，滚动的反作用力相当于滚筒所受的反作用力，它由杠杆传至测力计 4，指示制动力大小，并且在测力计中变换成电信号输出给指示仪表。这种制动试验台，通常左右各用一对滚筒，为了提

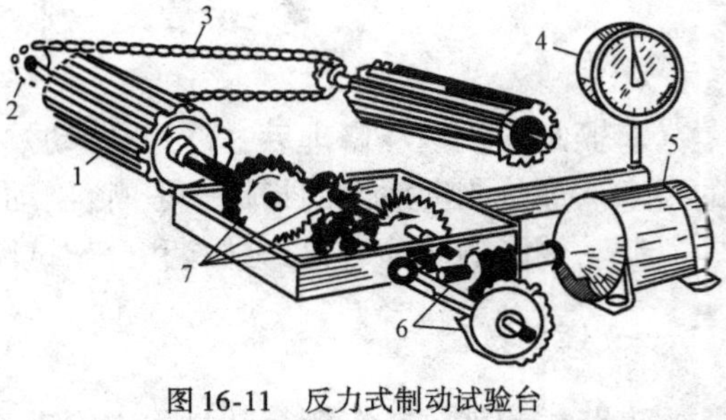

图 16-11　反力式制动试验台

1-滚筒；2-链轮；3-链条；4-测力计；5-电动机；6-蜗轮蜗杆；7-传动齿轮

高试验速度,也可各轮同时各用一对滚筒。

第五节　制动机构常见故障分析

一、气压制动机构的故障分析

1. 制动失效

(1)故障现象。在车辆行驶或作业中,将制动踏板踩到底时,制动装置根本不起作用,或者在使用一次或数次制动后,制动装置突然不起作用。

(2)主要原因:

①空压机发生故障,贮气筒内无压缩空气。

②制动阀内进气阀或排气阀失灵。

③制动软管或制动气室膜片破裂。

④制动阀进气迟缓,阀门与空心杆间隙过大。

⑤气动管路阻塞。

⑥车轮制动器失效。

(3)检查判断。

①如果在使用一次或数次制动后,制动阀排气口放气或漏气,应分解制动阀,察看上体阀口与进气阀口间是否有杂物,进气阀门有无发卡、损坏,回位弹簧有无折断,下体上的阀口有无损伤,润滑脂是否干结等。

②观察气压表,如气压表指示为"0",应检查空压机皮带是否过松,若皮带完好,可拆下空压机出气管,察听发动机工作时空压机有无泵气声,如无泵气声,应拆检空压机,如空压机工作正常,则应进一步检查单向阀、制动气管是否卡滞、堵塞,出气阀与座是否密封等。

③如气压表指示气压正常,可根据踩下制动踏板后气压下降值断定故障所在,若气压下降太少或为零,则说明制动阀不良,应检查制动踏板自由行程是否过大,排气阀加垫是否过多,进气阀开度是否过小,摇杆是否弯曲及平衡弹簧是否太软等。若踩下制动踏板后,气压一直下降,说明制动阀至制动气室之间某处漏气,应检查漏气处,拧紧制动气室紧固螺栓和制动管路接头连接螺栓。

④若气压降正常,在40~50kPa范围内,且无漏气声,说明车轮制动器存在故障。

2. 制动不灵

(1)故障现象。制动不灵是指车辆在行驶中,将制动踏板踩到底后,仍不能停车或减速,制动距离超过规定标准。

(2)主要原因:

①空压机传动带过松、排气阀密封不严或弹簧过软。

②空压机活塞环或活塞磨损过度。

③空压机缸盖螺栓松动或衬垫损坏。

④油水分离器或空气滤清器堵塞。

⑤管路接头漏气或管路堵塞。

⑥制动气室活塞皮碗或制动膜片损坏。

⑦制动阀膜片损坏。

⑧制动踏板自由行程过大。

⑨制动气室气压不足。

⑩制动蹄衬片与制动鼓间隙过大或衬片上有油污。

⑪制动凸轮转动困难,制动蹄支承销锈蚀。

(3)检查判断。

①中速运转发动机数分钟后,观察气压表读数是否正常,如气压表读数依然很低,可踩下制动踏板,当放松踏板时放气很强,说明气压表损坏,故障在车轮制动器;若无放气声或放气声很小,则故障可能在空压机,应对空压机可能出现的故障进行检查排除。

②如气压表读数正常,但发动机熄火后气压自动下降,应检查制动阀是否漏气,制动阀到空压机之间的管路是否漏气。

③如气压表读数正常,发动机熄火后气压也能保持正常,但踩下制动踏板后有漏气声,应先检查制动阀,若制动阀不漏气,再检查制动气室和制动软管处是否漏气。

④如发动机熄火后气压能保持正常,踩下制动踏板后也不漏气,但制动效果却不灵,应检查制动踏板自由行程是否过大,制动鼓与摩擦片之间的间隙是否过大,摩擦片是否沾有油污,制动鼓是否起槽或失圆,以及制动气室推杆的伸张情况等。

3. 制动跑偏

(1)故障现象。车辆制动时,两边车轮不能同时起制动作用,甚至一边车轮制动,另一边车轮仍然转动,使车辆不能沿直线方向停车,这种现象称为制动跑偏。

(2)主要原因:

①左右轮制动器摩擦片与制动鼓间隙不等。

②左右轮制动器摩擦片材质不同或接触情况不一致。

③某边制动摩擦片沾油、硬化或铆钉外露。

④某边制动气室推杆弯曲变形、膜片破裂或管路漏气。

⑤某边制动器凸轮轴被卡住。

⑥两边制动蹄片回位弹簧弹力相差过大。

⑦车架、制动器有故障。

(3)检查判断。

①通过路试,找出制动效能不良的车轮,一般是车辆向右侧偏斜,左侧车轮制动不良,车辆向左侧偏斜,右侧车轮制动不良。同时,停车后察看左右车轮在地面上的拖印痕迹,拖印短的一边,该车轮制动不良。

②一人踩住制动踏板,另一人注意听察该车轮的制动气室、气管或接头处是否有漏气声,如制动气室内有漏气声,为膜片破裂。若无漏气,注意观察制动气室推杆的伸张速度是否相等,有无歪斜或卡住情况。如左右制动气室伸张速度不等,则应检查左右气室工作气压,如相差过大,应检查制动气室气压低的制动软管是否老化、堵塞。

③如左右制动气室推杆伸张速度相等,可检查制动气室推杆行程是否过大,如推杆行程符合要求,可将车轮架起,从制动鼓检查孔观察摩擦片是否有松脱现象,并检查制动鼓与摩擦片之间的间隙是否正常,且两轮一致。

④如上述情况良好,再拆检制动鼓是否失圆,摩擦片是否磨损过量,左右轮胎的气压是否一致等。

4. 制动拖滞

(1)故障现象。制动拖滞是指制动踏板抬起后,制动不能很好解除,摩擦片与制动鼓仍在接触,致使车辆起步困难,行驶无力。

(2)主要原因:

①排气阀行程调整不当或排气阀弹簧折断,使排气阀不能完全打开。

②制动蹄摩擦片与制动鼓之间间隙太小。

③蹄片回位弹簧失效。

④制动凸轮轴转动不灵活。

⑤制动气室推杆伸出过长或因弯曲变形而卡住。

(3)检查判断。发生制动拖滞故障时,应首先检查制动鼓发热情况,如所有制动鼓均发热,应检查制动阀的工作情况,可踩下制动踏板,察听排气情况,如不排气或排气很少或间断排气,则为制动阀故障;如某个制动鼓发热,应检查该制动气室推杆伸缩是否自如,凸轮轴是否卡住,回位弹簧工作是否良好;如上述检查均未发现故障,则应检查制动蹄与制动鼓间隙是否合乎要求。

二、液压制动机构的故障分析

液压制动机构在工作中发生的故障类型和故障现象与气压制动机构相似,但二者故障发生的原因和检查判断的方法有所不同,现分述如下。

1. 制动失效

(1)故障现象。制动时,各车轮不能起制动作用,车辆不能减速或停车。

(2)主要原因:

①制动总泵缺油。

②制动总泵皮碗损坏或踩翻。

③制动管路破裂或管接头漏油。

④制动机构的机械连接部分脱落。

(3)检查判断。

①连续踩几下制动踏板,如踏板不升高,同时感到无阻力,应检查总泵是否缺油,如不缺油,再检查前后制动油管是否有漏油或损坏。

②踩下制动踏板,如无连接感,则为踏板至总泵的连接脱开,在车下检视,即可发现脱开部位。

③踩下制动踏板,虽感到有一定阻力,但踏板位置保持不住,能明显下沉,可能为总泵皮碗破裂,从车下可发现总泵有滴油和喷油现象。

④如上述检查正常,则可能是总泵皮碗踩翻,应更换皮碗。

2. 制动不灵

(1)故障现象。车辆行驶或作业中,一脚制动,不能减速停车,连踩几脚制动,效果也不好;踩下踏板后,从高度看情况正常,但感到较软,车辆不能立即减速或停车。

(2)主要原因:

①制动分泵和油管内有空气。

②踏板自由行程过大。

③总泵出油阀损坏或补偿孔和空气孔堵塞。

④总、分泵皮碗损坏老化。

⑤油管破裂或接头松脱漏油。

⑥摩擦片与制动鼓间隙过大。

⑦摩擦片有油污、硬化或铆钉外露。

⑧制动鼓或制动蹄失圆或过薄。

⑨摩擦片材质不同。

(3)检查判断。

①连续踩几下制动踏板,踏板能逐渐升高,不抬脚继续往下踩,感到有弹力,松开踏板稍停一会儿再踩,如无变化,即为制动系内有空气,应予排气。放气顺序是先从总泵开始,再到各分泵。各分泵的放气次序是从离总泵最近的一个分泵开始,依次进行。

②如一脚制动不灵,连踩几脚制动踏板,踏板位置逐渐升高并制动效果良好,说明踏板自由行程过大或摩擦片与制动鼓间隙过大,应先检查调整踏板自由行程,再检查调整摩擦片与制动鼓间的间隙。

③若连续踩下制动踏板,踏板位置能逐渐升高,当升高后,不抬脚继续往下踩不感到有弹力而有下沉的感觉,说明制动系中有漏油,应检查修复。

④当踩下踏板时,踏板位置很低,再连踩几下踏板,位置还不能升高,一般是总泵通气孔或补偿孔堵塞,应检查疏通。

⑤当踩下踏板时,踏板高度符合要求,也不软弱下沉,但制动效果不好,则为车轮制动器的故障,应检修车轮制动器。

3. 制动跑偏

(1)故障现象。制动时,同轴两边车轮不能同时起制动作用,甚至一边车轮制动一边还在滚动,使车辆在制动时向一边偏斜。

(2)主要原因:

①两边制动鼓与制动蹄摩擦片间隙不一样。

②两边车轮制动蹄摩擦片与制动鼓接触面积相差过大。

③两边车轮摩擦片材质不同。

④两边车轮制动鼓内径相差过大。

⑤两边车轮制动器回位弹簧弹力不一样。

⑥两边车轮分泵活塞磨损不一致。

⑦某边制动管路中有空气。

⑧某边车轮制动鼓失圆或过薄。

⑨两边轮胎气压不一致。

⑩某边车轮制动蹄摩擦片油污、硬化或铆钉外露。

(3)检查判断。

①进行路试。当车辆行驶中减速制动时,若行驶方向向右偏斜,说明左边车轮制动不良,反之说明右边车轮制动不良。

②找出制动不良的车轮后,仔细检查该轮制动管路有无损伤漏油的现象,如有,则查明原因排除之。

③如该轮外观完好,可对该轮分泵进行放气,若放气时发现有空气或放气后故障消失,说明该分泵管路有气阻。

④如无气阻现象,则检查调整该轮摩擦片与制动鼓之间的间隙,如间隙符合要求,再检查该轮轮胎气压和磨损程度,若该轮胎气压不足或花纹磨平,则进行充气或更换轮胎。

⑤如上述检查均无问题，说明故障在车轮制动器内部，应拆检车轮制动器。

4. 制动拖滞

(1)故障现象。抬起制动踏板后，全部或个别车轮的制动作用不能立即全部解除，以致影响了车辆的重新起步、加速行驶或滑行。

(2)主要原因：

①制动踏板没有自由行程或回位弹簧太软。

②总泵活塞回位弹簧过软或折断。

③总泵或分泵皮碗发胀或活塞变形。

④制动鼓与制动蹄摩擦片间隙过小。

⑤制动蹄回位弹簧过软或折断。

⑥制动蹄在支承销上转动不灵活。

⑦制动液过脏或黏度过大使制动管路堵塞。

(3)检查判断。

①在车辆工作一段时间后，用手摸各车轮制动鼓，若全部车轮制动鼓都发热，说明故障发生在制动总泵，若个别车轮发热，则故障在车轮制动器。

②如故障在总泵，应先检查自由行程。若自由行程符合要求，可将总泵储油室盖打开，连续踩下和放松制动踏板，看其回油情况，如不能回油，则为回油孔堵塞，应疏通；如回油缓慢，则为皮碗发胀或回位弹簧无力，应检修总泵。

③如故障在车轮制动器，应先拧松放气螺钉，若制动液急速喷出，制动蹄回位，则为油管堵塞，分泵不能回油所致。如制动蹄仍不能回位，则应调整摩擦片与制动鼓之间的间隙。

④如经上述检查调整均无效，应拆下制动鼓，检查分泵活塞与回位弹簧的情况以及制动蹄片销的活动情况，必要时进行修理更换。

三、真空增压液压制动系故障分析

真空增压液压制动系是在液压简单传动的基础上，加设一套当发动机工作时能在进气管中造成真空度的加力机构。该机构与液压制动装置联合作用，可使车轮的制动力增大数倍。这样既可减轻驾驶员的疲劳，保证安全，同时，即使真空加力机构失去作用，整个系统还可以同简单液压制动系统一样工作。下面着重分析由于真空增压器不良导致真空增压液压制动系出现的主要故障。

1. 制动时踏板阻力大，制动效能不良

(1)故障现象。制动操作时，制动踏板高、硬，制动效能不良。

(2)主要原因：

①管接头松动或管道破裂。

②单向阀阀面或阀座表面脏污或破损。

③空气阀阀面或阀座表面脏污或破损。

④真空阀阀面或阀座表面脏污或破损。

⑤控制阀活塞密封件、膜片或量孔破损。

⑥加力气室膜片破裂。

(3)检查判断。

①检查各真空管接头是否松动，管子是否破裂。

②若管子及接头完好，则应检查真空增压器是否有故障。可先踩下制动踏板，然后启动发动机，怠速运转几秒钟，如感到制动踏板自行下降少许，说明真空增压器良好，若制动踏板并不自行下降，说明真空增压器工作不良。

③若真空增压器工作不良，可先检查控制阀空气阀是否良好，方法是：在放松制动踏板，发动机怠速运转时，悬一小束棉纱或小纸条于控制阀进气口前面，如被吸入，说明空气阀密封不良；如没有被吸入，且在踩下制动踏板时也没有被吸入，则表明制动阀失效；如制动踏板刚一踩下棉纱或纸条即被吸入，说明空气阀良好，故障多为控制阀真空阀不密封。

④有些机械加力器的空气室一端有加油孔塞，可将其拆下，用手捂住加油孔，然后启动发动机，踩下制动踏板，如感到有吸力，说明真空阀可能漏气或膜片破裂。

2. 制动时踏板反弹，制动效能不良

(1)故障现象。发动机运转中，踩下制动踏板后，踏板忽然向上反弹顶脚，且制动效能不良。

(2)主要原因：

①增压缸活塞磨损过甚。

②增压缸活塞回位弹簧过软。

③增压缸单向球阀密封不良。

④增压缸皮圈损坏。

(3)检查判断。当踩下制动踏板时，踏板反弹，说明车轮制动器分泵侧制动液向制动总泵侧倒流，可能是增压缸活塞皮圈破裂，活塞止回球阀密封不良，活塞回位弹簧太软造成的，应拆下增压器出油管接头，踩下制动踏板，将弹簧和活塞顶出，检查弹簧的弹力是否符合要求，皮圈有无破损，活塞与泵体的配合是否良好，单向止回球阀是否密封可靠等，视情况予以检修。

3. 解除制动迟缓

(1)故障现象。抬起制动踏板时，不能立即解除制动作用。

(2)主要原因：

①加力气室活塞回位弹簧太软。

②控制阀膜片弹簧过软。

③控制阀空气阀与真空阀间隙过大。

④控制阀活塞不良或皮圈发胀。

(3)检查判断。

①拆下空气阀上的空气滤清器，使发动机怠速运转，踩下制动踏板，当抬起踏板时，如用起子能立即推动空气阀，且制动作用亦随之解除，则说明控制阀膜片回位弹簧过软，控制阀活塞不良或皮圈发胀，应更换皮圈，清洁活塞，检验回位弹簧的弹力。

②若用上述办法推不动空气阀，则应检查加力气室回位弹簧是否太软或气压活塞运动阻滞。如良好，则应调整控制阀的空气阀与真空阀之间的距离，若两阀间距过大，使真空阀与其座的距离过小或大于间隔，不但解除制动缓慢，而且在发动机启动后，即可能自动产生制动作用。

复习思考题

1. 车轮制动器在检修中的注意事项有哪些？

2. 如何处理制动鼓的磨损？如何铆接制动蹄摩擦衬片？

3. 如何调整制动鼓与制动蹄摩擦衬片之间的间隙？

4. 气压制动机构中制动控制阀的工作原理(过程)是什么？它与液压制动过程的差异是什么？

5. 如何装配、调整液压制动机构的总泵与分泵？

6. 制动器制动效能的试验有哪些？

7. 试举例说明制动系的常见故障及其诊断和排除方法。

第十七章　叉车工作装置的拆装工艺与故障分析

● **学习目标**

知识目标

1. 能准确描述叉车工作装置的拆装工艺；
2. 能对叉车工作装置的常见故障进行技术分析并找出故障原因。

能力目标

1. 能按照拆装操作规范对叉车工作装置进行拆卸和安装；
2. 能分析并排除叉车工作装置的常见故障。

第一节　叉车工作装置的拆装工艺

叉车是港口最常用的装卸搬运机械，型号种类很多，现以 CPCD3 型叉车为例简述其工作装置的拆装工艺。

一、拆卸工艺及注意事项

(1)将滑架降到最低位置。

(2)拆下起重链条固定在起升油缸上端的一头。

(3)拆下起升油缸活塞杆与内门架的联接螺栓。

(4)顶起内门架，卸出滑架。

(5)放下内门架。

(6)卸下进回油管。

(7)卸下定位螺栓。

(8)用吊车将内门架吊出。

(9)用吊车先将油缸吊起，然后将底座螺栓卸下，再将油缸拆下。

(10)用吊车将外门架吊起，再拆卸联于驱动桥的轴承支座，卸下倾斜油缸与外门架连接的销轴，然后将外门架缓慢放下。

在拆卸过程中，要注意先后次序，防止发生事故。例如，在拆卸起重链条之前，必须先将滑架降到最低位置，以免滑架突然滑落；在拆卸起升油缸进、回油管之前，应靠内门架的自身重力，使其落放在支承架上或地面，将油缸内油液先行排出，以免在拆卸进回油管时，内门架突然下落造成事故；在拆卸外门架时，应用吊车将外门架吊住，再拆卸轴承支座及倾斜油缸与外门架连接的销轴，以防止外门架自行转动或倒下而发生事故。

二、装配工艺

(1)将外门架吊起,使轴承支座与驱动桥相应部位对准,并将轴承座盖装好,推动外门架前后摆动,检查轴承的松紧情况。

(2)将倾斜油缸的活塞杆对准外门架的支座,用销轴进行连接。

(3)使外门架保持在垂直位置,将起升油缸吊起,并对准外门架上的油缸支承,用弹簧和螺栓将油缸固定在外门架上,并使4个弹簧的压缩量相等。

(4)将滑架伸入外门架内。

(5)将内门架吊起,对准外门架内侧,使端滚轮伸入外门架槽内,然后缓慢放下至滑架滚轮时,摆动滑架使滚轮进入内门架的槽内,再将内门架放到最低位置。

(6)检查滚轮与槽钢的间隙。端滚轮与外门架槽钢两翼板的单面接触间隙为0.75~1.25mm,侧滚轮与外门架槽钢腹板的单面接触间隙为1.25~2.5mm,若不符合要求,可通过增减垫片进行调整。滑架滚轮与内门架槽钢的翼板、腹板的调整与上述相同。

(7)将内门架与起升油缸的活塞杆用螺栓连接。

(8)安装起升油缸的进回油管。

(9)安装定位螺件。

(10)安装起重链条,两条起重链的松紧度要相等。测试方法:操纵起重滑阀,使起重油缸活塞起升至货叉稍离地面,用手推拉左右两条起重链,察看两链条松紧度是否相等。其松紧度以货叉落地后,链条有一定松度为合适。

第二节　叉车工作装置常见故障分析

一、门架、叉架起升、下降不平稳

1.故障现象

叉车在工作中或运行时,内门架或叉架上升、下降有阻滞或扭动现象,运行中声响增大。

2.主要原因

(1)内外门架、叉架严重变形。

(2)门架、叉架滚轮松动,滚轮轴与孔配合间隙过大或滚轮失圆。

(3)门架、叉架有裂纹或裂焊。

(4)侧向滚轮与门架、叉架间隙过小,滚轮回转不灵活。

(5)对于双链式起升机构,如两链条长度不等,也会引起内门架下降时发卡。

3.检查判断

(1)工作中如发现内门架、叉架上下运行不平稳,下降时有卡滞现象,应停止工作,仔细检查,用钢皮尺测量门架立柱、横梁的变形情况,叉架横梁的变形情况和扭曲情况,内外门架总成要求平直,在全长范围内,最大弯曲变形一般不得超过2mm,横向宽度差一般不大于2mm,内门架顶板弯曲变形一般不大于3mm,如整体变形、横向敞口、锈蚀严重、内门架与大滚轮结合导轨里口单面磨损超过2.7mm,则应予报废。

(2)检查门架与门架滚轮、侧向滚轮、叉架与各滚轮的间隙是否合适,一般侧向滚轮与门架之间的总间隙不得大于2mm,可借助调整侧向滚轮,或改变门架上部和叉架上部侧向滚轮垫片来调整[图 17-1a)、图 17-1b)]。检查门架叉架的前后间隙,一般不应大于 2mm,可借助抽取外门架上部滚轮轴座的垫片来调整,如果无效,可更换滚轮。同时检查滚轮运转是否灵活,应适当润滑使其灵活运转[图 17-1c)、图 17-1d)]。

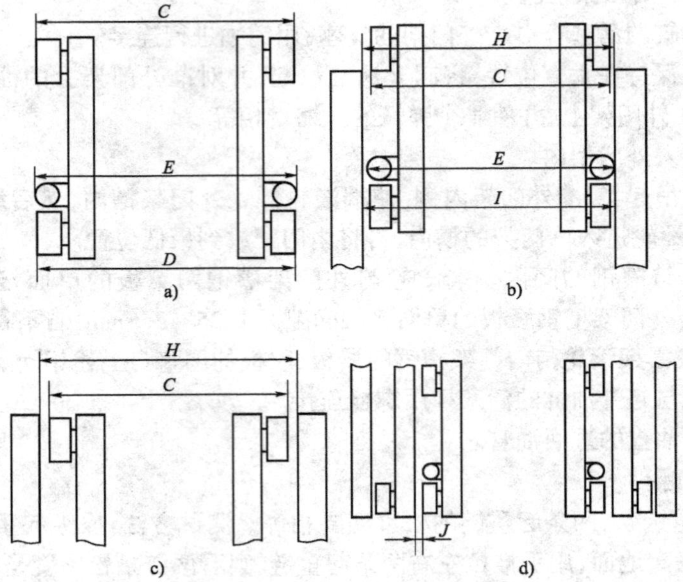

图 17-1　门架及叉架左右间隙调整示意图

(3)检查滚轮活动是否异常,如有异常,可能是滚轮圆度误差大于 1mm,也可能是滚轮内孔与轴承外径、滚轮轴与轴承内孔配合松动、侧向滚轮与轴配合间隙过大所致,应修复或更换。

(4)检查两链条长度是否一致,检查方法如图 17-2 所示。

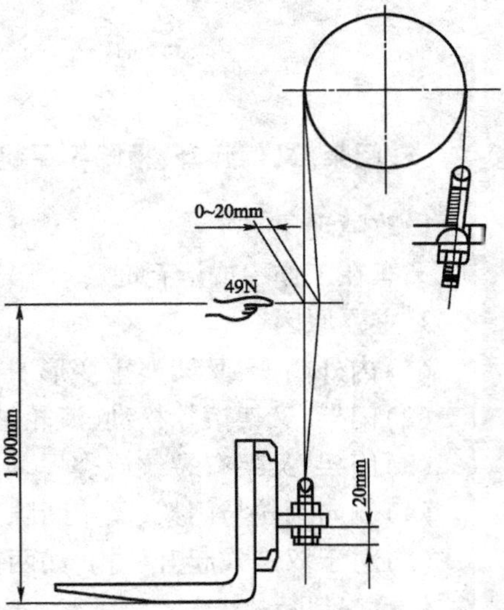

图 17-2　起重链的检查

在工作中,如起重链太长,起升高度达不到要求,起重链太短则会使机件损坏,造成货物翻落的严重事故。如两链条一长一短,会造成一链条过载甚至折断,导致门架、叉架运行不稳等现象,因此,必须对两链条进行调整,其方法如下:

①将叉车停在平坦的场地上,门架呈垂直状态,货叉降至地面,起升油缸活塞降至下止点。

②装上链条,以叉架一端的铰链螺栓为基准,拧紧螺母,并以螺母固定。

③连接链条另一端于起升缸筒或外门架横梁上,在距地面 1m 处,用手指推按链条,使链条推移 20mm 左右。

④以同样的方法调整另一根链条。

⑤两链条调整好后,起升货架,使其离开地面,再检查两链条的松紧度,应基本一致,相差不应大于 5mm,否则应重新调整,待达到要求后,用锁紧装置锁紧。

二、叉车运行中，工作装置振动大，发出噪声

1. 故障现象

叉车行驶中，工作装置振动加剧，噪声增大，特别是空载时噪声增大明显。

2. 主要原因

(1)门架及叉架主滚轮，特别是侧向滚轮间隙过大，或滚轮回转不灵活。

(2)部分紧固件松动，行驶中引起机件振动。

(3)链条与链片销轴磨损，间隙增大。

(4)导向螺栓(或导向板)磨损，直径变细，导轮架孔增大。

(5)货叉上、下卡铁与叉架横梁磨损，间隙变大。

(6)倾斜缸和门架、车架铰接孔与销轴配合间隙增大。

3. 检查调整

(1)解体检查主、侧滚轮的磨损情况(与上述相同)。

(2)旋紧各紧固件，并用锁紧设施(锁紧螺母、垫片、钢丝联锁、紧固胶粘固)锁牢。

(3)检查链条情况，链片节距拉长一般不应超过0.15mm，链片销轴磨损不得超过原直径的5%，如超过，应重新铆接牢固。链条磨损，伸长率大于4%时，应更换。

(4)检查导向螺栓(螺杆)的磨损情况，测量导向螺栓直径及导轮板的导向螺栓孔直径，应符合规定值，否则应检修。如导向螺栓经常返松或螺纹损坏两扣以上的，则应更换。

(5)检查货叉上下卡铁开口尺寸及与货叉上下横梁之间的间隙值，如间隙过大，应修理或更换。

(6)检查测量倾斜油缸耳座铰接配合孔与销轴间隙一般应不大于0.5mm，外门架与倾斜缸配合座孔与销轴间隙一般不大于0.5mm，如超过应修理或更换新品。

三、叉架歪斜

1. 故障现象

叉车在运行中和货物升降中，叉架发生歪斜或运行发卡，不顺畅。

2. 主要原因

(1)内外门架、叉架侧向滚轮与内门架间隙过大，回转不灵活。

(2)两链条松紧程度不一样。

(3)货物严重偏载或单叉作业。

(4)叉车前轮两轮胎气压不等，磨损不均。

(5)门架、叉架、货叉严重变形或产生裂纹、开焊。

3. 检查调整

(1)检查叉架与内门架的间隙，并进行调整或更换磨损超差件。

如图17-1b)所示，当内门架起升到最高位置时，测量H、C和E、I值，$H-C$、$I-E$的间隙之值一般应为0.1～1mm，如不合适，可通过增减各滚轮调整垫片进行调整。

当叉架处于最低位置时，测量叉架侧向滚轮与内门架之间隙[如图17-1d)中J的尺寸]是否在0.1～1mm之间，如超过，应进行调整。

当全部调整完毕后，起升货叉架及内门架，观察动作是否平稳，要求叉架从最大高度下降，叉架、空叉能自由下落，无卡滞现象，否则应进行调整。如因滚轮磨损严重造成故障，调整不奏

效时,应更换磨损超差件。

(2)调整两链条的长度,使其长度一致(如前述)。

(3)检查叉车前轮两轮胎的气压值,看是否一致,如相差较大,则应补充充气。

(4)叉车作业中不允许单叉作业,应注意尽量避免偏载作业。

(5)检查门架、叉架横梁的变形情况,一般叉架横梁弯曲变形不应超过2mm,如大于2mm,应予以修复。叉架任何部位如有裂纹或开焊,均应修复。叉臂与叉面折角不得大于90°,两叉尖水平高度差不应超过5mm,叉体不准弯曲变形,否则应修理或更换。

四、门架、叉架等机件发生严重变形、裂纹或损坏

1. 故障现象

叉车在工作中,货物叉取、起升困难,甚至不能进行工作。

2. 主要原因

(1)内外门架存在裂纹、开焊、变形或扭曲。

(2)叉架开焊、变形严重,防护架变形或开焊。

(3)货叉磨损严重,有弯曲变形,叉面与叉臂夹角大于90°。

(4)链条有明显不均匀磨损,节距拉长超过0.15mm,链片断裂等。

3. 检查修理

(1)对内外门架进行认真检查,测量总成全长变形及横向宽度变形情况,检查大滚轮与内门架结合导轨里口单面磨损是否超标,检查各处是否存在裂纹与开焊,对变形未超标者予以火焰校正修复,对裂纹、开焊予以焊接修复,否则应予报废。

(2)叉架任何部位不得出现裂纹和开焊,处理方法如前所述。

(3)对货叉臂与叉面折角处受力部位,应进行探伤检查,不得有裂纹,否则应更换,货叉臂与叉面夹角不应大于90°,两叉尖水平高度差一般不得超过5mm,长度差一般不得超过10mm,水平段磨损不得超过2mm,否则应予以修复或更换。

(4)链条发生裂纹、断裂、变形等应更换,链条磨损,伸长率大于4%时,应更换。

复习思考题

1. 叉车工作装置的拆卸步骤如何,拆卸过程中有哪些注意事项?
2. 叉车工作装置的装配步骤如何,装配过程中有哪些注意事项?
3. 叉车门架、叉架工作过程中不平稳的主要原因有哪些?
4. 叉车运行过程中振动、噪声大是什么原因,如何检查调整?
5. 叉架歪斜会有什么故障现象,如何检查调整?

第十八章　装卸搬运车辆液压系统的故障诊断

- **学习目标**

知识目标

1. 能准确描述装卸搬运车辆液压系统的故障征兆并判断故障类型；
2. 能对装卸搬运车辆液压系统的常见故障进行技术分析并找出故障原因。

能力目标

1. 能按照正确的程序检测装卸搬运车辆液压系统的常见故障；
2. 能分析并排除叉车工作装置的常见故障。

随着港口机械化程度的提高，各种具有先进液压与液力传动装置的装卸搬运车辆日益增多，液压与液力技术已成为港口机械使用和管理人员必须掌握的一门专业技术。与机械装置相比，液压与液力装置在发生故障后其检查的难度较大，不易迅速及时地排除，同时对检修人员的技术要求也较高。本章简单分析了液压系统故障的发生率和故障发生前的预兆，以及当系统发生某一故障时，如何从众多的可能原因中找出真正的原因，即确定引起故障的具体部位，从而采取有针对性的有效措施。

第一节　液压系统的故障率与故障预兆

一、液压系统的故障率

如果把一个液压系统的整个运行“生命”分为初期、中期和后期的话，则各个时期的故障率及产生故障的主要原因是不同的。

1. 运行初期

液压系统运行初期的故障，主要是由于系统设计不完善、元件选用不当或质量低劣、管道布置不当、系统安装质量差等原因引起的，容易产生的故障主要有管路振动过大、泄漏、元件节流小孔及滤油器堵塞、系统压力不稳定及执行元件运动速度不稳定等。这一时期的故障率相对较高，但采取相应措施后，故障率将逐渐下降。

2. 运行中期

这一时期的故障，70%以上是由于油液受到污染及氧化变质而引起的。油液中的杂物颗粒、水分、气体及氧化变质产生的焦粒和糊状物，必然影响元件的正常工作。建立良好的维护管理制度并严格执行，确保油液尽可能少的受到污染，及时对油液进行化验，必要时进行换油等措施，可保持这一时期的故障率在整个“生命期”中达到最低状态。

3. 运行后期

随着液压系统运行时间的推移，将会出现液压元件中相对运动部件的磨损增加，动密封处密封的磨损，密封件的老化等，结果会使这一时间的故障率又呈上升趋势，并且系统的效率也随之下降。

若不考虑一些偶然的因素（如人员的误操作等），就三个时期的故障率的高低变化情况来看，液压系统与一般机械设备故障的变化规律是相似的，这就是人们常说的所谓故障率变化的“浴盆曲线”。但是，与机械装置相比，液压系统发生的故障具有隐蔽性、多可能性的特点，因此查找故障产生的真正原因相对困难一些。

二、液压系统的故障预兆

液压系统发生故障之前，通常都有预兆。如果及早发现预兆，并采取相应措施，就可以减少或避免发生故障。

1. 噪声过大

控制液压系统运行中的噪声是液压技术研究的重要课题之一。液压装置既是一个独立的噪声源，又受其他机械噪声的影响，所以，通常要求把噪声限制在 82dB 以下。液压系统的运行噪声过大时，应分析其原因，并采取相应的措施。一般来说，液压系统的噪声来源于以下几个方面。

（1）机械振动。包括泵、原动机、联轴节、轴承、管道布置及安装、油箱的布置（主要是共振问题）等。

（2）系统压力脉动及压力剧变。如流量的脉动、泵的困油现象及压力急剧变化等。

（3）气穴及气蚀产生气穴噪声。

（4）液压冲击。

2. 气穴与气蚀

气穴与气蚀现象在溢流阀、节流阀及液压泵吸油管道中都可能发生。现在，在元件设计及系统设计中，已充分注意到了这一问题。对运行维护管理人员来说，最主要的是如何有效地防止空气进入液压系统，因此，在液压系统的日常管理中，应对以下几方面予以特别重视。

（1）保持液压泵各结合面的连接及泵吸油管接头连接的紧密性。

（2）注意油箱内的油位不能过低。

（3）泵吸油管端的滤油器既不能接近油面，也不应紧挨油箱底面。

（4）定期清洗吸油滤清器，防止因污物堵塞滤清器而造成泵吸油不足。

气穴现象可通过简易方法来判断，例如，可在液压泵进油口处设置一真空表，监视其吸入口的真空度；监听液压泵运转时是否发出啸叫声；执行元件的运动是否平稳、是否有动作迟钝的现象等。

3. 油温过高

液压系统的工作温度一般以 30 ~ 55℃ 为宜，油温过高将会引起一系列问题。首先，油温升高使油液黏度显著下降，导致泄漏增加、效率下降；滑动配合的零件因油液黏度下降而磨损增大；黏度下降又使油通过流量控制元件时流量不稳定。其次，油温过高会使膨胀系数不同的运动副之间的间隙发生变化，严重时会造成运动件动作不灵甚至卡死。此外，油温过高会使油的氧化速度加快，使用寿命降低。有资料表明，油温升高到 55℃ 以上时，油温每上升 8℃，其寿命减低一半。油温过高还会导致密封件加速老化、失效。

液压系统油温过高当然可能与系统的设计、安装、施工有关,但也与维护管理有关。维护管理人员应能发现系统设计不合理之处,并采取相应的补救措施;应当随时注意冷却器是否处于正常状态;应当注意使用油液的黏度是否合乎要求、系统压力是否调得过高等。

4. 泄漏

泄漏既是故障预兆,本身也是一种故障。泄漏过量会引发诸如系统压力调不高、执行元件速度不稳定、系统发热、效率下降、环境污染、控制失灵等问题,在一些特殊场合甚至可能引起火灾。

为减少泄漏,维护管理人员除应注意控制油温以外,还应注意泵、马达结合面是否连接紧密;是否正确使用、更换密封圈;液压油是否与密封材料相容;密封圈安装是否正确等。

外泄漏一般是容易观察的,但内泄漏一般则需通过检测才能确定。通常,元件的内泄漏情况可在试验台上或用手提式液压系统测试仪来进行测定。

第二节　液压系统的故障检测

目前,在中小型港口机械修理企业中,液压系统的检修也和其他机械设备一样,大多采用“坏了再修”及定期检修的维护管理方法。坏了再修,必然会影响生产;定期检修,则往往不论是否有故障都要按规定的周期进行检修,也会造成较大浪费。如果能对设备和系统从坏了再修、定期检修向预知维修过渡,这对于提高生产率、节省维修费用及合理购置配件都是十分有利的。

要实现预知维修,必须采用状态监测技术,即用各种传感器、有关仪器仪表及计算机组成测试系统,通过有关参数的显示、对比,随时了解系统的运行状态、系统及元件的技术状态,判别故障部位,实现自动报警及自动停机等。但是,采用这种精密诊断及状态监测技术费用较高,目前港口的设备和技术状况尚不具备这样的条件。下面介绍两种适用于目前港口装卸搬运机械液压系统的故障检测方法。

一、简易诊断

1. “四觉”诊断

利用视、听、触、嗅觉来判断液压系统的故障,属于操作、维护人员的日常工作范围,这种诊断的有效性在很大程度上取决于现场操作及维护人员的责任心和实际工作经验。

视觉诊断就是通过观察来进行判断。主要包括:看液压系统各监测点压力表、真空表、油温表的数值是否正常;看执行元件动作是否平稳;看油面是否正常,油液是否清洁,滤油器清洁度指示器的位置,看油液表面是否有泡沫、是否变质;看有否外泄漏、振动情况等。

听觉诊断就是听液压泵和液压系统的噪声是否过大;听换向时的冲击声是否过大;听是否有气蚀产生的异常声音;听泵是否有因内部零部件损坏而引起的敲击声。

触觉诊断是用手来摸液压泵等元件的外壳是否烫手;摸执行元件运动时及管路的振动情况。

嗅觉诊断是用嗅觉来判断油液是否发臭变质;有无因油液过热引发密封圈发出异味等。

上述诊断方法还会由于每个人的感觉不同、判断能力的差异而得出不同的诊断结果,而且只是定性分析。若要确定真正的故障原因,往往还要拆下有关液压元件上试验台进行测试。而对于某些简单的故障,则可现场处理。

2. 液压系统图分析法诊断

利用液压系统原理图来诊断故障,必须明确液压传动工作机械的工况要求,了解液压元件的结构、工作原理及性能,熟悉液压系统工作原理等。下面以某装卸搬运车辆液压缸动作不良这一故障为例,说明此诊断法的具体应用。

图 18-1 所示为某车辆液压系统原理图的一部分。由图 18-1 可见,液压缸动作不良的故障原因可能有:油箱油量不足;液压泵 3 吸油管吸入空气;泵本身排油量不足;主溢流阀 4 调压过低;换向阀 7 泄漏严重;补油阀 5 漏油;过载安全阀 6 调压不正确;液压缸密封有问题;其他两个换向阀漏油等。

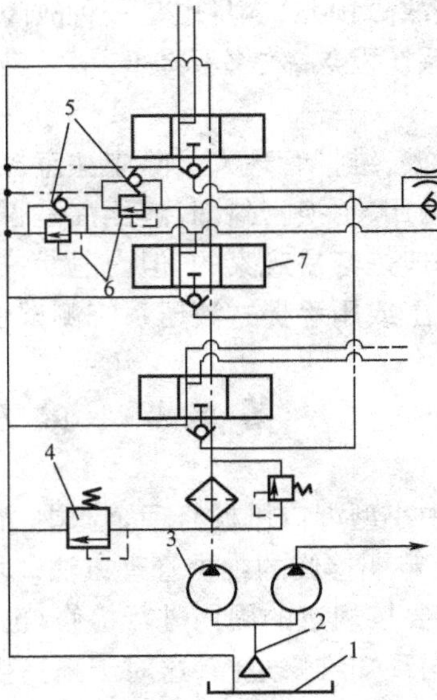

图 18-1　某车辆液压系统原理图(局部)

1-油箱;2-吸油管;3-液压泵;4-主溢流阀;5-补油阀;6-过载安全阀;7-换向阀

在查找故障时,可按下述步骤进行:

首先检查油箱位置是否正常,再看看车辆行走和回转是否正常,如正常,则说明油箱油位、吸油管、泵、主溢流阀调压、各换向阀都没有问题。因此,液压缸动作不良的故障原因就缩小为可能是过载安全阀调压过低、补油阀泄漏或液压缸密封失效等三个方面。

应当指出,用液压系统原理图来分析故障可能产生的原因是有效的,但是也只能缩小范围,而且难以判断产生故障的根源究竟是哪个元件,是什么原因使该元件失效的等。在液压系统局部发生故障时,利用该法可以缩短分析、检查和判断故障的时间。但对于全局性的故障(如上例中假如车辆的行走、工作装置的回转均不能正常工作时),则故障产生的范围就难以缩小。

二、用液压系统测试仪诊断

液压系统测试仪是由一个或几个压力表、流量计、温度计和加载阀等组成的油路集成块,它有两个管接头,可与被测油路连接。

现对丰田 FD25Z1 型叉车使用液压系统测试仪测试系统故障的方法简介如下。

图 18-2 所示为该叉车工作装置和转向装置的液压系统原理图。用测试仪可以测定系统中各元件的内泄漏量,以此来判断元件的技术状态或故障。

1. 液压泵 1 的测试

如果液压泵运转中无啸叫声,无零件损坏的敲击声,转速在规定范围,则泵的主要故障是泄漏问题。

泵的测试如图 18-3 所示,令泵排油管与其他元件断开,并与测试器进油口连接,测试器另一接口经连接软管接至油箱。然后将测试器上的加载阀开至最大,使液压泵在空载下运行,达到额定转速,并使液压油达到工作温度,测出泵的供油压力、流量、温度和转速,由此得到泵的空载流量。一般可以将此时测得的流量近似作为泵的理论流量。然后慢慢关闭加载阀进行加载,使泵的出口压力逐渐升高,直至升达额定工作压力(该系统为 12MPa),测得此时泵的流量,该流量与空载流量之比即为泵的容积效率,而两者之差即为泵的内泄漏量。

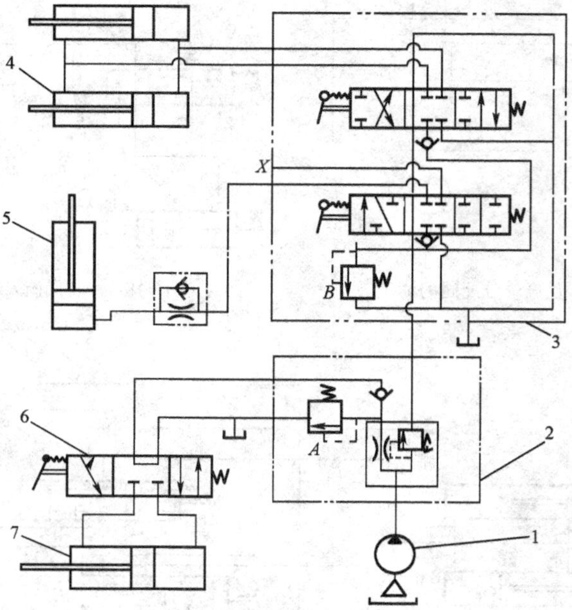

图 18-2　FD25Z1 型叉车液压系统

1-液压泵;2-流量分配阀;3-主控制阀;4-倾斜缸;5-起升缸;6-转向阀;7-转向助力缸

一般认为,若泵流量减少 25%,则该泵技术状态已达故障状态;若减少达 50%,则该泵必须更换。

2. 流量分配阀 2 及溢流阀 A 的测试(图 18-4)

进行这项测试的目的是确定溢流阀 A 的调压(该系统为 6MPa)是否正确及送往转向回路的油量是否正确。测试时,先旋松加载阀,使油温达到工作油温,转速到达额定值。然后慢慢关闭测试仪上的加载阀,当通过测试仪上的流量为零时,检查测试仪上的压力表读数是否为 6MPa,若是,则说明阀 A 调压正确,否则应重新调整。因为阀 A 的调压是否正确直接影响到转向装置工作的可靠性。若令柴油机从怠速至额定转速范围内运转(可取几挡速度),并将测试仪上的加载阀加载至压力表读数为 6MPa,观察流量计读数是否稳定在设计规定值上,若基本稳定,则说明流量分配阀工作正常;若波动大,则说明该阀有故障。

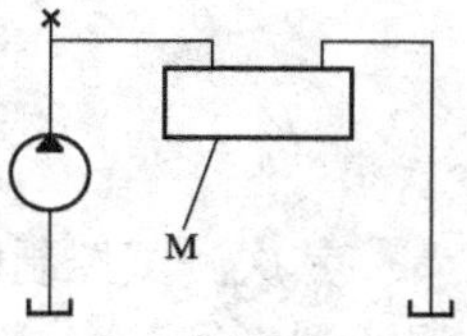

图 18-3　泵测试回路

3. 转向阀及转向缸的测试(图 18-5)

该项测试的目的是测出转向阀及转向缸的内泄漏量。将转向阀操纵至图 18-5 所示位置,转向缸活塞可右行至极限位置,令泵在额定转速下运转,油温在工作温度下,用量杯测得 a、b、c 三处的泄漏量(1min),即可得转向阀及转向缸的内泄漏量。再将转向阀操纵至左位,可测出转向缸另一侧的泄漏量及转向阀另一位置的泄漏量。对两组测试数据进行分析、比较,即可判断转向阀及转向缸的内泄漏情况。显然,若内泄漏过大,即是转向回路故障之根源。

4. 主控制阀 3 的测试

将系统中转向回路断开,将至起升缸的油路断开,并将起升换向阀操纵至右位,接入液压系统测试仪,如图 18-6 所示。

首先测试控制阀内溢流阀 B 的调整压力,其步骤与转向回路中溢流阀 A 的测试相同,不过此处阀 B 的调整压力为 12MPa。

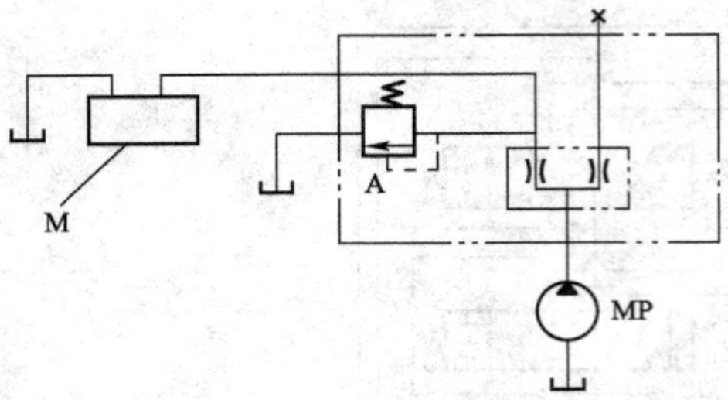

图 18-4　溢流阀 A 及流量分配阀的测试

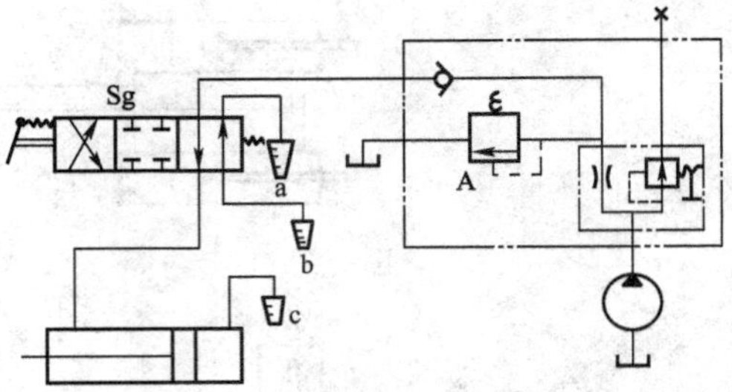

图 18-5　转向阀及转向缸的测试

a、b、c-量杯

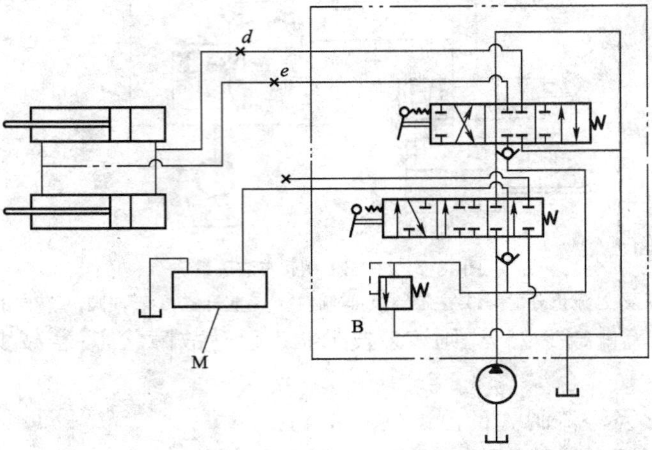

图 18-6　主控制阀测试

其次测试控制阀。先将测试仪的加载阀松开,使液压泵在空载下以额定转速运行,并使油温达到工作温度,测出压力、流量、温度和转速,得到泵的空载流量。再将加载阀逐渐关小加载,当压力达到 12MPa 时,记下泵的流量值。空载流量与额定压力下流量的差值,就是泵和控制阀内泄漏量的总和。将该泄漏量减去前已测得的泵泄漏量就得到控制阀的泄漏量,若此泄漏量过大,则应检修或更换。

5. 倾斜缸的测试

如图 18-6 所示,若将控制倾斜缸的操纵阀操纵至右位,令倾斜回路在无杆腔适当位置 d 处断开,并用量杯接测 d 处的油量(1min),此即是倾斜缸的内泄漏量。若将换向阀操纵至左位,令有杆腔油路在适当位置 e 处断开,并用量杯接测其油量(1min),即可测得倾斜缸另一方向的内泄漏量。

综上所述,利用液压系统测试仪可测量系统中各主要元件的内泄漏量,也可检查与调定有关溢流阀的压力调整值,还可判定流量分配阀的工作性能,总之,可以判断系统中哪一个元件发生了故障。

如果我们取数台型号相同,使用频率相近,使用条件相似,而已使用年限(小时数)不同的叉车来测试,取得不同使用年限下各液压元件的内泄漏量的变化曲线,那么,这条“状态曲线”就可作为判断元件性能的定量参考基准。也就是说,利用状态曲线可推知元件目前的技术状态及还可以用多久,从这个意义上说,系统测试仪也可用于液压系统的状态监测。

复习思考题

1. 液压系统的运行初、中、后期的故障率各有什么特点?
2. 液压系统在发生故障之前一般都有哪些预兆?
3. “四觉”诊断适合用来判断液压系统的哪些故障?
4. 如何利用液压系统图来诊断液压系统的故障?
5. 如何利用液压系统测试仪来诊断液压系统的故障?

第十九章　车辆的总装、检验与试车

- 学习目标

知识目标

1. 能准确描述叉车总装的一般步骤和注意事项；
2. 能准确描述叉车行驶检验的具体项目。

能力目标

1. 能按照正确的程序进行叉车的总装；
2. 能按照正确的方法进行叉车的行驶检验。

港口装卸搬运车辆在各零件和总成分别进行修理完毕后要装合成一部完整的车辆；装合后的车辆不能马上投入使用，应该进行各方面的检查和调试，从而评定车辆是否达到大修质量标准。本章以叉车为例，简述车辆总装、检验与试车的基本内容和操作工艺。

第一节　总　装

叉车总装一般以车架为主体，将各总成、组合件及连接零件依次装上车架。根据目前各港口机械修理企业的技术和设备情况，总装一般采用顺序装配的方法，即由2~3人组成一组，逐件装配成一台整车，其一般顺序如下。

(1)安装前桥、后桥总成。

(2)安装转向和制动系统。

(3)安装发动机、变速器或变矩器。

(4)安装万向传动装置、手制动器。

(5)安装起重门架与液压传动管路。

(6)安装驾驶台。

(7)安装液压操纵阀。

(8)安装工作装置。

(9)安装电气线路及仪表电瓶、灯具、喇叭、高压线圈和调节器等。

以上顺序，根据车辆结构的不同，可以有所变动。

在车辆装配过程中或装配完毕后，应检查调整离合器踏板的自由行程、车轮前束、转向盘游动间隙、制动踏板自由行程、制动蹄与制动鼓间的间隙、轮胎气压等。

第二节　行驶检验

对于总装完毕并经过检查调整的叉车，需要进行行驶检验，检验的目的主要是检查底盘各总成(包括工作装置)工作是否正常(因发动机已进行过热试)。行驶检验在无载状态下进行,并且不以高速行驶。行驶检验主要检查以下项目。

(1)检查制动系统制动效能,注意车轮制动器是否有过热现象。

(2)检查转向机构转向时是否轻便灵活,转向盘左打或右打的轻重程度是否一致,同时还应注意转向轮的转向角度是否合乎规定。

(3)注意起步时离合器结合是否平稳可靠,有无发抖、打滑、异响等现象。

(4)检查变速器换挡是否轻便顺利,注意是否有脱挡和乱挡现象。

(5)选择适当场地检查叉车的最小转弯半径是否符合原设计要求。

(6)在加速及减速中仔细察听变速器、传动轴、主减速器和差速器等处有无异响。

(7)检查各部位有无漏油、漏水、漏气、漏电现象。

(8)检查工作装置各操纵阀的操纵是否轻便灵活。

(9)检查各油缸活塞是否能顺利地运动到极限位置,并观察在活塞运动中有无抖动现象。

(10)检查液压系统压力是否合乎规定。

(11)察听液压传动系统工作时有无噪声。

(12)检查货叉负重停留在某一位置有无自动下降现象。

复习思考题

1. 叉车总装的一般顺序是什么?
2. 叉车总装完毕后要进行哪些检查?
3. 叉车行驶检验的目的主要是什么?行驶检验应在什么状态下进行?
4. 叉车行驶检验的内容有哪些?

第四篇　起重输送机械的检修

第二十章　起重机的检修

- **学习目标**

知识目标

1. 能简要叙述减速器在使用中的常见故障及排除方法；
2. 能正确阐述制动器在工作中的常见故障、产生原因及排除方法；
3. 能概要分析起重机运行啃道的原因及修复方法；
4. 能详细讲述起重机主梁下挠的原因及对起重机使用性能的影响。

能力目标

1. 能正确测量钢丝绳、滑轮、卷筒的磨损量；
2. 能熟练调整联轴器的轴向位移、径向位移；
3. 能熟练调整制动器的制动力矩、行程及制动瓦块与制动轮之间的间隙；
4. 能正确检测桥式起重机主梁拱度。

第一节　起重机主要零部件的检验与修理

一、钢丝绳

1. 钢丝绳的检查

用肉眼察看钢丝绳是否存在缺陷，如钢丝绳变形、局部压扁、严重弯折打结；钢丝溢留、挤出、松散，并有严重磨损；绳芯松散、外露；钢丝绳外部或内部严重锈蚀；绳股整根断裂等。如果存在上述其中的任一种缺陷，应作更换。

用量具测量钢丝绳的磨损量，测量时应取钢丝绳磨损最严重的一段，并将所测的部位除去锈蚀和油污，用游标卡尺在钢丝绳同一断面上测 3 个方向的值，即 d_1、d_2、d_3，取其平均值：

$$\bar{d} = \frac{1}{3}(d_1 + d_2 + d_3)$$

钢丝绳直径的磨损率：

$$\Delta d = [(d - \bar{d})/d] \times 100\%$$

式中：d——钢丝绳原直径，mm；

$\bar{d}$——钢丝绳磨损后直径，mm。

当 $\Delta d \geqslant 7\%$ 时，钢丝绳必须更换。

检查钢丝绳的断丝数，根据《起重机械用钢丝绳检验和报废实用规范》（GB/T 5972—2006），钢丝绳的断丝数达到表 20-1 的规定时，应报废。

起重机械用钢丝绳检验和报废实用规范③（GB/T 5972—2006） 表 20-1

外层绳股承载钢丝数① n	钢丝绳典型结构示例② GB 8918—2006 GB/T 20118—2006⑤	机构工作级别							
		M_1、M_2、M_3、M_4				M_5、M_6、M_7、M_8			
		交互捻		同向捻		交互捻		同向捻	
		长度范围④				长度范围④			
		$\leqslant 6d$	$\leqslant 30d$	$\leqslant 6d$	$\leqslant 30d$	$\leqslant 6d$	$\leqslant 30d$	$\leqslant 6d$	$\leqslant 30d$
≤50	6×7	2	4	1	2	4	8	2	4
$51 \leqslant n \leqslant 75$	$6\times19S^*$	3	6	2	3	6	12	3	6
$76 \leqslant n \leqslant 100$		4	8	2	4	8	16	4	8
$101 \leqslant n \leqslant 120$	$8\times19S$ $6\times25F_i^*$	5	10	2	5	10	19	5	10
$121 \leqslant n \leqslant 140$		6	11	3	6	11	22	6	11
$141 \leqslant n \leqslant 160$	$8\times25F_i$	6	13	3	6	13	26	6	13
$161 \leqslant n \leqslant 180$	$5\times36WS^*$	7	14	4	7	14	29	7	14
$181 \leqslant n \leqslant 200$		8	16	4	8	16	32	8	16
$201 \leqslant n \leqslant 220$	$6\times41WS^*$	9	18	4	9	18	38	9	18
$221 \leqslant n \leqslant 240$	6×37	10	19	5	10	19	38	10	19
$241 \leqslant n \leqslant 260$		10	21	5	10	21	42	10	21
$261 \leqslant n \leqslant 280$		11	22	6	11	22	45	11	22
$281 \leqslant n \leqslant 300$		12	24	6	12	24	48	12	24
$300 < n^b$		$0.04n$	$0.08n$	$0.02n$	$0.04n$	$0.08n$	$0.16n$	$0.04n$	$0.08n$

注：①填充钢丝不是承载钢丝，因此检验时应予以扣除。多层绳股绳仅考虑可见外层。带钢芯的钢丝绳，其绳芯作为内部绳股对待，不予考虑。

②统计绳中的可见断丝数时，圆整成整数值。对外层绳股的钢丝直径大于标准直径特定结构的钢丝绳，在表中作降低等级处理，并以 * 号表示。

③一根断丝可能有两处可见端。

④d 为钢丝绳公称直径。

⑤钢丝绳典型结构与国际标准钢丝绳典型结构是一致的。

2. 钢丝绳的维护

钢丝绳的使用寿命和安全工作很大程度上决定于良好的维护。

钢丝绳要保持良好的润滑状态，每月至少要润滑两次。润滑前，先用钢丝刷刷去钢丝绳上的污物，并用煤油清洗，再抹上润滑脂。也可将钢丝绳清洗后盘成圈，约三等分，然后用细钢丝扎好，在已加热到 80 ~ 100℃的润滑脂中浸泡，使钢丝绳芯渗满油脂，以保证钢丝之间有良好的润滑。同时，钢丝绳外层也有了润滑脂，减轻了与滑轮或卷筒之间的磨损。严禁使用未经润滑或严重锈蚀的钢丝绳。

钢丝绳开卷时，应防止打结或扭曲；钢丝绳切断时，应有防止绳股散开的措施。

安装和使用钢丝绳时，应防止其被划、磨、碾压和过度弯曲，或因其他物理条件、化学条件造成其性能的降低。

在使用前，要认真对钢丝绳进行全面检查。除上述检查内容外，还应特别注意：检查钢丝绳端连接装置是否可靠；禁止将钢丝绳接起来使用；钢丝绳绝不允许超负荷使用。

钢丝绳端部用绳卡连接时，应满足表 20-2 的要求，同时应保证连接强度不小于钢丝绳破断拉力的 85%；用编结连接时，编结长度不应小于钢丝绳直径的 15 倍，并且不小于 300mm。连接强度不应小于钢丝绳破断拉力的 75%。

钢丝绳夹连接时的安全要求 表 20-2

钢丝绳公称直径(mm)	≤19	19 ~ 32	32 ~ 38	38 ~ 44	44 ~ 60
钢丝绳夹最少数量(组)	3	4	5	6	7

注:钢丝绳夹夹座应在钢丝绳长头一边,钢丝绳夹的间距不应小于钢丝绳直径的 6 倍。

吊运熔融金属的起重机,在吊钩组及吊运横梁等处应采取措施保护钢丝绳免受辐射热直接影响,并防止熔融金属喷溅到钢丝绳上。

二、滑轮

1. 滑轮的检查

滑轮清洗以后,用肉眼检查其边缘有否缺损,用放大镜检查绳槽、轮缘是否存在裂纹,绳槽底部是否有显著磨损。

检查滑轮磨损量时,将样板放在绳槽中,塞尺放在样板与滑轮绳槽壁或绳槽底部已磨损的部位,可伸入的塞尺厚度即是该部位的磨损量。样板的尺寸按绳槽标准尺寸制作,尺寸公差为 js8 ~ js10,最合适的绳槽底部直径为钢丝绳直径的 1.07 ~ 1.2 倍(图 20-1)。

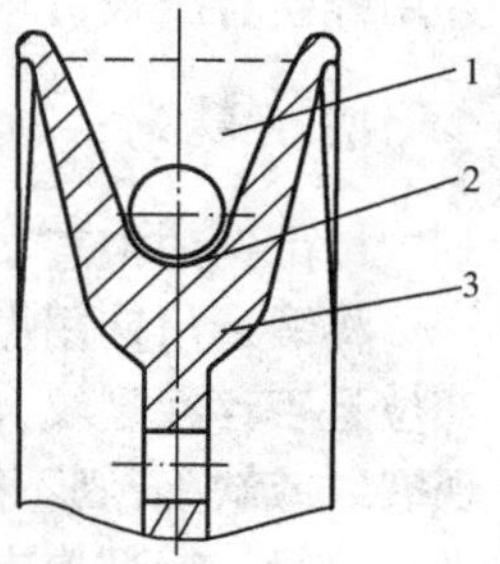

图 20-1 滑轮磨损样板检验示意图
1-样板;2-磨损部位;3-滑轮

2. 滑轮检修的技术要求

正常工作的滑轮用手能灵活地转动,滑轮槽应光洁平滑,否则会加剧钢丝绳、滑轮轴的磨损。

滑轮应有防止钢丝绳脱出绳槽的装置或结构。在滑轮罩的侧板和圆弧顶板等处与滑轮本体的间隙不宜超过钢丝绳直径的 20%。

人手可触及的滑轮组应设置滑轮罩壳。对可能摔落到地面的滑轮组,滑轮罩壳应有足够的强度和刚度。

滑轮轴承要保持良好的润滑状态,滑轮轴上的润滑油槽和油孔中的切屑和污垢必须清除干净,油孔与轴承间隔环上的油槽应该对准。

对于金属铸造的滑轮,在检查中若发现有贯穿性裂纹,或轮缘部分有损坏,应立即停止使用,予以更换。

在使用过程中,若检查发现滑轮槽底径向磨损达到钢丝绳直径的 1/3,或轮槽壁厚磨损达到原壁厚的 30%,或轮槽的不均匀磨损为 3mm,则滑轮就应予以更换。

滑轮轴不得有裂纹,大修后滑轮轴轴径磨损超过原轴径的 3%,圆柱度偏差超过 5%,则要更换滑轮轴或予以修复;与滚动轴承内径的径向间隙超过 0.2mm,也要更换。

三、卷筒

1. 卷筒的检查

用 20 倍或 50 倍放大镜检查卷筒,也可以用小手榔头敲击的方法检查,如果发现卷筒的绳槽、钢丝绳在卷筒上的固定处有裂纹,则不能继续使用。

用深度千分尺和直尺测量卷筒绳槽的磨损量 ΔC。

$$\Delta C = C'_1 - C_1$$

式中:C_1——标准绳槽深度(设计图纸上绳槽深度),mm;

C_1'——测量得磨损后绳槽深度,mm。

如果卷筒磨损严重,还要测量磨损后卷筒的外径 D_1',并将 D_1'与原来标准直径 D_1 比较,则绳槽的实际磨损量应为：

$$\Delta C'_1 = \frac{1}{2}(D_1 - D'_1) + \Delta C$$

卷筒磨损测量如图 20-2 所示。

2. 卷筒检修的技术要求

卷筒装配完毕后，必须转动灵活，不得有卡阻现象。对卷筒轴的径向及端面圆跳动公差不得超过绳槽底径的 2.25‰；若卷筒绳槽磨损超过 2mm，钢丝绳在工作中经常跳槽而不能有秩序地排列时，可重新车槽，但加工后的卷筒壁厚不得小于原壁厚的 80%。

卷筒轴上不得有裂纹，卷筒轴磨损超过名义直径的 5% 时，应予以更换。

卷筒上钢丝绳尾端的固定装置应安全可靠，并有防松或自紧的性能。如果钢丝绳尾端用压板固定，固定强度不应低于钢丝绳破断拉力的 80%，且至少应用两个相互分开的压板压紧，并用螺栓将压板可靠固定。

四、吊钩

1. 吊钩的检查

将锻造吊钩用煤油或柴油洗净，用 20 倍或 50 倍放大镜检查或用无损探伤仪检查吊钩各部位是否存在裂纹，吊钩螺纹部分有否松脱滑牙，特别要注意危险断面和螺纹退刀槽处，若发现裂纹或缺陷，则不能继续使用，也不允许补焊后继续使用。

钩身挂绳部位由于钢丝绳的摩擦会产生磨损，出现沟槽。当此危险断面高度的磨损量达到原尺寸的 10% 时，吊钩应报废。没有达到报废标准时，可以继续使用或降低负荷使用，但应将磨损的部位修磨成弧面，消除应力集中。

除检查钩身、螺纹、尾端的变形之外，还应重点检查吊钩的扭转变形与钩口开口度。扭转变形应小于 10°；钩口开口度尺寸增量 $\Delta M < 15\% M$（其中 M 为正确钩口开口度），否则吊钩应更换。当变形后钩口开口度 $M' \geq a$（a 为吊钩钩口内圆直径）时，吊钩也不能继续使用（图 20-3）。

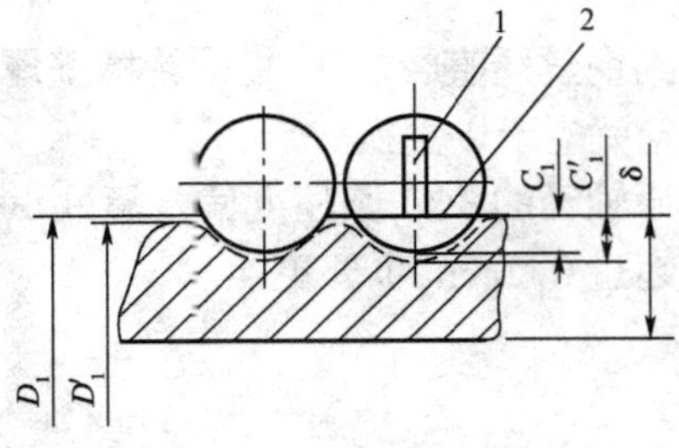

图 20-2　卷筒磨损测量示意图

1-深度尺；2-直尺

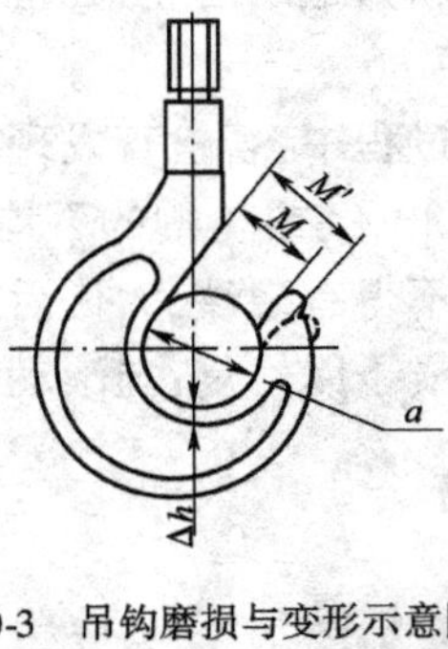

图 20-3　吊钩磨损与变形示意图

Δh-断面高度磨损量；M'-变形后开口度

用 20 倍放大镜检查片式吊钩的危险断面是否有裂纹及松动的铆钉，更换有裂纹的板片和松动的铆钉。

检查片式吊钩的衬套、销子、小孔、耳板等的磨损情况，表面是否存在裂纹和变形。若衬套的磨损达到原尺寸的 50% 时，销子的磨损量达到原直径的 3% ~5% 时，应更换。

2. 吊钩装置的检查

吊钩装置每季度至少检修一次，并进行清洁润滑，检查时拆下吊钩螺母和定位销，清洗和检查推力轴承，若发现有损坏、裂纹，应予以更换；检查吊钩横梁和拉板，吊钩横梁和拉板都是受力构件，不得有裂纹；拉板的轴孔磨损严重时，要进行焊补后重新钻孔。

吊钩装置装配后，定位销、吊钩螺母等紧固件能可靠锁牢；滑轮轴和吊钩横梁的轴端挡板能可靠定位；吊钩能绕垂直轴线自由转动，也可以绕吊钩横梁的轴线摆动。

3. 吊钩负荷试验

对新投入使用的吊钩应做负荷试验，以 1.25 倍的额定起升荷载悬吊 10min。吊钩卸去检验荷载后，在没有任何明显缺陷和变形的情况下，钩口开口度的增量不应超过原开口度的 0.25%。吊钩不得有永久变形。

五、联轴器

起重机上常用的联轴器有：弹性套柱销联轴器、齿式联轴器、滚子链联轴器、梅花形弹性联轴器等。

1. 联轴器的调整

为了调整方便，在电动机、减速器支座上设前后及左右调节螺栓各 4 只；并用垫铁对电动机中心高进行初调。

1）轴向位移调整

（1）用前后调节螺栓①、②对电动机进行轴向调整；并用塞尺在圆周四等分点上测量联轴器端面间隙（图 20-4），使测量的数值在允许轴向位移值范围内。

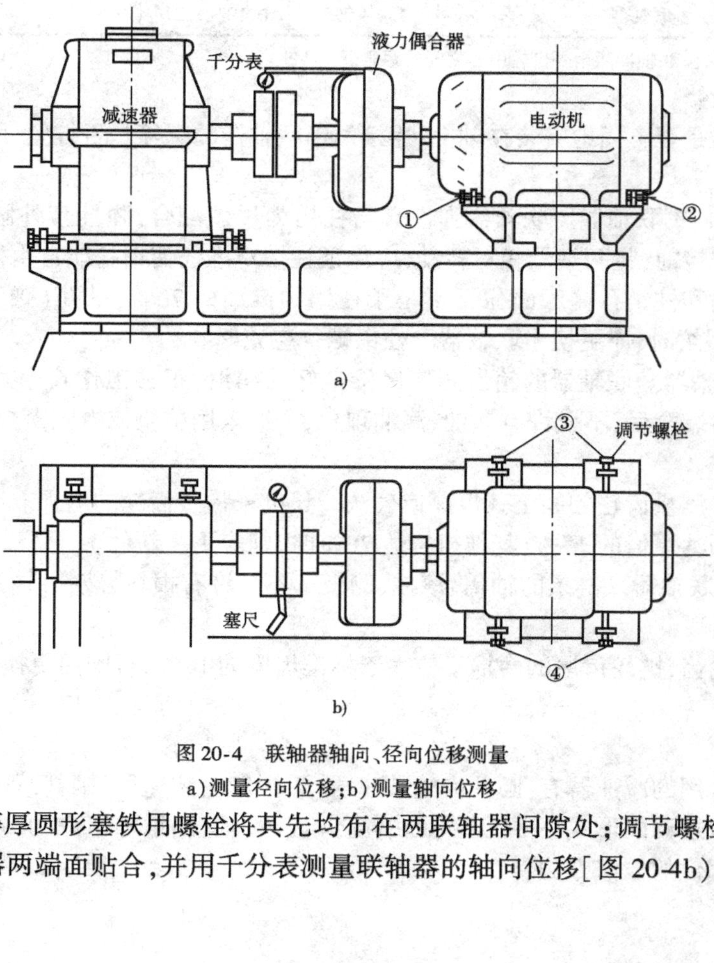

图 20-4 联轴器轴向、径向位移测量

a）测量径向位移；b）测量轴向位移

（2）将三块等厚圆形塞铁用螺栓将其先均布在两联轴器间隙处；调节螺栓①、②，使三块圆形塞铁与联轴器两端面贴合，并用千分表测量联轴器的轴向位移［图 20-4b）］。所用的圆形塞铁厚度根据联轴器规格而定。

2)径向位移调整

将千分表测量杆固定在液力耦合器壳体(如电动机与减速器直接连接,应固定在电动机侧联轴器)外圆周面,装上千分表,将电动机转子作360°旋转,就能从千分表上读出联轴器的径向位移;若径向上下偏差,应再次调整电动机下垫铁厚度;若左右方向偏差,可调整螺栓③、④[图20-4a)]。

径向位移合格后,要再次校验联轴器轴向位移,如偏差大,应重新调整,反复测定三次。待调整结束后,要拧紧各调整螺栓上的锁紧螺母,防止松动。

常用联轴器许用相对位移值列于表20-3中。

联轴器两轴许用相对位移量 表20-3

<table>
<tr><th colspan="2" rowspan="2">型　号</th><th colspan="3">两轴相对位移</th><th rowspan="2">备　注</th></tr>
<tr><th>轴向 ΔX(mm)</th><th>径向 ΔY(mm)</th><th>角向 Δα</th></tr>
<tr><td rowspan="2">齿式联轴器</td><td>GⅡCL</td><td rowspan="2">较大</td><td>1.0～8.5</td><td rowspan="2">1°30′</td><td rowspan="2">JB/T 8854.2—2001</td></tr>
<tr><td>GⅡCLZ</td><td>0.026 2A</td></tr>
<tr><td rowspan="6">弹性套柱销联轴器</td><td>LT1 ～ LT4</td><td></td><td>0.2</td><td rowspan="2">1°30′</td><td rowspan="6">GB/T 4323—2002</td></tr>
<tr><td>LT5、LTZ5</td><td></td><td rowspan="2">0.3</td></tr>
<tr><td>LT5～LT7、LTZ6～LTZ7</td><td></td><td rowspan="2">1°</td></tr>
<tr><td>LT3～LT10、LTZ8～LTZ10</td><td></td><td>0.4</td></tr>
<tr><td>LT11～LT12、LTZ11～LTZ12</td><td></td><td>0.5</td><td rowspan="2">30′</td></tr>
<tr><td>LT13、LTZ13</td><td></td><td>0.6</td></tr>
<tr><td colspan="2">滚子链联轴器</td><td>1.4～9.5</td><td>0.19～1.27</td><td>1°</td><td>GB/T 6069—2002</td></tr>
</table>

注:A——GⅡCLZ型联轴器两个外齿轮中心之间的距离。

2. 联轴器检修

检查联轴器是否牢固地安装在轴上,连接两半联轴器的螺栓是否拧紧,联轴器在工作中有否跳动现象。

(1)弹性套柱销联轴器。联轴器弹性套与柱销为过盈配合,弹性套外圆与柱销孔为间隙配合。联轴器连接前,将两轴做相对转动,应保证柱销对准任何销孔能自由插入。

柱销圆锥面和柱销孔接触面积要不小于柱销圆锥面的70%,销孔(弹性套孔)磨损大于2mm或周围有裂纹时,应更换半联轴器。柱销螺纹应完好。

(2)齿式联轴器。联轴器的轮齿间要保持良好的润滑,正常工作6个月或修理后均要换润滑油。联轴器装配后,不允许有漏油、滴油现象,一般采用毡垫或橡胶密封圈作密封,修理时必须更换油封件。

用游标卡尺测量齿轮的固定弦齿厚或公法线长度来检查齿轮的磨损。起升机构上的齿式联轴器齿厚磨损达原齿的15%,其他机构达20%时,则应更换新件。

(3)滚子链联轴器。链条的轴销、滚柱、侧板都不允许有损坏、破裂;轴销在侧板孔内应无松动。

检查链轮轮齿,链轮齿厚的磨损不应大于标准齿厚的10%,否则要更换链轮。

六、减速器

起重机上常用的减速器有:圆柱齿轮减速器、圆锥齿轮减速器、蜗杆减速器和行星齿轮减速器等。虽然减速器的形式很多,但都是由箱体、齿轮、轴、轴承等组成的,减速器的检修就是要了解这些零部件的检修方法。

1. 常见故障及排除方法

1)齿轮啮合时有不规则或连续的声音

产生原因：

(1)齿轮制造精度差。

(2)齿轮接触不良。

(3)润滑油不足。

(4)齿面异常磨损，齿面点蚀。

排除方法：

(1)更换齿轮。

(2)修整或重新安装齿轮，改善齿面的接触情况。

(3)加润滑油到规定的油面。

(4)视磨损、点蚀的情况修整或更换齿轮。

2)轴承有不规则或连续的声音

产生原因：

(1)轴承损坏。

(2)轴承磨损，表面剥落。

(3)轴承配合、安装间隙过小。

(4)轴承盖紧固螺栓松动，轴承未压紧。

排除方法：

(1)若轴承损坏，则更换轴承。

(2)轴承磨损、表面剥落，则更换轴承。

(3)选择合适的配合，调整轴承间隙。

(4)拧紧紧固螺栓；调整垫片厚度，使轴承盖与轴承压紧。

3)轴承过热

产生原因：

(1)轴承配合太紧(过盈量大)。

(2)轴承轴向间隙过小。

(3)轴承损坏或润滑脂不足。

(4)环境温度过高。

排除方法：

(1)重新安装轴承，减少过盈量。

(2)调整间隙，满足轴承装配要求。

(3)更换轴承，补充润滑脂。

(4)采取降温措施，降低环境温度。

4)减速器在运转中有噪声并发生振动

产生原因；

(1)齿轮有异常磨损、点蚀等缺陷。

(2)箱盖与箱体的紧固螺栓松动。

(3)安装减速器的基础刚度差。

(4) 轴承磨损，表面剥落。

排除方法：

(1)视齿轮的损坏情况修整或更换齿轮。

(2)拧紧箱盖与箱体的紧固螺栓。

(3)加固减速器的安装基础,增强刚度。

(4)选择合适的精度等级并与轴有合适配合的轴承。

5)减速器运行时外壳温度高

产生原因：

(1)润滑油不足。

(2)减速器超负荷运行。

(3)齿轮异常磨损,齿面胶合。

排除方法：

(1)加润滑油到规定的油面。

(2)减轻减速器负荷。

(3)视齿轮磨损,齿面胶合情况修理或更换齿轮。

6)减速器漏油

产生原因：

(1)箱体变形,箱盖和箱体的接合面不平。

(2)轴承盖回油沟堵塞,密封不好。

(3)箱体内润滑油过多。

排除方法：

(1)修平箱体、箱盖的接合面。

(2)疏通回油沟,更换密封件。

(3)放油,使油面到规定的高度。

2. 减速器的检修

减速器的检验分为一般检验(不解体检验)和解体检验。

一般检验：油标(油尺)的指示正确,润滑油路畅通,保证齿面和轴承的正常润滑;减速器箱体,尤其是轴承处的发热,不得超过允许的温度,对连续工作制度的减速器,在额定负荷和额定转速下,油池温升不得超过35℃,轴承温升不得超过40℃;各密封结合处,润滑油不得泄漏;紧固螺栓不得松动;齿轮啮合时,声音要均匀、轻快,减速器运转平稳、正常,不得有冲击性噪声和振动。

解体检验：

1)箱体、箱盖的接合面检修

箱体、箱盖自由结合后,用0.05mm塞尺检查剖分面的接触密合性。塞尺深入的深度不得大于剖分面宽度的1/3。

减速器使用一段时间后可能会发生变形,这时接合面达不到原来的精度要求,通常采用研磨和刮磨的方法进行修理。先把润滑油放掉,取出所有的零件,用手刮刀清除接合面上的污垢和锈渍,用煤油擦洗干净,在接合面上涂一层薄红铅油,进行研磨,每研磨一遍刮掉个别高的点和毛刺,经过2~3遍以后,一般就会达到精度要求。

减速器的底面是装配基准,也是箱体、箱盖结合面的加工基准。要求其平面度为0.5~1.0mm,减速器的结合面应平行于底面,底面与结合面的平行度允许偏差在1m长度内不大于

0.5mm。

2）轴的检修

目测或用超声波探伤仪检查轴上是否有裂纹，发现裂纹应及时更换。

轴的检查：将轴顶在车床顶针上，百分表固定在车床拖板上，移动拖板，测量轴的母线。百分表最大读数为轴的弯曲度。转动轴时，可测量得到轴的径向圆跳动。

齿轮轴（或轴）与轴承、齿轮配合处，其轴颈对轴线的径向圆跳动公差：

$$E_i = E_{100} \cdot L/100$$

式中：E_{100}——齿轮轴（或轴）与轴承配合的两轴颈中点间的跨距为100mm时，轴颈对轴线的径向圆跳动公差，见表20-4；

L——与轴承配合的两轴颈中点间的跨距，mm。

轴径对轴线径向圆跳动公差（跨度为100mm）　　表20-4

齿轮宽度（mm）	小于55	55～110	110～220	160～220	220～320
E_{100}（μm）	20	10	8	6	5

轴的修理：对于磨损的轴颈，可以采用金属刷涂，也可用堆焊的方法修复，然后按图纸加工。

对轴的变形应进行校直，常用的校正方法有压力校直和火焰校直。

3）齿轮的检修

齿轮在使用过程中会出现轮齿折断及齿面失效。

（1）疲劳点蚀。在减速器的齿轮传动中，齿轮最常见的失效形式是疲劳点蚀。轮齿表面接触应力达到一定限度，表面层会产生疲劳裂纹；裂纹扩展就形成小块金属剥落，出现疲劳点蚀的小“麻坑”，齿轮运转时就会产生振动和噪声。齿面点蚀面积达啮合面的30%，且深度达到原齿厚的10%时，应更换新齿轮。

（2）磨损。当润滑油内有杂质时，使齿轮齿顶和齿根出现很深的刮痕，刮痕垂直于节线并且互相平行，这时齿轮传动时会发出尖细的噪声，使油温上升。由于齿形偏差、安装中心距偏差，造成齿顶边缘和齿根过渡曲线处过度挤压，使齿根圆角部分产生剧烈磨损。

用固定弦齿厚游标卡尺测量齿部磨损，起升机构和变幅机构中啮合齿轮的齿厚磨损量应不大于原齿厚的15%；回转机构的大、小开式齿轮齿厚磨损量应不大于原齿厚的25%；行走机构的齿厚磨损量应不大于原齿厚的30%。

（3）胶合。重载、高速运转、润滑不良或散热不好时，齿轮啮合面之间的油膜被破坏，齿面金属直接接触，一个齿面的金属黏结到与其相啮合的另一个齿面上，又由于齿面间做相对运动，在齿面上形成垂直于节线的划痕。齿轮受到严重胶合破坏时，应更换新齿轮。

（4）塑性变形与轮齿折断。轮齿过软，在超载或摩擦系数很大的情况下，使齿面产生塑性变形。塑性变形使主动齿轮在节线附近产生凹沟，从动齿轮节线附近产生凸脊。

当齿轮工作时，由于超载或受到冲击载荷，轮齿有可能部分或整齿折断。齿轮发生断齿时，应予报废。

轮齿表面因胶合引起的擦伤和塑性变形而产生的棱脊要铲平锉光。

齿轮的接触状况可用啮合印迹法检验齿面的接触斑点。齿面的接触斑点需按齿长和齿宽对称地分布在轮齿工作面中部，其中，齿高方向不小于40%，齿长方向不小于50%。

在起重机所用的减速器中，轮齿的失效一般是不修理的，而是控制在一定的报废标准内，超过标准，应更换新齿轮，并且要成对地更换啮合齿轮。

4）减速器漏油检修

减速器漏油是一个比较普遍的问题，造成润滑油的浪费，并污染环境，所以应尽量避免。

漏油的部位：

（1）漏油最常发生在减速器箱体、箱盖的结合面，立式减速器尤为严重。

（2）轴承压盖、轴承透盖和箱体的配合周边。

（3）轴承透盖与减速箱输入、输出轴轴径之间。

（4）视孔盖、放油孔处。

漏油的原因：

（1）箱体、箱盖的接合面加工精度不高，达不到表面粗糙度要求。

（2）箱体使用一段时间后产生变形，连接箱体、箱盖结合面的螺栓松动，使接合面不严密。

（3）结合面密封胶涂封不均匀，装配不符合要求。

（4）轴承盖与轴承座孔间的间隙过大。

（5）轴承透盖内的回油沟堵塞，并且透盖与轴径之间间隙过大，密封不好。

（6）视孔盖刚性不好，通气孔太小；放油孔过短、密封垫损坏、紧固螺钉未拧紧。

（7）箱体内油量过多。

漏油的修理：

（1）刮研减速器壳体的结合面，对于已经使用了几年的减速器，经过一段时间的时效处理，刮研后一般不会再产生大的变形。

（2）检修时，要将结合面上的残余密封胶用刮刀等工具清理干净，再用煤油擦洗，用Y-150型厌氧性密封剂、环氧树脂等经加热后，涂于接合面上。

（3）在轴承处加装挡油环，在箱体轴承孔的底部开宽度约5mm并向箱内倾斜的回油沟，把渗出的润滑油导回箱体内。

（4）适当加厚视孔盖板的厚度，使之不易变形；将通气孔直径加大，降低减速器内的油温和油压，并在视孔盖下加装挡油板。当油液飞溅到挡油板上后，油液可沿挡油板的斜坡返回油池；适当放长放油孔的油堵，使用皮垫或橡胶垫，将油堵拧牢（图20-5）。

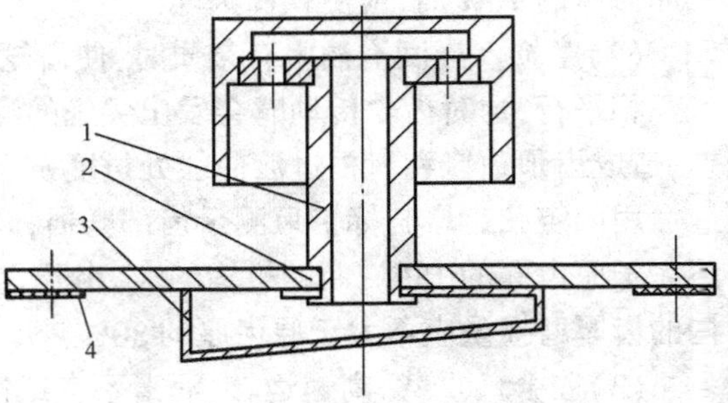

图20-5　减速器视孔盖的改进

1-通风器；2-视孔盖板；3-挡油板；4-密封垫板

3. 减速器的验收

减速器装配合格后，应对减速器的润滑系统进行检验。按减速器说明书的规定选用润滑油；润滑油应加至油标的指示位置。启动前，用手使减速器的伸出轴转动几圈，转动必须灵活，不得有卡滞现象。在确认润滑油正常注入齿轮啮合面和轴承后，才可以启动。

（1）空载试验时，在额定转速下，正反向运转均不得少于2h。

空载试验应符合以下要求：

①各连接件、紧固件不得松动。

②各密封处、接合面不得有漏油、渗油现象。

③减速器运转平稳正常，不得有冲击、振动及不均匀响声。

（2）空载试验合格后，应在额定载荷、额定转速下进行负载试验，按50%、80%、100%额定载荷逐级加载，每阶段运转时间均不得低于2h。

负载试验应符合以下要求：

①对连续工作制度的减速器，在额定负荷、额定转速下进行试验，油池温升不得超过35℃，轴承温升不得超过40℃。

②对间断工作制的减速器，主要检查在额定负荷、额定转速下，减速器运转是否安全可靠。

③减速器运转平稳，无异常噪声、振动和冲击；减速器各接合面、密封处不得有漏油、渗油现象。

七、制动器

起重机上经常使用块式制动器和带式制动器。块式制动器中有短行程电磁块式制动器、长行程电磁块式制动器、电力液压推杆制动器和电磁液压块式制动器等。后两种制动器在起重机中用得较多。

1. 常见故障及排除方法

1）块式制动器常见故障

（1）制动器打不开

产生原因：

①活动关节被卡住。

②主弹簧张力过大。

③制动摩擦片粘在有污垢的制动轮上。

④电磁线圈断线或烧坏。

对电力液压推杆制动器：

①叶轮或推杆部分卡住。

②缺油或油液使用不当。

对电磁液压制动器：

①推杆卡住。

②整流装置损坏或整流装置的延时继电器延时过短。

③油塞严重漏油、无油或油量不足。

排除方法：

①消除关节卡阻现象。

②调整主弹簧的长度。

③用煤油清洗，除去制动轮及摩擦片上的油污。

④更换线圈。

对电力液压推杆制动器：

①检查马达线路，调整电力液压推动器。

②添加油液或按不同温度调换合适的油液。

对电磁液压制动器：

①检查推杆是否弯曲变形，消除推杆卡阻现象。

②修复或更换整流装置，调整继电器的延时。

③更换油塞的密封圈，添加油液。

（2）制动器摩擦片有焦味，摩擦片很快磨损。

产生原因：

①松闸时，制动摩擦片没有与制动轮完全分离，引起与制动轮摩擦。

②制动轮工作表面粗糙,制动轮面与摩擦片配合不好。
排除方法:
①调整制动轮与摩擦片间的间隙。
②加工制动轮,使制动轮与摩擦片有良好的配合。
(3)制动器制动不住机构运动件。
产生原因:
①制动杠杆系统中的活动关节被卡住,杠杆行程不够。
②主弹簧太松或损坏。
③制动摩擦片严重磨损,制动轮磨损。
④制动轮上有油污。
排除方法:
①润滑活动关节,消除关节中的卡阻;按额定行程进行调整。
②调整主弹簧压缩行程,更换损坏的主弹簧。
③更换摩擦片。
④清洗油污。
(4)断电后,推杆下降异常缓慢(上闸动作缓慢)。
产生原因:
对电力液压推杆制动器:
①主弹簧太松。
②推杆弯曲。
对电磁液压制动器:
①线圈两端电压不能及时消失。
②隔磁环漏装。
③推杆卡滞。
排除方法:
对电力液压推杆制动器:
①按规定调节弹簧长度
②修理或更换推杆。
对电磁液压制动器:
①检修,消除不释放的原因。
②重新装上隔磁环。
③检查推杆是否弯曲变形。
(5)电磁铁发热或有响声。
产生原因:
①主弹簧力过大。
②杠杆系统被卡住。
③衔铁与铁芯贴合位置不恰当。
排除方法:
①主弹簧张力调整到合适的大小。
②找出卡阻的原因,消除卡阻现象,进行润滑。

③刮平衔铁与铁芯的贴合面。

2)带式制动器常见故障

(1)制动时制动不住运动构件。

产生原因：

①制动摩擦带上有油污,使制动带与制动轮之间产生打滑。

②制动摩擦带烧焦、硬化。

③制动摩擦带磨损严重;制动摩擦带与制动轮之间的间隙大;制动行程不够。

排除方法：

①清洗油污。

②若摩擦带烧焦或过度磨损,应予以更换。

③更换制动摩擦带;调整制动摩擦带与制动轮之间的间隙;调整操纵杆。

(2)制动踏板空行程过大。

产生原因：

①制动摩擦带与制动轮之间的间隙过大。

②操纵杆销或接头过度磨损。

排除方法：

①调整制动摩擦带与制动轮之间的间隙。

②修复或更换磨损的销子或接头。

(3)制动踏板踩下后,不能自动抬起。

产生原因：

①制动踏板回位弹簧太松或损坏。

②操纵杆卡住或因锈蚀使活动受阻。

排除方法：

①调整或更换回位弹簧。

②消除卡阻部位,润滑锈蚀的活动关节。

2. 制动器的检修

(1)整个制动器的动作。检查整个制动器动作是否灵活,有否卡阻现象;制动轮与制动瓦块(制动带)间隙是否相等;用手摇晃左、右制动臂,观察其销轴磨损情况,销与销孔磨损量达到原直径的5%时,应更换新件;销轴间隙导致的空行程不得超过额定行程的10%。

(2)制动摩擦片。制动摩擦片是用铝(或铜)铆钉固定在铸铁制动瓦块上(或制动钢带上)。铆钉头到制动摩擦片表面的距离最少不得低于0.5mm。当制动摩擦片的磨损达到原厚度的40%时,应更换新摩擦片。

(3)制动轮。制动轮不得有缺陷和裂纹。使用一段时间后,制动轮工作表面的磨痕沿宽度范围超过20%、深度超过1.0mm时,必须重新车削并表面淬火。制动轮经多次车削后,其壁厚减小,对于起升,变幅机构的制动轮,其壁厚磨损不应超过原壁厚的40%;对其他机构的不应超过50%,否则应予以报废。

制动轮面应经常用煤油清洗,防止沾油污后在制动时打滑。制动轮的工作温度不得超过200℃。

(4)制动臂、弹簧、顶杆等。制动臂、弹簧、顶杆、杠杆系统等都不应有裂纹和永久性的变形;锁紧螺母以及其他紧固件都不应损坏、脱落;所有的螺母、螺栓必须拧紧,不得松动。

带式制动器制动钢带的接头处不得有裂纹;钢带同钢带接头的连接铆钉应牢固,不允许有松动和损坏。

制动钢带若有变形,应拆下矫圆。工作时,制动钢带与制动轮工作表面应有良好的接触,其接触面积不应小于全部面积的70%。

若制动回位弹簧太松,应调整弹簧的张力或更换新件。

(5)电力液压推杆。电力液压推杆的叶轮轴上部是方形的,装在轴套内的一段,工作一段时间后,会磨损变圆,这时叶轮轴就需更换。固定叶轮的螺母若发生松动,会造成叶轮在旋转时碰撞破碎,影响松闸器的正常工作。若叶轮破碎,则必须更换。

推杆经常的上下运动,使推杆与滑动轴承的间隙变大,间隙过大会在推杆处出现漏油,这时就要更换铜套。推杆在使用过程中也会产生弯曲变形,变形较小时可以校正;当变形较大时,则必须更换新件,见图20-6。

若电力液压推杆制动器无闸瓦磨损自动补偿机构,则应经常注意摩擦片磨损的情况。随着摩擦片的磨损,推杆的有效行程将减小,就应及时按表20-9的推荐值调节松闸器的行程。

每半年要检查一次液压油油面高度,若发现油量不足,应及时补充。如油液黏度变稠或太脏,应予更换液压油。

3. 制动器的调整

1)短行程电磁铁块式制动器的调整

(1)主弹簧工作长度调整。

调整的目的:为了使制动器产生所需要的制动力矩。

调整方法:用一把扳手把住顶杆方头,用另一把扳手转动主弹簧锁紧螺母,用来调节主弹簧长度;然后再用另一个螺母锁紧,以防止主弹簧锁紧螺母松动,如图20-7所示。

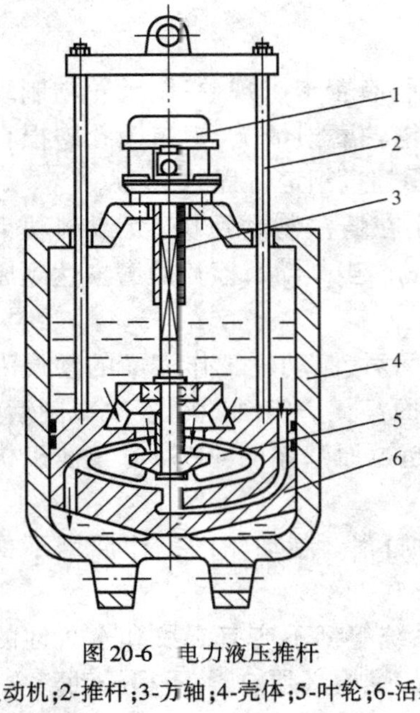

图20-6 电力液压推杆

1-电动机;2-推杆;3-方轴;4-壳体;5-叶轮;6-活塞

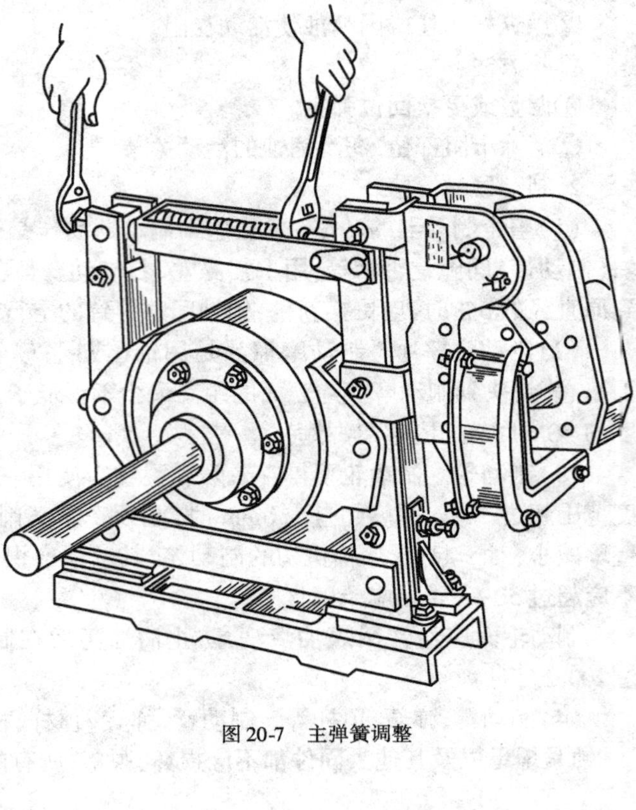

图20-7 主弹簧调整

(2)电磁铁行程调整。

调整方法:用一把扳手把住调整螺母,用另一把扳手转动顶杆方头,这样顶杆会左右窜动,见图 20-8。根据表 20-5 中的规定值来确定电磁铁的行程。

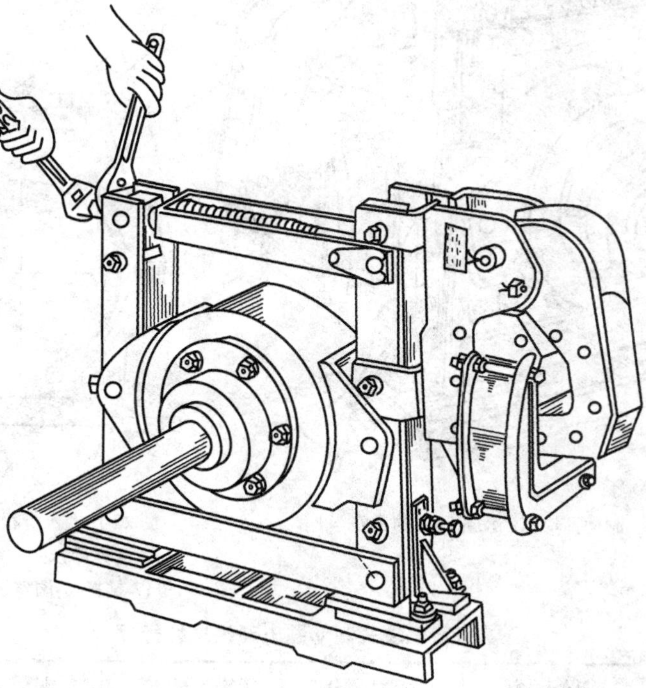

图 20-8　电磁铁行程的调整

短行程制动器电磁铁推杆行程　　表 20-5

电磁铁型号	MZD1-100	MZD1-200	MZD1-300
行程(mm)	3.0	3.8	4.4

(3)制动瓦块与制动轮的间隙调整。

调整目的:使两个制动瓦块的张开量相等。防止松闸时,一个制动块脱离了制动轮,另一个制动块还与制动轮接触,引起制动摩擦片的磨损。

调整方法:把衔铁推到铁芯上,制动瓦块即张开,观察制动轮和制动瓦块之间间隙的不均匀情况。然后用扳手拧动调整螺钉,调整到两个制动瓦块与制动轮之间间隙相等为止,见图 20-9。允许间隙按表 20-6 的规定。

短行程制动器制动瓦块与制动轮间允许间隙(单侧)　　表 20-6

制动轮直径(mm)	100	200/100	200	300/200	300
间隙(mm)	0.6	0.6	0.8	0.8	1

2)长行程电磁铁块式制动器的调整

(1)主弹簧工作长度调整。

调整方法:松开锁紧螺母 1,调整主弹簧的长度,获得需要的制动力矩,再用两个螺母锁紧。

(2)电磁铁行程调整。

调整方法：拧松螺母5、6，转动螺杆3、7，即可获得所需要的电磁铁行程。实际调整时(1)、(2)两项有时要交替进行，见图20-10。电磁铁推杆行程按表20-7的规定。

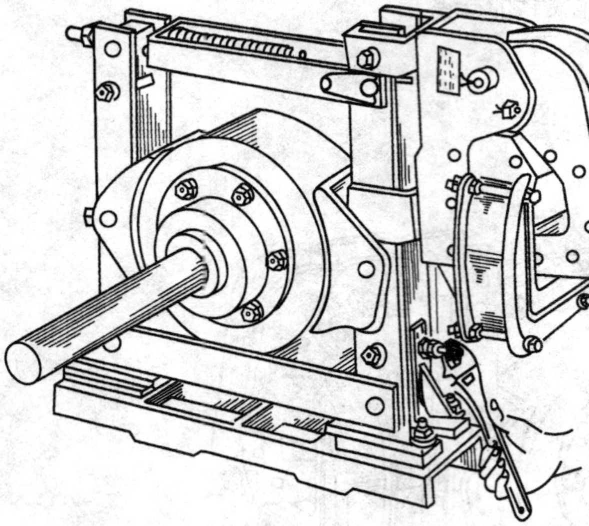

图20-9 制动瓦块与制动轮间隙的调整

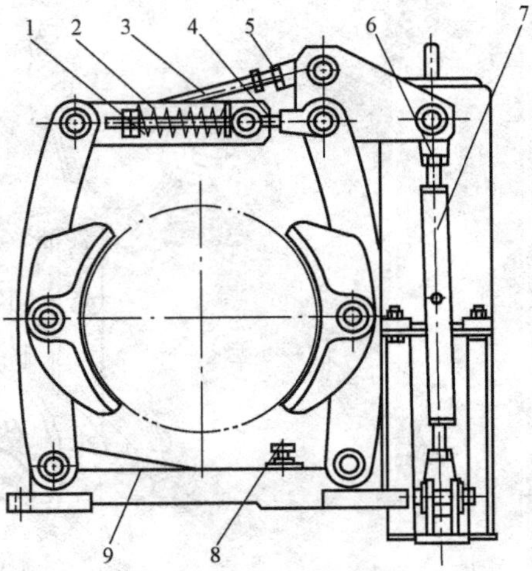

图20-10 长行程电磁铁块式制动器的调整
1-锁紧螺母；2-主弹簧；3-螺杆；4-拉杆；5、6-螺母；7-螺杆；8-调整螺钉；9-底座

长行程块式制动器电磁铁推杆行程 表20-7

电磁铁型号	MZS1-15	MZS1-25B	MZS1-45C	MZS1-80	MZS1-100
行程(mm)	50	50	50	60	80

(3)制动瓦块与制动轮间隙调整。

调整方法：抬起螺杆7，制动瓦块张开，然后调整螺杆3和螺钉9，使制动瓦块与制动轮之间的间隙在规定的范围内，并且两侧间隙相等，见图20-10，允许间隙按表20-8的规定。

长行程制动器制动瓦块与制动轮间允许间隙(单侧) 表20-8

制动轮直径(mm)	200	300	400	500	600
间隙(mm)	0.7	0.7	0.8	0.8	0.8

3)电力液压推杆制动器的调整

(1)主弹簧工作长度调整。

调整方法：松开锁紧螺母5，用扳手夹住拉杆1的方头，旋转螺母，使主弹簧4压缩或伸长，即调整主弹簧的长度，获得所需的制动力矩后，再用螺母锁紧。

(2)推杆行程调整。

调整方法：松开锁紧螺母5，转动螺杆3，调节拉杆7的位置，使推杆行程为表20-9相应的额定行程值。

(3)制动瓦块与制动轮间隙调整。

调整方法：抬起拉杆7，使制动瓦块张开，再调整螺杆3和调整螺栓9，使制动瓦块与制动轮之间的间隙在表20-9规定的范围内，并使两侧间隙相等。电力液压推杆制动器的调整见图20-11。

电力液压推杆制动器行程与间隙(单侧) 表 20-9

制动轮直径(mm)	200	300		400		500
液压推动器型号	YT1-25	YT1-25	YT1-45	YT1-45	YT1-90	YT1-90
推杆行程(mm)	40		60		80	
间隙(mm)	0.7			0.8		

4)带式制动器的调整

(1)起重制动器的调整。起重制动器较多采用的是简单带式制动器,如图 20-12 所示。在正常使用中,摩擦带与制动轮四周的间隙保持在 0.5～1mm,起吊额定载荷时能可靠地制动,无自由下滑现象;放松制动器,空钩能自由下降,无拖带卡阻现象。

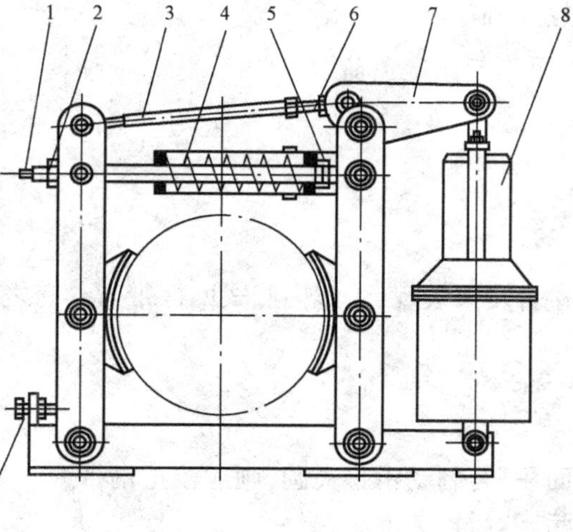

图 20-11 电力液压推杆制动器的调整

1-拉杆;2-螺母;3-螺杆;4-主弹簧;5-锁紧螺母;6-前拉手;7-拉杆;8-松闸器;9-调整螺栓

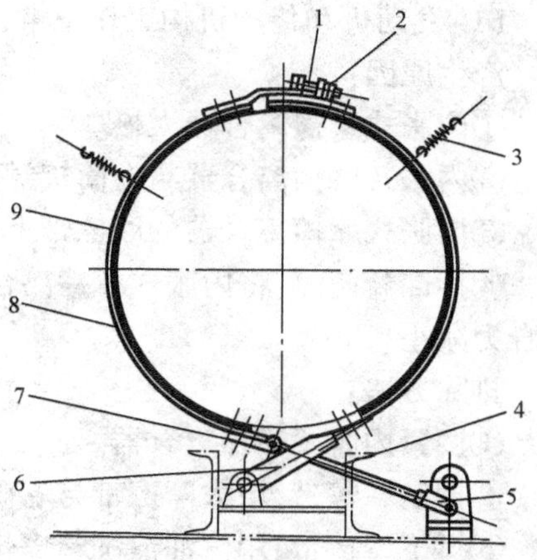

图 20-12 起重制动器

1-螺栓;2-螺母;3-拉簧;4-活络接头;5-接头;6-前拉手;7-后拉手;8-钢带;9-摩擦带

发现制动松紧不适当时,需进行调整。先用扳手拧松锁紧螺母,若制动过松时,应顺时针旋紧螺母 2;若制动过紧时,则逆时针旋松螺母 2,直至松紧合适为止,然后拧紧锁紧螺母。

若发现在整个圆周上制动带与制动轮之间的间隙不均匀时,可收紧或放松拉簧 3 来调节。

(2)回转制动器的调整。回转制动器是综合带式制动器,如图 20-13 所示。起重机回转时,制动器处于松闸状态,摩擦带与制动轮之间应有 0.5～1mm 的间隙。但也允许摩擦带与制动轮之间有一些轻微的摩擦。

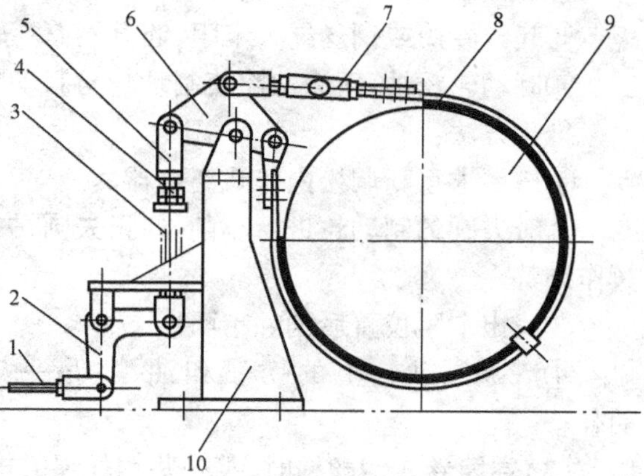

图 20-13 回转制动器

1-拉杆;2-连杆;3-拉杆;4-螺母;5-接头;6-活动块;7-调整块;8-摩擦带;9-制动轮;10-支架

摩擦带与制动轮之间的间隙可以通过调整块 7 进行调节。调整块按顺时针方向转动时,摩擦带放松;调整块按逆时针方向转动时,摩擦带收紧。

操纵行程太大或太小时,可将接头5中的连接销拉出,按顺时针方向旋转接头,可使操纵距离缩短;按逆时针方向转动接头,则可使操纵距离放长。松闸时,制动器回位弹簧的松紧程度的调节只需旋转螺母4。

第二节 起升机构检修

一、轮胎起重机起升机构的检修

1.常见故障和排除方法

(1)发动机和传动机构工作正常,起重机却吊不起额定负荷。

产生原因:

①内胀式摩擦离合器太松。

②内胀式摩擦离合器与卷筒接触面太小。

③内胀式摩擦离合器的摩擦带上有油污。

④拆卸卷筒时,将内胀式摩擦离合器左右接合支架装反,引起内胀式摩擦带与卷筒之间的结合力减小。

排除方法:

①调紧内胀式摩擦离合器。

②拂刮摩擦带,增大摩擦带与卷筒的接触面积;若制动钢带失圆,则应校正钢带。

③拆下摩擦带,用汽油清洗摩擦带上的油污,然后再装上。

④将左右接合支架对调,装好后,调整内胀式摩擦离合器的松紧度。

(2)空吊钩不能下降。

产生原因:

①内胀式摩擦离合器太紧。

②带式制动器失圆或制动器回位弹簧太软。

③起升卷筒或钢丝绳有卡阻,起升卷筒不转或钢丝绳不能下降。

④制动轮锈蚀;新涂油漆使制动轮与制动带粘住;制动摩擦带受潮膨胀。

排除方法:

①按要求重新调松内胀式离合器。

②对失圆的制动轮进行车削,纠正失圆;失圆度过大而无法修整时,更换制动轮;对回位弹簧作调整。

③找出卡阻位置后消除卡阻。

④清除制动轮上的锈渍和油漆;吊一定重量的物体迫使吊钩做连续几次的下降动作。

(3)卷筒卷入钢丝绳时,某一些钢丝绳敲击卷筒并引起车身抖动。

产生原因:钢丝绳排列错乱,在绕至第二层时,叠起的钢丝绳滑下引起敲击;因钢丝绳长度变化,起吊货物时发生抖动,引起车身抖动。

排除方法:将钢丝绳在卷筒上重新排列整齐。

2. 起升机构检修

(1)内胀式摩擦离合器的检修。检查内胀式摩擦离合器的摩擦带有无裂纹、磨损、破损。如果摩擦带磨损达到原厚度的40%,或摩擦带磨损后铆钉头已外露,或摩擦带上已有裂纹和破损时,应更换该摩擦带。

检查起升卷筒和摩擦带的接合面有无因磨损而起沟槽。如起沟槽,应对接合面进行修理。当沟槽浅时,可用车床车削接合面;若沟槽太深,则应焊补接合面的沟槽后,再用车床光削修复。

检查制动钢带有否变形失圆。若钢带失圆,应进行校圆修复;若钢带有裂纹,应更换。

检查离合汽缸、拐臂。当压力气体通过电磁气阀到离合汽缸内推动活塞和拐臂时,能否使离合器摩擦带与起升卷筒脱开;当汽缸中的气体从排气阀排出时,拐臂和活塞在弹簧力的作用下能否回位,使离合器摩擦带贴紧在起升卷筒内壁上。

(2)内胀式摩擦离合器的调整。离合器的摩擦带与卷筒接合面(内工作面)之间应有1~1.5mm的间隙,使它在分离状态时不致拖带着卷筒转动。

装配后的摩擦带与卷筒接合面的接触面积要达到70%以上,保证摩擦带与卷筒在接合状态时能可靠起吊重物而无明显的打滑现象。

摩擦带贴紧卷筒接合面的程度可通过调节螺杆来调整,调整时,必须保证摩擦带有脱开卷筒接合面的最小间隙。当离合器摩擦带与卷筒工作面圆周上的间隙不一致时,可调整支头螺栓,使之均匀。

摩擦带为对称等分式,两端的磨损可不一致,当一端的磨损超过2mm时,可将摩擦带拆下,两端对换后再装上继续使用,以延长摩擦带的使用寿命,见图20-14。

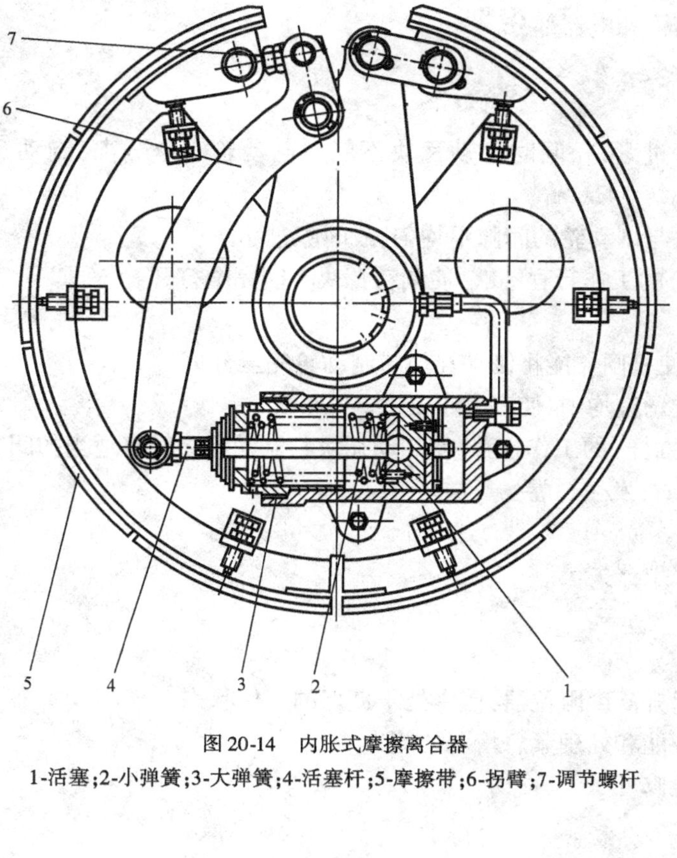

图20-14 内胀式摩擦离合器

1-活塞;2-小弹簧;3-大弹簧;4-活塞杆;5-摩擦带;6-拐臂;7-调节螺杆

二、门座起重机起升机构的修理

门座起重机、浮式起重机、桥式起重机起升机构的组成与工作原理基本相似，下面介绍这几种起重机起升机构工作时的常见故障及部件的检修。

1. 常见故障及排除方法

(1)起吊重物时，当起升到某高度或下降到某高度需要停止起升或下降时，重物不能停在所需的高度上。

产生原因：

①制动摩擦片上有油污，制动时产生打滑。

②制动摩擦片有烧焦、硬化等缺陷。

③制动器间隙过大，制动行程不够。

④锁紧螺母松动、拉杆松动。

⑤主弹簧松动或损坏。

⑥电力液压推杆制动器叶轮旋转不灵。

排除方法：

①清洗摩擦片上的油污。

②更换烧焦、硬化的摩擦片。

③重新调整制动器的间隙。

④紧固锁紧螺母。

⑤更换主弹簧或锁紧螺母。

⑥检修推动机构和电器部分。

(2)制动轮过热。

产生原因：

①制动器弹簧过紧，松闸时制动瓦块不能与制动轮完全分离，制动瓦块与制动轮产生摩擦。

②两制动瓦块与制动轮的间隙不均匀，或间隙过小。

③衔铁(推杆)的工作行程不够，使制动瓦块不能完全打开。

排除方法：

①调松弹簧，使松闸器能将制动瓦块与制动轮完全分离。

②将两边间隙调整均匀，使其大小合适。

③增大衔铁(推杆)的工作行程，使制动瓦块与制动轮之间有适当的间隙。

(3)起升重物时，发生过卷扬事故。

产生原因：

①起升高度限位器失灵。

②操作过失。

排除方法：

①及时调整起升高度限位器，使之处于良好的工作状态。

②提高操作技能和处理紧急情况的能力。

2. 起升机构检修

1)起重量限制器检修

门座起重机上机械式起重量限制器较多采用的是杠杆式起重量限制器，其结构、工作原理和安装情况均在《港口起重机械》中作了介绍。

(1)杠杆式起重量限制器的检查。

①在修理起重量限制器时，先把缓冲油缸中的油放掉，再拆卸各部件，进行清洗、检查。

②检查、测量滑轮槽和滑轮内孔的磨损情况，超过有关标准应予以更换。

③检查滑轮轴。滑轮轴不得有裂纹，轴颈的磨损不得大于原直径的3%，如超过需更换。

④若L形杠杆变形，应予校正。

⑤检查缓冲装置中的缓冲弹簧和油缸活塞的配合间隙；检验缓冲弹簧长度、张力，应符合弹簧自由长度尺寸，达到使限位开关动作的弹簧长度及弹簧张力的标准。

⑥缓冲油缸与活塞的配合间隙应为0.20～0.40mm。当间隙超过标准时，要对活塞进行电镀或刷涂修配或更换活塞。

⑦弹簧、弹簧壳体、油缸体等应无裂纹及渗油现象；推杆轴心线应与缸体轴心线一致，工作时无卡阻现象。

(2)杠杆式起重量限制器的调整。安装起重量限制器后，调整超负荷行程开关的位置，应在自动加速挡进行。当超载10%时，在起升机构正常起升、下降制动时，使撞尺能触动行程开关，起升机构断电；当超载25%时，起升货物离地1m之内，撞尺就能触动行程开关，使起升机构断电，货物不能继续上升，如图20-15所示。

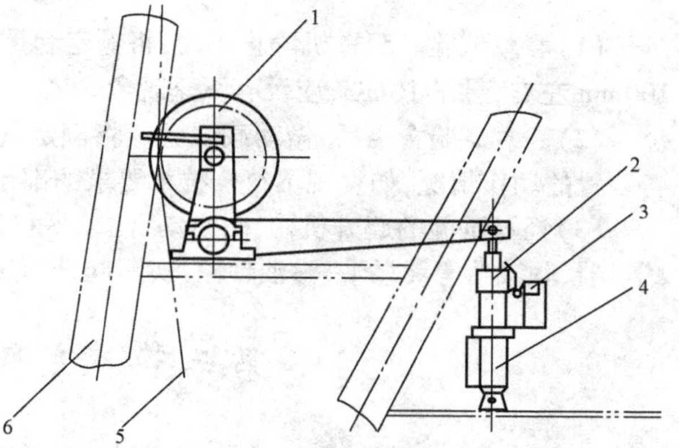

图20-15　杠杆式起重量限制器

1-超负荷导向滑轮；2-弹簧装置；3-超负荷行程开关；4-缓冲油缸；5-钢丝绳；6-人字架

2)起升高度限位器检修

桥式起重机上较多采用螺杆式起升高度限位器，见图20-16。

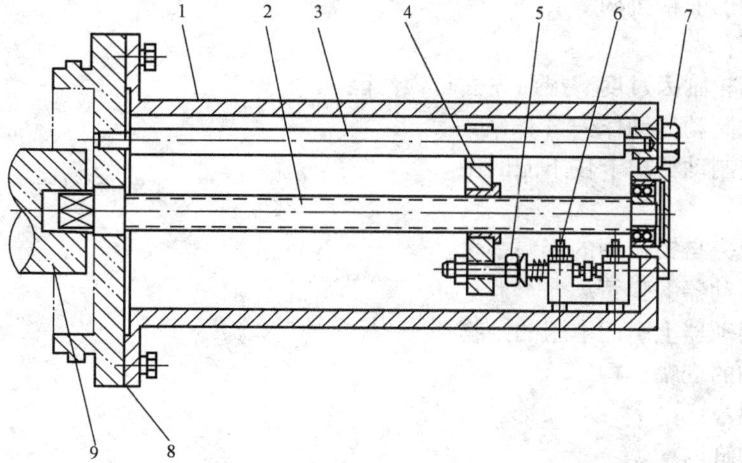

图20-16　螺杆式起升高度限制器

1-外壳；2-螺杆；3-固定导杆；4-螺母；5-螺栓；6-限位开关；7-螺塞；8-卷筒端盖；9-卷筒轴

(1)螺杆式起升高度限位器的检修。

卷筒轴中心线与限位器螺杆中心线应重合，否则由于中心线之间存在偏差，在运转过程中，强行连接在一起的卷筒轴和螺杆头会产生附加弯曲应力和剪应力，螺杆头部容易被扭断，导致限位器失灵。

检查螺杆、螺母等的磨损情况。如果磨损严重，螺母位移精度下降，则不能在额定的位置迫使限位开关动作，使得限位器失效；各螺栓、螺母不得有松动；限位开关的触头应完好。

(2)螺杆式起升高度限位器的调整。

①如果需要调整起升高度限位器时，打开有机玻璃的弧形盖。

②拧开螺塞，抽出固定导杆，转动螺母，使其移到所需的位置——实行粗调。

③松开螺栓二的螺母，旋转螺栓，改变螺栓头的轴向位置——实行细调。调整完毕后，将有机玻璃盖安装好。

三、起升机构载荷试验

(1)静载试验。起重机静止不动，将额定起重量的125%的重块平稳无冲击地起吊离地面100mm左右，悬吊10min，应没有下垂现象。

(2)静载试验合格后，做动载试验。将额定起重量的110%的重块反复起升和下降，检测各装置的动作情况，如发现不符合技术要求的部位应进行调整修理。

(3)经过试验的起升机构，应启动、制动平稳，工作中无异常声响；各零部件温升应正常；减速器、联轴器等无漏油、渗油现象；实际起升速度与设计要求相差不超过5%。

第三节　变幅机构修理

一、轮胎起重机变幅机构的检修

1. 常见故障和排除方法

(1)起重机吊载向下增幅制动时，臂架缓慢停止运动，有下滑现象。

机械传动的变幅机构

产生原因：

①变幅蜗轮副因过度磨损而失去自锁性能。

②常闭式制动器动作失灵。

③常闭式制动器被卡住不能回位。

排除方法：

①更换失去自锁作用的变幅蜗轮。

②调整制动器的弹簧。

③清除制动器上引起卡阻的杂物。

液压传动的变幅机构

产生原因：

①变幅油缸内漏。

②换向阀卡滞或失效。

排除方法：

①更换变幅油缸活塞的失效油封。

②更换失效的换向阀。

(2)变幅时不能带载减幅,电磁块式制动器冒烟,电流过大。

机械传动的变幅机构

产生原因:

①制动瓦块与制动轮之间的间隙过小,变幅时有拖带作用,增加了变幅阻力。

②接到电磁铁的线路损坏。

③电磁铁线圈的电压与额定电压不符或电源电压过低使线圈烧坏。

排除方法:

①调松制动器的调整螺钉,使制动轮与制动瓦块之间有一定的间隙。

②检查接到电磁铁的线路,若有损坏,进行检修。

③若线圈损坏,则应更换;若电压不稳,则待电压正常后再进行操作。

(3)在发动机正常工作的情况下操纵控制装置时,变幅机构既不能增幅也不能收幅。

液压传动的变幅机构

产生原因:

①因系统安全阀调整不当或失效,引起系统压力过低。

②系统油路阻塞。

③换向阀失效。

④变幅油缸内漏。

排除方法:

①按规定的要求调整安全阀。若安全阀失效,则应更换。

②找出被阻塞的油路部位,用气筒吹净管内的阻塞物。

③更换失效的换向阀。

④更换油缸活塞上损坏或失效的油封。

2. 变幅机构检修

(1)蜗杆减速器中蜗轮副的检修。拆卸蜗杆减速器,用标准齿形对照检查齿廓的磨损量,或用厚薄规和软铅丝测量蜗轮蜗杆的啮合间隙,即可检查出其磨损量。蜗轮蜗杆的齿厚磨损应不大于原齿厚的12%。

检查蜗轮副齿廓表面的点蚀,点蚀面积如超过啮合面的30%,应更换该蜗轮副。

蜗轮副在装配时,蜗杆轴的中心线要与蜗轮中心平面重合,偏差不能超过有关规定;蜗轮与蜗杆的齿面接触面积沿齿长不小于65%,沿齿高不小于60%(7级精度时)。

(2)人字架的检修。轮胎起重机臂架的最后一节是用保险撑杆支撑于人字架上,防止在小幅度工作时,因突然卸去载荷,使起重臂架回跳产生后翻事故。

人字架是由两根钢管铰接而成的。常见的损伤是钢管铰接头的焊缝出现裂纹,铰轴孔磨损及人字架变形等。

可用直观法或颜色显露法检查人字架钢管铰接头的焊缝是否出现裂纹。若发现裂纹,用补焊进行修复。

人字架拆卸后,用游标卡尺检查人字架铰接孔的磨损。如果磨损严重,对该铰接孔镶套修复。

用吊线法检查人字架的弯曲变形。对弯曲变形的人字架钢管,一般可用压力机校正修复。

(3)变幅行程开关的调整。变幅行程开关是保证起重机在小幅度时安全工作的保护装置,若变幅行程开关失灵,将造成起重臂后翻的危险,因此,应经常检查,及时进行调整。

将起重臂升到75°位置,松开活络触片上的螺栓,用手向后拨动行程开关的摇柄至变幅电动机的电源刚刚切断为止,然后将活络触片沿长槽移到恰好顶着摇柄滚轮,再拧紧螺栓,把活络触片的位置固定,如图20-17所示。

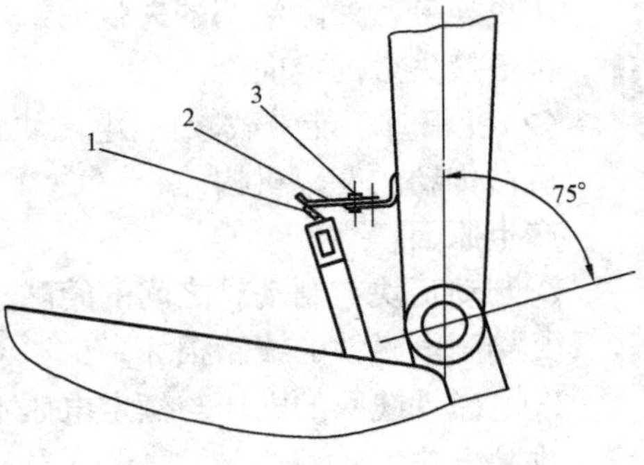

图20-17　变幅行程开关调整
1-行程开关;2-活络触片;3-螺栓

二、门座起重机变幅机构的检修

1. 常见故障和排除方法

(1)变幅启动或制动时发生猛烈振动、冲击。

齿轮齿条传动的变幅系统中:

产生原因:

①齿轮、齿条的磨损使啮合间隙变大。

②齿条变形,使齿轮齿条啮合传动不平稳。

③橡胶缓冲装置中缓冲橡胶块老化,失去弹性。

排除方法:

①调整齿条、齿轮的啮合间隙;若齿轮、齿条的磨损量超过标准,应予更换。

②校正齿条变形。

③更换老化的橡胶块,调整橡胶缓冲装置。

液压传动变幅系统中:

产生原因:

①油液的流量过大,使启动、制动时间过短。

②液压缓冲器(蓄能器)中的氮气压力不足。

排除方法:

①调整换向阀,减少油液流量,延长启、制动时间。

②在调整无效的情况下,检查液压缓冲器内的氮气压力是否充足,若不充足,则应重新充氮。

(2)变幅动作出现滞移现象。

液压传动变幅系统中:

产生原因:

①溢流阀的启动压力过低。

②油封严重泄漏。

排除方法:

①调整溢流阀的启动压力。

②更换损坏或失效的油封。

(3)变幅齿条尾部严重弯曲、损坏;门架上横梁接头处开焊;臂架刚性拉杆多次断裂,使变幅过程中整机剧烈晃动。

产生原因：

①橡胶缓冲器的橡胶块老化；液压缓冲器的密封圈失效，造成缓冲性能减弱或完全丧失。

②变幅限位开关失效。当变幅超过规定行程时，电动机驱动力及电动机转子和臂架系统的全部动能冲击于防撞块上，造成损坏。

排除方法：

①更换缓冲装置，改善缓冲性能。

②选用安全可靠的行程开关；装两个串联的开关，一个由臂架直接触动，另一个由齿条触动；加大齿条防撞块的缓冲能力。

2. 变幅机构检修

(1)齿轮齿条传动装置的检修。

用标准齿形检查齿廓的磨损量。齿轮、齿条的齿厚磨损量不得超过原齿厚的30%，否则要更换新件。

若齿条变形，则将齿条与底板拆开，齿条用压力机校直，重新加工底板，再用螺栓将齿条与底板连接。若经过测量，底板已平整，则齿条变形修复。

齿条导向装置的导向压轮表面的磨损量不得超过原单边厚度的30%，若经检查已超过，则应更换。

若橡胶缓冲器的橡胶块已老化，则应更换；若因套筒磨损，使套筒与缓冲器中心轴的配合间隙超过要求，则要更换套筒。

(2)臂架系统检修。

臂架在负载作用下，翼缘板和腹板会受压变形，侧向翼缘板形成波状鼓曲，腹板可能出现斜向波状鼓曲。臂架的弯曲变形可采用火焰校正法进行修复。如果臂架下挠均匀而光滑，可以对称布置加热区；如果臂架下挠变形不规则，可以在下挠变形突出部分多布置几个局部小加热区，集中火焰喷烤这些加热区至600℃以上，使金属产生变形。冷却后，金属产生收缩，使臂架恢复变形。

若臂架腹板有凸出的波状鼓曲，在凸出的部位用圆点加热法加热。起点在波顶上，由里向外螺旋移动加热。加热后，立即用平锤捶平，先捶边缘，再捶中间。自然冷却后，再进行第二次加热，捶平，直至修复。

腹板有凹进的波状鼓曲，可用螺栓将凹部的钢板拉出捶平。若凹陷严重时，可在凹下部位用火焰加热，再拉出捶平。

由于变幅机构工作速度较高，动载荷较大，臂架系统的结构件会发生焊缝开裂。修复时，一般先要铲除原有的焊缝，再进行补焊。焊接时，不要使结构件在受拉状态下施焊，应将结构件拆下或采取措施使它在受压状态下施焊。

臂架系统的结构件都是箱形结构。如果发现箱形的外表有缝隙或漏洞，要焊接封好，以免箱形结构内部锈蚀；若结构件的油漆脱落，应先除锈，涂好防锈漆后再油漆。

(3)齿轮齿条啮合间隙调整。

齿条导向装置有三个导向压轮，其中一个是上压轮，两个是下压轮。

如图20-18所示，压轮通过轴承支承在偏心轴上，偏心轴一端带有外齿轮，外齿轮与防转齿圈相啮合。防转齿圈用两只螺栓固定在支承板上，偏心轴也支承在支承板上。

安装好齿轮齿条以后，可通过调节压轮装置来调整齿轮齿条的啮合间隙。首先，应松开防转齿圈的固定螺栓，将防转齿圈与外齿轮脱开。再转动偏心轴，调节压轮与齿条的接触程度，

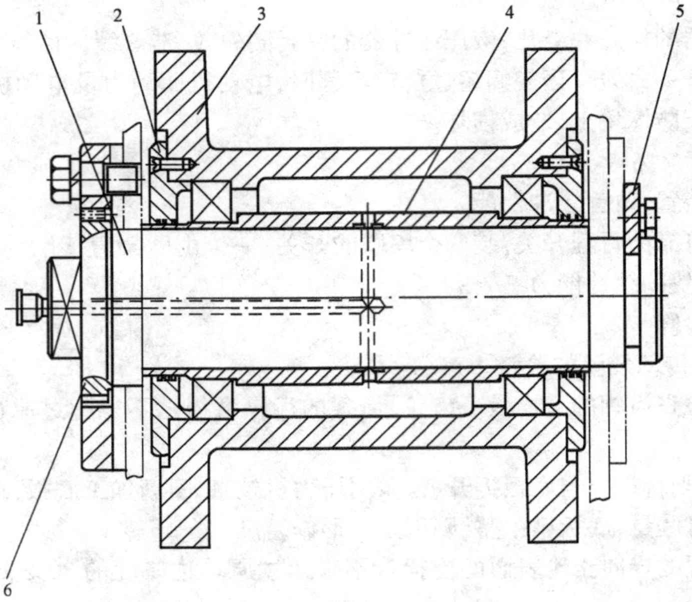

图 20-18　下压轮装置

1-偏心轴;2-压盖;3-下压轮;4-轴套;5-卡板;6-防转齿圈

即调节齿轮与齿条的啮合情况。当齿轮齿条的啮合面积沿齿长不小于 50%,沿齿高不低于 40%,即齿轮齿条啮合情况满足要求时,套上防转齿圈,拧紧防转齿圈螺栓,则调整完毕。

第四节　回转机构检修

一、轮胎起重机回转机构的检修

1. 常见故障及排除方法

(1)起重机空载时能转动,重载时不能回转或仅在货物回荡时随货物的惯性力方向转动。

产生原因:

①极限力矩联轴器的压紧弹簧调得太松,两个锥形摩擦盘间能够传递的扭矩较小。

②蜗轮轴损坏,动力传不到行星小齿轮上。

排除方法:

①调整极限力矩联轴器。

②修复或更换蜗轮轴。

(2)回转时有异常响声,滑行情况不好。

产生原因:

①回转滚动轴承中滚道或滚子(球)损坏。

②回转减速箱内零件磨损;蜗轮箱输出轴下面的轴承松动或减速箱体损坏。

③回转制动器有拖滞现象。

④在大齿圈与行星小齿轮间或在滚动轴承内缺少润滑脂。

排除方法:

①对损坏的滚动轴承，视其损坏程度进行修复或更换；对损坏的滚子(球)应更换。

②对减速箱中磨损的齿轮、蜗轮等应成对更换；将轴承压紧；对箱体进行修复或更换。

③按要求调整回转制动器。

④添加润滑脂。

(3)回转机构制动后，转盘不能马上停下，并出现滑行。

产生原因：

①回转制动器的制动带(瓦块)与制动轮间隙过大。

②回转制动器的回位弹簧过软或有卡阻现象。

③制动控制装置失灵。

排除方法：

①调整制动带(瓦块)与制动轮之间的间隙。

②重新调整回位弹簧的弹力或更换弹簧；找到卡阻部位，并排除卡阻现象。

③找到控制装置失灵的部位进行有针对性的处理。

(4)回转时机身晃动较大。

产生原因：

①操作过猛。

②支腿螺杆未旋紧或支腿螺杆过度磨损。

③回转滚动轴承的固定螺栓松动或损坏。

排除方法：

①改进操作，使回转运动从慢到快地转动。

②将支腿螺杆旋紧，若螺杆螺母之间间隙过大，则更换支腿螺杆。

③检查滚动轴承固定螺栓的松动情况，旋紧或更换螺栓。

2. 回转机构的检修

(1)回转滚动轴承的检修。

轮胎起重机大多采用滚动轴承式回转支承装置。它是由固定座圈、回转座圈、滚动体(滚子或球)、隔离圈等组成。回转大齿圈与固定座圈做成一体，固定座圈与回转座圈内有上下滚道。在使用过程中，回转滚动轴承常见的损伤有回转大齿圈磨损，上下滚道出现凹陷、产生裂纹，滚子或球磨损。因此，在修理时，应对大齿圈、上下滚道、滚子或球作检查。

用标准齿形样板检查大齿圈的磨损。大齿圈的齿形相对标准齿形减小的部分，即为磨损的部分。也可以用厚薄规测量行星齿轮与大齿圈的啮合间隙，如啮合间隙大于规定的要求，则这对齿轮组已磨损过甚。当大齿圈轮齿齿厚磨损量达到原齿厚的25%时，则应更换，而且一般需要和行星齿轮一起成对更换。

拆卸滚动轴承，检查上下滚道有否凹陷现象。滚道上的凹陷部分可用车磨，再进行表面淬火处理的方式修复。如发现滚道上有裂缝，滚道明显变形，大部分滚子或球与滚道的接触不良，则应更换新件。

用游标卡尺测量滚子或球的磨损量，如滚子或球的磨损程度超过规定范围时，应同时更换滚动轴承内所有的滚子或球。

固定座圈与回转座圈是用高强度螺栓分别连接在底架和转台上的，要检查固定螺栓的连接情况，严防松动；如果螺栓出现裂纹或螺牙发生损坏，应予以更换。

(2)回转滚动轴承的调整。

滚子(球)与滚道的正常间隙为0.3～0.4mm,如磨损后间隙扩大到超过0.8mm,则必须加以调整。

如图20-19所示,调整时先将转台后部垫好,旋松回转座圈固定螺栓,将转台顶起或吊起搁好,旋松连接螺钉,把调整垫片从内径方向抽出,换上减薄的垫片,使间隙达到正常的范围,然后重新拧紧连接螺钉。所换的垫片厚度必须相同,不允许在圆周上垫不同厚度的垫片,用不同厚度的垫片来消除局部磨损的方法是不正确的。可以把磨损较大的前后方向转到左右方向,使滚子或球与滚道的实际间隙减小。当所用上述调整方法还不能达到要求时,可以车磨上下滚道,再进行表面淬火。

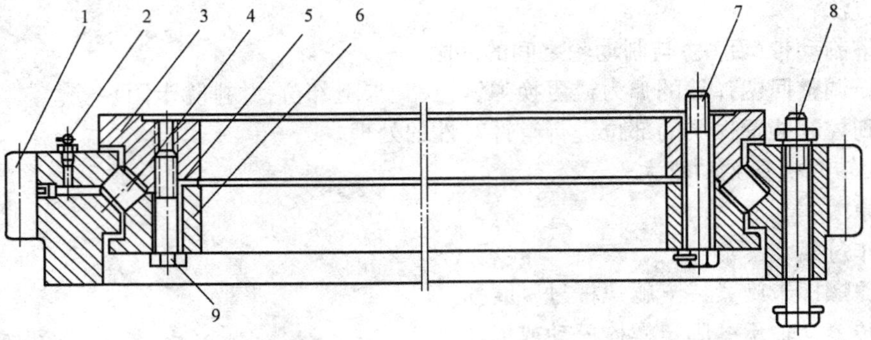

图20-19 回转滚动轴承的调整

1-外圈(固定座圈);2-油嘴;3-上内圈(回转座圈);4-滚子;5-垫片;6-下内圈(回转座圈);7、8-螺栓;9-连接螺钉

二、门座起重机回转机构的检修

1.常见故障及排除方法

(1)起重机做回转运动时不平稳,发生摇晃。

转柱式回转支承装置:

产生原因:

①水平滚轮磨损,滚轮与轨道的间隙过大。

②水平滚轮转动时有卡阻现象,水平滚轮运动轨迹为上下跳动的曲线。

③环形轨道圆度公差大。

排除方法:

①调整水平滚轮的偏心轴套,使水平滚轮与环形轨道的接触良好。

②重新安装、调整水平滚轮;消除水平滚轮运动时的卡阻现象。

③修理环形轨道。

(2)回转运动时,下支承有异常响声。

转柱式回转支承装置:

产生原因:

①下支承的向心轴承、推力轴承或向心推力球面轴承破碎损坏。

②轴承与支座的轴向间隙大。

③轴承径向跳动量大。

排除方法:

①更换损坏的轴承。

②调整轴承与支座的轴向间隙。

③重新安装、调整轴承。

(3)回转启动时动作突然,引起机身振动。

产生原因:

①操作过猛。

②极限力矩联轴器的调节弹簧调得太紧,极限力矩联轴器起不到缓冲作用。

③电阻接线错误,启动挡接入转子电路的电阻过低,使电动机突然快速启动。

排除方法:

①改进操作。

②稍微旋松极限力矩联轴器的调节螺母,在突然启动时,使极限力矩联轴器稍有打滑。

③纠正电阻接线,使电动机在全电阻下启动。

2. 回转机构的检修

1)回转支承装置的检修

(1)转柱。转柱是用钢板拼装焊接起来的箱形结构,应经常检查其是否有开焊和裂纹,若发现上述缺陷,要及时进行补焊。

转柱安装时,必须保持上下两接合面平整;转柱的底平面必须垂直于转台中心线。

(2)水平滚轮。检查水平滚轮与环形轨道的接触情况。起重机在空载状态下,处于大幅度时,所有调整好的水平滚轮应与环形轨道接触良好,其接触长度应为轮宽的80% 。回转运动时,滚轮应转动灵活,无卡阻现象。水平滚轮的运动轨迹应是一条水平线,而不是上下跳动的曲线。

水平滚轮的单边径向磨损量最大不得超过5mm,外圆的圆度公差一般为0.15~0.35mm,经过使用磨损后的外圆圆度大修时允许公差为0.5mm,能够使用的极限值为1mm,否则要更换滚轮。新换的滚轮其支承面的表面粗糙度不应低于$\overset{6.3}{\bigtriangledown}$,表面淬火硬度为HRC43~48。

(3)环形轨道。测量环形轨道,其中心与大齿圈中心的同轴度公差为1mm;使用后环形轨道的圆度公差为4mm;环形轨道的径向厚度磨损不得大于其标准厚度的20%,否则应修理或更换。

(4)下支承轴承。下支承的滚动轴承不得有裂纹、破碎;滚道与滚动体的表面不得有麻点、剥落、压痕,否则要更换轴承。

若采用组合轴承,即由一个推力向心轴承和一个径向轴承组成图,见图20-20。推力向心轴承与下支承座的配合要比径向轴承与下支承座的配合松一些,使推力向心轴承承受垂直(轴向)载荷,径向轴承承受水平(径向)载荷。否则,推力向心轴承除了承受垂直载荷以外,还要受到很大的水平载荷的作用,会导致推力向心轴承早期失效。

为了补偿制造、安装误差以及工作中的变形,确保支座的调位作用,两个轴承应有共同的调位中心。所以,一般采用调心滚子轴承和能调位的推力向心轴承,即推力向心轴承装在球面垫支承座上。当转柱有少许偏差时,它能自行调位,不致卡死。

支承座应有可靠的润滑密封装置,以保证轴承有良好的润滑。

轴承与轴颈、轴承与轴承座的配合应符合有关规定。

2)回转支承装置的调整

(1)水平滚轮与环形轨道的调整。先将水平滚轮轴抽出,测量各水平滚轮轴孔到环形轨道面的距离，通过调整，使它们的距离一致。随后装好水平滚轮，调整水平滚轮的偏心衬套。调节时，先松开防转齿块，转动水平滚轮轴，使水平滚轮与轨道面贴合，再将防转齿块紧固，如图20-21所示。

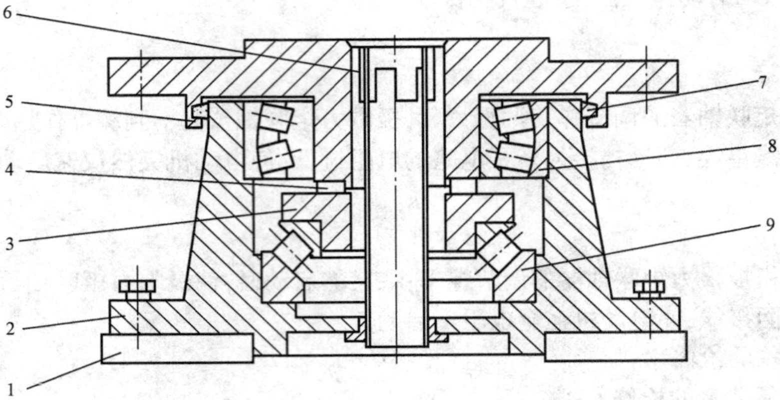

图20-20　转柱式下支承

1-支承垫圈；2-下支承座；3-下压块；4-摩擦圈；5-上压盖；6-下接管；7-防尘圈；8-轴承；9-轴承

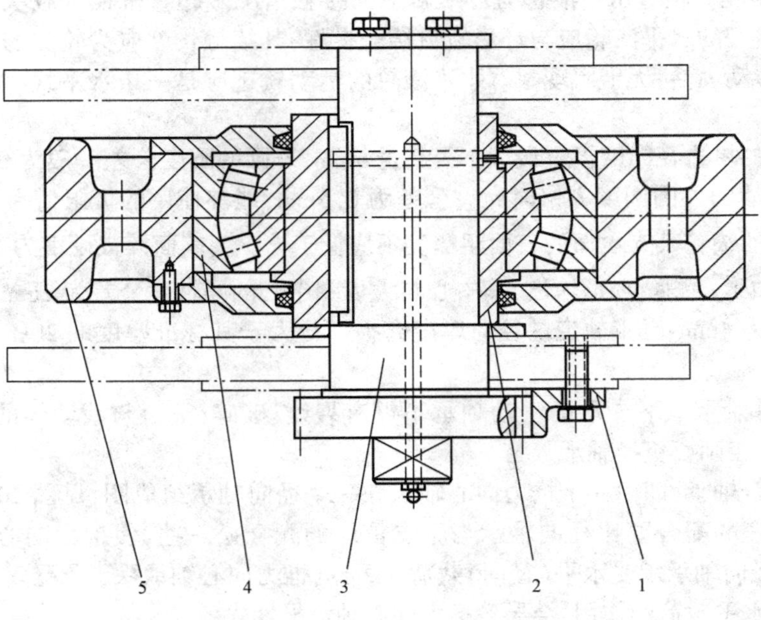

图20-21　水平滚轮

1-防转齿块；2-偏心衬套；3-水平轮轴；4-滚动轴承；5-水平滚轮

水平滚轮应转动灵活，无卡阻现象，且与环形轨道面的接触良好。

(2)转柱与下支承座的调整。进行下支承的安装调试时，用千分表旋转一周，测量支承座上压盖端面的圆跳动公差，并在支承座上压盖下加垫片进行调整，使圆跳动公差不大于1mm。保证转柱与下支承回转中心线的同轴度公差不超过1mm。

(3)极限力矩联轴器的调整。卸下极限力矩联轴器的顶罩，拧动调整螺母来调节弹簧的张力。调整好的弹簧张力应使得起重机在正常启动或反向回转时,两个圆锥摩擦盘间不产生打滑;但直接在高速挡快速启动或正转后快速倒转时,两个圆锥摩擦盘间会自动打滑,经缓冲后才开始转动。这样,使极限力矩联轴器起到缓冲和吸收急剧增加的动荷载的作用,并能保护回转零件,使其不致损坏,见图20-22。

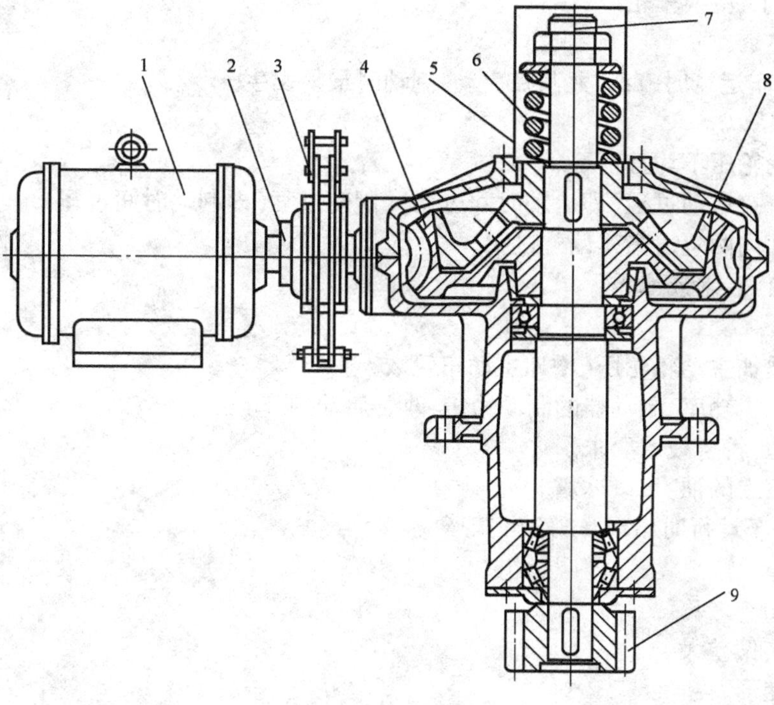

图20-22　带极限力矩联轴器的蜗杆减速器回转驱动装置

1-电动机;2-联轴器;3-制动器;4-蜗杆减速器;5-顶罩;6-弹簧;7-调整螺母;8-圆锥摩擦盘;9-行星齿轮

第五节　运行机构检修

轮胎起重机的无轨运行机构与汽车、叉车底盘相似,本节不作讲述。主要介绍门座起重机、桥式(门式)起重机等有轨运行机构的修理。

一、常见故障及排除方法

(1)起重机运行时"啃道"。

产生原因:

①车轮加工或安装偏差。

②轨道安装、维修、使用后的偏差。

③运行机构传动系统偏差过大。

④车架(桥架)偏斜变形。

⑤两主动轮直径相差过大。

⑥轨道上有油或水。

排除方法：
①调整车轮的水平、垂直或对角线偏差。
②调整轨道高程、轨距、跨度、轨道的水平弯曲。
③检修齿轮、轴键，使分别驱动的两组电动机、制动器合理匹配。
④矫正车架（桥架）的变形。
⑤测量、加工、更换车轮。
⑥清理轨道。
(2)起重小车运行时打滑，尤其在启动、制动时最易发生。
产生原因：
①主动车轮轮压不均且不足。
②电动机直接启动过猛（即启动时间过短），制动过猛（即制动时间过短）。
③同一截面内两轨道高程偏差过大。
④轨道上有油、水或冰霜。
排除方法：
①调整或增加主动轮轮压（增加主动车轮数）。
②调整电动机功率、制动器的制动力矩，改善启动、制动方法。
③调整轨道，符合技术要求。
④去掉轨道上的油、水或冰霜。
(3)起重小车运行时出现“三条腿”现象。
产生原因：
①轮压不均。
②车轮安装偏差大。
③小车架变形。
④同一截面内小车两轨道高程偏差过大。
排除方法：
①调整轮压（调整车架上部件安装的位置）。
②纠正车轮的安装偏差。
③矫正小车架的变形。
④调整轨道，符合技术要求。
(4)运行制动时，起重机（起重小车）不能马上停止，并出现滑行。
产生原因：
①运行制动器摩擦片与制动轮之间的间隙过大。
②制动器主弹簧太松或损坏。
③制动器杠杆系统中的活动关节被卡住。
④制动控制装置发生故障。
排除方法：
①重新调整制动摩擦片与制动轮之间的间隙。
②调紧主弹簧，或更换主弹簧。
③找到卡阻部位，消除卡阻现象，润滑活动关节。
④找出控制装置发生故障的部位和零件，进行有针对性的处理。

二、运行机构支承装置的检修

1. 车轮

(1)车轮滚动面。检查车轮滚动面,除允许有直径 $d\leqslant 1mm$(车轮直径 $D\leqslant 500mm$)或 $d\leqslant 1.5mm$($D>500mm$),深度 $h\leqslant 3mm$,并不多于 5 处的麻点外,不允许有裂纹、凹痕、砂眼、气孔、缩松、剥落等其他缺陷,也不允许焊补修复。圆柱形主动车轮的直径偏差不得大于名义直径的 1/2 000。

在使用过程中,若车轮滚动面有剥离或擦伤面积大于 $2cm^2$、深度大于 3mm 时,应重新加工。车轮因磨损或其他缺陷重新加工后,滚动面厚度的减小不应超过原厚度的 15%。

当车轮运行速度低于 50m/min 时,车轮的圆度公差应小于 1mm;当运行速度高于 50m/min 时,车轮圆度公差应小于 0.5mm,否则车轮在运行时会产生跳动。

(2)轮缘。车轮轮缘的正常磨损可以不修理,但磨损量达到原厚度的 40% 时,应更换新轮。轮缘厚度的弯曲变形达到原厚度的 20% 时,车轮应报废。

(3)车轮安装。车轮组装配好后,能用手灵活地转动。当车轮装于圆锥滚子轴承上时,轴承内外圈间允许有 0.03 ~ 0.18mm 的轴向间隙,当采用其他轴承时,不允许有轴向间隙。

车轮水平偏差的检测:在端梁上拉一根与轨道平行的细钢丝,分别测得车轮在水平方向直径最外端两点到钢丝的距离 a、b,则偏差量 $P=(a-b)/2$,如图 20-23 所示。

车轮垂直偏差的检测:在桥架上挂一根带重锤的细钢丝,测出车轮在垂直方向上的直径上下两点与钢丝间的距离 c、b,则偏差量 $a=(c-b)/2$,如图 20-24 所示。

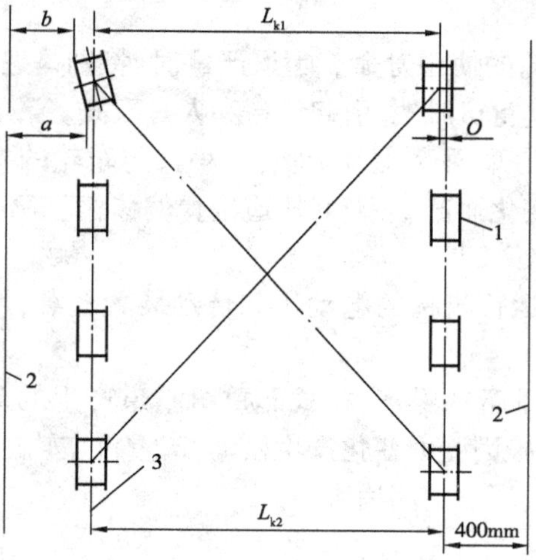

图 20-23　车轮水平方向偏斜检测

1-车轮;2-钢丝;3-轨道中心线

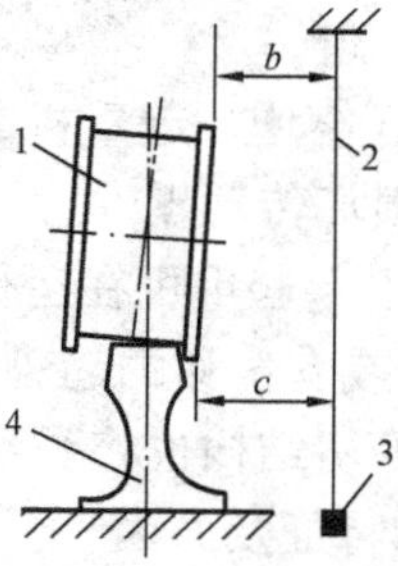

图 20-24　车轮垂直方向偏斜检测

1-车轮;2-钢丝;3-重锤;4-轨道

2. 轨道

(1)轨道的检查。用探伤仪检查钢轨上有无裂纹。如果发现有较小的横向裂纹,可用鱼尾板连接,鱼尾板的连接螺栓不得少于 4 个,一般为 6 个;如果有斜向或纵向裂纹,则要更换有裂纹的一段轨道。

钢轨的顶面若有较小的疤痕或损伤时,可先用电焊补平,再用砂轮打光。轨顶面和侧面的磨损(单侧)都不得超过 3mm,否则要更换新轨。

检查压板、螺栓有无裂纹、松脱、腐蚀。发现有裂纹、腐蚀应予以更换；若发现螺栓松动，应及时拧紧。

(2)轨道的测量与调整。轨道的直线性：在轨道两端的挡板上拉一根0.5mm的钢丝，用线锤每隔2m吊一次，逐点测量并调整轨道，使轨道成一直线。

轨道的高程：用水平仪测量轨道的高程，并在轨道下垫垫铁，使两根轨道的相对高程在允许的范围内。

轨道的跨度：用钢卷尺测量轨道的跨度。测量前，先在钢轨的中间打上冲眼，测量时，尺的一端用压板固定，另一端连一个弹簧秤，每隔5m测一次，各测量点弹簧秤的拉力应一致。

3. 啃道检验

1)啃道的现象

起重机正常运行时，车轮轮缘与轨顶侧面应保持一定的间隙。当由于某种原因使车轮与轨道产生横向滑动时，车轮轮缘与轨顶侧面应压紧，使轮缘与钢轨之间的摩擦力增加，产生磨损，即发生"啃道"。在门座起重机，尤其在桥式和门式起重机中常会发生啃道现象。

运行中是否发生啃道，可根据以下迹象来判断：

(1)轨顶侧面有一条明亮的痕迹，有时痕迹上还有毛刺。

(2)车轮轮缘的两内侧有亮斑。

(3)起重机运行时，在短距离内轮缘和轨顶侧面的间隙有明显的改变。

(4)起重机运行时，特别是起重机启动、制动时，会出现走偏或扭摆现象。

(5)啃道特别严重时，会发出响亮的"吭吭"的啃道声。

若在检查中发现上述情况，则说明起重机发生啃道。

2)车轮啃道的不良后果

(1)啃道会加剧车轮的磨损，大大降低车轮的使用寿命。啃道严重时，特别是遇到轨道接头间隙大时，车轮轮缘能爬上轨道顶面，造成起重机脱轨，引起设备和人身事故。

(2)啃道会加快轨道两侧面的磨损，使轨道顶面磨成台阶状，减小其与车轮的接触面积。啃道产生的侧向力使轨道的紧固螺栓因受力变化而产生松动，轨道位置偏移，直至不能继续使用，需要更换轨道。

(3)啃道还会增加起重机的运行阻力，使运行机构的电动机和传动装置超载，严重时，会烧毁电动机，损坏传动零件。

(4)啃道引起起重机在运行中振动，发出难听的噪声；桥式起重机啃道产生的侧向力，使轨道横向移动或有位移的趋势，轨道的固定螺栓因受力变化产生松动，起重机在轨道上出现非正常的振动，厂房结构也将受到激励振动，影响厂房的使用寿命。

3)啃道的特征及原因

(1)车轮的加工或安装偏差引起的啃道。

①车轮的水平偏差过大是桥式起重机啃道的常见原因之一。水平偏差是因为车轮面的中心线与轨道面的中心线成一角度。为防止啃道，常用控制水平偏斜量 P 值的办法，使 $P \leqslant L/1\,000$（L 为测量长度），如图20-25所示。

由水平偏斜引起啃道的特征是：起重机朝一个方向运行时，车轮轮缘啃轨顶一侧；反向运行时，同一轮子又啃轨顶的另一侧。

②车轮与轨道的垂直偏差过大。车轮滚动时，滚动面与轨道接触面减小，滚动面上压力大，磨损不均匀。为了防止啃道，垂直偏斜量 $a \leqslant L/400$（L 为测量长度），如图20-26所示。

由垂直偏斜引起啃道的特征是：车轮轮缘总是啃钢轨轨顶的同一侧，啃道的痕迹低，起重机运行时发出"嘶嘶"之声。

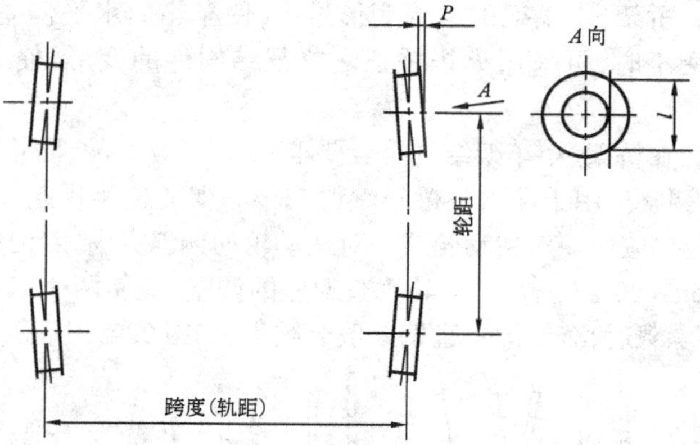

图 20-25 车轮水平偏斜图

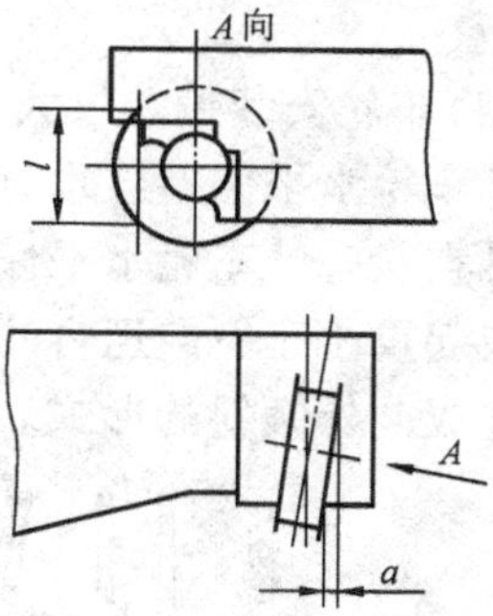

图 20-26 车轮垂直偏斜图

③主动车轮直径偏差过大。起重机大修时只更换一个或一部分主动车轮，使主动车轮之间的直径偏差过大，使它们在运行时行程不一样，车体走斜，最终导致啃道。

由主动车轮直径偏差引起啃道的特征是：一侧车轮轮缘啃钢轨轨顶的外侧，另一侧车轮轮缘啃钢轨轨顶的内侧。

(2)轨道安装偏差过大引起的啃道。

①两条轨道相对高程偏差过大，起重机运行时将产生横向移动，轨道高程高的一侧，车轮轮缘与轨顶外侧发生啃道；高程低的一侧，车轮轮缘啃轨顶的内侧。

②轨道的跨度偏差过大或轨道弯曲过大，起重机或起重小车运行时，车轮轮缘与轨顶侧面接触，形成强行通过而发生啃道。

(3)传动系统偏差造成的啃道。

①两套驱动机构的制动器调整得松紧程度不同，在启动、制动时，由于一侧制动器松，一侧制动器紧，使车体因走斜发生啃道。

②当两台驱动电动机转速差超过规定值时，车体就会因走斜而发生啃道。

③在分别驱动的两套传动机构中，有一套的齿轮间隙较另一套的齿轮间隙大；或某一套传动机构的轴键松动，都会使两套传动机构产生速度差，引起车体因走斜而发生啃道。

④分别驱动的起重机，由于两组驱动机构装配松紧有差别而产生阻力不同。当电动机由于阻力不同而产生不同步时，将造成车体歪斜运行，形成运行时啃道。

由于分别驱动的两套传动机构不同步，使车体走斜而啃道的特征是：起重机在启动、制动时，车体扭摆并且啃道。

(4)金属结构的变形引起的啃道。

车架、桥架等金属结构的变形，使车轮相对位置产生对角线偏差、跨度偏差、直线性偏差等，使起重机运行时啃道。

起重机主梁的下挠度过大，引起主梁旁弯过大，小车轨距会过分变小。若起重小车采用双轮缘车轮，则车轮轮缘与轨顶内侧发生啃道；若起重小车采用单轮缘车轮，则可能使起重小车脱轨。

在引起起重机运行时啃道的诸多原因中，由于车轮偏差所引起的啃道最为常见。有时是各种原因交织在一起引起的啃道，所以要认真检查和分析，找出主要原因并进行修理。

4）啃道的修理

（1）金属结构变形过大的修理。桥架、小车架的结构变形过大，使车轮的水平偏差、垂直偏差、对角线偏差超差过大、轨距变小时，可采用火焰矫正法修复结构件的变形，使之符合要求。

（2）车轮安装偏差过大的调整。在桥架、小车架结构符合要求后，再调整车轮，防止啃道。

①车轮水平偏差与垂直偏差的调整。用千斤顶将桥架端梁或小车架的横梁顶起，使车轮处于悬空状态。车轮水平偏差的调整，应使一对主动轮或一对从动轮的偏斜方向相反，缓和起重机或起重小车斜向运行的趋势，如图 20-27 所示。车轮垂直偏差的调整，应使两个车轮的上部调整成向外倾斜的形式。在桥架承载后，车轮的垂直偏差值会减小，如图 20-28 所示。

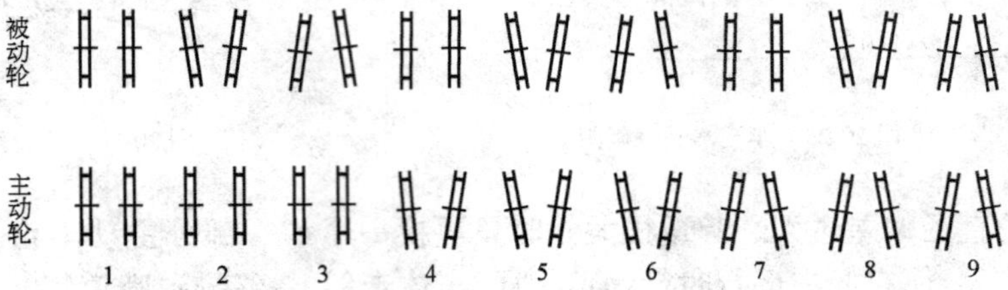

图 20-27　车轮水平偏斜的组合形式

如图 20-29 所示，当需要少量调整时，则松开紧固螺栓 3，在角型轴承座的垂直键板 4 处加垫片，来矫正车轮的水平偏差；在角型轴承座的水平键板 2 处加垫片，矫正车轮的垂直偏差。调整用的垫片不应超过 3 层。

当调整量大时，将垂直键板 4 铲掉，在垂直键板与端梁弯板之间加垫块，再将垂直键板与端梁弯板焊好，来调整车轮的水平偏差；或将水平键板 2 铲掉，在水平键板与端梁弯板之间加垫块，再将水平键板与端梁弯板焊好，来调整车轮的垂直偏差。

②跨度和对角线偏差的调整。当调整量不大时，即左右的移动距离不超过 10mm 时，则可增减左右隔套 6 的长度。当调整量较大时，则可将角型轴承座的键板拆下，通过改变键板的位置，来进行调整。待调整好后，再将键板与端梁弯板焊接在一起，见图 20-29。

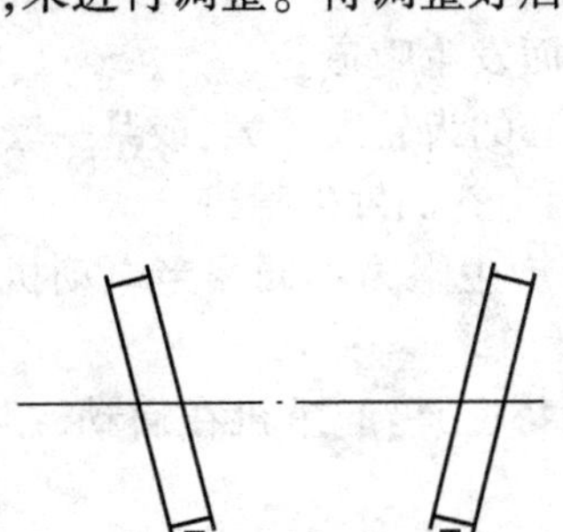

图 20-28　车轮垂直偏斜的调整

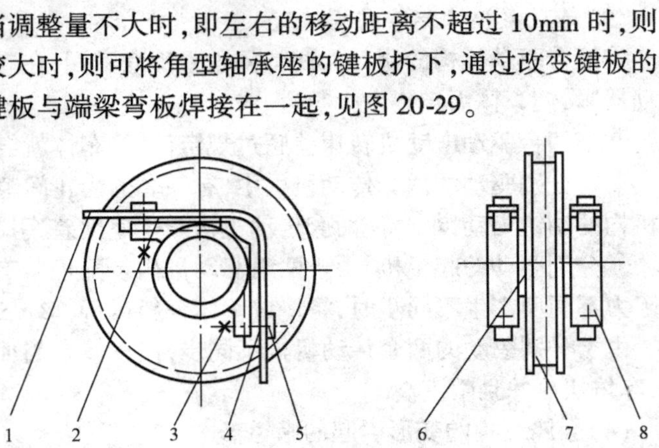

图 20-29　车轮角型轴承座

1-弯板；2-水平键板；3-紧固螺栓；4-垂直键板；5-固定板；6-隔套；7-车轮；8-角型轴承座

5）减少轮缘与轨道磨损的方法

（1）石墨棒润滑。用两根硬质的石墨棒摩擦车轮轮缘，使车轮轮缘浸透固体润滑剂，并随之传送到轨顶侧面，形成一层润滑表面，轮缘上也形成一层光亮表面。当两表面接触时，便减少了轮缘与轨顶侧面的磨损，见图 20-30 所示。

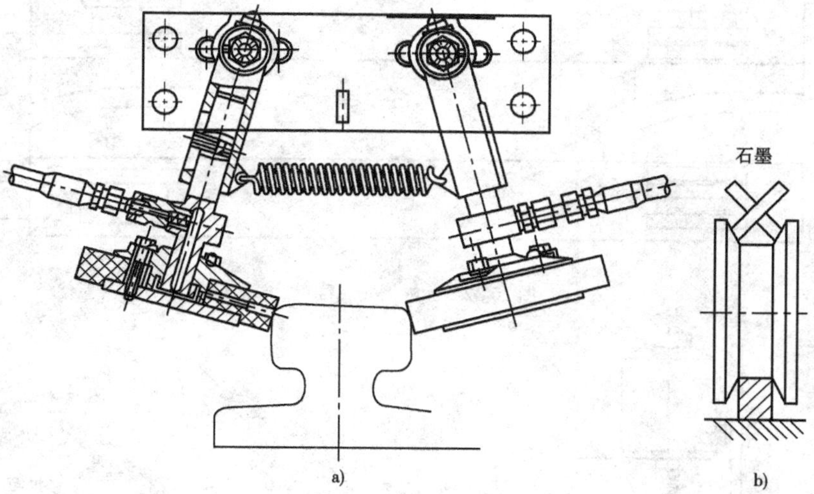

图 20-30　车轮用石墨棒式涂油器

(2)车轮涂油器润滑。TUCO.5 车轮涂油器是按照日本涂油器测绘和制造的，其结构如图 20-31 所示。

车轮涂油器的安装：

车轮轮缘涂油器应在桥式起重机和起重小车的对角位置上安装 4 套。为了同时改善车轮轮缘与轨顶两侧的摩擦，在同一条轨道的两套涂油器应交错安装在轨道的两侧面，如图 20-32 所示。

安装车轮轮缘涂油器时，一般应按照桥式起重机端梁的结构形式制造安装支架。涂油轮与车轮踏面成 45°交角，初始状态应与车轮有 2 ~ 3mm 的间距，油箱一般比涂油器高 300 ~ 500mm，见图 20-33。

安装时，应将涂油轮摆动中心与车轮轮缘平面对齐。同时，使涂油器对称中心线与车轮中心线对齐，这样才能确保涂油轮与车轮轮缘成点接触，以减少涂油轮的磨损，见图 20-34。

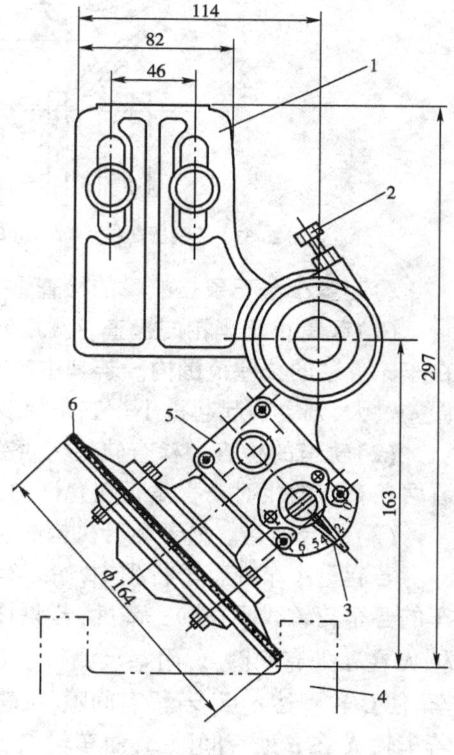

图 20-31　涂油器构造(尺寸单位：mm)

1-支架；2-压紧螺钉；3-调节手柄；4-车轮；5-液压泵；6-涂油轮

4. 起重小车三条腿故障修理

1)起重小车三条腿故障的现象

起重小车正常运行时，车轮滚动面应都与轨道顶面接触。当由于某种原因使起重小车在运行时一只车轮悬空时，即发生了起重小车“三条腿”现象。

起重小车三条腿故障使小车的自重和所受的外载荷只由 3 只车轮承受，其车轮的最大轮压会超过许用轮压；小车车体在启动和制动时会产生振动或摆动，则起重小车在运行中会跑偏，引起啃道；严重时，还会使单轮缘的起重小车车轮脱轨；起重机桥架也会因受力不均而发生变形。

图 20-32 涂油器安装位置

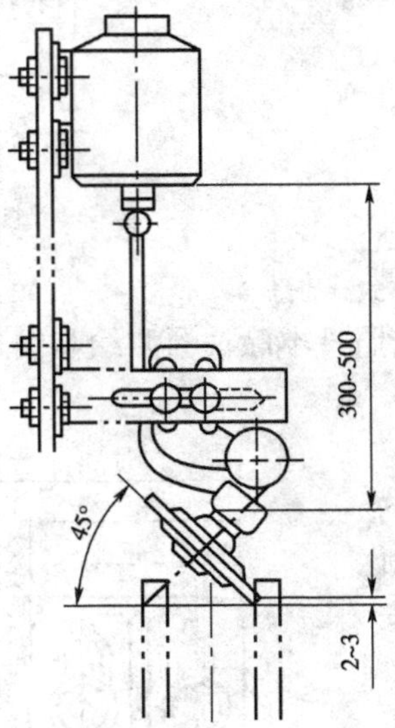

图 20-33 涂油器安装方式(尺寸单位:mm)

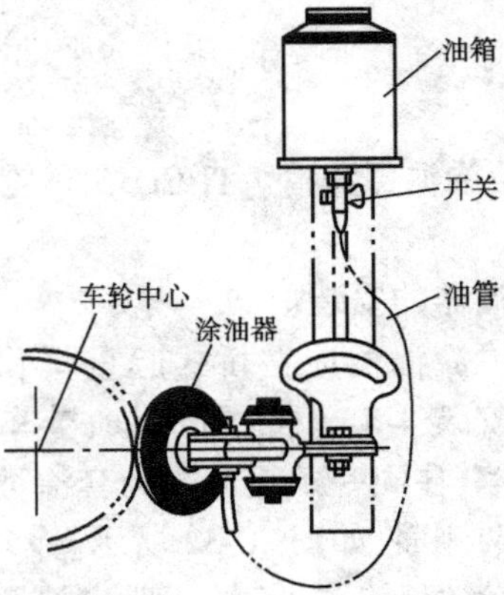

图 20-34 涂油器安装高低

2)起重小车三条腿故障的检查

(1)起重小车车轮的检查。测量起重小车车轮的直径,看各个小车车轮直径的偏差是否在车轮直径的公差范围内。若其中有一个车轮的直径过小或小车架对角线上的两个车轮直径误差过大,则会引起起重小车三条腿现象。

(2)轨道的检查。检查轨道有否变形、过度的磨损、局部下陷;用水平仪测量轨道的高程,看两条轨道的相对高程是否在允许的范围内。

(3)综合检查。松开运行机构的制动器,人力推动起重小车在轨道上行走。

若起重小车在整个行程中,始终有一个车轮悬空,而车轮直径又在公差范围内,则起重小车的各车轮轴线不在同一高度;若只在轨道的局部位置出现三条腿现象,如图 20-35 所示,车轮 A 在 a 处有间隙 Δ,用塞尺测得数据。推动起重小车,使 C 轮到达 a 点,若仍有间隙,则轨道在 a 处偏低;若车轮 A 在 a 处有间隙 Δ,而车轮 C 到 a 点处却没有间隙,则车轮的直径有偏差。

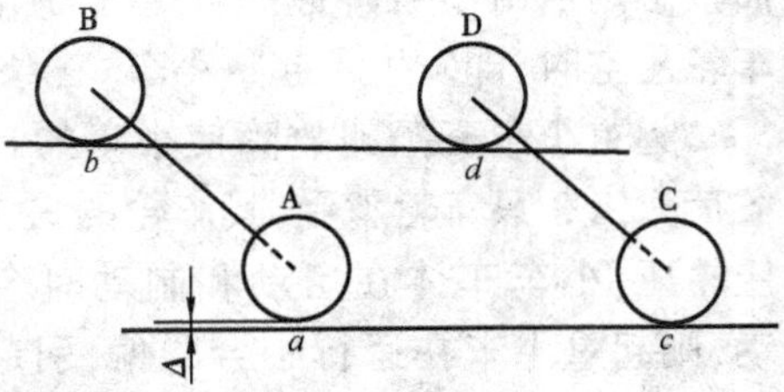

图 20-35 起重小车三条腿检查图

3)起重小车三条腿故障的修理

(1)车轮轴线高度的调整。在角型轴承座的水平键槽中加垫片或铲下水平键板,在水平键板与小车架端梁弯板之间加垫片。再将水平键板与端梁弯板焊接,使4个车轮的滚动面在同一水平面上。一般情况下,尽量调整从动轮。

(2)局部位置起重小车三条腿故障的调整。轨道局部位置有起重小车三条腿现象而又不严重时,可以在小车轨道下加垫片;局部位置起重小车三条腿现象严重时,则应修复主梁的变形;主梁变形修复后仍有起重小车三条腿现象时,则可在小车轨道下再加垫片予以调整。

第六节　金属结构检修

一、桥架变形的修理

1. 桥架变形的现象

桥架的上拱度是桥式起重机金属结构件最主要的技术指标之一。有些起重机经过一定时间的使用,主梁设计制造的上拱度减小;产生超过规定的旁弯;箱形梁的腹板发生波浪形的变形;端梁变形;桥架对角线超差。

2. 主梁下挠的原因

桥式起重机主梁上拱度逐渐减小的现象,称为主梁下挠。空载时,主梁自水平线以下的永久变形,即是主梁下挠。引起主梁下挠的因素主要有:

(1)主梁制造工艺的影响。主梁拱度的成拱方法,对主梁拱度的消失有一定的影响。主梁腹板下料成拱形,且腹板的拱度比制成后的主梁拱度大。在主梁受载后,拱度的减少较小。

(2)主梁焊接内应力的影响。桥式起重机的箱形主梁是一种焊接结构。由于焊接过程中的局部加热造成焊缝及其附近加热区的金属收缩,产生残余应力,引起主梁变形。起重机在使用中,金属结构各个部位存在的不同方向与性质的应力趋于均匀化,以致逐渐消失,引起结构的塑性变形。

(3)起重机因运输、存放和吊装的影响。桥架是长、大结构件,具有较大的弹性,不合理的运输、存放、起吊和安装均会引起桥架结构的变形。

(4)使用的影响。超负荷、偏载等不合理的使用,引起桥架的变形。

(5)修理方法以及高温的影响。在桥架上焊接或气割、进行不均匀加热,将引起桥架的变形;在温度较高的车间里工作的起重机,由于辐射热造成主梁下盖板的温度超过上盖板的温度,使下盖板受热伸长大于上盖板的受热伸长,在载荷的作用下,使主梁拱度自然减小。

3. 主梁下挠对起重机使用性能的影响

(1)对起重小车运行的影响。桥式起重机主梁在空载时已经下挠,受载后,小车轨道产生较大的坡度。起重小车由跨中向两端运行时,不仅要克服正常的运行阻力,还要克服坡道阻力。若起重机主梁严重下挠,还会使起重小车运行电动机烧坏。另外,起重小车制动后会有自行下滑现象。

(2)对小车架的影响。若两根主梁下挠程度不同,起重小车的4个车轮不能同时与轨道接触,则起重小车会出现“三条腿”现象,使小车架受力不均。

(3)对大车运行机构的影响。对集中驱动的大车运行机构,起重机主梁产生下挠后,装置大车运行机构的走台跟着下挠,会超过联轴器的许用偏斜角,使传动阻力增大;车轮、联轴器磨损增加;轮齿折断。严重时,甚至会烧毁运行电动机。

(4)对主梁金属结构的影响。起重机主梁严重下挠时,主梁下盖板和腹板拉应力达到屈服极限,在下盖板和腹板上会出现裂纹或脱焊。

主梁下挠又引起主梁水平旁弯,导致小车车轮啃道或脱轨;主梁下挠度过大,还会引起起重机运行时的啃道。

4. 桥架变形的检查测量

1)主梁拱度(下挠)的测量

(1)水平仪或经纬仪测量。将水平仪架设在合适的位置,直接测出各点的拱度值,见图20-36。

(2)拉钢丝测量。如图20-37所示,将测量用的细钢丝的一端固定在主梁的一个端部,另一端用弹簧秤和亘锤拉紧。钢丝的两端用高度为 H 的支架支承,测出主梁上盖板到钢丝的距离 h_1,则主梁的上拱度实际值为:

$$h = H - (h_1 + h_2)$$

式中:H——支架的高度;

h_1——主梁跨中上盖板到钢丝的距离;

h_2——在钢丝重力作用下产生的下挠度,见表20-10。

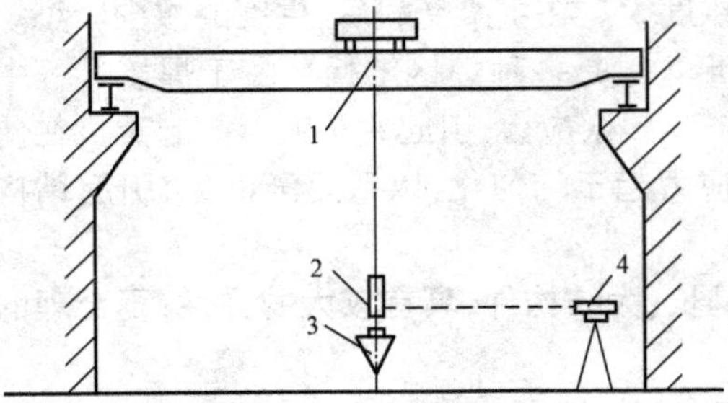

图20-36 用经纬仪测量主梁拱度值

1-主梁;2-标尺;3-铅锤;4-经纬仪(水平仪)

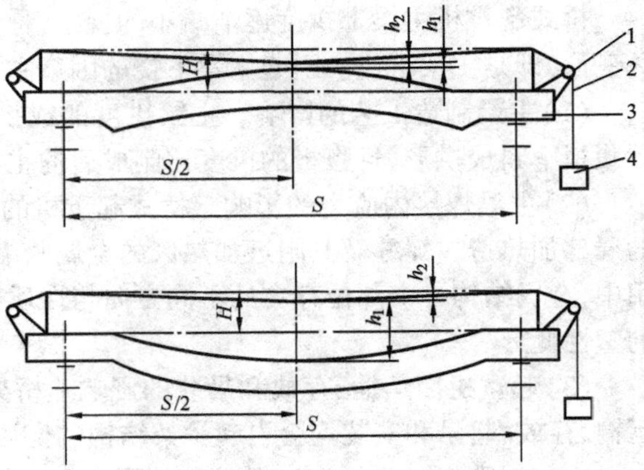

图20-37 钢丝测量主梁拱度值

1-支架及滑轮;2-钢丝;3-主梁;4-重锤

钢丝重力作用下产生的下挠度　　表20-10

跨度(m)	10.5	13.5	16.5	19.5	22.5	25.5	28.5	31.5
h_2(mm)	1.5	2.5	3.5	4.5	6	8	10	12

2)主梁水平旁弯的测量

钢丝1固定在被测主梁2的上盖板中心线的上方,分别量出其两端的距离 x_1、x_2,则两数值之差的一半,即是水平旁弯值,见图20-38。

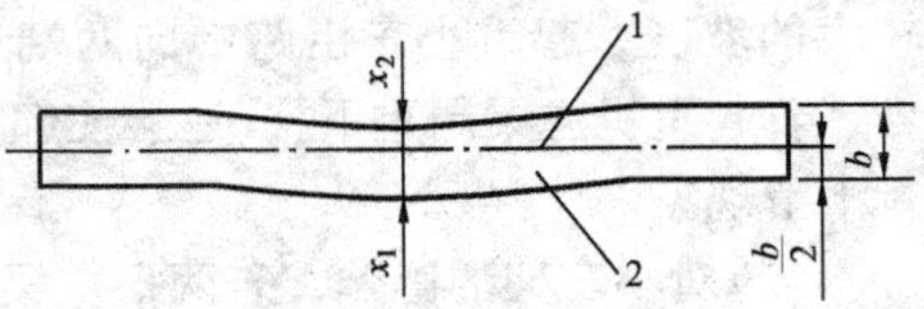

图20-38 主梁水平旁弯测量示意图

1-钢丝;2-主梁;b-主梁宽度

3)桥架对角线的测量

用线锤或直角尺,将4个车轮的滚动面中心引到轨道面上,打上标记后,移开起重机。利用轨道上的4个点,使用卷尺和弹簧秤测量对角线,见图20-39。

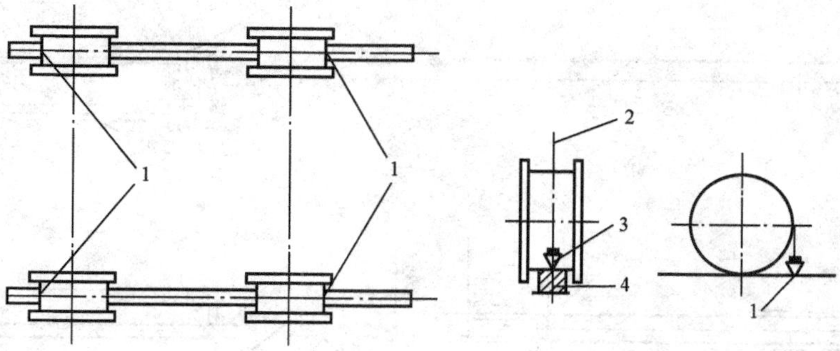

图 20-39　车轮对角线测量示意图

1-测量点;2-车轮滚动面中心线;3-铅锤;4-轨道

4)箱形主梁腹板垂直偏斜的测量

在主梁有筋板的上盖板处吊重锤,用直尺测量垂线到腹板的距离 a 和 b,两数值之差即是腹板的垂直偏差值,如图 20-40 所示。

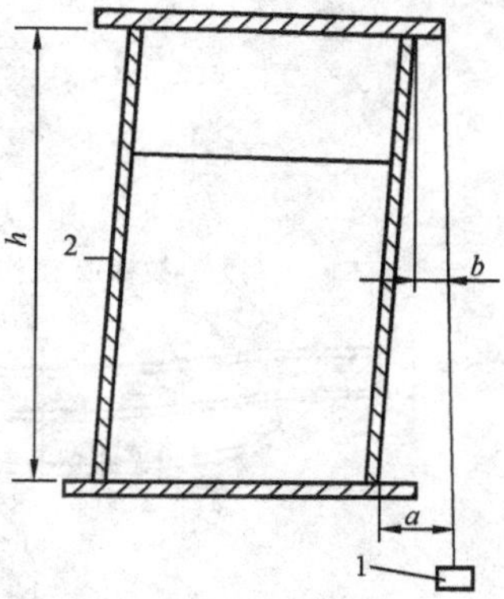

图 20-40　腹板垂直偏斜测量示意图

1-重锤;2-主梁腹板

5. 桥架变形的修理

1)预应力法

预应力法是在主梁下盖板处安装拉杆,其数量可由计算确定。拉杆产生的拉力,使主梁受到对称的弯矩,向上弯曲,产生拱度。

预应力法的步骤是:先将一端螺母全部拧上,再在另一端收紧螺母,各个螺母应逐一分次拧紧,不可一次拧紧到位。每拧紧一遍,应测量主梁的拱度值,直到上拱度符合要求。若拉杆长度大于 24m,最好从两端同时收紧,如图 20-41 所示。

2)火焰矫正法

将起重小车开到与驾驶室相对的桥架的一端,用千斤顶支承在主梁的跨中位置,再将桥架主梁托住。

(1)主梁下挠、主梁旁弯的矫正。若两主梁下挠对称并且平滑,可以对称于跨中布置加热区;若主梁下挠变形不规则,可以在下挠变形突出的部位多布置几个小加热区,见图 20-42。

虽然加热区离跨中越近,矫正效果越显著,但主梁在工作时跨中的弯矩最大,工作应力一般接近许用应力。如果加热区布置在跨中,则工作应力与矫正应力叠加,可能引起蠕变和应力重新分配,从而产生永久变形,即再度下挠。

矫正的加热点比较多时,各加热点之间的距离应大于 1m;在离跨中的 3m 以内不应布置加热点。

为了避免矫正应力和焊接的固有应力叠加,加热区应离开大加筋板,位于腹板波浪的凸起部分或其附近,不要选在凹陷处,这样可在恢复上拱度的同时矫正腹板的波浪形。如果选在小加筋板的下部,则更有利于消除腹板的波浪形。

端梁加热区如图 20-43 所示,对主梁旁弯过大的变形,矫正效果较好。

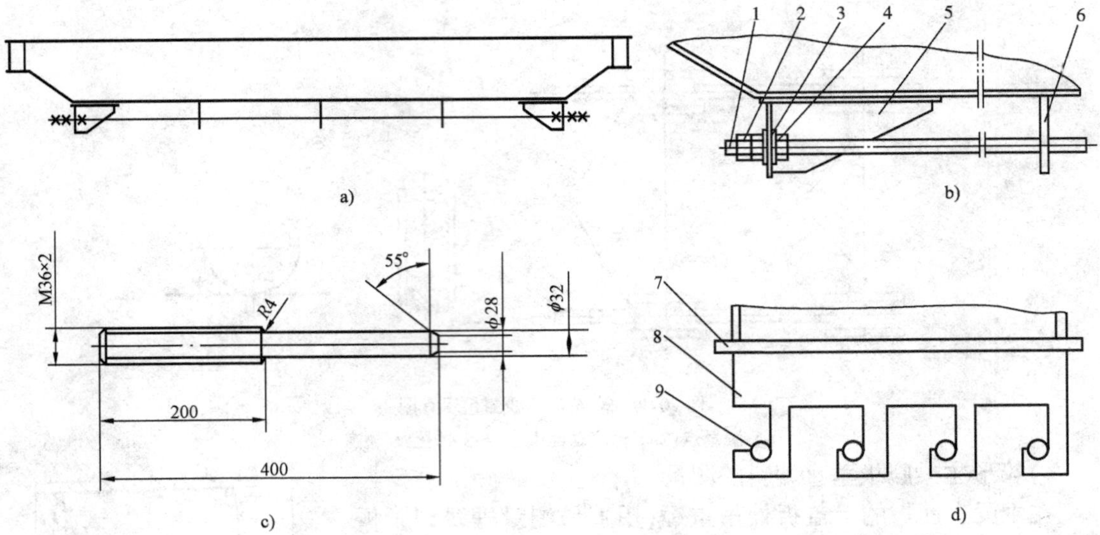

图 20-41 预应力法修理桥梁主梁(尺寸单位:mm)

a)预应力法的示意图;b)预应力拉杆端部图;c)端杆图;d)吊架形式图

1-拉杆;2-工作螺母;3-垫圈;4-构造螺母;5-支承架;6-吊架;7-主梁;8-吊架;9-拉杆

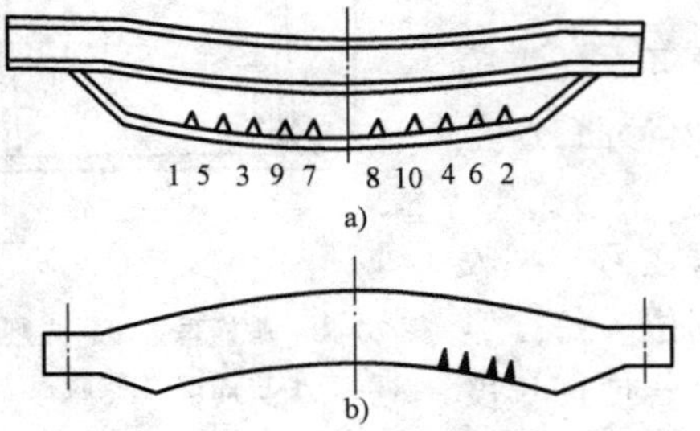

图 20-42 主梁加热区选择

a)对称加热;b)局部加热

1~10 -加热顺序

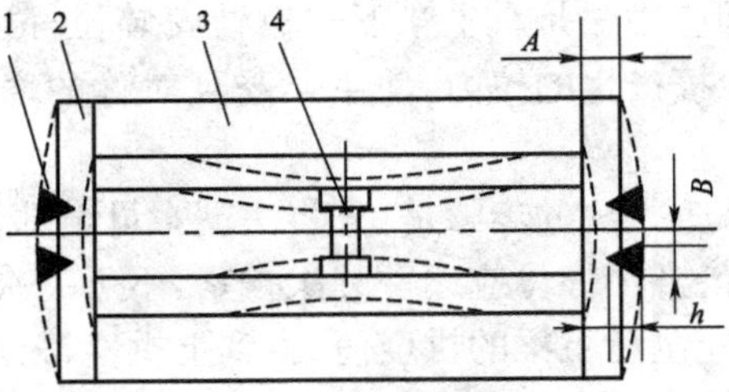

图 20-43 端梁加热区选择

1-加热点;2-端梁;3-主梁;4-顶具

对于由于主梁下挠促使主梁内侧水平旁弯的变形,可以和主梁下挠变形的矫正同时进行。在设置恢复主梁上拱加热面时,使主梁内侧腹板的三角形加热面比外侧腹板的三角形加热面大。为了矫正的效果明显,可以用推顶工具把两根主梁推顶到略比所要求的矫正量大的位置。推顶位置可选在主梁中间的小筋板的下部,如图 20-44 所示。

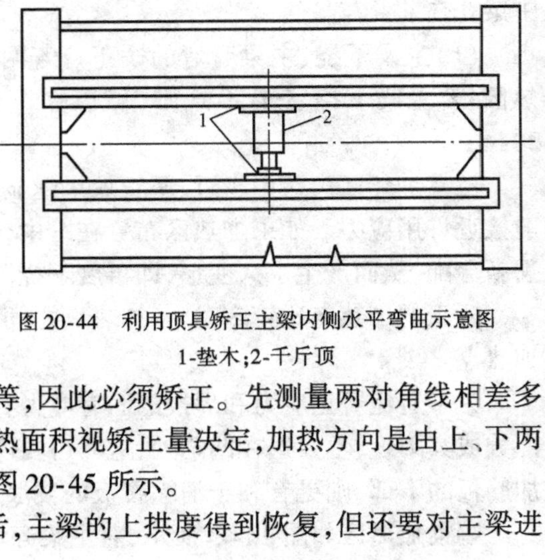

图 20-44 利用顶具矫正主梁内侧水平弯曲示意图

1-垫木;2-千斤顶

(2)桥架对角线误差的矫正。桥架对角线超差后,将引起起重机大车车轮偏斜、运行时啃道等,因此必须矫正。先测量两对角线相差多少,再加热对角线偏小的主梁与端梁的连接处,加热面积视矫正量决定,加热方向是由上、下两端指向中间,并同时用拉具配合火焰进行矫正,如图 20-45 所示。

(3)火焰矫正后主梁的加固。经过火焰矫正后,主梁的上拱度得到恢复,但还要对主梁进行加固,以确保修复后的主梁上拱稳定。另外,应选择适当型号的槽钢加焊在主梁的下面,如图 20-46 所示。

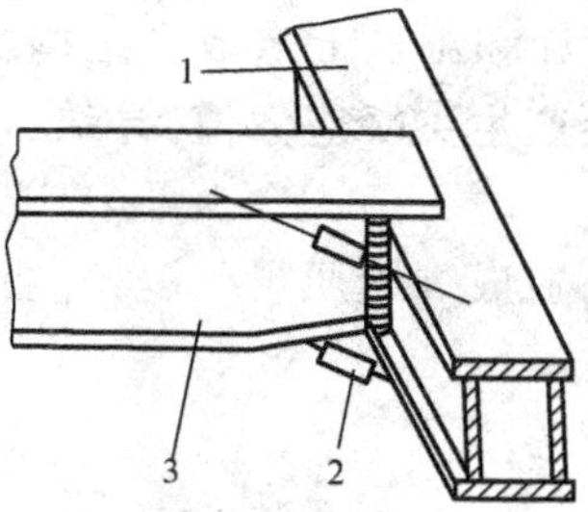

图 20-45　采用拉具矫正示意图

1-端梁;2-拉具;3-主梁

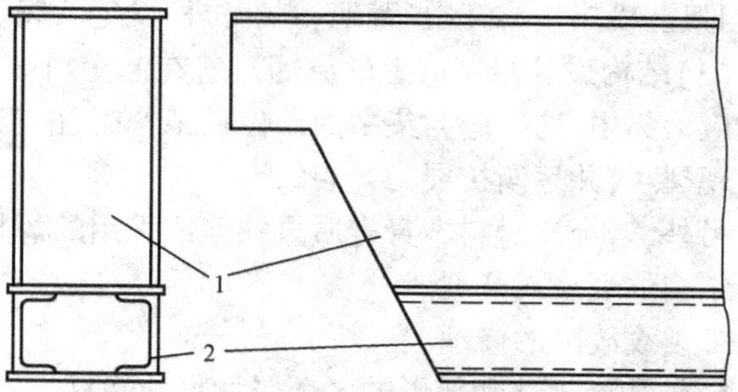

图 20-46　主梁加固示意图

1-主梁;2-加固槽钢

二、金属结构裂纹故障修理

1. 裂纹常见部位

在门座起重机中,普遍存在着金属结构出现裂纹的现象。从门座起重机故障修理的情况来看,金属结构裂纹故障修理居各项故障修理之首。门座起重机金属结构裂纹是导致起重机安全事故的主要因素之一。

门座起重机金属结构裂纹常见的部位是:

(1)焊缝及热影响区。轴孔处的焊缝、热影响区的金属材料最易出现裂纹与开裂。如:变幅机构对重杠杆的支承轴孔、象鼻梁中部的支承轴孔处常会发生裂纹,如图 20-47 和图 20-48 所示。

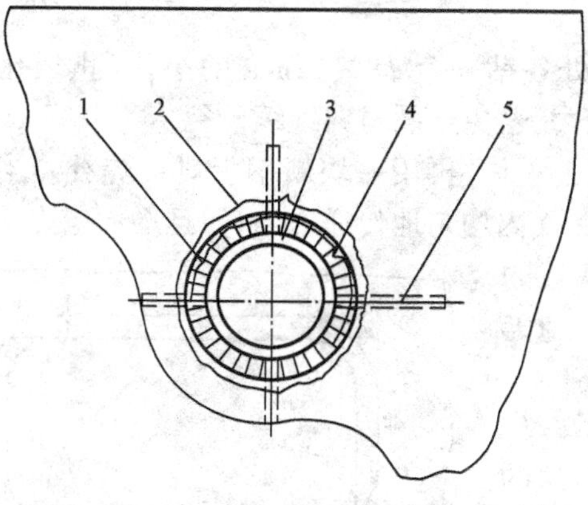

图 20-47　变幅对重杠杆支承轴孔局部图

1-焊缝裂缝;2-金属裂缝;3-钢套;4-贴角焊缝;5-增加的筋板

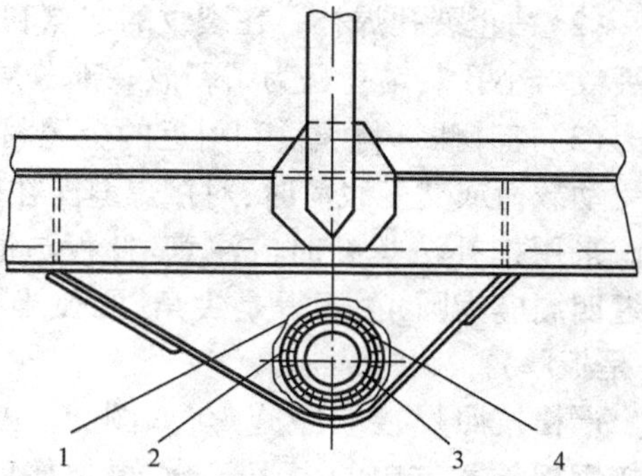

图 20-48　象鼻梁中部铰轴处裂缝

1-金属裂缝;2-焊缝裂缝;3-钢套;4-贴角焊缝

(2)结构应力集中处。箱形结构的尖角处、变截面处、非圆滑过渡处,如:门腿与支承环交接内侧的两个尖角处、变幅油缸下支承加筋板处、人字架、臂架等处常可见到裂纹或开裂。

2. 裂纹故障的原因

引起起重机金属结构出现裂纹的因素很多,主要有:超负荷作业;起重机保养修理不当;设计制造影响和材料的缺陷;焊接质量与制造工艺的影响等。

(1)使用操作不当。在门座起重机起升重物时,采用“拖”、“拉”的作业方式,引起很大的水平载荷;猛烈地启动、制动,会产生很大的附加动载荷,这些载荷对起重机的金属结构影响很大。

(2)保养修理不及时。由于缺少保养和修理,使金属结构各个铰点的轴孔严重磨损,起重机在作业时,尤其在启动、制动时,就会产生强烈的冲击和振动,致使金属结构的接头处产生裂纹,门架上横梁接头开裂,臂架、刚性拉杆发生断裂。

(3)结构设计与制造上的原因。若在起重机金属结构的设计和制造上造成了结构、节点处的应力集中,这些应力集中的部位在工作中,由于种种原因会产生尖峰应力值,导致这些部位出现裂纹,并逐渐扩展为开裂。

另外,若金属材料本身有质量缺陷或采用的焊接工艺不当,造成焊缝质量问题,都会引起金属结构的裂纹或开裂。

3. 裂纹故障的修理

1)轴孔处焊缝和热影响区金属材料的修复

这类裂纹在门座起重机上较为常见。修复的方法有如下几种。

(1)在轴孔受力的情况下焊补。这种修补的方法,会出现同一部位的反复"开裂—焊补—开裂"的现象,金属结构也因为受到反复的焊补热效应,使材料的机械性能,尤其是冲击韧性显著降低,则热影响区周围的金属也会反复开裂。

(2)卸载焊补。这种修补的方法要将构件拆下,再进行焊补。虽然费工时,但可以避免在受力的情况下进行焊补所产生的缺点。

(3)焊补时的注意事项。钢套与支座孔需采用多层焊接。焊接时,尽量以较快的速度施焊,焊完一层后,立即用小榔头敲击焊缝,减少残余应力;第二层的焊接方向应与第一层相反。这样,后一层焊缝冷却时会对前一层有挤压作用,使焊缝的收缩应力减小。

2)箱形结构件在尖角处、变截面处裂缝的修复

(1)直接焊补与加复板焊补。这种修理方法往往会使金属材料接缝处再次开裂,有时裂缝甚至会穿透复板继续扩展。

(2)钻止裂孔焊补。在裂纹的起点和终点处各钻一个 $\phi 8 \sim 12$mm 的小孔(止裂孔),再焊补裂纹与小孔。钻孔是为了释放一部分局部应力,避免金属材料继续开裂。

(3)挖补法。将裂纹和附近的金属材料挖去一块,再用一块新钢板对接焊补。当结构件承受动载荷或交变载荷时,对接焊缝能在整个断面内均匀地传递内力,而且局部应力小。

采用挖补法焊补时应注意:补板与原金属板的接缝四周应为圆角,不得是尖角,圆弧半径 $r = 10\delta$ (δ 是板厚)。

严格按照焊接顺序施焊,如图 20-49 所示。先焊接钢板长宽方向的中间部分,再焊接四周圆角的圆弧部分。

焊接后,对焊接质量按标准进行检验,常用敲击法和无损探测法。敲击法是用小榔头敲击焊缝,若发出清脆的声音,表示焊缝质量较好;若发出的声音沙哑,则表示焊缝存在缺陷。

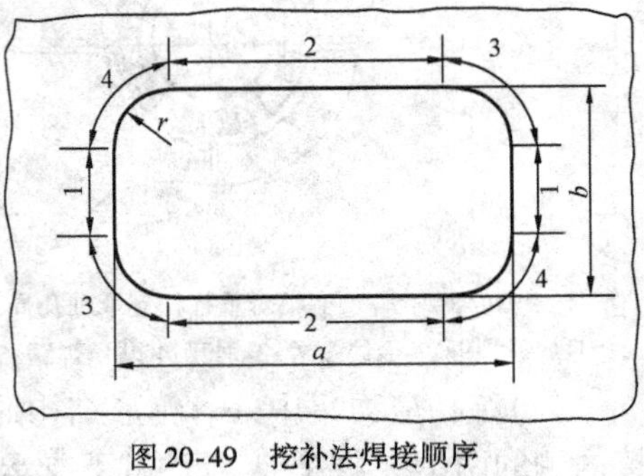

图 20-49　挖补法焊接顺序
1 ~ 4-焊接顺序;r-圆角半径

复习思考题

1. 钢丝绳破断的原因是什么,如何维护润滑钢丝绳?

2. 吊钩的损坏形式有哪些,怎样进行吊钩的维护保养?

3. 减速器在使用过程中会出现哪些不正常现象?

4. 齿轮的损坏形式及原因是什么,如何检修?

5. 怎样调整电力液压推杆制动器的制动力矩、推杆行程和制动瓦块与制动轮之间的间隙?

6. 如何进行滚动轴承式回转支承装置的检修和调整?

7. 车轮啃道的原因是什么? 怎样修理起重机啃道故障?

8. 如何检查和排除起重小车“三条腿”故障?

9. 造成起重机主梁下挠的原因是什么? 主梁下挠对起重机使用性能有哪些影响?

10. 如何用火焰矫正法修复变形的桥架?

第二十一章　带式输送机检修

- **学习目标**

知识目标

1. 能简要叙述托辊在使用中常见故障、排除方法及安装调整；
2. 能正确阐述输送带跑偏原因及纠正跑偏的方法；
3. 能概要讲述带式输送机试运转调试过程；
4. 能详细讲述气垫带式输送机中气垫层形成不均匀的原因及解决方法。

能力目标

1. 能正确测量机架安装后的直线度、水平度；
2. 能熟练进行托辊装配，调整托辊中心平面与机架中心线的垂直度及托辊两端的高度差；
3. 能熟练进行输送带的连接；
4. 能正确拆卸和检修电动滚筒。

第一节　带式输送机主要零部件的检验和修理

一、托辊

1. 常见故障和排除方法

托辊转动不灵活、有异常声响、轴承过热。

产生原因：

(1)托辊密封不良使粉尘、水分渗入，引起轴承防尘盖和保持架锈蚀、润滑脂失效。

(2)水分、粉尘、异物侵入使轴承锈蚀、润滑脂变质，引起轴承损坏。

(3)托辊外圆锈蚀增加了托辊与输送带的运行阻力。

排除方法：

(1)改善托辊密封结构，采用迷宫式密封件。

(2)采用锂基润滑脂，改善轴承的润滑；用托辊专用轴承，加大轴承轴向游隙，防止轴承卡滞，提高轴承寿命。

(3)采取防止托辊外圆锈蚀的措施；采用新型材料(如增强尼龙)作托辊外圆。

2. 托辊的检修

拆卸托辊，清洁各零件并进行检查，各类支承托辊(包括槽型的、平型的、固定的、调心的)的工作表面不允许有损伤、凹陷、裂纹。托辊外圆材料为无缝钢管时，其壁厚的磨损应不大于原壁厚的25%；为尼龙时，磨损应不大于原壁厚的30%。

托辊轴应无弯曲变形和裂纹，直线度公差为500:1；轴两端扁方平面相互平行度公差为0.35mm。托辊内的轴承座、密封装置等钢板冲制件不得有裂纹、毛刺、凹痕和皱折等缺陷。

迷宫式密封件应无磨损；轴承滚道表面无点蚀、剥落；轴承的间隙在标准范围之内。

轴用弹簧卡圈的弹性应良好。

若托辊零件存在上述的缺陷或损伤超过允许的标准，则要更换相应的零件。

3. 托辊的安装调整

托辊装配时，应在密封圈油室里注入不超过轴承空间1/2的锂基润滑脂，托辊的轴向移动量不得大于1.5mm，弹簧卡圈必须卡入槽内，在轴上作用0.5N·m扭矩时，应能在一周内自由转动。

轴位置固定的托辊在机架上安装后，其中心平面与机架中心线的垂直度公差为1/500。槽型和平型托辊两端的高度差不得超过2mm。

托辊外圆对其轴线的径向圆跳动公差，按表21-1的规定。

外圆径向圆跳动公差（mm）　　表21-1

输送带宽度（mm）／输送带速度（m/min）	400~600	750~1 200	1 400~2 000
>250	0.5	0.8	1.2
<250	1.0	1.5	2.0

二、电动滚筒

1. 电动滚筒的结构

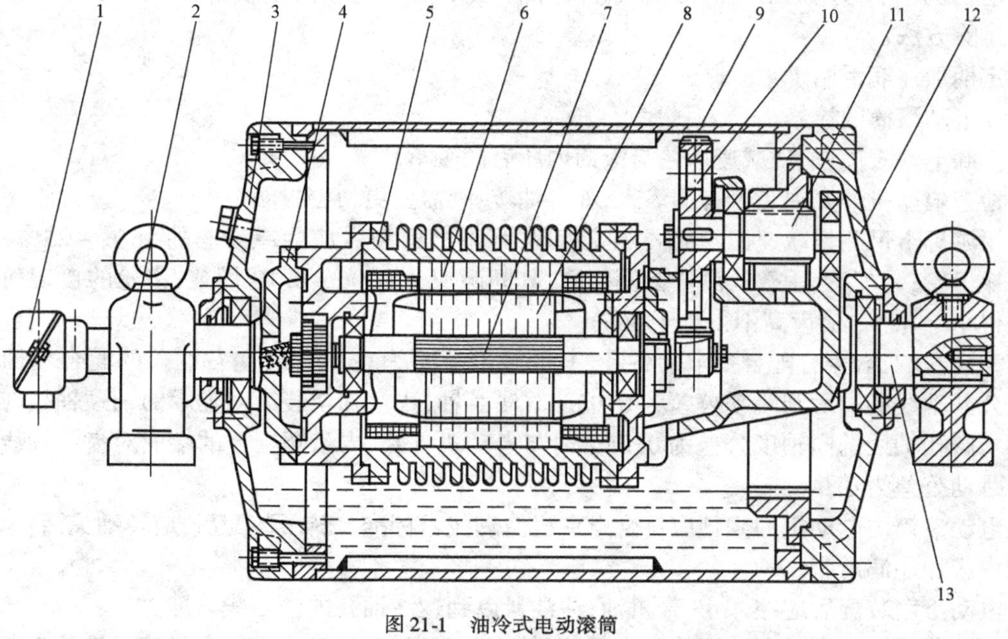

图21-1　油冷式电动滚筒

1-接线盒；2-轴承座；3-左端盖；4-左法兰轴；5-电动机外壳；6-电动机定子；7-电动机轴；8-电动机转子；9-滚筒外壳；10-外啮合齿轮；11-内啮合齿轮；12-右端盖；13-右法兰轴

如图 21-1 所示，在油冷式电动滚筒的空腔内，带有环形散热片的电动机用左法兰轴和右法兰轴支承在轴承座上。电动机轴转动时，带动一对外啮合齿轮和一对内啮合齿轮，使滚筒外壳减速旋转。在滚筒空腔内充有润滑油，当滚筒旋转时，油液冲淋电动机外壳上，对电动机进行冷却，并润滑齿轮和轴承(不包括电动机轴承)。

2. 常见故障和排除方法

1) 电动机内有油渗入

产生原因：

(1) 电动机轴伸端及密封圈磨损，密封性能降低。

(2) 滚筒内冷却润滑油太多。

排除方法：

(1) 更换密封圈。

(2) 滚筒内油液不能注入太多，充油液面至滚筒半径的 2/3 高度。

2) 电动滚筒工作时噪声大

产生原因：

(1) 传动齿轮制造、装配精度低，使齿轮啮合时接触不良。

(2) 电动滚筒装配精度低，使左右轴承座机架支承面高度(角度)偏差大，使齿轮啮合不良。

排除方法：

(1) 提高齿轮制造、安装质量。

(2) 提高电动滚筒装配精度，严格控制轴承座机架支承面高度(角度)公差。

3) 电动机轴承寿命短、易失效

产生原因：

电动机轴承采用润滑脂润滑，需解体才能补充，因拆装费时造成加油不及时。

排除方法：

定期加注润滑脂。

3. 电动滚筒的检修

拆卸电动滚筒，清洗减速齿轮与滚筒内所有的轴承。

检查电动机外壳内是否有油渗入，如有油迹，则需要更换密封圈。

用游标卡尺测量减速齿轮的固定弦齿厚，齿厚的磨损量应为原齿厚的 16% ~25%，否则应更换齿轮；装配后，用塞尺测量齿侧间隙，其间隙应为 0.06 ~0.10 模数；齿轮的接触面沿齿长不得小于 60%，沿齿高不得小于 45%。

滚筒左、右端盖有配合要求的各孔，其同轴度公差为 0.04mm；左右端盖的配合端面对两端盖公共轴线的端面圆跳动公差为 0.05mm；法兰轴、法兰轴架装滚动轴承的轴颈轴线与有配合要求圆孔轴线的同轴度公差为 0.05mm；与电动机外壳、内齿圈配合的端面对齿圈轴线的端面圆跳动公差为 0.04 mm。

电动滚筒内电动机的修理应符合电动机修理技术标准。转子装配后，应转动灵活；电动机轴承内应加注润滑脂。

电动滚筒装配后应注入 45 号机油，注油量以到达注油孔的油面线为准。

新安装或大修后的电动滚筒要进行 2h 的空负荷运转，运转中不得有噪声及渗油现象。满负荷运转时，其电动机定子绕组温升在环境温度为 40℃时，不得大于 65℃。

三、清扫器

1. 橡胶刮板清扫器的安装、调整

图 21-2 所示是弹簧式橡胶刮板清扫器，用来清扫承载面上的黏着物，目前使用较为广泛。

弹簧式橡胶刮板清扫器安装在输送机头部滚筒下方，橡胶刮板与滚筒的水平轴线安装夹角为 15°。

通过调整调节弹簧，使橡胶刮片与输送带接触并对输送带有一定的压力；清扫器与输送带接触长度不应小于带宽的 85%。

橡胶刮板磨损后，应及时调整调节螺杆，使其仍与输送带压紧，并拧紧调节螺杆上的锁紧螺母，以防清扫器倾覆；防止橡胶刮板两侧的钢制压板与输送带接近，损伤输送带。

2. 空段清扫器的安装、检修

空段清扫器安装在装料段及传动、张紧滚筒处，用来清扫撒落在输送带无载分支上的物料，防止落料卷入滚筒。目前采用较多的是 V 形清扫器，如图 21-3 所示。

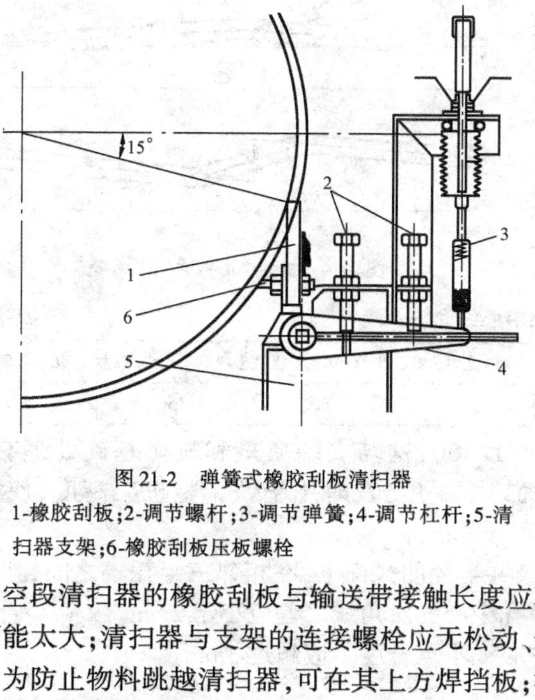

图 21-2　弹簧式橡胶刮板清扫器

1-橡胶刮板；2-调节螺杆；3-调节弹簧；4-调节杠杆；5-清扫器支架；6-橡胶刮板压板螺栓

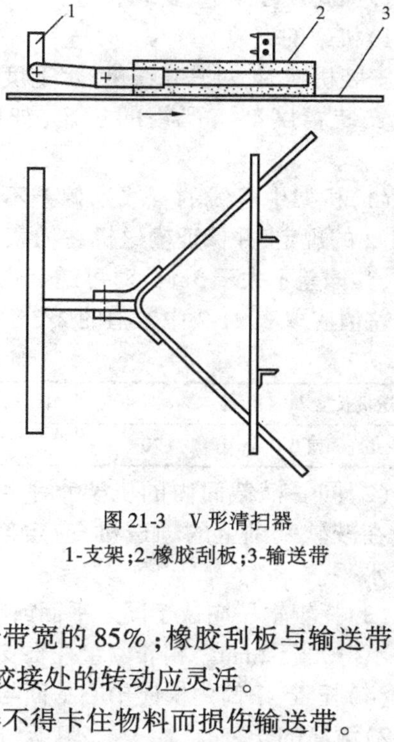

图 21-3　V 形清扫器

1-支架；2-橡胶刮板；3-输送带

空段清扫器的橡胶刮板与输送带接触长度应不小于带宽的 85%；橡胶刮板与输送带的间隙不能太大；清扫器与支架的连接螺栓应无松动、缺损；铰接处的转动应灵活。

为防止物料跳越清扫器，可在其上方焊挡板；清扫器不得卡住物料而损伤输送带。

带式输送机的其他零部件，在起重机零部件检修中已有介绍，这里不再赘述。

第二节　输送带跑偏及防偏

在带式输送机的运行中，最常见的故障是输送带跑偏。输送带跑偏会使输送带与机架、托辊支架相摩擦，造成带边胶磨损；若输送带被机架、托辊支架周围凸起的螺钉头、清扫器挡板等挂住，可能引起输送带划伤、纵向撕裂等事故。跑偏还会使输送带上的物料撒落，使输送机不能正常运行。

一、输送带跑偏的原因

引起输送带跑偏的原因很多，与输送机和输送带的制造质量、安装质量、操作水平、外界气候条件等有关。主要有以下因素：

(1)机架、滚筒、托辊组安装质量不高；

(2)输送带的接头不正；

(3)给料位置不正确；

(4)清扫器性能不好，滚筒、托辊表面粘附物料；

(5)输送带质量不好，如伸长率不均匀、输送带不直、输送带成槽性差；

(6)机架基础出现不均匀沉降；

(7)使用维修不好以及调整不当。

二、防止输送带跑偏的措施

1. 提高设备制造、安装质量

1)机架的安装

安装机架时，对其直线度、水平度以及托辊架安装精度都有严格的规定，如图21-4所示。

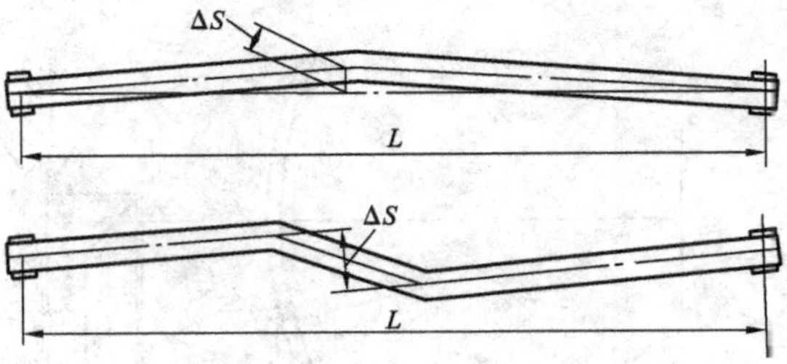

图21-4　机架中心线直线度偏差

(1)机架中心线的直线度偏差不应超过表21-2的规定，并保证输送机在任意25m长度内，其偏差不大于5mm；对可逆带式输送机的偏差值应取表21-2中数值的2/3。

输送机机架中心线允许偏差　　表21-2

输送机长度 L(m)	$L \leqslant 100$	$100 < L \leqslant 300$	$300 < L \leqslant 500$	$500 < L \leqslant 1\ 000$	$1\ 000 < L \leqslant 2\ 000$	$L > 2\ 000$
中心线允许偏差 ΔS(mm)	20	30	50	80	150	200

(2)同一横截面内的机架水平度应小于1/500，这与安装质量和机架基础处理有关。架设在较软基础上的输送机，应定期检查机架水平度，及时用垫铁调整机架高度，使机架保持水平。

(3)托辊辊子应位于同一平面或在一个公共半径的孤面上，在相邻三组托辊之间，其高低相差不得大于2mm。相邻两组托辊支架的螺孔中心的对角线之差应小于2mm。

(4)托辊、滚筒的横向中心平面与机架中心线不重合度不应超过3mm。

2)滚筒的安装

用水平仪测量光面滚筒表面，或胶面滚筒的轴，可测得滚筒的水平度。滚筒轴中心线水平度应在1/2 000以内；驱动滚筒的轴线对机架中心线的垂直度应小于1/500，如图21-5所示。

滚筒在机架上固定后，应转动灵活。装配后滚筒对其轴线的径向圆跳动：当滚筒直径 $D \leqslant$ 800mm时，其公差为0.6mm；当 $D > 800$mm时，其公差为1.0mm。

3)输送带质量

输送带的机械性能、直线度及厚薄公差等都是输送带质量的重要指标，购买时应予以注意。对输送带存放、保管不善，也会使输送带出现缺陷，引起输送带跑偏。

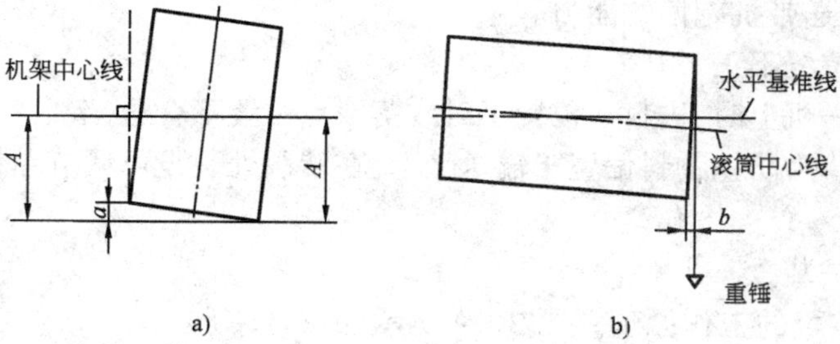

图 21-5　滚筒水平度、垂直度测量

a)滚筒垂直度测量;b)滚筒水平度测量

4)输送带接头质量

输送带接头不正,若带切口与带宽不成直角,使带受到的拉力不均匀,会使输送带运行时产生跑偏。因此,输送带接头在 10m 范围内其弯曲度不得大于 20mm,且应与输送带自身弯曲方向相反,见图 21-6。

2. 采用有防偏作用的托辊组

(1)单向运行的输送机中采用侧托辊前倾式调心托辊组。三辊式槽型托辊组的两个侧托辊朝输送机运行方向前倾 3°左右,使输送带与侧托辊之间产生相对滑动速度,并有轴向摩擦力;当输送带跑偏时,两侧的轴向摩擦力大小不同,促使输送带复位。

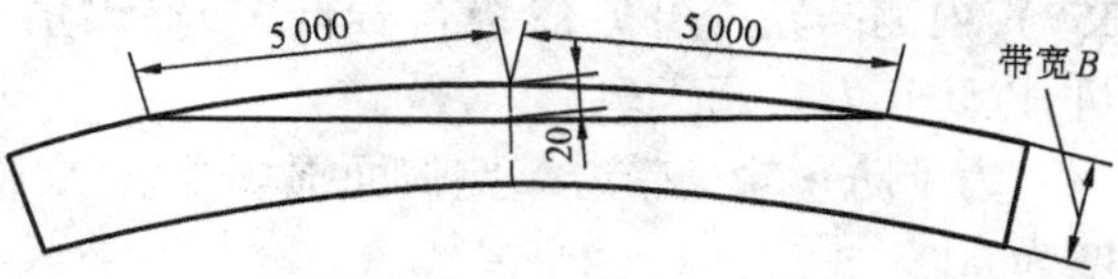

图 21-6　输送带接头不正(尺寸单位:mm)

(2)安装带橡胶环的 V 形托辊。单向运行的输送机的无载分支中,每隔若干组托辊装一组带橡胶环的 V 形托辊,V 形托辊的槽角为 5°、前倾 2°,橡胶环厚度为 15mm 以上,如图 21-7 所示。

(3)可逆运行的输送机中采用自动定心托辊。将侧托辊前倾式调心托辊组的结构稍作改进:把两个侧托辊轴上位于同一平面的两个扁平头改成相互垂直;侧面支架的垂直扁孔改为水平扁孔。这样,输送带运行时产生的摩擦将带动侧托辊一端在长槽内滑动,形成永远与输送带运行方向一致的前倾,起到自动定心作用,如图 21-8 所示。

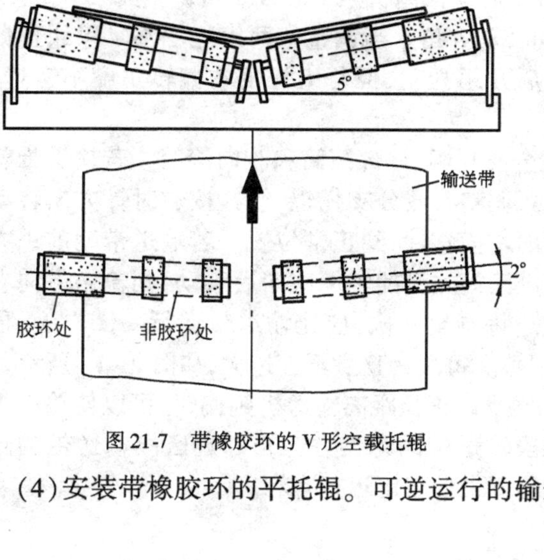

图 21-7　带橡胶环的 V 形空载托辊

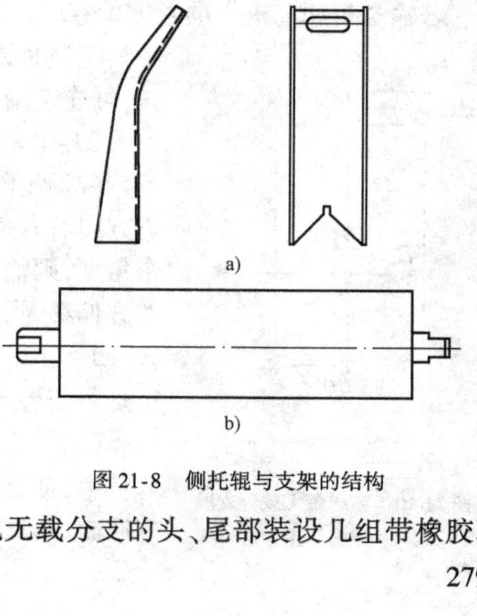

图 21-8　侧托辊与支架的结构

(4)安装带橡胶环的平托辊。可逆运行的输送机无载分支的头、尾部装设几组带橡胶环的平托辊,以增强输送带抗跑偏的能力。

3. 防止给料时位置不正

物料转载到输送机上时,进料斗位置不对或落料点位置不合适,造成物料偏置是引起输送带跑偏的重要原因。为防止物料偏置于输送带上,在转载处装设可调节导料板,用来调节物料的落点。

4. 安装跑偏保护装置

(1)跑偏保护装置的工作原理。图 21-9 所示为输送带跑偏保护装置。它是单立辊双凸轮结构,具有立辊自动复位功能。

当输送带跑偏与立辊接触时,立辊被输送带推着摆动,带动装置内的凸轮转动。当跑偏不太严重时,立辊摆到第Ⅰ位置(转动 15°),外侧凸轮松开第一级行程开关,输出报警信号,提醒操作人员注意;当严重跑偏时,立辊摆到第Ⅱ位置(转动 35°),内侧凸轮松开第二级行程开关,输出信号,使输送机停机,以防止发生重大事故。

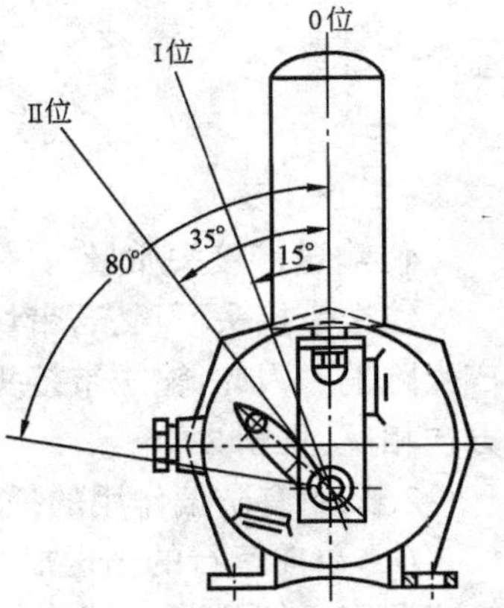

图 21-9　跑偏保护装置

为了防止输送带继续跑偏而损坏立辊,立辊摆动的最大角度为 80°。

在保护装置上有人工控制的、能接通控制回路的按钮,因此,立辊摆到第Ⅱ位置以后,也能短时开动输送机,使输送带回位。当输送带恢复到正常位置后,扭簧使立辊自动复位。

(2)跑偏保护装置的安装。在输送机机架上焊接跑偏保护装置的安装支架,调整支架的高度,使输送带与立辊在其下端 1/3 处接触;再调整支架底板的位置,使输送带跑偏量接近 7% 带宽时,跑偏保护装置发出停机信号。

三、纠正输送带跑偏的方法

1. 空载运行时输送带跑偏的纠正

(1)跑偏的部位大多出现在输送带的无载分支段,即使输送带有载分支段出现的跑偏也可用调整无载分支托辊的方法来纠正。

若输送带朝前进方向左方偏移时,输送带中心线偏离机架中心线。可调整无载分支托辊,使其绕顺时针方向转动 θ 角。当调整一两组托辊不足以纠正偏斜时,可连续调整前后几组托辊,但每组托辊的偏转角度不宜过大,见图 21-10。

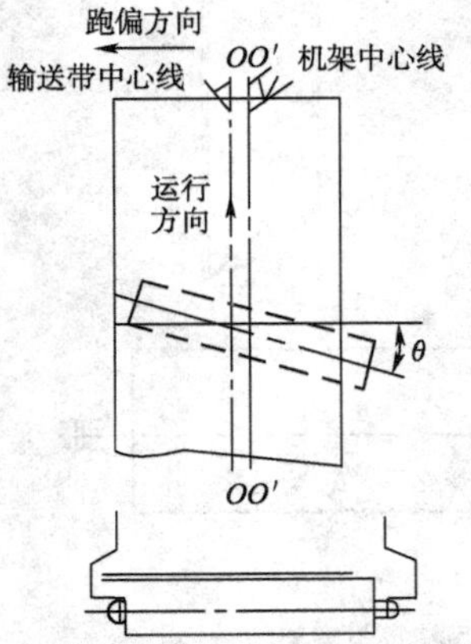

图 21-10　输送带无载分支段跑偏纠正方法

(2)调整有载分支托辊、尾部滚筒和改向滚筒。若输送带朝前进方向右方偏移时,调整有载分支托辊,使其按逆时针方向转动一个角度,则输送带向左横移,回到正常位置。若输送带朝前进方向左方偏移时,将尾部滚筒左侧的轴承座向后移动,则输送带向右横移,回到正常位置。每调整一次,应让输送带运行一圈以上,再决定是否需要再次调整。每次调整量不宜过大,如图 21-11 所示。

(3)用调整托辊来纠正长距离输送机跑偏时,可以使输送带略成蛇形,即一些区段输送带的跑偏方向与邻近区段输送带的跑偏方向相反,这样对输送带的稳定运行有利。

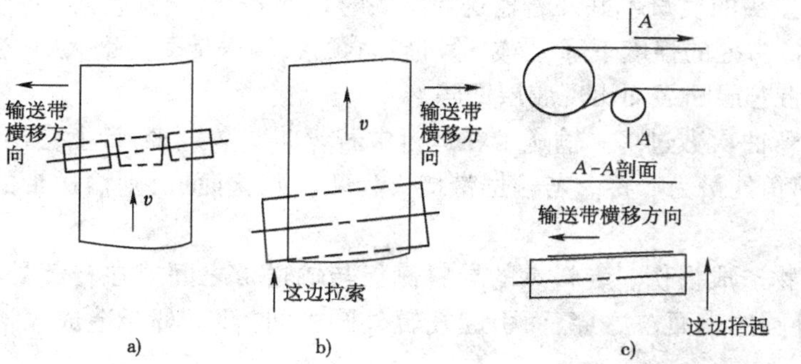

图 21-11　调整有载分支托辊、尾部滚筒和改向滚筒方法

a)有载分支托辊;b)尾部滚筒;c)改向滚筒

2. 负载运行时输送带跑偏的纠正

调整时,应严格控制对输送带的给料量,供料应均匀,防止物料在输送带上偏置。

空载运行时,输送带跑偏调整好之后,在满载运行时,输送带可能出现向某一侧严重跑偏的情况。这时,应重新进行空载运行时的调整,使输送带在空载、满载运行时,其跑偏量均在允许范围之内。如不能满足要求,可适当增大输送带的张紧力,待运转一段时间后,再观察跑偏情况有无好转。

若采用上述办法仍不能消除输送带的跑偏现象,则应按前述的防偏措施逐项进行检查。

第三节　输送带损伤原因及维修

输送带是带式输送机中最重要也是最昂贵的部件,延长输送带的寿命,防止和减少输送带事故,对降低营运成本是有决定性意义的。但由于设计、制造、安装、管理、操作等多方面的原因,都会引起输送带损伤,以致早期报废。

一、输送带的损伤形式

输送带的损伤形式主要有:输送带纵向撕裂;复盖胶划伤、局部剥离、磨损;输送带穿孔;输送带龟裂;输送带硫化接头撕裂等。

二、输送带损伤原因的分析

(1)输送带跑偏。当输送带跑偏时,输送带与机架、托辊支架间相互摩擦,造成输送带边胶的磨损;严重跑偏时,会使输送带翻边。若滚筒、机架周围有螺钉头等凸起物,或机架与输送带之间间隙过小,使输送带被凸起物挂住,引起输送带纵向撕裂、复盖胶被划伤和局部剥离。

(2)清扫器倾覆、清扫器掉落并被卷入滚筒。若弹簧清扫器调节螺杆的刚性差,在意外情况下,不足以克服橡胶刮板被卷入时受到的倾覆力矩,一旦橡胶刮板被卷入滚筒,则清扫器两侧的角钢会翘曲变形,压在输送带上,使输送带撕裂;空段清扫器与支架的连接螺栓的可靠性差,运行时清扫器会突然掉落并卷入滚筒,会造成输送带穿孔、复盖胶破损。

(3)输送带接头的质量不好。若输送带接头时操作不当,会损伤芯层;输送带的接头由两次硫化而成,使接头处的强度下降,当输送机启动频繁,输送带受力增大时,会引起硫化接头处断裂;或因输送带芯层断裂而出现胶层凹陷。

(4)输送带弯曲次数过多。输送带在运行中若弯曲次数过多,带上会出现局部龟裂,在下复盖胶的槽角拐角处最为严重。若输送带接头为两次硫化而成,则输送带的龟裂首先出现在接缝处。

(5)嵌入异物造成损伤。装料点的导料侧板与输送带之间或在转载处缝隙中嵌入异物;无载分支托辊外圆的表面被磨穿,而引起托辊外圆中间折断,都会造成输送带的上复盖胶被划伤。

(6)托辊运转阻滞造成损伤。物料堆积在托辊架上,托辊表面粘附了物料,托辊轴承损坏等都可能造成托辊转动不灵活甚至不转,从而引起输送带严重磨损。漏斗转载处的物流下落速度和输送带运行速度不一致,物料下落的落差过大而冲击输送带表面也都会加速输送带上复盖胶的磨损。

三、输送带的修补

输送带的复盖胶层和棉帆布、尼龙帆布芯层中如有局部损伤而不及时修补,在水分、污物侵入芯层后,会使损伤部位扩大。为延长输送带的寿命,对早期发现的输送带损伤处应及时修复。

1. 修补方法(表21-3)

钢绳芯、尼龙帆布输送带修补方法 表21-3

部位	修补方法	冷粘修补	硫化修补	截断、更换
复盖胶	磨损	—	残留覆盖胶厚度1mm以上	覆盖胶磨穿、钢绳芯露出
	割伤	1/2覆盖胶厚以上, 300mm长之内	1/2覆盖胶厚度以上, 300mm长之内	—
	剥离	1/2覆盖胶厚以上, 直径300mm以内	1/2覆盖胶厚度以上, 直径300mm以内	—
边胶	撕裂	长度50mm以上	—	—
	割破	达到芯体层	已无边胶	—
尼龙带芯体	露芯	直径<100mm	直径>100mm	芯体疲劳断裂、 大范围层间剥离
	断裂	—	10%带宽以下	10%带宽以上
钢绳芯	露芯	直径<100mm	直径>100mm	钢绳芯已露出或 与周围橡胶脱胶
	断裂	断钢绳芯两根或 钢绳芯露出	断钢绳芯3根以上, 不满钢绳芯数10%	断钢绳芯数超过10%
纵向撕裂		长度50mm以下	长度50mm以上	纵向撕裂太长,无法修补

2. 修补注意事项

修补前,应对输送带损伤部位的周围用清洗剂擦净。

复盖胶损伤较小的部位可直接填入冷胶进行修补,填补时填料表面应高出输送带表面

1.5mm,作为固化后的收缩量。

修补部位在固化前最好用木板或铁板夹紧固定。

第四节　带式输送机试运转调试

带式输送机安装完毕交付使用前,需对其进行空载和负载试运转,并对设备的控制系统、监测系统、计量系统进行试验。

一、空载试运转调试

1.运转前检查

(1)外观检查。机架(扶梯、走道)焊缝是否良好;机架和各部件的紧固件有否缺损,连接是否可靠;电动机、减速器、驱动滚筒、改向滚筒、托辊各润滑部位有否加足润滑油(脂);电气配线、控制开关是否完好等。

(2)检查控制装置、监视装置及电气信号。

(3)启动电动机,观察电动机的转动方向及运转情况。

2.空载试运转

完成上述各项检查后,带式输送机进行空载试运转调试阶段。运转中应检查:

(1)输送带有无跑偏。

(2)驱动滚筒、改向滚筒、上下托辊组转动是否灵活。

(3)用手触摸来判断电动机、减速器等设备的温升,若感觉温度较高时,再用温度计测量。

(4)带式输送机运转中有无异常振动。

(5)减速器等传动装置、电动机、托辊等有无异常噪声和冲击声。

(6)电动机、减速器、联轴器、驱动滚筒、改向滚筒、托辊各润滑部位有否漏油、滴油。

(7)张紧装置的紧固件是否可靠;清扫器刮板与输送带的接触情况是否良好;电气控制器的动作是否灵敏。

空载试运转时间不得少于2h。

二、负载试运转调试

1.运转前检查

负载试运转前,要再次对检测保护装置、信号装置、流程切换装置、洒水防尘装置等进行检查,以确保各个装置性能完好。

2.负载试运转

(1)先按间断给料方式给料,使物料逐段地通过各转载溜槽。观察物料是否位于输送带的中间,各转载溜槽是否畅通,输送带有无跑偏现象。

(2)间断给料试运转顺利通过后,再连续地加料,先按约50%的额定负荷进行连续加载试运转,无异常情况后,再逐渐增大到80%、100%的额定负荷。在各种负荷下,连续运转的时间都应不少于2h。

在运转中应监视:

①物料是否位于输送带的中间。

②转载溜槽是否畅通,落料是否正中,溜槽的可调节导料板的性能是否完好。

③输送带是否跑偏。

④电动机、减速器有无异常声音,温升是否正常。

⑤滚筒轴承、托辊等转动部件有无异常声音;滚筒轴承、托辊轴承温升是否正常。

⑥托辊、托辊架有无物料粘附或堆积,托辊有无卡阻现象。

⑦清扫器有否振动,清扫器与输送带的接触情况是否良好。

⑧导料侧板安装是否牢固,导料侧板与输送带之间的间隙是否合适;溜槽与导料板处有否溢料现象。

⑨输送带有否损伤。

3. 设备调整

对负载试运转中发现的问题应及时调整、处理。

(1)负载运行时,不可避免地会出现输送带跑偏现象。但只要输送带跑偏不严重,就不一定调整托辊架的位置,免得在空载运行时输送带朝相反的方向跑偏。

(2)根据物料在输送带上偏置的情况,调整溜槽的可调节导料板,使物料位于输送带的中间。

(3)由于物料的冲击和振动会造成带式输送机各部件出现故障,特别是转载溜槽处紧固螺栓的松动或脱落、导料侧板橡胶裙板的松动、焊接件脱焊、托辊脱落等,应及时修复。

第五节　气垫带式输送机的检修

气垫带式输送机是20世纪70年代出现的利用气垫代替托辊支承输送带及物料的特种带式输送机。当输送带的承载、空载分支都用气垫支承时,称全气垫型;仅承载分支用气垫支承,空载分支仍用托辊支承时,称半气垫型。

一、常见故障和排除方法

1)气垫层形成不均匀

产生原因:

(1)选用风机容量不足,压力或风量不够。

(2)气室制造质量、装配精度低,使气室表面不平整,气室相互之间有高度差。

(3)进料口位置不正。

(4)日常维护保养不够,造成气室小孔堵塞。

排除方法:

(1)合理选择风机参数,保证气垫的形成。若气垫带式输送机有密封要求时,设置通风排气口。

(2)选用材料应平整,气室加工制造按产品质量要求;输送机安装按输送设备安装技术规范进行。

(3)进料口位置对准输送机中心线,防止物料偏置于输送带上。

(4)输送机启动和停机时,遵循先开风机和后停风机的原则,保证输送带始终在气垫上运行;定期对设备进行维护和修理,防止灰尘堵塞气室的气孔。

2)输送带跑偏

产生原因:

(1)输送带质量不好,如输送带不直、伸长率不均匀等。

(2)输送机制造、安装质量不高,如驱动滚筒、改向滚筒安装时轴线不平行;滚筒两端直径偏差过大。

(3)输送带接头不直。

(4)进料口安装位置不正。

排除方法:

(1)更换输送带。

(2)调整驱动滚筒和改向滚筒的轴承座位置,使两滚筒的轴线相互平行且与输送机中心线垂直;重新加工滚筒直径,以达到允许偏差。

(3)撕开或截断输送带的接头,重新接正。

(4)调整进料口的位置,使物料落下时对准输送带的中心。

3)输送带打滑

产生原因:

(1)输送带的初张力不足。

(2)钢制滚筒表面光滑,输送带与驱动滚筒间摩擦系数小。

(3)驱动滚筒表面沾附油污,使输送带与驱动滚筒间摩擦系数降低。

(4)改向滚筒或张紧滚筒因轴承损坏而运转不灵活。

(5)输送机超载,使绕入驱动滚筒的输送带张力急剧增加。

排除方法:

(1)输送机安装合适的张紧装置,使输送带在驱动滚筒绕出端有足够的张力来传递所需的牵引力。

(2)采用胶面驱动滚筒,增加输送带与驱动滚筒间的摩擦系数;增大输送带在驱动滚筒上的包角,增加输送带与驱动滚筒间的摩擦力。

(3)定期维护保养,防止滚筒表面沾染油污。

(4)定期检查滚筒的轴承,发现损坏及时更换。

(5)喂料均匀,防止输送机过载。

二、防止输送带跑偏的措施

1. 头部和尾部各加一组微调装置

当头部滚筒和尾部滚筒的轴线不平行,滚筒的轴线和输送带运行方向不垂直时,会使输送带跑偏,因此在输送机头部和尾部各加一组微调装置,如图 21-12 所示。通过微调装置,使头尾两个滚筒的轴线保持平行,且滚筒的轴线与输送带运行方向保持垂直,使输送带在滚筒上不产生轴向滑动趋势,防止输送带跑偏。

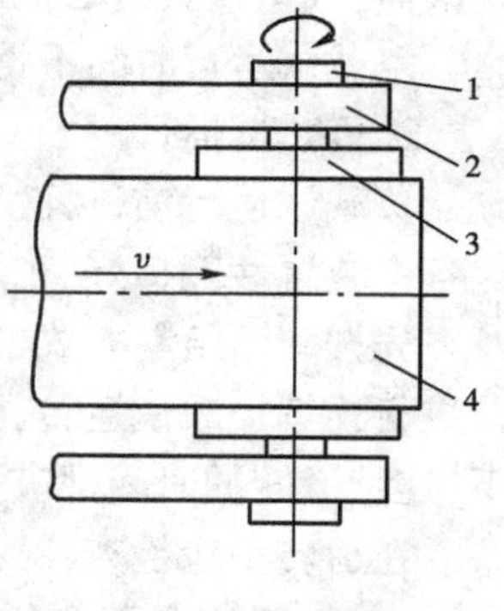

图 21-12 跑偏微调装置

1-微调装置;2-头部支架;3-头部滚筒;4-输送带

2. 改变头部滚筒的形状

带式输送机头部滚筒通常为圆柱形,加工时很难保证其圆度要求,造成滚筒为圆台形。滚筒运转时,输送带与滚筒的接触面和输送带的运行方向有一定的夹角,使输送带在滚筒上产生轴向滑动趋势,造成输送带跑偏。

将头部滚筒改制成鼓形,正常工作时,输送带与滚筒不产生滑动趋势,输送带不发生跑偏。一旦发生输送带跑偏,由于是鼓形滚筒，输送带两边受到轴向摩擦力大小不同，促使输送带复位。

3. 空载分支加"V"形槽托辊

若是半气垫型带式输送机，将原空载分支的平托辊改成"V"形槽托辊，托辊的倾角为5°~8°，如图21-13所示。由于输送带在运行中变成了"V"字形，大大增加了输送带的刚度。当输送带欲跑偏时，输送带相对于正常位置要有一定的位移，这样的支承方式，使输送带跑偏增加了阻力。一般情况下，每隔一组平托辊加一组"V"形槽托辊，能较有效地控制输送带的跑偏。

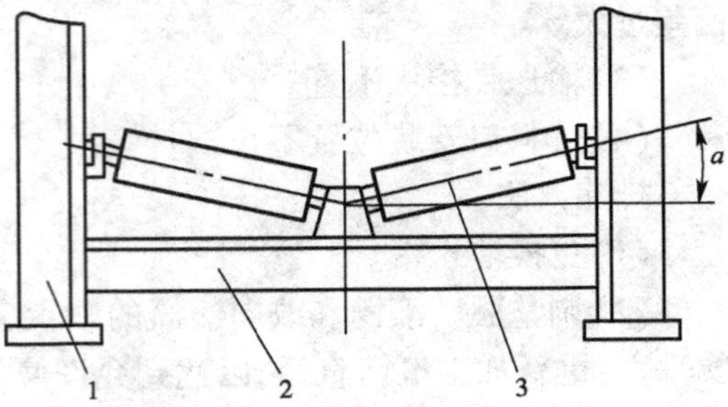

图21-13 "V"形槽托辊
1-支架；2-托架；3-托辊

三、气垫带式输送机的安装

气垫带式输送机的安装应按照《机械设备安装工程施工及验收规范》的要求，并做到以下几点。

(1) 在组装前，气室内部要清扫干净，并使全部气室的小孔畅通。

(2) 由于制造气室的钢板较薄，气室的连接应采用气焊，防止焊接变形；焊接后用砂轮磨平与输送带接触一侧的焊缝。

(3) 气室在垂直于输送机中心线的截面内的水平度应在1/1 000以内；用水平尺每隔3m检查一个点。

(4) 驱动滚筒的轴线对输送机中心线的垂直度应在2mm以内（输送机全长范围）。安装时，用经纬仪进行控制和检查。

(5) 输送带必须采用冷粘或硫化方式连接，不能用钩卡、皮带扣等机械连接法。

四、气垫带式输送机的调试与运行

1. 空载试运行

先将风机和电动机回路断开，模拟启动与关闭程序，保证连锁的准确性。再启动离心风机，进行气室的焊缝、法兰盘等连接处的密封性试验，避免进入气室空气的损失。最后启动驱动滚筒，气垫带式输送机进行空载试运行。

空载试运行时间不得少于2h。

2. 负载试运行

负载试运行前，再次对动力装置、张紧装置、检测保护装置、信号装置、气室等进行检查，确保各个装置性能良好。

先按间断给料方式给料，间断给料试运转顺利通过后，再连续地加料，按约50%的额定负荷进行连续加载试运转，无异常情况后，再逐渐增大到80%、100%的额定负荷。在各种负荷下，连续运转的时间都应不少于2h。

在运转中应检查：

(1) 输送带是否全长在气垫上运行。

(2) 有否局部长度形不成气垫，输送带贴在气室上表面滑行。

(3) 输送带两侧气垫厚薄是否相等。

(4)喂料是否均匀,输送带有否打滑。

(5)物料是否位于输送带的中间。

(6)输送带有否跑偏。

(7)电动机、减速器、风机有否异常声音,温升是否正常。

(8)输送带有否发生损伤。

3. 设备调整

负载运行时,由于气垫带式输送机没有防跑偏调心装置,容易产生输送带跑偏现象。对有规则的跑偏,通过调整张紧装置进行处理;对无规则的跑偏,暂时不必调整,运行一定时间后,输送带的弹性和纤维产生的内应力即可稳定,再进行调整。

复习思考题

1. 托辊在工作中常见的故障是什么,如何进行托辊的检修?
2. 电动滚筒在运行中常见的故障是什么,如何进行电动滚筒的检修?
3. 输送带在运行中为什么会发生跑偏,怎样纠正输送带的跑偏?
4. 输送带会发生哪些损伤,损伤的原因是什么?
5. 如何安装与调试带式输送机?
6. 气垫带式输送机运行中会产生哪些问题,如何解决?

参 考 文 献

[1] 陈敢泽.起重机安装与修理[M].石家庄:河北科学技术出版社,1997.

[2] 张育益,韩修文.汽车起重机装载机故障与排除[M].北京:机械工业出版社,1998.

[3] 李谷音.港口起重机[M].北京:人民交通出版社,2005.

[4] 汪诚强.港口输送机械与集装箱机械[M].北京:人民交通出版社,2004.

[5] 廖祥兵,满维龙.汽车维修工艺[M].北京:金盾出版社,2006.

[6] 羊拯民.汽车修理[M].合肥:安徽科学技术出版社,2001.

[7] 交通部水运司.港口起重运输机械管理手册[M].北京:人民交通出版社,2002.

[8] 洪孝安,杨申仲.设备管理与维修工作手册(修订本)[M].长沙:湖南科学技术出版社,2007.

[9] 盛兆顺,尹其玲.设备状态监测与故障诊断技术及应用[M].北京:化学工业出版社,2003.

[10] 孙国正.港口起重机金属结构故障诊断[M].武汉:武汉交通科技大学出版社,1997.